中国工运通史

国防邮电工会卷

中国国防邮电工会 编

中国工人出版社

图书在版编目（CIP）数据

中国工运通史. 国防邮电工会卷 / 中国国防邮电工会编. -- 北京：中国工人出版社, 2025. 4. -- ISBN 978-7-5008-8714-0

Ⅰ. K261.3

中国国家版本馆CIP数据核字第2025CU1481号

中国工运通史 国防邮电工会卷

出 版 人 董 宽
项目统筹 蒋佩轩
责任编辑 张姗姗
流程编辑 李若昕
责任校对 张 彦
责任印制 栾征宇
封面设计 久品轩
出版发行 中国工人出版社
地　　址 北京市东城区鼓楼外大街45号 邮编：100120
网　　址 http://www.wp-china.com
电　　话 （010）62005043（总编室）
（010）62005039（印制管理中心）
发行热线 （010）82029051 62383056
经　　销 各地书店
印　　刷 北京盛通印刷股份有限公司
开　　本 710毫米×1000毫米 1/16
印　　张 38.5
字　　数 420千字
版　　次 2025年4月第1版 2025年4月第1次印刷
定　　价 329.00元

《中国工运通史 国防邮电工会卷》
编 委 会

前言

中国国防工业和邮电行业工人队伍，是中国近代较早产生的产业工人群体之一，是中国工人阶级的重要组成部分。近代以来，国防工业和邮电行业工人群体以其卓越的贡献，在中国工人运动史上写下了光辉灿烂的一章。

民主主义革命时期，19世纪后期的洋务运动开启了中国近代军事工业和邮电事业的序幕，催生了具有高度组织性的兵工与邮电工人群体。至辛亥革命前，这两大群体已是产业工人的重要组成部分。随着中国共产党的诞生，工人运动进入新阶段。1927年，中华全国邮务总工会成立，将工人诉求从经济权益提升至民族解放的高度。在中国共产党领导下，汉阳、上海等地工人开展了反帝反封建斗争。土地革命时期，根据地建立起人民军工和邮电体系，工会组织劳动竞赛支援革命战争。抗日战争时期，兵工工人冒死完成工厂西迁，根据地职工在物资匮乏中坚持生产；邮务工会成立抗敌总会参与救亡。解放战争期间，解放区工会推动军工生产高潮，累计产出数百万弹药支援前线；国民党统治区的邮电工人发起“三反”斗争，并开展“护局”运动保护国家资产。作为中国工人阶级的重要组成部分，兵工与邮电工人始终秉持高度的组织性和纪律性，以赤诚的爱国热情投身革命洪流，在中国共产党领导下实现了从维护阶级利益到服务民族解放的跨越，为反帝反封建斗争和新中国的成立作出了不可替代的贡献。

社会主义革命和建设时期，国防、邮电两大系统的职工队伍迅速壮大。在中国共产党领导下，两大系统进一步健全了工会组织。国防、邮电职工积极投入社会主义建设，在保卫国家、服务国家建设和保障人民生活等方面发挥了重要作用。1950年，中国邮电工会代表大会和中国兵工工会会员代表大会分别召开，并选举产生了中国邮电工会全国委员会和中国兵工工会全国委员会。兵工、邮电职工以高度的社会主义奉献精神，为国防工业和邮电事业的发展作出了贡献。在中国共产党领导下，中国兵工工会和中国邮电工会把代表职工利益，依法维护职工合法权益作为职责。1964年后，根据国家“三线建设”的战略布局，来自十几个省市的几十万名国防工业职工先后搬迁到偏远的西部地区，开始在荒山野岭中创业。经过十余年的奋斗，广大职工以“艰苦创业、无私奉献、团结协作、勇于创新”的“三线建设”精神，建设了上千个国防工业项目，建立起包括电子科技、武器装备、船舶航海、航空航天、核能资源在内的国防工业体系、国防生产及尖端科学实验基地。“文化大革命”中，工会组织瘫痪，但两大行业的广大职工群众仍然以高度的责任心和奉献精神排除各种干扰，维持生产和服务。

改革开放和社会主义现代化建设新时期，随着党和国家工作重心的转移，国防现代化与邮电通信事业成为改革重点。1979年，国防工业工会和邮电工会恢复工作，通过整顿基层组织和建设“职工之家”，推动企业民主管理与劳动竞赛，在改革开放中发挥重要作用。为加速经济发展，党中央将国防科技工业战略转型与邮电列为重点发展领域。国防工会组织军工技术转民用的“第二次创业”，邮电工会则通过十年奋斗提前完成邮电发展第一步战略目标。针对职工生活保障，国防工会重点解决三线企业困难，邮电工会改善基层工作环境，稳定了职工队伍。1991年，国防工会启动五年期“第二次创业”劳动竞赛，以“自力更生、艰苦奋斗”精神推动军民融合。这一时期，工会通过组织创新、劳动竞赛和民生保障等方式促进了国防与邮电领域的转型升级，也为社会主义现代化建设提供了重要支撑。

2002年，根据中共中央关于国家机构改革的要求，国防工业工会与邮电工会组织整合，成立了中国国防邮电工会。为发挥在中国特色社会主义建设中的作用，工会将解决好新形势下“建设什么样的工会”“怎样建设工会”作为工作核心；将把广大职工群众组织到工会中来作为重要目标，推动工会工作的开展。积极发挥教育职能和思想政治工作优势，大力弘扬劳模精神、劳动精神、工匠精神，加强国防工业和邮电企业职工技术队伍建设。积极开展新时期社会主义劳动竞赛，组织动员广大职工立足岗位建功立业，为推动产业经济发展作出了积极贡献。同时，按照“组织起来、切实维权”的工作方针，切实解决现实劳动关系中的实际问题，旗帜鲜明地支持改革，探索市场经济体制下的职工生活保障体制，有效地维护了职工合法权益。

中国特色社会主义新时代，为实现中华民族伟大复兴的中国梦而奋斗成为中国工运的时代主题。中国国防邮电工会以习近平新时代中国特色社会主义思想为指引，紧紧围绕国家战略需求和工会工作大局，不断强化职工思想政治引领，深入推进产业工人队伍建设改革，广泛组织开展各类劳动和技能竞赛，激发职工创新创造活力。广大国防邮电产业职工在载人航天、探月工程等国家重大战略任务中勇挑重担、攻坚克难，以实际行动诠释了工人阶级的使命担当，为推动国防邮电产业高质量发展、建设社会主义现代化国家注入了强大动力。

新征程上，中国国防邮电工会将继续以习近平新时代中国特色社会主义思想为指引，在中华全国总工会的坚强领导下，不断保持和增强工会的政治性、先进性、群众性，进一步提升引领力、组织力、服务力，团结动员广大国防邮电产业职工，以更加昂扬的斗志、更加扎实的工作，积极投身制造强国、质量强国、航天强国、交通强国、网络强国、数字中国建设，以实际行动和优异成绩为强国建设、中华民族伟大复兴作出新的更大贡献！

目录 / CONTENTS

第一篇

国防工业篇

第三篇

国防邮电篇

第一篇

国防工业篇

第一章
近代军工工人队伍的起源与军工工人运动

中国近代的军事工业孕育了中国近代军工产业工人队伍。随着军工工业和工人队伍的发展，军工工人群体在其形成和发展的过程中开始了维护自身利益、反抗统治阶级的斗争。

一、近代军工工人队伍的起源

1860 年后，对抗外来侵略和镇压太平天国运动的经历使清朝政府要员认识到了制造“洋枪”“洋炮”等新式武器的重要性，并开始兴办近代军事工业。在 1883 年至 1885 年的中法战争发生后，以“通权达变”而闻名的张之洞创办了以汉阳兵工厂为代表的近代兵器工业企业。在近 20 年的时间里，以曾国藩、李鸿章、左宗棠、张之洞为代表的洋务派先后建立了 30 多个兵工厂，著名的有上海江南机器制造总局、南京金陵机器制造局、福州船政局、德州北洋机器局和湖北枪炮厂等。这些新型军事企业的产生和发展催生了中国近代军工产业工人群体。

（一）洋务运动时期的近代军事工业与兵工工人队伍

1861 年，为了镇压太平天国运动，湘军统领曾国藩在安庆创设军械所，仿制西式武器，为中国近代军事工业播下了第一粒种子。次年，李鸿章在上海先后创办三个名为洋炮局的小兵工厂。1863 年，他们又将“上海三局”中的松江炮局移至苏州，并加以扩充，称为苏州洋炮局。苏州洋炮局当时有外国技工四五名，中国工人五六十名，加上上海的两个洋炮局，有工人 200 人左右。

1864 年，湘军攻陷南京，曾国藩将安庆军械所迁至南京。

1865 年 5 月，李鸿章署理两江总督，在南京聚宝门（今中华门）外兴建金陵机器制造局。开工之时，有役夫、匠目、亲兵 400 人左右。次年 12 月，又将苏州洋炮局的人员、设备并入，工人数量进一步增加。

为了迅速扩充军事实力，时任两江总督的李鸿章决定在上海创建一个更大的军火工厂。他收购虹口的美商旗记铁厂，与上海的两个洋炮局合并，并将原由曾国藩购置的 100 多台机器设备留在上海，成立了江南制造总局。初步组成时，有中国工人二三百人。随着规模的扩大，中国工人陆续增加到 600 人。1867 年，他又在上海城南高昌庙兴建新厂，工人人数亦随之不断增加。根据 1869 年《教会新报》的报道，当时江南制造总局有“外国人 13 位，共有中国做工者 1300 名”。英国领事的商务报告中也提到：“江南制造总局雇用着不少的外国技师，约有 1300 名中国工人。”

1866 年，闽浙总督左宗棠奏准，由沈葆桢任总理船政大臣，在福州马尾筹办海军造船事宜。1867 年，沈葆桢在《机器到厂已齐并船厂现在情形折》中称船政局有各种工匠二三千人。

李鸿章在《置办外国铁厂机器折》中写道：“机器制造一事，为今日御侮之资、自强之本。”在曾国藩、李鸿章、左宗棠等人的带动下，设局制造新式枪炮，很快成为各省督抚的共识，并掀起一个创办机器局的高潮。

1867 年，三口通商大臣崇厚创设天津军火机器总局，其规模仅次于江南制造总局。

1869 年 3 月，督办新疆军务左宗棠从江南制造总局和金陵机器制造局招募了一批工人，在陕西西安建立了西安机器局。同年，广州将军瑞麟、广东巡抚张兆栋开始筹设广州机器局和广州军火局。1870 年，闽浙总督英桂在福州建立福建机器局。1872 年 8 月，左宗棠攻下兰州，将西安机器局西迁，改名兰州制造局，并扩大了规模。此外，这一时期创办的还有 1873 年的云南机器局、1875 年创办的湖南机器局等。随着创办机器局这个高潮，中国军工产业工人队伍诞生，并迅速扩大。除了当时的金陵、上海、天津、马尾四大局，一些新建的军事工业工厂也同样规模较大，并有着人数较多的工人队伍。

19 世纪 70 年代中期以后，在“自强之术必先练兵”“练兵又以制器为先”的战略规划下，清朝的军事工业又得到进一步扩张。

金陵机器制造局建立后，增设乌龙山机器局、洋火药厂，工人数量不断增加，规模逐渐扩大。1874 年，金陵机器制造局再度扩建，并拥有三个机器厂、两个翻砂厂和熟铁厂，同时设立火箭局、水雷局等。1881 年 11 月 15 日的《北华捷报》报道，金陵机器制造局有工人七八百人。

经过不断扩充，江南制造总局陆续增设了军械所、子弹厂、火药库、炮弹厂、水雷厂、栗色火药厂，先后共建有十几个分厂，成为清政府最大的军事工业基地，雇用工人 2800 余人。1876 年成书的葛元煦《沪游杂记》，也提及江南制造总局“有工匠 2000 余人”。1890 年后，由于炼钢厂、无烟火药厂等的建立，工人数量又有新的增加，发展至 3000 人左右。

1883 年，天津制造局由直隶总督李鸿章接办，易名天津机器制造局，规模更大，雇工数量在 1400 人至 2500 人之间，鼎盛时期，天津机器制造局雇用的工人超过 2700 人。印刷于 1884 年的《津门杂记》记载：“机器局即制造局。一在城南三里海光寺，工匠六七百人，以机器制造洋枪炮架等物……一在城东八里大直沽东北，人称东局。地广数百亩，……规模宏大，……工作者约两千人，……专制火药及各种机械。”1881 年 6 月，督办宁古塔、珲春事务的吴大澂奏准开办吉林机器局，为东北地区的军事工业和军工工人队伍的形成奠定了基础。

1883 年 12 月至 1885 年 4 月，在李鸿章等人按部就班地发展军事工业时，中法战争爆发，极大地刺激了军事工业的发展和军工工人队伍的扩充。

1883 年，中法关系紧张，四川机器局为满足云南前线的军火需求，增加设备，购地扩建。到 1884 年，该局工人增加至 430 人。云贵总督岑毓英也派人从广东招雇工匠，建立了云南机器局，有工人 106 人。为了支持战争，两江总督曾国荃再次奏请扩建金陵机器制造局，金陵机器制造局的规模和工人队伍又得到一次较大的扩充。1894 年，金陵机器制造局的工人已达 1200 多人。在广东，主导抗法的两广总督张之洞，大力推展现代化防务及新政。1885 年 10 月，将广东机器局、增埗军火局合并为广东制造局。为扩大规模，又于广州大北门外之石井墟设石井西局，并增建机器北厂。中法战争期间的军事工业的扩张又为军工工人队伍的发展提供了契机。

（二）甲午战争后军事工业的发展与军工工人队伍的扩大

中日甲午战争使清政府陷入了更大的危机。战争期间，为赶造军火，山东巡抚李秉衡对山东机器局进行紧急扩充，山东机器局工人与兵夫增加至近千人。

虽然甲午战争宣告了洋务运动的失败，但清朝政府仍认为，扩充军事工业、增强军事实力，才是延续其统治的唯一良方。在《马关条约》签订后不久，张之洞即上奏：“枪炮子弹，均非多设局厂速行自造不可。凡要冲之地、根本之区，均宜设局。”这一时期，最有代表性的是晚清军事工业由沿海通商口岸向内地扩散，并形成四大军工基地。同时，军工工人队伍也进一步扩大，并系统化。

1888 年，张之洞在广州筹建新式枪炮厂。次年，张之洞调任湖广总督，又将广州枪炮厂的机器运往湖北汉阳，创建湖北枪炮厂。1895 年 7 月，张之洞又呈奏扩厂，设枪、枪弹、炮、炮架、炮弹 5 个分厂，有员工 1200 多人。1894 年，金陵机器制造局的员工发展至 1200 多人，比初创时期增加了近两倍。1895 年，江南制造总局设火药库于浦东，其后又在安徽省宣城、江西省萍乡县建设新厂。1896 年 1 月，北洋大臣王文韶奏准天津机器制造局扩建，并改名北洋机器局。1897 年，在中日甲午战争中起了作用的山东机器局又建立了新式枪厂、枪弹厂、熟铁厂、轧钢厂、化钢厂，规模再次扩大，工人数量进一步增加。河南巡抚刘树棠在开封城外建立河南机器局，有工人 100 余人。1898 年，盛京将军依克唐阿奉旨成立奉天机器局；山西巡抚胡聘之在太原创办山西机器局，有员工 80 余人。兰州机器局、云南机器局也在进行扩建，并扩招工人，工厂人数进一步增加。1891 年，吉林机器局有工匠、工徒 517 人，1898 年，职员、工人增至 828 人。金陵机器制造局历经多年扩充，到 1899 年，已拥有机器近 1000 台，技术人员及工人近 1700 人。至 1904 年，湖北枪炮厂改名汉阳兵工厂，拥有工人和兵夫约 4500 人，随着汉阳兵工基地的发展，逐渐成为中国军工的又一核心力量，与上海的江南兵工基地、南京的金陵兵工基地、天津的北洋兵工基地共同形成了中国的四大兵工基地和兵工工人集中地。

（三）“庚子之变”后的军工企业与工人队伍

1900 年“庚子之变”，帝国主义的铁蹄在中国的土地上如入无人之境。

风雨飘摇中的清朝政府为苟延残喘，继续扩大军事工业。

1901年6月，刘坤一、张之洞联名上奏，提出对江南制造总局、湖北枪炮厂及广东、山东、四川三省的机器局进行扩充。其他省份亦须令其“设法筹款，量力各设一制造局”。八国联军攻陷天津，北洋机器制造局惨遭焚毁。河南巡抚裕长在奏折中称：“现闻天津军械所中匠人均已四散无存……”为了恢复北洋的军事工业，1902年，直隶总督兼北洋大臣袁世凯，在山东省德州兴建新的北洋机器局。建成后，有机器厂、子弹厂、火药厂等12个分厂，人数最多时达5000余人。

1903年，四川总督锡良征地200余亩，扩充四川机器局，并增建火药厂。两广总督岑春煊也屡次奏请扩充广东制造局。1906年获准以新机扩充旧厂，1907年又在石井制造局旁购地，扩充旧厂成立制造军械厂，将石井兵工厂扩充成为国内的大型兵工厂之一。云南机器局也在1908年进一步扩大生产规模，设枪弹厂、修枪厂、木厂、生熟铁厂，有工人286人。

各军工企业的工人数量也在不断增加。1904年，江南制造总局的工人达到3843人。当年的《国民日报》报道：“湖北枪炮厂聘一德国人为铸造师，指挥华工约3000名……”1909年，四川机器局建成新厂，并将旧厂改为炮厂，有工人1000余名。1900年，在沙俄入侵中遭到严重破坏的吉林机器局，于1909年改建为军械专局。初期有职员50人、工人398人，转入正常生产后，常年员工有近1000人。即使仅仅维持局面的兰州制造局，也有员工132人，超过一般企业的员工数量。据有关资料统计，辛亥革命前，兵器工业从业人员达2.8万余人，占全国产业工人总数的10.5%。①

安庆军械所成立至辛亥革命时期这50年中，清朝先后建立兵工厂44座，其中，甲午战争前建立30座，甲午战争后建立14

---

①《当代中国的兵器工业》，当代中国出版社1993年版，第6—8页。

座，几乎是每年建设一座新厂。虽然这些统计数据不一定准确，但晚清时期无疑是军事工业发展的一个高潮期。

洋务派推动近代军事工业的发展，奠定了中国近代官僚资本的基础。“而资产阶级即资本愈发展，无产阶级即现代工人阶级也在同一程度上跟着发展。”[①]晚清的军事工业近代化，成为中国传统社会向近现代社会转型的重要推手，也在客观上创建了一支军工工人队伍。虽然各厂规模不同，员工数量亦不同；而且受局势影响，同一企业在不同的历史时期的员工数量也不相同，但晚清时期的军事工业工人队伍，无疑是当时产业工人队伍中举足轻重的一支。

二、军工工人队伍的形成及其特点

晚清时期，以军事工业为首的机器工业的创办，彻底改变了中国传统手工业的生产方式，与机器大工业生产相联系的近代工人，也随着机器大生产的出现而诞生。据统计，1860 年以前，外国资本在中国开办的企业约有 15 个，其中规模较大的厦门船厂，也不过有 200 个工人[②]。而洋务派兴办的军事工业开始就以规模大、人数多为特点。如金陵机器制造局，开办初期即有员工 400 人；江南制造总局建成，有员工 1300 人。到 19 世纪 90 年代初，江南制造总局占地面积已达 700 多亩，有员工约 3600 人。可以说，19 世纪 60 年代以前的外资企业工人只是中国近代产业工人的萌芽，而晚清军工企业的兴办则是产业工人群体诞生的重要原因。

洋务派创办的民用企业和军事工业是中国近代工业的主体。

---

① 《马克思恩格斯选集》第一卷，人民出版社 1995 年版，第 257 页。
② 《中国通史参考资料》，中华书局 1962 年版，第 498 页。

从兴办的时间看，洋务派兴办的军事工业要早于其兴办的民用工业，军事工业的工人是最早诞生的近代工人群体。从工人数量看，自 19 世纪 70 年代到中日甲午战争前，洋务派共兴办民用企业约 27 个，工人总数在 25500 人至 29500 人之间。

据陈振汉的《技术引进与晚清新式军用工业的兴办》记载，1894 年，主要军事工业的工人人数：江南制造总局 2800 人，金陵机器制造局 1000 人，福州船政局 2000 人，天津机器局 2500 人，湖北枪炮厂 1200 人。广州机器局、山东机器局、四川机器局、吉林机器局的人数均近 300 人。军工企业工人总数约 2 万人。根据以上统计，军工企业的工人数量虽然不及民用企业，但作为一个行业群体，与其他行业工人相比，也是一个大的行业工人群体。1894 年，江南制造总局的工人数量为 2800 人，约占当时上海近代工业工人总数的 8%，占全国近代工业工人总数的 3.81%。根据这一时期的统计，当时三分之二的产业工人都集中在 500 人以上的较大企业中，而在较大企业占绝对比例的就是军工企业。据李琴芳《清末民初的上海制造局（上海兵工厂）考述》记载，清末时期，全国共有大小不等的兵工厂 42 座，员工近 3 万人。江南制造总局有工人 4000 名左右，约占当时全国产业工人总数的 4%。这种人数的增加标志着军工企业工人群体的扩大和力量的进一步增强。

洋务运动时期的兵工厂大多设置在沿海、沿江城市。据统计，盛京、直隶、山东、江苏、浙江、福建先后建厂 24 座。江苏省建厂最多，先后兴建兵工厂 8 座。在沿海的 24 个工厂中，有大型厂 6 座、中型厂 7 座。之后，虽然一些内陆地区也设置了机器局，但其规模和工人数量远低于沿海地区，直至清末，这种布局基本没有变化。企业的集中造成了产业工人群体的高度集中，这有利于工人的团结，也使其成为一个不可忽视的重要社会群体。

在各地制造局的创办过程中，工人群体的来源和构成有明显的区域性。如江南制造总局早期，一线工人主要来自福建、广东、宁波等开放之地。江南平定后，湘军编遣，一批湘军士兵进入工厂工作，以致金陵机器制造局“制造工人，各营兵弁，湘人甚众”。德州北洋机器制造局的工人多数来自周围农村。内陆地区的制造局，其工匠亦多来自东南沿海的广东、福建、浙江、江苏、山东等地。

除工人来源的区域性外，各地兵工企业的工人也因企业创办和发展过程中的流动而产生一种天然联系。被誉为中国军工制造业之父的江南制造总局，为各军工企业输送了大量人员。北洋机器局在生产过程中培养和训练了一批本国技术员工，成为北方第一代近代产业工人的骨干。这种联系，使兵工企业的工人有很强的组织性。

早期兵工工人群体更明显的一个特征是他们基本来源于底层社会。江南制造总局设立早期，因为上海本地人不敢进局做工，制造局招不到学徒，只得去孤儿院挑了一批难童当学徒。19 世纪 70 年代以后，江南制造总局的工人多为破产农民。由于战争的破坏和影响，那些失去土地的农民逐渐流落到上海，成为官办工业劳动力的主要来源。充塞上海街头的破产农民和失业的手工业工人，不断补充着上海的工人队伍，也不断补充着江南制造总局的工人队伍。早期军工企业的工人还有因湘军、淮军编遣而转业的下层兵勇。这些编遣兵勇原先也是破产农民和无业人员。同时，洋务派官员出于稳定清朝统治的目的，试图用发展机器工业生产的办法来养活贫民和流民。这也使流民，即破产农民和无法生存的城市手工业者成为早期军工工人的基本来源。由于都是来自底层社会出身的因素，兵工工人与农民及底层贫苦大众有着天然的亲密联系，也使他们具有与生俱来的反抗性。

在民族意识方面，虽然洋务运动的倡导者李鸿章等人一开始采取了聘用洋员、洋匠的做法，但洋员、洋匠的投机、欺诈行为也激发了各个阶层的民族意识。1875 年，丁宝桢设立的山东机器局坚持不使用洋匠，在创办四川机器局时，他仍坚持在山东办厂的做法。在兵工厂做工的技工和工人积极掌握技术，在一定程度上打破了洋员、洋匠的技术控制。

兵工厂的工人有较强的组织性，有团结协作精神，同时也具有一定的文化和技术，因而成为中国工人阶级的一支重要力量。

三、早期兵工工人的斗争

军工工人群体在其初期就遭到帝国主义、封建主义和官僚资本主义的压迫，因而不断地进行反抗斗争。当革命到来的时候，作为新兴的产业工人群体，他们也迅速汇入革命的洪流，加入反帝、反封建、反官僚资本主义的斗争。

（一）兵工工人的反抗斗争

洋务派开办的兵工厂，虽是按西方资本主义大机器生产组织的现代企业，但在管理方式上仍采取封建主义的管理方式，工人不仅承担沉重的劳动，其人身权利也得不到保障。如山西机器局，从总办到工长都视工人为奴隶，任意打骂，动辄扣薪、开除。工人稍有“违规”，便被驻厂官兵捆绑关押。工人中多数为本省招收的徒工，工资很低，仅够维持个人最低生活标准，但逢年过节还得给师傅、工长和总管等送礼，此外，还有名目繁多的官差、捐款，压得工人喘不过气来。

作为军需产业，兵工企业管理者习惯上认为，兵工厂“一切章制执法当与军营相同”。而作为这个行业的务工群体，兵工工人要遭受比其他劳动群体更加严格的控制或压迫。如马尾船政局就对工人实行军事化管理，“每十人以什长束之，每五十人以队长束之，特须以勤能之武弁统焉。”工人的住处也是“傍山结垒，略如营房”。上海制造局虽是现代化工业，但管理上却有浓厚的封建色彩，对工人实行军事奴役，如规定“工匠不得随意去留”。1904 年，该局又设考工处，以监督工人。

在早期的兵工厂中，工人的劳动强度是很高的。据当时的《北华捷报》《申报》等报刊报道，1880 年，上海机器制造局的工人的工作时间为 10 小时；天津机器制造局将工人的工作时间增加到 11.5 小时。1881 年，福州船政局不顾车间黑暗，无法工作，强迫工人于清晨冒黑进厂，将工人的工作时间由 10 小时增加到 11 小时。

兵工厂不仅劳动强度高，作为危险品生产企业，其工人的生命安全也无保障。1897 年 12 月 17 日，广东制造局增埗火药局发生火药自燃事故，炸死工匠 11 人，受伤工匠 8 人。由于创办者对工人的生命极不重视，兵工厂工人的工作环境和工作条件往往很差。1910 年 5 月，曾在金陵机器制造局任职的朱恩绂奉命考察各省制造军械局。他提到：广东制造局“枪、弹两厂空气不甚流通，窗棂又皆向西，夏间暑气蒸灼，各匠之病不到工者，约十之四五。”近一半的工人因工作环境不良而生病，可见其劳动条件的恶劣。统治者的压迫和剥削，迫使兵工工人不断开展反压迫、反剥削的斗争。

据 1872 年 1 月 12 日的《北华捷报》报道，1872 年 1 月 9 日，广东制造局襄办冯俊光殴打一名工头和造船工，并命令把他们关押起来。这种暴行引起了工人的愤怒，600 多名工人举行罢工，走出了工厂。工人们明确表示，不释放监禁人员，不对此侮辱事件做出改正，他们拒绝复工。冯俊光拒绝了工人的要求，工人们也毫不示弱。罢工的第三天，冯俊光被迫答应了工人的要求，释放了被监禁者，工人们才复工。据 1881 年 12 月 23 日《申报》报道，福州船政局因延长工人劳动时间，引起工人反抗。

1883 年 5 月，江南制造总局新任总办潘露拟延长工人劳动时间，进一步对工人进行压榨和剥削。工人们集体发动，向厂方请愿，要求按以往工时出工，遭到潘露镇压。1890 年 9 月，该局总办刘麒祥又借故将工人的劳动时间由 8 小时延长至 9 小时。工人因反对延长工时而罢工，最后以厂方答应增加工时钱而复工。在罢工中，2000 多名工人团结一致，没有一个人走进工厂，体现了工人高度的组织纪律性，并彰显了工人阶级的力量。据 1904 年 11 月 11 日《北华捷报》报道，该年 9 月 25 日，因工头克扣工人工资，成都兵工厂的近 600 名员工罢工，结队到总督衙门请愿。但总督衙门一再拖延，“到现在工人继续罢工已经有 16 天了。造成拖延局势的人，很可能就是被控告的工头或者驻厂代表，因为他可以拿操纵不幸的工人的工资作为他的本钱，希望拿饥饿来使工人就范。”新式的兵工厂并没有改变封建官府对工人的压迫。

晚清时期，社会动荡、物价上涨，各阶层人民的生活都十分困难。在当时的环境下，兵工厂工人的生活亦无保障。工人生活朝不保夕，工厂又往往以各种借口扣减工人工资，结果造成工人的骚动或反抗。这一点连兵工厂的管理者也不掩饰。如 1900 年，江南机器制造总局总办林志道就承认：“比年钱荒物贵，食办维艰，一议扣减，群情哗然。”

（二）兵工工人的革命斗争

毛泽东指出：“工业无产阶级的人数虽不多，却是中国新的生产力的代表者，是近代中国最进步的阶级，做了革命运动的领导力量。”作为较早产生，并有较强组织性的工人群体，兵工工人在反封建统治的革命中也成为一支重要力量。如辛亥革命时期，江南制造总局的工人响应革命、努力工作、捐助军饷，为革命作出了重要贡献。

1911 年 11 月 3 日，为响应武昌首义，革命党人在上海发动起义，并进攻江南制造总局。该局木工师莫宽、叶辛、何沛城等，协助革命军将木栅门打开，并带领队伍控制了八个军火库。他们夺取武器库的枪支、武装工人，与国民军夺取了江南制造总局。

上海光复后，上海制造局的工人努力生产，支持革命。11月12日，应南京革命军要求，先后两次派15名炮匠赴南京军营修理枪炮。为支持南京等地的武装斗争，工人们不曾稍停，日夜加工赶造枪炮子弹。1911年11月16日，《申报》报道，由于工人积极努力，兵工厂“每日出枪之数，较之从前，可增数倍，而炮位亦制就多尊，以便赶运前敌应用。各工匠以此事关系军民甚巨，莫不乐而忘疲”。上海制造局本来不制造炸弹，但因革命军需要，他们迅速“依法先行铸造400个呈验”。

除了积极生产武器支援前方，工人们还积极捐薪助饷。1911年11月1日，上海商界号召民众捐款，支援革命。上海制造局上至职员，下至工匠、夫役等，共同商议将一个星期的俸薪“悉数充作军饷”。上海制造局会办陈济南、施耕尹考虑，“工匠人等全恃工资度日，一旦捐助军饷，深恐难以照顾家务”，“劝令各自量力捐输”。工人们积极捐款，至12月3日捐至4000多元。12月23日，炮弹厂工人又慨然输捐175元。

为保护公产，保证工厂的正常运行，工人们还积极组织起来保卫上海制造局的安全。光复之初，形势混乱，工人们集合起来，共同商议，设立工匠保卫团，夜间巡逻，以保治安，保证了生产的进行。

江南制造总局的工人在辛亥革命中的行动，体现了早期工人阶级的先进性。

第二章
北洋政府和国民党政府统治下的兵工工人队伍与工人运动

1912 年后，帝国主义的侵略和各派军阀的争夺，使中国陷入了更加严重的战乱。频繁的战争，使维持战争机器运转的军事工业不断扩展。这种扩展，同时也带来了兵工工人队伍的不断扩大，使兵工工人成为产业工人队伍中的一支重要力量。

兵工工人遭受着军阀、政权的压迫和压榨，因而具有很强的反抗性。在民主思想的影响下，这一时期的兵工工人多次发动斗争。特别是在中国共产党成立后，兵工工人斗争的组织性进一步加强，目标更为明确，在反对军阀和国民党反动统治，以及反对帝国主义侵略中发挥了重要作用。

一、北洋政府时期的兵工工人队伍与工人运动

辛亥革命后，由于中国民族资产阶级的软弱，国家政权被北洋军阀控制，国家出现了南北方分裂的局面。各路军阀一方面扩建原有的兵工企业，另一方面增建新的兵工厂。据不完全统计，北洋政府时期共有 47 个兵工厂。军火工业的不断扩大，导致兵工工人数量的不断增加，使民国前期成为兵工工人队伍扩展较快的一个时期。

在兵工工人队伍不断扩大的前提下，受民主思想的影响，兵

工工人群体逐步成熟，开始成立工会组织，并加入了支持民主革命和反抗军阀统治的斗争。

（一）北洋政府前期的兵工企业与兵工工人队伍

1911 年后，辛亥革命的成果被袁世凯等军阀窃夺。他们割据称霸，视武器为扩大势力范围的重要筹码，有的把持原有的兵工厂，有的兴建新的兵工厂。由于军火工业的扩大，兵工工人队伍也出现新的增长。其中较为突出的还是几个老兵工企业：汉阳兵工厂、江南制造总局、江南造船厂、福州船政局、巩县兵工厂、沈阳兵工厂和太原兵工厂等。

1911 年 10 月 10 日，武昌起义爆发，驻汉阳的新军第 42 标起义，接管汉阳兵工厂，接收员工 3000 余人。北洋政府执政后，又拨款 200 万元扩建，添筑子弹、炮弹、铸铜、翻砂等 4 个厂。1915 年后，又陆续增建机枪厂、炮弹厂、电机厂等，1917 年，又接受上海兵工厂拨付的步枪制造设备，人员也进一步增加。据 1915 年的《陆军统计简明报告书》，汉阳兵工厂工人人数达到 4550 人。

1911 年 11 月，上海光复，江南制造总局被沪军都督府控制，改称上海制造局，时有职工 2500 余人。1912 年后，改由北洋政府陆军部管辖。1916 年，陆军部核定兵工厂编制，上海制造局“全局工师、工士、工手、夫役共 5000 余名”。

1905 年，江南船坞由江南制造总局分出。1912 年 4 月，北洋政府根据海军总长刘冠雄咨请，仍将其划归海军部管辖，改称江南造船所，但实行商业化经营。第一次世界大战中，欧美各国船只缺乏，造船所获得的欧美订单明显增加。于是添设 4 座大型船台，并添建新轮机厂等，面积扩大一倍，工人也由三千余人增至七八千人。

1911 年，福建军政府接管福州船政局。1913 年 10 月，北洋政府海军总长刘冠雄将该局收归海军部。1917 年，经督军李厚基扩建，局下设炮厂、步枪厂、机枪厂、枪弹厂、炮弹厂、无烟药厂等 6 个厂，员工增至 1500 余人。

除北洋政府控制的军事工业外，各省军政府也开始扩展军事工业。1912 年，四川军政府改制造局为四川造兵局第一、第二工厂，次年改为四川兵工厂。云南、河南、山东的机器局、广东军械制造厂均改称为兵工厂。在这个过程中，各省兵工企业的规模和职工队伍也得到进一步扩展。如阎锡山扩大了山西机器局的规模，就连厂小位微的河南兵工厂，也在 1912 年增加工人 100 余人。

1915 年 8 月，袁世凯在河南省巩县孝义镇建设了一个规模更大的兵工厂。这一时期，规模缩小、职工减少的只有德县兵工厂（原德州北洋机器制造局）。袁世凯和北洋政府欲改变兵工企业的布局，开始压减德县兵工厂的经费。因经费不足，该厂大量减员，工人减至 2000 人。

袁世凯死后，北洋政府分裂，军阀混战，国家动荡。各地军阀为了扩大军事实力，不惜花费巨资，扩建、改建、新建一批兵工厂。经过不断扩充，各兵工企业的规模进一步扩大，工人队伍进一步扩充。其中扩展较快的有巩县兵工厂、沈阳兵工厂等。

1921 年，巩县兵工厂继续建设，其炮弹三厂及电机、引信、机器各厂竣工投产。1923 年又兴建枪厂。建成后，有工人 3000 人左右。

1920 年，张作霖设立奉天军械厂。1922 年改为东三省兵工厂，新建枪、炮、炮弹等三厂。1926 年后继续扩建，成为当时全国规模最大的兵工厂，至 1928 年，已有员工 2.1 万人。

袁世凯死后，阎锡山大胆扩充原由机器局改成的修械所，并从天津等地招募技工，职工增至五六百人。1920 年 3 月，又将修械所改称为山西军人工艺实习厂。1923 年 7 月，将生产车间改为分厂，并新增枪弹厂、炸弹厂、炮弹厂、无烟药厂、炸药厂、制酸厂，另外成立了独立的黑药厂和压药厂。1926 年，又组建太原火药厂。1927 年，山西军人工艺实习厂改称太原兵工厂。当时，太原兵工厂和火药厂共有职工 1.5 万人。

其他如湖南兵工厂，前身为湖南陆军修械厂，有职工数百人，1920 年改为兵工厂。该年的《兵工厂调查记》称："现因修理各种枪炮，工程浩大，……现在工作数目已增至 500 余名。……现在湖南全省制造厂督办处正式成立，会督办拟将该厂大加扩张，以为制造厂之一部云。"当时的广东石井兵工厂，也发展到有 2000 多名工人。

在动荡的局势下，中原地区的军阀在不断扩充军火工业，边远地区的军阀和实力派人物也以发展军火工业作为增强实力的手段。1924 年，控制甘肃的军阀陆洪涛兼任省长，改兰州制造局为甘肃制造局，进行军火生产。云南军阀唐继尧购买了一批造弹机器，并自制机器 40 余部，扩大云南兵工厂。四川军阀杨森扩大四川兵工厂，使工人增加到 2000 余名。这些兵工厂的建设，也使兵工职工队伍的分布有所改变。

因形势和各派军阀势力的变化，这一时期，各地兵工企业和工人队伍的发展也出现了新的调整。从 1918 年 7 月起，北洋政府财政困难，对汉阳兵工厂所拨经费一再拖欠，导致工厂减产和职工减少。如德县兵工厂，至 1924 年仅剩 1700 余人。1925 年，上海兵工厂因经费困难，工人也裁去不少。1927 年 3 月，北伐军占领上海，上海兵工厂有工人 3000 余人。1928 年，汉阳兵工厂由兵工署接管时，"总厂有员工 3710 人，分厂有员工 845 人。"但是，这些工人中的大部分又转入其他兵工企业。如德县兵工厂的工人被遣散到济南、汉阳、巩县等地的兵工厂。东三省兵工厂建厂初期，工人皆从上海、汉口等兵工厂招来，上海兵工厂出身的人数最多。

（二）兵工工人组织的诞生

随着兵工工人队伍的成熟和扩大，兵工工人也开始组织自己的工会。1912 年，上海制造局、汉阳兵工厂工人组织了同盟会。

上海制造工人同盟会　辛亥革命之后，上海制造局在总理李平书主持下，招募工匠，加班生产武器，以支持上海军政府和民国临时政府。为了支持革命军，工人们不分昼夜，节假日都顾不上休息。随着南北议和与袁世凯就任大总统，上海制造局的军火制造已不再紧迫。1912 年 3 月 28 日，李平书主张不再招募工人，原有工人也开始面临失业威胁。这些工人“皆有家室之累，一经淘汰，即不免失所。”厂方“过河拆桥”和不顾工人生存的行为，使工人们感到十分气愤。1912 年 4 月，开始酝酿组建制造工人同盟会，初期即有 200 余名工人加入。

对制造局工人组织工会的举动，统治上海的沪军都督府称，工人“以工匠比劳动家，该局比资本家，劳动家须脱离资本家之钳制……，藉图激动军界。因之竟有枪厂工人要挟，希冀罢工，起不良之观念，作无理之要求，……”要求“即严行禁止，设法解散……倘仍有屡戒不悛之徒，准其从严律办，毋稍宽纵。”李平书以制造局属陆军部，员工与普通工人性质不同为由，要求加入工人同盟会者，“赶紧自除会籍，绝不追究既往；如尚未入会者，务各安工作，勿入歧途……自示之后，犹有始终执迷不遵劝谕者，本总理亦惟有恪遵都督指令查明，从严律办 。”工人们以《中华民国临时约法》为依据，公开发表声明，抗议李平书干涉工人组织工会的行为。

当局的干涉并没有使工人屈服。1912 年 7 月 7 日下午，上海制造工人同盟会召开成立大会，会员 800 余人，来宾 500 余人。会议报告了同盟会的发起组织过程，宣布了制造工人同盟会宣言。中国近代女权活动家、民主战士沈佩贞等在会上发表演说。

来宾林宗素指出，中国工人地位低下，以致工业不振，家与国因此日贫。现在工人同盟会成立，“嗣后如有不平等之事，一体罢工，自谋生计，”工人们要团结起来，自己解放自己，“勿依赖于一班富豪及腐败之官员也”。上海制造工人同盟会的成立，为兵工企业工会的建立进行了有益探索。

1913 年 5 月 29 日，中华民国工党领袖徐企文、韩恢等人在张尧卿、柳人环的推动下，发动反袁起义，并攻打制造局。其中徐企文、柳人环曾是组织上海制造工人同盟会的参与者。6 月 1 日，北洋政府陆军部电令上海制造局总理陈榥，“凡有稍涉工党名义者，自应一律解散”。上海制造工人同盟会因此解散。

汉阳兵工厂工业同盟会　在上海制造局工人组织工会的同时，汉阳兵工厂工人也开始组织工会。据 1913 年 6 月 22 日《申报》报道，6 月 21 日，副总统兼湖北都督黎元洪称：“近风闻兵工厂工人组织工业同盟会，业已在汉区屡屡谋开会，……藉图激动，图谋要挟，起不良之观念……”说明兵工厂工人已开始发起组织工会。同上海沪军都督府的手法一样，黎元洪也声称：“查汉阳兵工厂本直隶于陆军部管辖中，工人向应与军人皆有一定之纪律，所有结社集会，更不得不受正当之制裁”，要求汉阳兵工厂总办予以查禁。因军阀的镇压，1913 年 5 月工人罢工后，汉阳兵工厂工会停止活动。

（三）兵工工人的革命行动和反抗斗争

辛亥革命后，处在封建制度压迫下的兵工工人表现出了高度革命热情，积极支持新生的临时政府，为资产阶级领导的民主革命作出了贡献。

兵工工人支持民主革命　武昌起义后，革命军接管汉阳兵工厂，工人“全力赶造枪械以助革命，每天生产步枪 60 支，子弹 3 万发，炮弹 1000 至 2000 发”，为抵抗清军进攻和民主革命的成功提供了重要支持。

上海光复后，上海制造局加班生产武器，以支持上海军政府和民国临时政府，为稳定上海局势、支持民国临时政府作出了重要贡献。

但是，辛亥革命的成果很快被北洋军阀所篡夺，兵工工人重归被压迫的地位。由于军阀混战，导致武器需求量疯狂增长，工人的劳动强度空前加大，每天工作十三四个小时，厂方还以种种借口强迫工人加班。社会动荡、物价飞涨，工人生活难以维持。一些兵工厂仍采用封建制度的管理方法，专横残暴，剥削严重，激起工人不断地反抗。

汉阳兵工厂罢工，反对总办苛待工人 1912 年 12 月 10 日，汉阳兵工厂工人发起联盟罢工。罢工原因是该厂规定的工作时间长达 12.5 小时，引起了工人强烈不满。12 月 10 日，总理刘庆恩站立厂门口督察工人上班，并命卫兵拘禁迟到的 30 名工人。工人抗拒，刘庆恩则命士兵放枪威吓，激起工人与卫兵的格斗。厂内工人惊闻枪声奔出，一见此状，立即应援门外工人，有捣毁厂内房屋者，有携所造枪支而出者，一时秩序大乱。工人一齐出厂，集中于附近茶馆，声言必须罢免刘庆恩，并保证决不惩罚一名工人，否则断不复工。刘庆恩从后门逃出，赴武昌都督府告状。当时，汉阳驻军第一旅旅长闻知工人反抗，立即派兵前往镇压。此次罢工持续 13 天，迫使厂方答应不再延长工时。

汉阳兵工厂罢工，反对以跌价纸币支付工资 1913 年 1 月以后，因纸币贬值，汉阳兵工厂以纸币与铜圆搭配的办法发放工人工资。工人以纸币贬值越来越严重，生活越来越困难为依据，要求调剂。兵工厂总理刘庆恩报告副总统兼湖北都督黎元洪，遭其拒绝。工人十分气愤，于 5 月 31 日夜齐集伯牙台开会，发动罢工。6 月 1 日早晨，部分工人上工，遭到罢工工人阻拦。总理刘庆恩前往制止，并将阻拦的陈永长等工人逮捕。工人见状纷纷逃避，无一人进厂。刘庆恩渡江赴都督府报告，也遭到工人拦截。随后，工人追踪至都督府前，向官府控告，称工人每日做工 12 小时，每月工资多则十余元，少的仅数元，今以纸币发给，无疑是打八折。工人代表还控诉刘庆恩贪污舞弊等情况。黎元洪一面令刘庆恩采取停工办法，一面加派军队镇压工人。6 月 4 日，黎元洪杀害了工人总代表梁汉生、工人代表黄士显。此次工人罢工时间长达一个月，表现了很强的组织性。

江南造船所巡察殴打工人，激起罢工 江南造船所共有工人 1000 余名，专司修造兵舰商轮。为防范工人，所内设巡逻队。1916 年 11 月 25 日午后，有数名工人携材料前往修理兵舰，遇巡逻队搜查。因巡逻队不懂当地方言引起误会，巡逻队排长召来士兵 10 余人，不问是非，殴打工人。各厂工人闻知，群起不服，立即罢工，出面回击，双方进行殴斗。工人要求撤去巡逻队，并进行了同盟罢工。

（四）中国共产党成立初期领导的工人组织和工人斗争

中国共产党成立前后，就把团结工人阶级、发动工人运动、推进民主革命作为重要任务，积极开展工人组织的建设工作。特别是北伐时期，中国共产党作为工农革命的领导者，积极开展兵工工会的恢复和建设，先后成立了汉阳兵工厂、上海兵工厂的工会组织。在中国共产党的领导下、在革命思想的指导下，兵工工人以全新的姿态展开了反帝、反封建的革命斗争。其中金陵兵工厂、汉阳兵工厂、上海兵工厂的工人斗争发挥了旗帜作用。

上海机器工会的成立 1920 年，中国共产党上海小组开始进行建党发起工作，江南造船所锻工李中成为中国共产党最早的工人党员。受中共上海发起组委托，李中和杨树浦发电厂工人陈文焕联名发起筹建上海机器工会。10 月 3 日，上海机器工会召开发起大会，通过了《上海机器工会简章》。11 月 21 日，上海机器工会举行成立大会。孙中山、陈独秀等人出席大会并发表演说，参加会议者有上海机器工会会员、上海其他工会代表近千人。

上海机器工会正式成立后，组织工人参加“五一”国际劳动节纪念会，还创办了刊物《机器工人》，向工人宣传马克思主义。在短时间内，工会会员从几十人发展到300多人，遍布上海各大工厂，如江南造船所、原生纱厂、电灯厂等。1923年2月，京汉铁路工人大罢工遭到军阀吴佩孚镇压，工人运动转入低潮。为保护工人力量，上海机器工会改名为上海机器工人俱乐部。

中国共产党领导的石井兵工厂兵工工人斗争 20世纪20年代初，广东石井兵工厂成为各派军阀和政治势力争相控制的重要目标。1923年，中共广东区委派党员罗绮园等人到石井兵工厂开展工作。11月，中共党员杨殷也来到兵工厂，并吸收了一些先进分子，组成中共领导下的工人秘密组织“十人团”，同时要求工厂成立工会。兵工厂厂长马超俊反对成立工会，党组织就发动工人，成立了“工人俱乐部”（实际是工会组织）。在中共党组织的领导下，“十人团”和“工人俱乐部”在工人中开展宣传教育工作，并领导工人反对包工头的包工制度，又领导工人开展反对厂长马超俊克扣工人工资的斗争。1924年，在中共中央执行委员会委员兼驻粤委员谭平山的主持下，兵工厂发展了一批党员，并成立了兵工厂中共党支部。1925年，工人组织了工人联合会。5月8日，工人联合会领导工人开展了要求加薪的斗争，向厂方提出包括提高工资待遇和维护人身权利在内的11项条件。通过国民革命军总指挥部、工人部、广东机械总会、全国总工会派出代表协调，厂方同意增加工人工资，7月3日，工人联合会宣布全体工人复工。

太原兵工工会的成立和兵工工人的斗争 1925年7月，太原兵工厂工人崔绍文加入中国共产党，成为兵工工人中的第一个共产党员。入党后，他团结工人，发展组织，于1926年又先后发展工人杨高武、张斌等15人入党，并建立了党支部。1927年，兵工厂党员发展到50余名。当时支部的任务是发动、团结工人向资本家做斗争，争取工人利益和民主权利。经党支部积极活动，1926年5月1日，成立了太原兵工工会（又称赤色工会），由张斌担任主席。当时正值庆祝北伐胜利，工人革命热情很高，纷纷报名参加工会，会员很快发展到3000多人，工人运动在工会领导下蓬勃地开展起来。

金陵兵工厂工人参加反帝、反封建革命斗争　1925年，上海发生了震惊中外的五卅惨案，中国共产党领导南京人民组织后援会，金陵兵工厂的数百名工人参加了游行，支援反帝运动。1926年，中共南京市委派江北浦镇车辆厂的工人党员梁文志、杜瑞等进入金陵兵工厂工作，并建立党组织，开展发展党员、收集情报、贴标语、发传单等一系列革命斗争活动。

汉阳兵工厂工人配合国民革命军占领武汉　1924年国共合作后，为了加强兵工厂工人运动的领导，中共武汉地下党组织在兵工厂进行宣传，发动群众、发展党的组织，积蓄革命力量。1926年9月1日，汉阳兵工厂工人在地下党组织领导下实行大罢工，支持进攻武汉的国民革命军。罢工委员会发表了《汉阳兵工厂工友罢工响应国民革命军通电》，号召“全国工农奋起，积极支持北伐，打倒军阀吴贼（吴佩孚），为自由而战，为人权而战。”9月5日，得知北伐军先头部队抵近汉阳后，兵工厂罢工委员会当即讨论了与北伐军里应外合，夺取兵工厂，夹攻龟山的行动计划。9月6日夜，兵工厂夜班汽笛响了，工人们进入工厂的枪库，取出武器，与厂守备队展开激战。北伐军攻入厂内，在工人的配合下解除了守备队武装，并占领龟山。7日清晨，北伐军占领武汉，兵工厂旋即复工，为北伐军修理和制造枪炮，支持其继续北伐。

上海兵工厂工人支援北伐　1927年，为反对北洋军阀的统治，上海工人举行了第二次武装起义。江南所工人响应党的号召，举行了大罢工。3 月 21 日，中国共产党领导下的上海总工会，派工人占领上海兵工厂，响应北伐军。工厂工人帮助维持秩序，使工厂没有被破坏。北伐军进驻上海的第三天，工人即复工生产，为北伐军生产武器。由原来每月生产山炮三门，增加到每月生产八门。

二、国民党统治前期的兵工工人队伍与工人运动

1926 年，广东国民政府发起北伐战争，至 1928 年完成了形式上的全国统一，建立了以蒋介石为首的南京国民党政权。随后，南京政府即开始整顿兵工工业，以发展其军事实力。

（一）国民党统治前期兵工企业的发展和兵工工人队伍的扩大

1926 年 10 月至 1927 年 3 月，北伐军先后占领武汉、上海，接管汉阳兵工厂、上海兵工厂。以宁沪地区为根据地的蒋介石政府，加强了上海、南京、武汉三大兵工基地的建设。1928 年，上海兵工厂厂长张群将金陵兵工厂改为上海兵工厂的分厂。当时，上海兵工厂有工人 3000 余人，金陵分厂有 1200 余人。1929 年 6 月，金陵分厂改隶兵工署，又改称为金陵兵工厂。1931 年，全厂人数为 1100 人。1934 年开始扩建，到 1937 年，金陵兵工厂发展成了一个综合性大型兵工厂，有职工 4000 人。

中原大战后，蒋介石政府控制了巩县兵工厂，并进一步扩充建设，建设了化学兵工厂。到 1935 年 3 月，巩县兵工厂员工和兵夫数量有 3911 人（职员 151 人，工人 3260 人，兵夫 500 人）。1937 年，职工达到 4600 人。

国民党政权的统一，仅仅是各个军阀的妥协，国内仍是不同

势力的割据。各地军阀，如晋系阎锡山、东北张学良，都控制着一定规模的军事工业，他们不断扩大军火生产，使兵工工人的队伍得以保留或扩大。其中较为突出的是沈阳兵工厂、太原兵工厂和湛江兵工厂。

1931 年春，上海兵工厂职员陈修和奉命考察沈阳兵工厂，认为该兵工厂“即使在国外，也是属于新型的一个综合性的大兵工厂。”该厂鼎盛时期，有枪厂、枪弹厂、炮厂、炮弹厂、药厂、铸造厂、火具厂、兵器厂 8 个工厂，拥有职员 1000 多人、工人 2.5 万余人。另外还有奉天迫击炮厂，1929 年拥有工人 1400 多人。

中原大战后，太原兵工厂和火药厂于 1931 年 4 月合并为太原修械所，原有的 1.5 万名工人裁减为 1800 名。1932 年，阎锡山将太原修械所的兵工厂部分改为制造厂，火药厂部分改为化学厂。两厂工人恢复到 5000 人。1936 年 10 月，太原修械所改名为西北制造厂，有工人 7000 多人。

1935 年，控制广东的军阀陈济棠，在清远县湛江口建成制炮厂，名为广东第二兵器制造厂。1936 年增设动力厂。“两广事变”后，陈济棠出走香港，国民党政府接管该厂，改为广东第一兵工厂。1937 年，广东第一兵工厂有步枪厂、机枪厂、无烟弹厂、机关弹厂（附设熔铜部）、无烟药厂、机器厂（兼造轻机关枪）、炸弹厂、动力厂及木工厂 9 个厂，有工人 2300 余人。

其他一些兵工企业也有所扩大。如河南兵工厂，工人最多时达 1100 人。1933 年，云南机器局有员工 300 余人。1933 年，李宗仁、白崇禧在柳州兴建柳州制弹厂，全厂工人有 1200 多人。四川军阀刘湘将四川兵工厂的设备并入在重庆的修械所，使该所成为拥有两三千工人的兵工厂。他的川康绥靖公署子弹厂，也有工人 700 余人。1937 年，济南兵工厂有工人 1000 多人。

（二）兵工工人反对国民党右派和国民党新军阀的斗争

随着北伐战争的不断胜利，中国共产党进一步加强了对工人运动的领导。在革命的大好形势下，兵工工人运动也不断发展。但是，以蒋介石、汪精卫为代表的国民党反动派先后发动了反革命政变，导致了大革命的失败。在严峻的形势下，兵工工人同全国工人一起，掀起了反对国民党右派的斗争。

江南造船所职工会成立 北伐军占领上海后，中国共产党领导的上海总工会派人与海军群众组织“新海军社”的林轰、陈长钧等联系，共同商量筹组江南造船所职工会。经过充分发动，工人要求成立和参加工会的热情异常高涨。1927 年 3 月 25 日，江南造船所职工会召开成立大会。大会提出“打倒军阀”“打倒帝国主义”“废除包工制度”“反对替美国造六艘炮艇”等口号，大会选出执行委员 17 人，林轰当选为委员长。会后，林轰向造船所提交了工人的要求。造船所拒绝了工人的合理要求。不久，蒋介石发动了四一二反革命政变，加紧了对共产党和进步人士的镇压和迫害。上海海军司令部对江南造船所工会也采取了行动，林轰、陈长钧相继被国民党军警抓捕，江南造船所工会停止活动。

汉阳兵工厂工人反对国民党右派的斗争 1927 年，蒋介石和汪精卫分别发动四一二反革命政变和七一五反革命政变，使中国革命陷入危急关头。为了反抗国民党反动派的暴行，中共湖北省委和省工会决定从 8 月 2 日起举行武汉三镇总同盟罢工。汉阳兵工厂积极响应，成为罢工的中坚力量。

1927 年 8 月 2 日，汉阳兵工厂总工会委员长胡锡泰拉响汽笛，整个兵工厂的机器设备全部停运。工人聚集在工厂门口的广场上，胡锡泰代表罢工委员会宣布汉阳兵工厂举行大罢工。

国民党反动派的军队很快包围会场，架起机枪。工厂的青年工人也将厂里的机枪架起，与敌人紧张对峙。胡锡泰不顾危险，站在高处，发表罢工演讲。

由于敌我力量悬殊，汉阳兵工厂的罢工在极端艰险的情况下坚持了半个多月后，被反动当局镇压。不久，胡锡泰因叛徒出卖被捕，于 1927 年 8 月 21 日下午 3 时在武胜门马路纱厂门前遇难，时年 25 岁。

汉阳兵工厂的大罢工斗争表现了工人阶级为求解放、争自由，不怕流血牺牲的革命精神。罢工虽然失败了，但斗争唤醒了劳苦大众，使一批共产党人、工人领袖和革命分子接受了斗争的洗礼，坚定了武装反抗国民党反动派的信心与决心。

上海兵工厂工人反抗国民党反动派统治 四一二反革命政变后，蒋介石认为厂长张性白有倾向革命的嫌疑，免去了他的职务，改任国民党右派石瑛为厂长。石瑛积极反共，对工人采取高压政策，工人反抗，举行罢工，并围攻厂长办公室。1928 年，蒋介石任命张群为上海兵工厂厂长，撤销了工会。据陈修和《有关上海兵工厂的回忆》，“在整个国民党政权时期，兵工厂的工人，因反对压迫而围攻厂长和殴击职员的事，不断发生，上海兵工厂更是司空见惯。”而“工人阶级同国民党反动政权的矛盾是无法调和的，斗争的情况，有时尖锐，有时缓和，随着统治者所采取的手段表现而不同。”

1928 年，中共地下党组织在巩县兵工厂建立了支部。其间，兵工厂的工人积极分子在李占元和张绍珍的领导下开展了“抢面粉”“反克扣”“争双饷”等斗争。1931 年 12 月，兵工厂党支部组织了一次较大规模的罢工斗争。当时，兵工厂有年底双薪制度，即工人全年歇工时间不超过 5 天时，年底多发一个月的薪饷。如果歇工时间超过 5 天，则多发半个月的薪饷。当年 12 月 23 日，工人的双薪没有按时发下来，是因为厂长和部分职员扣下了 35 万元“红利”准备私分。工人们群情激愤，提出抗议，厂里的中共党支部决定领导工人进行罢工。12 月 27 日，部分工人关车停机，开始罢工。他们包围了总务处和工务处，捣毁了办公室，砸开了军械库，拿出枪支和手榴弹，与前来镇压的厂警卫队对峙。经过斗争，工人们终于领取了一个半月的薪饷。1932 年 1 月 1 日夜，乘全厂工人放假之机，厂警和卫队按照工厂当局圈定的名单，抓捕了包括共产党员段炳恒在内的 170 名工人。为营救被捕工人，厂党支部决定再次开展罢工斗争，并提出“不放人，决不开工”的条件，同时帮助解决了被捕工人家属生活上的困难，稳定了罢工工人的情绪。这次罢工目标明确，组织得力，坚持了一个月之久。最终，厂方答应工人们的要求，释放了被捕工人，罢工期间，工人们的薪饷照发，罢工斗争取得了最后胜利。

1932 年 3 月 18 日，刘少奇发表了《某某兵工厂罢工斗争的经过和教训》一文，对巩县兵工厂罢工的原因、经过、结果以及经验教训进行了总结。该文称：“我们要向工人解释工资不够维持生活的原因，是物价高涨，物价高涨的原因，是帝国主义的侵略和军阀战争的破坏所发生出来的结果。因此工人要解除本身的痛苦，就必须驱逐帝国主义和消灭军阀战争……”

其他地区的兵工工人运动也在不断开展。1930 年 5 月，林育英任中共满洲省临时委员会书记。他不顾危险，多次深入奉天兵工厂积极恢复和发展党团组织，指导工人运动，推动了工人运动的开展。在国民党严密控制下的汉阳兵工厂，也于 1931 年再次发生罢工风潮。

（三）九一八事变后兵工工人的抗日斗争

1931 年 9 月，日本帝国主义发动了九一八事变，拉开了侵略中国的序幕。中国人民感到“中华民族到了最危险的时候”，广大民众以各种形式积极投身抗日救亡运动当中。在这种形势下，兵工工人也开始了反对日本帝国主义侵略的斗争。

汉阳兵工厂工人要求复工抗日　1932 年初，国民党军事当局在日军侵占我国东北三省的严重局势下，竟然借故命令汉阳兵工厂停工数月，造成全厂几千名职工失业。该厂工人鉴于“正值倭寇肆虐，国难方殷之际”，国防武器供应“关系至重”，因此组成复工委员会，坚决要求复工，生产武器以反击日本帝国主义的侵略。3 月 15 日，复工委员会在《武汉日报》上刊登启事，说明要求复工的原因和态度，引起了社会的强烈反响，国民党政府被迫同意复工。但是，反动军事当局却乘复工的机会，大批裁减工人，最后只留了两千人，其余的全部裁退。

山西各兵工厂工人参加牺盟会组织的抗日救国运动 1936 年冬，山西各兵工厂工人在中共太原市工人工作委员会的领导下，相继成立牺盟会，会员达 3000 余人。牺盟会在工厂开办工人夜校，举行时事报告会，组织工人话剧团，发行各种宣传刊物，宣传抗日救国思想。敌视工人运动的兵工厂总办张书田威胁工人说：“谁参加牺盟会，就开除谁。”工人置之不理，参加牺盟会的人越来越多。张书田令各厂主任调查参加者，拟开除一批工人，结果发现 80% 的人都加入了牺盟会，吓得不敢动手。张书田又以维护生产为理由，规定工人上工时不准佩戴牺盟会徽章，不准看牺盟会刊物。工人群起质问张书田：“牺盟会是抗日爱国的，你为啥反对工人抗日，不让我们爱国？只有汉奸才反对抗日救国！”张书田被质问得哑口无言，被迫默许牺盟会在工厂的活动与发展。

三、全民族抗日战争时期国民党统治区的兵工工人与工人运动

1937 年 7 月，日本帝国主义发动了对中国的全面侵略战争，中华民族陷入了巨大的危机。为了抵抗侵略、保卫国家，兵工企业进行了大规模的内迁和改组。随着兵工企业的内迁、改组、

改建、扩建、新建，兵工工人队伍的规模、分布也发生了巨大变化。

在民族危亡的关头，广大兵工工人以高度的爱国热情和牺牲精神，投入兵工企业的搬迁和生产，有力地支援了抗日战争。同时，为了维护自己的基本权益，也同国民党腐败、反动势力进行了不懈的斗争。

（一）兵工企业内迁、改组

七七事变后，日本侵略军迅速侵占了中国东部、中部的大片地区。为了救亡，保证战时的军事需要，兵工企业进行了大规模的迁移。如 1937 年 9 月，济南兵工厂迁往陕西西安；11 月，金陵兵工厂迁往重庆、巩县兵工厂迁往湖南；12 月，广东第一、第二兵工厂搬迁至广西融县；巩县与汉阳两个兵工厂合并迁往湖南。阎锡山统治下的西北制造厂，迁至陕西，先后在褒城、城固、留坝及四川广元等地设四个分厂。

1938 年 2 月，兵工署令全国兵工厂统一按照所在地域划分编号。其后，迁到重庆的金陵兵工厂改称兵工署第二十一工厂。巩县兵工厂迁至湖南安化县，改名为兵工署第十一工厂。广东第二兵工厂与广西兵工厂合并后搬迁至重庆，分为两部分，分别改称兵工署第四十工厂和第四十一工厂。1938 年 4 月，济南兵工厂由西安再迁重庆，组成兵工署第三十工厂。1939 年下半年，合并的巩县、汉阳两个兵工厂再迁重庆，改为兵工署第一兵工厂。1939 年 1 月，兵工署第二十二兵工厂在昆明建厂，员工最多时达到 1900 人，是中国第一个军用光学仪器厂。1940 年，迁至湖南的汉阳火药厂再迁重庆巴县，改名为第二兵工厂。1939 年，第二十一工厂合并重庆兵器厂和机枪厂。

1940 年 10 月，兵工厂的大迁徙结束。主要的兵工单位集中在陪都重庆及其附近的江北县、巴县、綦江县、万县、泸县等地，构建起以重庆为中心的兵工基地。其中有 11 个武器生产厂，2 个兵工原材料生产单位，后又新建兵器生产厂、原材料生产厂各 1 个。除重庆兵工基地之外，云南、贵州、湖南尚有几个兵工署直属厂。山西、云南、新疆、甘肃、浙江等省各有自办兵工厂 1 个。

经过西迁、重新组合和增建新厂后，国民党统治区共有 42 个兵工厂。1941 年 9 月，兵工署第四十一工厂有职工 2500 余名。1942 年，兵工署第一工厂有官佐、兵夫、工人共 6407 人。兵工署第三十工厂有职工 2273 人；兵工署第十一工厂的职工超万人。由金陵兵工厂改组而成的兵工署第二十一工厂在入川时仅有职工 3000 人，其后经过扩建，并合并汉阳兵工厂步枪厂、第二十工厂轻机枪厂等，职工达到 14300 余人。阎锡山统治下的西北制造厂迁至陕西城固及四川广元等地时，共有职工 1100 人。1938 年 9 月，全部迁至广元，共有大小分厂七个，员工 2500 多人。由广东第二兵工厂改组而成的兵工署第五十工厂在西迁之后，仅有员工 600 余人，到抗日战争结束时有员工 3737 人。重庆兵工基地的兵器生产厂到抗日战争结束时，共有管理、技术人员和工人 39808 人，另有护厂士兵和杂工 3305 人。

1942 年 11 月至 1943 年 6 月，兵工署又建八个新厂。

1945 年 5 月的国民党政府《兵工署所属各兵工厂员工兵夫编制人数暨驻厂眷属人数统计表》统计了兵工署所属各兵工厂职工人数，如表 2–1。

表 2–1　兵工署所属各兵工厂职工人数

兵工厂名称	职工人数	兵工厂名称	职工人数	兵工厂名称	职工人数
第一工厂	7094	第二工厂	4714	第十工厂	3352
第十一工厂	8745	第二十工厂	6976	第二十一工厂	13564
第二十三工厂	5618	第二十四工厂	4808	第二十五工厂	5199

续表

兵工厂名称	职工人数	兵工厂名称	职工人数	兵工厂名称	职工人数
第二十六工厂	1355	第二十七工厂	4625	第二十八工厂	3807
第三十工厂	3546	第三十一工厂	1850	第四十一工厂	4112
第四十二工厂	1051	第四十四工厂	2212	第五十工厂	8277
第五十二工厂	1947	第五十三工厂	3065	钢铁厂迁建委	26618
合计	122535				

注：重庆档案馆藏。

（二）兵工工人的救国和反抗斗争

在日本帝国主义大规模侵略中国和民族遇到严重危机的形势下，兵工工人同全国人民一起展开了艰苦卓绝的救亡斗争。同时，国民党政权的腐败和对工人的压迫，也激起兵工工人的不断反抗。

1. 兵工工人的救国行动

七七事变后，太原兵工厂、汉阳兵工厂等兵工厂的工人立即掀起了抗日救亡斗争。

太原兵工厂工人的抗日斗争　1937 年 9 月 18 日，平津沦陷，日军进逼山西。太原兵工厂工人同其他工厂工人举行了纪念九一八事变爆发六周年集会。会上，八路军驻太原办事处负责人萧克作了抗日形势报告，牺盟会负责人讲话，兵工厂、炼钢厂等工厂的工人代表发言。大会结束后，他们连夜组织了大规模的游行示威。游行队伍行至省政府门前，派出代表与省政府交涉，阎锡山被迫同意组织工人武装。是夜，在工人的拥护下，成立了山西省总工会。其后，各兵工厂相继成立兵工工会，并制订了工会章程。章程规定：工会以团结工人、保护工人利益、积极参加抗日救国为宗旨；凡工会会员必须是牺盟会会员，必须积极参加抗日救国；对于工会会员，厂方不能无故开除和解除职务；工会有权向厂方提出公正合理的要求；改善工人待遇和劳动条件。

1932 年 9 月 24 日，根据中共山西省委指示，山西工人武装自卫队正式成立，兵工厂有 300 余人参加，是各产业工会中人数最多的。兵工厂的全体共产党员都编入了自卫队，成为这支工人武装的领导骨干。不久，日军进犯太原，工人武装自卫队离开工厂，奔赴前线。山西工人武装自卫队（后改为山西工人自卫旅，简称工卫旅）在抗日战争的烽火中谱写了无数英雄篇章。10 月下旬，日军逼近太原，太原危在旦夕。兵工厂工人因受牺盟会宣传活动的影响，纷纷脱离工厂，投奔至共产党领导的抗日根据地。

汉阳兵工厂工人成立抗敌工作团 七七事变后，中共湖北省委负责人直接帮助汉阳兵工厂发动职工群众开展抗日救亡活动。汉阳兵工厂工人迅速行动起来，加入抗日斗争。1938 年 1 月 9 日，成立汉阳兵工抗敌工作团，扛起了武汉工界救亡运动与工人组织的第一面旗帜。

兵工职工为抗战加班生产 “八一三”淞沪抗战爆发后，金陵兵工厂的职工，为了前方战争的需要，昼夜不停地加班生产。当时日军的飞机频频空袭，但工人们在爱国主义精神的感召下，怀着对日本帝国主义的仇恨，“热血愈为沸腾，鼓舞奋发，不分昼夜，照常工作，诚有一心报国、视死如归之概。”

兵工工人奋力支持兵工厂西迁 1937 年 11 月 12 日，上海失守，南京告急。16 日，金陵兵工厂得到政府西迁命令，此时距南京沦陷不足 1 个月。经过紧急动员，全厂职工在厂长李承干的带领下，冒着被敌机轰炸的危险，用十几天时间将数千吨设备、材料拆卸，并装箱完毕。负责押运的职工顾不上战火临近和家中老小，登船出发。西迁途中，船只多次遭遇敌机轰炸，兵工职工冒着生命危险，把设备、材料打捞起来，换上木船继续前进，遇上险滩，还要背纤拉船。在 3 个月险恶征途中，职工一身泥水、两脚血泡，以国家、民族利益为重，团结一致，努力奋斗，表现出高度的牺牲精神。时任上海工厂迁移委员会主任林继庸在谈及搬迁时说：“冷冰冰的机器，每每涂上工人热腾腾的血。”

山西各兵工厂先迁至风陵渡，再渡过黄河迁往陕西，然后入川。风陵渡水流湍急，没有码头。职工历尽艰难，建成临时码头，在黄河两岸苦战数月，终于将数千吨机器运过黄河。

巩县兵工厂全体职工竭尽全力，以惊人的速度完成了设备的拆卸和搬运工作。在搬迁过程中，遭到了日军飞机的接连轰炸，人员和设备都遭到了巨大的损失，最后经过艰苦努力，还是完成了大部分人员和设备的迁移。

2. 兵工工人反抗剥削压迫的斗争

抗战时期，国民党加强了对兵工工人的控制，如兵工署第二十厂，要求进入工厂工作的职员，必须先履行加入国民党的手续。1938 年，兵工署署长俞大维密令第二十厂厂长李维城：“仰该厂长即便彻查纠正，并严密防止工人加入共党。其已加入共党之谭剑啸等十余人，应为适当之处治，以弥隐患。”1941 年，俞大维通令，禁止各厂工人传阅《解放日报》。1942 年，第一工厂工人因工厂欠发工资和代米金，组织罢工并外出游行示威。俞大维认为：“今该厂第一所工人有此行为，虽系小部分工人参加，但工作时间，工人停工外出者竟达五六十人，”责令警卫稽查组“限期严查，……以儆效尤。”由于战时经济困难，兵工工人劳动强度很大，生活也十分困难，工厂又时时欠发工资，引起了工人的反抗。

1938 年底，兵工署第二十一厂厂长下了一个命令，要恢复在南京时的储金制度，其办法是职工每月储蓄 10% 的资金，遇婚、病、死亡等事项时，向厂长呈报，批准后始得借用，并在工资内扣还。犯厂规者，没收其储蓄金。这种储金制度是厂方剥削工人、束缚工人的一种形式。步枪厂 70% 的工人是有家眷的，又值开工不久，工人生活困难，储金制度的恢复引起了工人的不满。

中共地下党组织工人起草呈文，称年关已届，工人需要用钱，工人家属人口众多，又系初来重庆，人地生疏，申借无门，要求暂缓至1939年3月，厂方被迫批准。随后，工人用同样方式，使厂方取消这一制度。

（三）沦陷区的兵工工人和工人运动

1931年9月以后，日本侵占了东北地区的兵工企业，七七事变后，又侵占了东部和中部的一些兵工企业。为了支持侵略战争，日本帝国主义又在部分企业中开展兵器生产。沦陷区的一些民众虽然为生计所迫，不得不进厂做工，但他们并没有甘心做亡国奴，而是以不同方式进行抵抗。虽然日军对兵工工人采取了严酷的控制和压迫，但兵工工人并没有停止斗争。

日军对兵工企业的侵占 九一八事变后，东三省兵工厂被日军占领，改为关东军野战兵器厂，1932年，由日本财阀大仓、三井投资扩建，改为奉天造兵所株式会社。1937年扩充为6个制造所。最盛时期有职员1200余人，工人3万余人。1939年，日军在东北沈阳、铁岭、辽阳、本溪、安东等地建设兵工厂多处。在1945年投降前，日军共建有40多个工厂和机构。1931年至1938年，日本占领的奉天制造所，职员由100余人增加到1200余人，工人由5000余人增加到3万余人。1939年至1945年，职员由1200余人减少到1007人，工人由3万余人减少到4587人。

1937年12月，日军占领南京兵工厂和济南兵工厂。次年，其将中国各地劫来的机器运到南京兵工厂进行安装，并招收工人。一些贫民、妇女和童工为生活所迫而进厂做工。厂内工人数量不断增加，至1940年，达到近1300人，其中妇女和童工的人数占60%。还有一小部分日军同工人混在一起做工。济南兵工厂也在同一时期被日军改建为火药厂。

沦陷区兵工工人的抗日斗争 据抗战胜利后，曾任东北兵工厂厂长的陈修和回忆，东三省兵工厂培养出来的工人和技术人员在日军侵占东北后，有不少参加了抗日战争时期的国防工业工作。

沈阳兵工厂虽然受到日本侵略者的严密控制，但工人的斗争并没有停止。陈修和的《奉张时期和日伪时期的东北兵工厂》记载："日寇侵占东北，认为利用东北的人力和物力，足以发动侵略大战，为所欲为了。岂知事实恰与日本帝国主义的理想相反。东北人民，忠勇爱国，积极地参加了中国共产党领导的武装抗日和破坏敌伪物资的地下活动。原在兵工厂的中国工人，由原在该厂任职的日本人从中拉拢，胁迫工作，并加入大批日本技术员工（约当全厂人数十分之一）监督指导，又利用一些特务汉奸，暗中侦察，严密监视。在待遇上也用了比其他工矿较为缓和的欺骗手段。但兵工厂里的中国工人，长期地采取一种消极怠工的方法，对抗日寇，当时称为'磨洋工'。据留用的日籍技术人员反映，敌伪时期的中国工人，效率极低……"

四、解放战争时期国民党统治区的兵工工人运动

1945 年 9 月 2 日，日本在投降书上签字。但是，经过 14 年的艰苦抗战，中国并没有迎来和平的好日子。国民党政府重新整顿兵工企业，开始为发动国内战争做准备，并很快发动了进攻解放区的战争。在这种政策下，国民党统治区的兵工工人队伍又有新的发展。为了反抗国民党政府的压迫，国民党统治区的兵工工人进行了多种反抗斗争，并在中共地下党组织领导下，配合了人民解放战争。

（一）解放战争时期国民党控制下的兵工企业

抗战胜利后，国民党政府不仅控制了以重庆为中心的兵工厂

集群和7万多名员工，还接收了一批日伪兵工厂。1946年3月，国民党政府接收沈阳兵工厂，4月开始复工。10月，将其控制区的兵工厂合组为第九十兵工厂。1947年分别成立了辽阳、文官屯、抚顺三个分厂。1948年，职工增至1.2万人，成为全国最大的兵工厂。1947年1月4日，国民党政府又接收了广州兵工厂，改立第八十兵工厂。

这一时期，阎锡山也将各地分厂可迁部分陆续迁回，综合调整为五个兵工厂，包括西北制造厂、西北修造厂、西北机床厂、西北育才炼钢机器厂、西北化学厂。这五个兵工厂共有员工1.2万余人。西北制造厂本部及设在川、陕的广元、城固等县的分厂，因路途遥远，而没有迁回太原。1948年由第三十一兵工厂接管，更名为广元制造所。

1946年3月，国民党政府兵工署按照军政部编制的《军事委员会兵工厂库整理计划》，对所属兵工厂进行整编。兵工署第一工厂、第四十一厂、第二十七厂裁撤后，划归第二十一厂和第十五厂。兵工署第二十一厂计划迁往南京，并先在南京建立分厂。迁渝员工陆续返回，共1500余人。4月，第十一兵工厂除部分制造所留在辰溪之外，其余九个都迁往湖北武汉，称为第十一厂总厂，时有员工和兵夫5114人（职员604人、工人3892人、兵夫618人）。留在辰溪的制造所称为第十一工厂分厂。6月，兵工署第二十一厂接收安宁及綦江分厂及二十三厂重庆分厂。8月底，改称为第六十兵工厂。

通过整编，兵工署建立了第六十、第七十、第八十、第九十等四个新厂，扩建了第十一、第二十六、第四十四等三个厂，充实了第十、第二十、第五十等三个厂。经过调整，工厂和分厂总数为调整前的43.75%，保留的员工人数为调整开始时的60.72%，使兵器生产力更加集中。其后，兵工署又增建了一些兵工厂，如1948年第十一兵工厂南迁湖南株洲时，将第十一兵工厂在汉部分改为第三十厂，并在武汉金口镇建设新厂。

1949 年 5 月，国民党统治区已缩小至东南、西南的部分地区。但据中国第二历史档案馆所藏《兵工署各工厂三十八年五月份现有人数统计表》，国民党政府掌握的 24 家及分厂，还拥有职工 58621 人。1949 年新中国成立前，国民党政府遗留在大陆的兵工企业共 72 个，有职工约 5 万人。

（二）国民党统治区兵工工人的斗争

解放战争时期，国民党统治区的兵工工人不顾国民党的残酷镇压，以各种方式开展同国民党反动势力的斗争。如 1947 年，南京第六十工厂（原金陵兵工厂）的中共地下党组织，为配合解放战争，将收集到的工厂生产计划等机密情报向上级党组织报告；同时，不断反抗厂方剥削工人的政策，维护自身利益。

1948 年以后，国民党败局已定，对迁移不走的工厂进行大破坏，以防兵工企业落入新生的人民政权手中。

为了保护国家财产，为新中国保留国防工业的基础，兵工工人进行了艰苦不懈的护厂斗争，使国民党反动派的阴谋最终破裂。

1. 兵工工人的反抗斗争

蒋介石为了维护其反动统治，加紧制造白色恐怖。1947 年先后颁布了《维持社会秩序临时办法》和《戡乱总动员令》，严禁 10 人以上的请愿和一切罢工和游行示威。授权各地方政府对人民的爱国民主运动采取所谓的“必要措施”和“紧急处置”，进行血腥镇压。在这种高压下，兵工厂工人却毫不畏惧，进行着维护自身利益的斗争。

江南造船所工人维护自身利益的斗争　由于国民党政府发动内战，军费开支浩繁，加之纸币滥发，物价不断上涨，这些造成了严重的经济危机。为了摆脱这种局面，1947 年 2 月至 5 月，国民党政府冻结了职工生活指数，使工人生活更加贫困。江南造船所又借口经营惨淡，在国民党政府被迫恢复生活指数后，依然按生活指数的七折计算工资，并大量裁员。

为抵抗国民党的政策和厂方的剥削，江南造船所工人在中共地下党组织的领导下，多次向厂方展开斗争，例如 1947 年 3 月，要求恢复 5 角底薪的文庙罢工，6 月上旬反对按生活指数七折计算工人工资的罢工等，其中，以 6 月下旬开展的反对裁员斗争规模最大、时间最长。

第六十兵工厂争取遣散费的斗争 1948 年底，国民党政府决定将第六十兵工厂向台湾搬迁。对于那些不愿意去台湾的工人和职员，兵工厂毫不留情地将其遣散，每人只发给当月工资作遣散费。这种行为引起了工人的强烈反对。经过中共地下党组织的积极联络，工人一致到工厂请愿，要求工资发到年底，并另发三个月的工资作遣散费。最后，经过不懈斗争，工人拿到了合理的遣散费。

2. 兵工工人的护厂斗争

1949 年初，蒋介石指令："对于南京，凡是能带走的坚决带走，带不走的统统毁掉。" 1 月 10 日，中共上海局发出《京沪一般形势的特点及当前的基本方针与我们具体工作》指示：要求开展反遣散、反迁移、反裁员，保厂、保校、保业、保命等斗争。在这种形势下，中共地下党组织领导工人开始了艰难的护厂斗争。

南京兵工厂的护厂斗争 1948 年底，国民党看败局已定，决定将南京兵工厂向台湾搬迁。中共地下党员秘密奔走于各个车间，号召工人团结起来，抵制搬迁。兵工署派出军警入厂，强逼工人搬迁机器。但工人出工不出力，故意拖延或将机器的重要零部件拆得残缺不全，让搬迁的进度大打折扣。工厂被迫搬迁后，中共地下党组织又联系进步工人，组成护厂纠察队，保卫工厂、迎接解放。1949 年 4 月 27 日，解放军军代表接管工厂，地下党员及进步工友完整移交厂内大批军用物资和机床设备。

第三十兵工厂工人的护厂斗争 1949 年 2 月，白崇禧强令第三十兵工厂南迁柳州，遭到工人的强烈抵制。白崇禧派工兵连到厂拆卸机器，强行武装搬迁。厂方发放路费，部分工人返乡，随厂迁柳员工为 2769 人。1949 年 11 月 25 日，解放军进入柳州，国民党派工兵前来炸毁工厂，工人们打开枪械库，全副武装与炸厂工兵对峙，工兵们见状不妙，掉转车头逃走。当天上午，在柳州地下党员的带领下，解放军小分队进驻工厂。

兵工署第二十一工厂工人的护厂斗争 1949 年春，国民党政府命令在重庆的第二十一工厂迁往云南昆明。兵工署第二十一厂职工在厂长俞涤之的支持下，开始了反搬迁斗争。搬迁不成，国民党又以“裁员”的方法破坏工厂的生产力量。中共地下党组织提出“工厂就是我们工人的家”“保护工厂就是保护工人的命根子”的口号，先后挫败了国民党特务要求销毁档案技术资料、破坏精密仪器的阴谋。11 月，解放军进抵重庆，国民党特务将炸药放置在工厂各要害处，随时准备炸毁工厂，并炸毁部分厂区。中共川东特委动员工厂职工，组成护厂领导小组，并通过工厂地下党员赖宗渝，做好厂长俞涤之的工作。在俞涤之的支持下，工人组织了护厂队，挫败了特务炸毁工厂的阴谋，保住了工厂。

第三章
人民军工的产生和军工工人运动

在革命战争时期，根据地、解放区和敌占区的军事工业工人为发展人民武装力量、巩固扩大革命根据地、争取抗日战争和解放战争的胜利，作出了巨大贡献。在战火中产生的人民军工队伍经过长期战争的考验，具有自力更生、艰苦奋斗的革命精神和光荣传统，出现过许多英雄模范人物和无数可歌可泣的动人事迹。

一、革命根据地军事工业的产生和工人运动

1927 年 8 月 1 日，中国共产党发动南昌起义，开始独立领导革命战争、创建人民军队和武装夺取政权，并在中共中央八七会议上，决定实行土地革命和武装斗争的方针。以后，随着农村革命根据地的建立和革命战争的兴起，各个革命根据地因陋就简，建立和发展了一批军事工厂。这些工厂的建立标志着人民军工企业和军工工人队伍的诞生，同时也成了人民军工工人运动的起点。

（一）中央苏区军事工业的建立和军工工人队伍的诞生

1927 年，蒋介石发动四一二反革命政变后，中国共产党人开始了建立根据地的尝试。特别是 1927 年 10 月，毛泽东率秋收起义部队进入井冈山地区，建立革命根据地，开始了进行武装斗争

和根据地建设的伟大实践。毛泽东提出："军事必需工业的建立，是苏维埃建设的重要任务。"各根据地根据军事斗争的需要，逐步建立了自己的军工企业和军工工人队伍。

闽西红军兵工厂　1927年9月，闽西革命根据地的创始人郭滴人请来五位广东制枪工人，建立红色兵工厂，造出了一批简单武器，武装了赤卫团。1930年3月24日，闽西工农兵第一次代表大会公布《关于军事问题决议案》，提出"办修械厂、子弹厂，以增加武器"，决定建立闽西红军兵工厂。8月，山塘兵工厂的人员和设备并入闽西红军兵工厂；12月，改称闽粤赣军区兵工厂，毛泽民任厂长；1931年夏，又改为福建军区兵工厂，后经几次迁移，1933年初并入江西瑞金的中央兵工总厂。

红四军军械处　1927年10月，毛泽东率领工农红军建立井冈山革命根据地，并开始进行军工建设。1928年7月，在井冈山茨坪创办了红四军军械处。创办时只有30多人，用手工制造老式步枪，修理破损枪支。1929年12月，红四军缴获敌人兵工厂的全套设备，使军械处的设备大大改善。随后，红四军军械处迁往赣南黄洋界的梅树下村，改称兵工厂。

闽北兵工厂　1930年初，在一个私人工厂工作的张昌龙，组织了五六十名工人，带着一部分生产工具到福建省崇安县的岚谷给红军造枪。不久后，在中共党组织的教育下，张昌龙带领三四十名工人参加红军，建立了岭阳兵工厂。1931年7月，岭阳兵工厂迁至崇安县大安镇范畲村，改名为闽北兵工厂，工厂初期只有80多人。1934年上半年，闽北兵工厂进入鼎盛时期，有300多人。

湘赣省军械厂　1930年春夏之际，中共湘赣省委派人到攸县建立苏维埃政权。是年秋，湖南攸县苏维埃政府成立后，又开始着手建立地方武装，并在东冲创建了红军东冲兵工厂。苏维埃政府集中工匠30余人，制造梭镖、地雷、火枪、松树炮等，并为红军修理枪械。为保存革命实力，1932 年冬，东冲兵工厂迁至江西省莲花县九龙山，并以此为基础建立了湘赣省军械厂。

鄂豫皖边区军事委员会兵工厂 1929 年，中共鄂豫边区特委在军中建立了几个修械所，1930 年 1 月，将这些修械所集中起来，设立了鄂豫边区军事委员会兵工厂；4 月，改名为鄂豫皖边区军事委员会兵工厂，有职工 60 多人。1931 年 4 月，因国民党军队对鄂豫皖根据地发动了第二次“围剿”，兵工厂迁到湖北黄安县熊家咀，合并了河南省新县黄谷的红军造枪局和黄安县席家岗的红军修械所，并设总厂和四个分厂，人员规模扩大到 300 余人。1932 年 4 月，蒋介石调集 30 万兵力，对鄂豫皖苏区进行了第四次“围剿”。7 月，鄂豫皖边区军事委员会兵工厂解散。

红二军团洪湖兵工厂 1930 年 7 月，红四军与红六军在湖北省陡湖堤合编为红二军团，将石首修械所扩建成红二军团洪湖兵工厂，鼎盛时期有工人 250 多人，同时又在季家组建红军被服厂，有工人 500 多人。1932 年，因形势不利，工厂将机器沉入湖中，人员疏散转移，红二军团洪湖兵工厂解散。

闽浙赣兵工厂 1928 年 10 月，方志敏带领的工农红军第 10 军在江西横峰县上坑源大湾村建立了修械所，次年年底又扩大为修械处；1930 年 3 月在江西乐平鸣山煤矿缴获一小型官办兵工厂，动员工厂 30 余名工人加入了修械处。11 月，在弋阳县江冲源建立兵工厂。1931 年 5 月，赣东北根据地反“围剿”胜利后，迁至德兴县洋源村，有工人 90 余人。1933 年冬，组成闽浙赣兵工厂，至 1934 年上半年，职工发展到 800 多人。1935 年 3 月，因国民党军队的进攻，全部工人改编为游击队。

中央苏区红军兵工厂 1931 年 9 月，红一方面军粉碎了国民党军的第三次“围剿”，缴获了大量枪支，但这些枪支有的损坏，有的缺少零件，无法使用，而且革命根据地的巩固发展也迫切需要补充大批的枪支弹药。因此，中央革命军事委员会决定，把白石红军修械厂、江西省苏维埃政府修械所、红三军团修械所、吉安东固修械处、赣县田村修械处等合并组建成一个规模较大的兵工厂。1931 年 10 月，中央苏区红军兵工厂诞生，广东省五华县的 42 位优秀青年在马文的带领下来到官田村，集体投奔中央苏区红军兵工厂。该兵工厂有工人 400 余人，最多时近 600 人（也有说 1000 多人）。1932 年 4 月，红军缴获军阀卢兴邦在福建尤溪的修械厂，将部分设备运到厂内，该兵工厂规模进一步扩大。1933 年第四次反“围剿”后，根据战争形势，中共中央决定，将中央苏区兵工厂分散到于都的银坑和兴国的寨上等地，后又迁到瑞金。

苟家湾兵工厂　1932 年 10 月，由于国民党的围攻，红四方面军进行了战略转移，1933 年 2 月，开辟了以通江、南江、巴中为中心的川陕苏区，并在四川通江县城南苟家湾办起兵工厂，工厂人数很快增加到 100 多人。8 月至 10 月，红四方面军发起宣（汉）达（县）战役，缴获了军阀刘存厚兵工厂的 130 多台机器和大批原材料，并接收原厂长何阳洲等 600 多名技术工人。红四方面军将这些设备和工人并入苟家湾兵工厂，使该厂成为当时各根据地兵工厂设备最多、技术力量最强的兵工厂。

黄洋兵工厂　1933 年 11 月，四川军阀刘湘调集 20 万兵力向川陕苏区发起“六路围攻”。红四方面军采取“收紧阵地”的作战方针，于 1934 年 3 月迁入通江县苦草坝。10 月，又迁至旺苍县黄洋镇。兵器修造厂有工人 400 余人，子弹厂有工人 100 余人。1935 年 3 月，红四方面军西渡嘉陵江，黄洋兵工厂随军西迁。

陕北红军修械所　1933 年，中共陕甘边特委、陕甘边游击队进驻陕西省耀县薛家寨，创办了陕北红军修械所。1933 年 7 月，驻耀县的国民党骑兵团在王泰吉的带领下起义，随队的修械工人充实到修械所，修械所的工人达到七八十个。同期创办的还有安定杨道岭修械所，1935 年夏迁至瓦窑堡小澧湾，有员工 130 人。1934 年 5 月，为了解决红军武器不足的问题，工农红军西北军事委员会先后在阳道峁和清涧崖头村建立了两处修械所，1935 年 5 月延长解放，从延长油矿运回五部机器，正式办起兵工厂。9 月，与红 25 军的兵工工人会合，组成新的兵工厂，迁至瓦窑堡；11 月又与中央红军兵工厂合并。

红二、六军团兵工厂 1934 年 10 月底，任弼时领导的红六军团与贺龙领导的湘鄂边红军部队会师，建立红二、六军团，并开展湘西攻势。1 个月后，建立了湘鄂川黔边根据地。12 月，在湖南省永顺县塔卧创办了湘鄂川黔边区临时修械厂，有人员 50 余人。后搬迁到湖南省永顺县龙家寨的躲狮坪，改称躲狮坪兵工厂，人员规模达 330 多人。1935 年 2 月后，红二、六军团开始反击国民党军队的“围剿”，先后取得湘西陈家河、桃子溪大捷。4 月中旬，红军撤离永顺，兵工厂随红军迁移到龙山县兴隆街。5 月迁到茨岩塘，并在甘露坪设厂，有职工 100 余人。

在其他地区，一些红色政权也建立了不少小型军工企业。如 1933 年，中共福建连江中心县委和县苏维埃政府在透堡、下宫、山面区、罗源的牛埕、丰余、香岭等地建立了一批小兵工厂。

（二）红色根据地的军工工人队伍建设

红军兵工厂的工人来自全国各地，如中央兵工厂的技术工人，有的来自萍乡、广东、福建等地，有的来自汉阳、沈阳兵工厂和上海兵工厂。洪湖兵工厂的工人一部分是当地的工匠，另一部分是组织从上海、武汉、长沙、四川等地动员来的工人和技术人员。

军工职工来自不同地区，文化、思想、习惯各不相同，加强职工的组织性，提高职工的思想觉悟和文化水平，就成为军工职工队伍建设的重要任务。为了团结工人为革命战争服务，中央兵工厂建立之初，就建立了职工委员会。1933 年 3 月，毛泽东在接见中央兵工厂工会委员长马文时指示，兵工厂要用团结、教育、启发诱导的方法正确处理工人之间的矛盾。

在严酷的战争形势下，红军兵工厂制定了严格的管理制度，同时，职工队伍实现了军事化管理。在党的领导下，兵工厂不仅是一所工厂，还是一所学校。中央兵工厂制定了《中央兵工厂学习制度》，不仅让工人识字扫盲，还让工人在党组织的培养教育下焕发阶级觉悟。兵工厂十分重视职工的政治和文化学习，由党员干部讲政治课，知识分子辅导学文化。兵工厂的党、团、工会组织生活十分活跃，在党、团、工会的组织下，职工学政治、学文化，其政治觉悟和文化、技术水平都有很大提高，不少青年工人还成为生产突击手。

中央兵工厂注重提高工人技术，《中央兵工厂学习制度》规定，技术人员和老工人负责传授技术。在红二、六军团洪湖兵工厂，每个技术人员分别带七个学徒；甘露坪兵工厂开设了技工和缝纫培训班。

同时，兵工厂的工人每天还要抽出三个小时进行军事训练，既当工人又当战士，一旦遇到土匪袭扰，就能拿起枪与赤卫队一道守卫兵工厂。

（三）红色根据地的军工工人劳动竞赛

在中国共产党和苏维埃的领导下，红色根据地的军工职工一开始就把自己当成工厂的主人，以全新的态度投入工厂的生产，不断进行劳动竞赛。

红四军军械处成立后不久，工人们非常努力，不仅能修理各种武器，制造梭镖、大刀和鸟枪，还能制造出单响枪和松树炮。工人们日夜不停地工作，将修理或制造出的武器送往前方，解决了红军的武器供应的难题。

各兵工厂虽然实行八小时工作制，但任务紧急时，工人们加班加点，星期天也不休息。当时，国民党对苏区实行封锁，兵工厂得不到原材料供应，职工们群策群力，想尽一切办法解决原材料问题。造子弹的原料主要是收集的废旧子弹壳和各种废铜料，买不到造弹药的硝酸，就用腐烂木头磨粉和白药配成火药。经过工人们的努力，兵工厂造出了合格的子弹、马尾炸弹、手榴弹、迫击炮弹和地雷，有力地支援了前方的战斗。

1930 年 10 月至 1933 年 10 月，蒋介石调动几十万军队，对中央苏区及鄂豫皖、湘鄂西、闽浙赣等根据地进行疯狂的“围剿”。在严峻的形势下，为了支援反“围剿”，各红色根据地军工职工掀起了更加艰苦的生产斗争。

1930 年，鄂豫边区兵工厂工人在敌人严密封锁，既缺技术设备又缺原材料的生产条件下，克服种种困难，忘我劳动，仿制成功长枪子弹，并批量投入生产，对粉碎敌人“围剿”和扩大根据地发挥了重要作用。

从 1931 年 10 月建立到 1934 年 5 月的两年多时间里，中央兵工厂共修配枪支 4 万多支，迫击炮 100 多门，机枪 2000 多挺，翻造子弹 40 多万发，制造手榴弹 6 万多枚、地雷 5000 多个，为武装红军、支援革命战争作出了重要贡献。

在国民党军队对中央苏区发动第四次“围剿”时，中央兵工厂职工在“多造枪支弹药、多消灭敌人”的号召下，开展了轰轰烈烈的劳动竞赛。工厂工人践行“我们加班多流汗，阶级兄弟少流血”的誓言，以冲锋精神学先进、比先进、赶先进、超先进，掀起了一个个生产热潮。工人们自动加班 1 小时，使产量超额 40%以上。弹药厂的底火车间规定每人每天制造底火 300 个，工人朱志昕创造了每天制造 600 个的纪录。在他的影响下，全车间每个工人都突破了 300 个的定额，把指标提到每天 400 个。

1934 年春，为了反击国民党对中央苏区的第五次“围剿”，中央兵工厂枪炮厂工人开展生产突击革命竞赛，努力提高生产。原定每天一小时的义务劳动，工人们主动增加到两小时，使当年4月的生产额超过104%。

1935年3月至4月，红四方面军为实现“依托老区，发展新区”的川陕甘计划，策应中央红军在川黔滇边的作战，进行了嘉陵江战役。黄洋兵工厂全体职工在原材料和动力严重缺乏的情况下，为赶制西渡嘉陵江的武器弹药，日夜奋战。没有照明灯，就用麻辫子浇上桐油做照明灯；没有动力就人力手摇，生产枪弹的铜铁铸件则靠人力拉木风箱。全体职工克服了各种困难，在短短两个月中，修好步枪300多支，制造子弹100多万发、炸弹（手榴弹）8000多颗，为红四方面军西征提供了重要支持。

为支援革命战争，红色根据地的兵工不惜流血出汗，甚至付出生命。1931年冬，中央兵工厂校枪员马木松因下水打捞枪械牺牲，年仅18岁。中央兵工厂弹药科科长刘球，在制造弹药时不慎烧坏一只眼睛，但无怨无悔，仍坚持参加生产。

（四）红色根据地的军工职工待遇

红军兵工厂实行八小时工作制，工人实行工资制。工人家庭有困难的，可得到一定的补助。按照苏维埃政府颁布的保护工人利益的《劳动法》，工人负伤或生病的，工资照发，医疗费用由厂里负担。但是，在战争的艰苦环境下，红军兵工厂职工一直把劳动和奉献作为第一追求，从不计较待遇。如红二、六军团甘露坪兵工厂的工人，早上五点起床后，一直干到深夜。没有电就用煤气灯，甚至用枞膏照明，有时连饭都吃不饱，更谈不上报酬。为了革命早日成功，工人们干劲儿十足，虽然条件艰苦，但纪律从不松懈，生产从未停止。

（五）红色根据地军工企业和工人队伍的战略转移和恢复

1934 年 10 月，中央将江面中央兵工厂的干部、工人编为一个工人师，随红军进行战略转移。湘赣省军械厂部分干部与工人也随红六军团突围西征。1935 年 11 月，红二军团自湖南桑植出发长征，将兵工厂大部分工人分散到各连队，只留下 21 人组成修械所，随司令部修械科一起行军。1935 年，闽北根据地与中共中央联系中断，根据地军民开始了独立的游击战争。兵工厂组织六七十人随部队转入游击战争。

1935 年 11 月，中央机关进驻瓦窑堡后，在原西北红军兵工厂的基础上，组建了中央红军兵工厂，有工人 110 多人。工厂随部队先后驻扎清涧、延川、吴起、延安、延长等地，之后回迁到延安柳树店。

完成战略转移的中央兵工厂在遭受巨大损失的情况下，也很快恢复了生产。据 1936 年 5 月 19 日的《红色中华》报道，1936 年 4 月，中央兵工厂造枪数量超过计划的 95%，子弹生产超过 5%，炸弹（手榴弹）生产超过 115%。全体工人提出，5 月和 6 月这两个月有 6000 名新战士上前线，兵工厂要更加努力地发扬革命竞赛精神，多造子弹、多造枪炮。

红军长征后，湘赣省军械厂部分职工编入湘赣边红军游击队，坚持了三年的游击斗争。特别是闽北兵工厂职工，在游击战争中，一直坚持生产和修械活动，并一度重建工厂。抗战全面爆发后，南方红军游击队改编为新四军，红军遗留在南方的兵工工人又加入了抗日队伍。如闽北兵工厂的 40 余名工人加入了新四军兵工厂。

二、全民族抗日战争时期的人民军工与工人运动

抗日战争爆发后，中国共产党领导下的人民军队开始了独立自主的游击战争，并开始创办军事工业。1938 年 10 月，毛泽东在中共六届六中全会上提出："每个游击战争根据地，都必须尽量设法建立小的兵工厂，办到自制弹药、步枪、手榴弹等的程度，使游击战争无军火缺乏之虞。"经过各抗日根据地军民的努力，抗日军工事业在十分艰苦的环境下不断发展，并形成了独立的军工体系。在这一发展过程中，抗日军工队伍也不断扩大，成为一支重要的战斗力量。

（一）抗日军工产业和军工工人队伍的建立与发展

1937 年 11 月，八路军总部在山西省和顺县石拐镇召开干部会议，传达中共中央关于创建以太行山为依托的晋冀豫抗日根据地的指示，提出：除每个师外，各旅，各团，每个游击支队以及地方政府和自卫队都要招募技术工人，开办修械所和炸弹厂，抗日军工事业和军工队伍开始起步。各抗日民主根据地为独立自主地坚持作战，都建立了兵工厂或兵器作坊，形成了在中国共产党领导下、独立自主的军工系统和军工工人队伍。

陕甘宁边区中央军工系统　抗战爆发后，太原兵工厂的部分工人加入延安中央兵工厂；上海利用小五金厂经理沈鸿也带着机器和工人来到延安。1938 年 3 月，陕甘宁边区根据毛泽东关于发展国防工业的指示，成立了中央军委军工局。军工局成立后，首先将中央红军兵工厂由延安柳树店迁到安塞县茶坊镇，改名为陕甘宁边区机器厂，职工发展到 500 多人。从 1939 年起，按照生产作业性质，中共中央将陕甘宁边区机器厂分拆、整合，先后组建中央军委军工局一厂、二厂、三厂、五厂、六厂、八厂及柴房

沟化学厂。1942 年，又组建八路军留守兵团第一兵工厂。随着军事工业的扩大，军工工人队伍也不断发展。

太行区八路军总部兵工系统 1937 年 9 月，八路军总司令朱德、副总司令彭德怀，率部开赴抗日前线，创建以山西为中心的敌后抗日根据地。11 月，总部召开会议，提出了全面开办修械所和炸弹厂的要求。根据总部指示，各抗日武装很快开办起修械所、修造厂、炸弹厂，规模小的三五人，大的百余人，参与军械修造的工人达千人以上。挺进太行山的一二九师在晋东南地区建立起五个师属流动和半流动修械所。

1939 年 3 月，八路军总部后勤部成立军工科，将原各师的修械所，加上太行军区军工厂，整合成立了总部修械所。4 月，由八路军总部军工科接管武乡县抗日县政府创建的抗日兵工厂，对外称“柳沟铁厂”，当时有职工 460 人。6 月又将军工科扩编为军工部，并在收编、整顿各修械所的基础上，先后组成四个步枪修造所（军工部一至四所）、一个复装枪弹厂（下赤峪复装枪弹厂）、一个炸弹厂（柳沟铁厂）、一个枪弹试验所，共有职工 2566 人。其中的军工部一所由总部修械所改组而成，并转移到黄崖洞，逐步扩建成黄崖洞兵工厂。当时的黄崖洞兵工厂有职工近 700 人，全盛时期达到 2000 多人，年产武器弹药可装备 34 个团，被誉为“太行山上的小天津”。

1939 年冬，阎锡山配合国民党第一次反共高潮，发动“十二月事变”，进攻抗日根据地，军工二所奉令转移至辽县，与军工三所合并。

1940 年底，军工部将一二九师修械所改编为军工部七厂。1941 年，先后在山西顺县组建青城铁厂，在河南林县开办铅矿，在辽县尖庙村成立步枪机器厂。总部军工工厂由 7 个发展到 14 个，工人数量增加到 3200 人，比 1940 年增长了 20%。

1942 年 2 月，日本侵略军连续对太行根据地进行“大扫荡”，抗战进入最艰难时期。一些目标大的兵工厂，如三所、四所的厂房全部被毁。军工部按照精兵简政的原则，把原来几个规模较大的兵工厂化大为小，分散设厂。其中在武安县坳沟村，邢台县南就水村、小芹泉村等地新建起了一批小型兵工厂。这些工厂，规模大的二三百人，小的三五十人，军工企业正式职工由年初的3043人减少到年底的1368人。

1943年，抗日战争形势好转。9月，军工部重新组建军工部二所，下属三个分厂。

1944年，抗日战争转向战略反攻阶段，日军节节失利，晋冀鲁豫根据地迅速扩大。6月，八路军后勤部决定调整兵工厂的布局，将黄崖洞等分厂改编为“八厂一所”，并在以后发展成为14个小型兵工厂。10月，冀鲁豫军区向中央军委报告，该区有兵工厂15个，职工1058人。抗日战争胜利时，太行区八路军总部军工系统已有矿山、铁厂、机械厂、化学厂、枪厂、枪弹厂、炮弹厂以及工业学校等10多个单位，共有职工3000多人。

晋西北（晋绥）军区军工系统 抗战爆发后，八路军一二〇师创建了晋西、晋绥抗日根据地。1940年2月，晋西北军区后勤部决定，将一二〇师修械所与山西青年抗敌决死队工人自卫旅（工卫旅）修械所合并，在陕西佳县㹀牛沟扩建成一二〇师修械厂，时有职工400多人，后发展到600多人。同时，以佳县李家坪的工卫旅炸弹厂为基础，将一二〇修械厂的炸弹厂并入，建成炸弹分厂。1944年9月，晋绥军区成立工业部，以㹀牛沟修械厂为中心，扩建和新建了四个兵工厂。第一兵工厂，即㹀牛沟修械厂；第二兵工厂，即1942年8月由㹀牛沟分出去的驻佳县李家坪的炸弹厂；第三兵工厂，由原㹀牛沟兵工厂设在山西临县招贤镇的炼铁试验组扩建而成。1945年3月新建第四兵工厂（晋绥火药厂），有职工156人。到1945年8月，日本帝国主义投降，㹀牛沟兵工厂人员发展到1200多人。

晋察冀军区军工系统 1937年11月，晋察冀军区成立，招募一批从太原兵工厂撤出的工人，在五台县跑泉厂村建立修械班。以后又从各区调来机器和工人，于1938年4月成立修械所，有工人80余人。1938年5月，成立制造所，工人最多时达到500多人。同时，冀中军区以原人民自卫军修械所为基础，建立冀中军区修械所，人员最多时达到300多人。1938年8月，日军展开“大扫荡”后，晋察冀军区修械所改称晋察冀军区供给部第一修械所，并于11月建立第二修械所。1939年3月成立第三修械所，并以冀中军区修械所为基础，建立第四、第五修械所。其中第五修械所有职工170多人。

这一时期，各军分区也建立了一些小型军工厂，如六分区、七分区、八分区、九分区和冀东军区都建立了修械所或小兵工厂。

1939年4月，晋察冀根据地成立工业部，把军区供给部和各军分区修械所整编为六个制造所，此时根据地共有大大小小的兵工厂13个。1940年1月，晋察冀根据地将所有兵工厂进行了统一整编。1941年6月25日，晋察冀军区直属政治部主任张平凯发表文章称，1940年，边区建立了多个造枪厂、制弹厂、被服厂、纺织厂、硫酸厂和无烟火药厂，还创办了铅矿、铁矿、熔铁厂。边区军事工业有了数千个能够掌握技术的工人。到1942年5月，军区共有化学厂2个、矿工队1个、修械所10个、炮弹厂1个，有职工943人。

抗日战争进入反攻阶段后，晋察冀军区军工企业进一步扩大。1944年，军区工业部有工厂8个，职工2000人。所属四个二级军区，各有兵工厂三四个，军工工人队伍也发展到数千人。

山东抗日根据地军工系统 1937年冬，山东中共地方党组织在10多个地方建立了抗日武装。其中1938年3月建立的黄县圈杨家兵工厂，有职工100余人，并陆续增加到300人。其他地方的一些抗日武装也建立了修械所或小型兵工厂。这一时期，山东各抗日根据地有六个兵工厂，有工人600余人。1938年9月，山东抗日武装改编为八路军山东纵队，次年3月，八路军山东纵队将圈杨家兵工厂改编为第五支队第一兵工厂。1938年底，鲁中军区建立第一兵工厂。1939年4月，八路军一一五师进军山东，整顿并扩大各兵工厂。1940年1月，胶东军区接收北海修械所100余人，成立兵工二厂，到8月，人数发展至200余人。1940年秋，鲁西军区创建了金山修械所，有职工约250人。鲁中军区建立兵工总厂，下辖三个分厂。1941年1—2月，胶东军区成立兵工三厂、四厂、五厂，其中，四厂有260余人。3月，清河区建立兵工总厂，下设四个分厂。4月，滨海军区成立，建立滨海军区兵工总厂，有职工近千人。到1943年下半年，山东抗日根据地的兵工厂已发展到18个，有3000多名工人。1944年以后，山东抗日根据地军工企业迅速发展，到1845年8月，已发展至28个工厂、有6000余名工人。

新四军军工系统　1938年4月，新四军在安徽岩寺建立军部修械所，各支队也相应建立了修械所。1940年8月至9月，新四军江北指挥部、八路军第五纵队第三支队先后建立修械厂和兵工厂。皖南事变前，新四军创办了近20个修械所和兵工厂，主要有皖南军部修械所及一、二、四、五、六支队修械所，江南指挥部修械所，江北指挥部修械所，豫鄂独立游击支队修械所等。皖南事变后，新四军开始大力发展自己的军事工业，军部设立兵工处，有职工150余人。从1942年到抗战胜利前，新四军共建兵工处46个，职工总数近1万人。

在抗战的艰苦环境中，人民军工得到了全面发展。到抗日战争胜利时，陕甘宁边区和各抗日民主根据地有兵工职工3万多人。

（二）抗日根据地军工工会组织的建立与发展

抗战时期，中国共产党仍然把开展工人运动作为党的重要工作。抗日战争一开始，根据地各级党组织和军事领导机关就把建立工会组织、推动工人运动作为重要任务。各地军工工会建立后，不断在新的形势下探索工会工作的新路子，推动工人运动的开展。

1. 抗日根据地军工工会的建立

1937 年 6 月，中国共产党领导下的中华全国总工会西北执行局就工会建设工作作出了安排。同在苏区一样，中央军委军工局下属的工厂，一开始就在工厂中建立了工会。

在各抗日根据地党组织的领导下，通过各抗日根据地地方工会的工作，各地抗日军工系统在可能的条件下都开始了建立军工工会的工作。1938 年 5 月，晋察冀军区修械所成立了工会。1939 年 4 月，军工系统各厂也成立了军工工人职工会。1938 年 9 月，胶东总工会派干部到兵工厂进行宣传工作，并组织成立了工会。这一时期，军工工会组织发展的最大成果，是八路军总部军工部总工会的成立。

黄崖洞兵工厂诞生后，随着晋冀鲁豫根据地军事工业的建设，职工队伍迅速扩大，成立工会已成为广大职工的迫切要求。1940 年初，长期从事工人运动的毛齐华，带领部分工作人员到八路军总部军工部帮助筹备兵工工会。在他的指导下，军工部从各所、各厂抽调了 12 名在工人中既有威望又有一定文化水平的共产党员，在下赤峪村举办了工会干部训练班，培训了工会骨干。1940 年 4 月，八路军副总司令彭德怀，对军工工会的建立专门做了指示。5 月 1 日，正式宣布第十八集团军总部军工部总工会（对外称吉峪总工会）成立，并在黎城县上赤峪村隆重召开了庆祝大会。朱德总司令在给大会的贺词中说：“工会是我们工人阶级团结战斗和受教育的良好组织形式。”随后，各厂、各所组织学习工会章程草案，进行会员登记，履行入会手续，成立基层工会，推选会员代表。是年7月1日，首届兵工工人代表大会召开，正式通过了工会章程，发表了宣言，选举了工会委员会。大会号召军事工业职工，坚决拥护和彻底执行大会的决议，加强全边区工人的团结，为彻底实现加强对敌斗争、建设根据地的战斗任务而奋斗。

1941年6月，晋察冀军区召开军事工业职工联合会第一次代表大会，成立了晋察冀军区军事工业职工联合会。8月，在陕甘宁边区总工会的帮助下，晋绥军区兵工部职工会也宣告成立。在敌后坚持生产的新四军各兵工厂，也得到不断巩固和健全。

到1942年秋天，胶东抗日根据地军工系统的工会会员已发展到500多名。1943年胶东军区召开党代表大会，要求对工会工作加以重视。7月15日，中共山东分局发出《关于加强国防企业职工工作的指示》，为坚持敌后抗战，鼓励工人的生产热情，掀起根据地军工部门的生产热潮，加强根据地国防企业部门的职工工作，建立与健全国防企业职工会组织，已成为各级党组织与职工会的重要工作。《关于加强国防企业职工工作的指示》要求，以区党委级或地委级为单位，成立统一的国防企业工会；工厂集中的县，成立县级国防企业职工会。在中共山东分局和军区领导下，山东抗日根据地建立了较为完整的军工工会组织。一些地区，如渤海军区机关企业，于1944年经过民主选举成立了职工委员会及其分会。1945年，根据山东省总工会及区党委的指示，滨海军区政治部发出《关于工会工作的指示》，明确健全兵工厂工会组织的要求，提出要使工会成为名副其实、属于工人自己的组织。

2. 军工工会建设

军工工会建设受到了中共中央及各根据地党组织、八路军各级军事机关的高度重视。自延安中央兵工厂设立后，中共中央领导和中央职工运动委员会十分关注工会建设，多次到兵工厂指导工作。各根据地党组织和八路军军政组织及时确定了建立工会的指导思想，明确工会工作任务和定位，以及兵工厂党、政和工会的关系。各兵工工会也相应建立了工作学习制度，为军工工会建设做了基本实践。

军工工会建设的指导思想和基本原则 1940 年 4 月，彭德怀对军工工会工作作出指示，包括：提高工会威信和权利；工会应经常讨论工人的切身问题；形成工人自觉遵守的纪律；工人选举自己的代表参加会议。1941 年 3 月，八路军总部后勤部在辽县（今左权县）召开政治工作会议，八路军野战政治部主任罗瑞卿、军工部政治委员孙开楚，在讲话中对工会建设的原则提出了明确要求。他们提出，工会工作是政治工作的一部分，是党政工作的有力助手。工会的任务是保证生产任务完成；教育和团结工人；改善工人生活。要开办工会干部轮训班。为了做好工会工作，工会干部要有信仰、有技术，并经常帮助基层工作。

罗瑞卿、孙开楚特别强调了工会的地位和作用，以及如何处理各厂党、政、工关系的问题，他们提出，党和工会的关系是领导的关系，而不是包办的关系。凡是与工人有关系的问题，如工资、生产计划等，工厂都要与工会取得密切联系。党、政、工要密切联系，应建立定期的联席会议制度。

1941 年 6 月，晋察冀军区召开军事工业职工联合会第一次代表大会。大会明确工会的任务是：全面深入开展军事工业职工会工作，健全职工会组织，团结和壮大职工队伍，发扬高度的生产热忱，积极提高生产，提高技术，大量制造现代化武器与军需品，保证战争供给，并加强对职工的共产主义教育，提高阶级觉悟及适当改善职工生活，努力使军事工业工人真正成为“展开边区工人建设根据地的自觉运动”中的骨干。

1944 年 11 月 12 日，晋察冀军区军事工业职工联合会发出《关于改组与改进职工会工作的通知》，该《通知》提出，过去的缺点，是职工会干部对群众切身利益关心不够，民主发挥不够，不走群众路线，多用行政方法，使工人感到职工会不是工人自己的组织。因此职工会工作作风，应有根本的转变：（1）认清职工会是群众性组织，一切工作应是为群众服务的，工作作风应是群众化的，解决问题必须是民主的，走群众路线；应当大胆地发扬民主，尊重职工会工作的独立性。（2）认清职工会工作的任务，在于提高工人的劳动热忱、劳动效率与技术水平，以保证生产任务的完成。为此，职工会应从政治上、经济上、文化上提高工人的地位，注意工人物质生活与精神生活改善，工人切身问题的恰当解决。职工会应成为教育工人的学校，团结工人的核心，保证厂规与劳动纪律的执行，保证工人与厂方的一致，克服各种不良倾向。（3）职工会应对生产、行政工作提出意见与办法，使职工会在组织生产中起更大的作用。职工会对工人的政治、技术、文化学习，应认真组织与领导。要关心工人的切身问题（如疾病、生活、婚姻、家庭等），并协同行政上求得适当的解决。（4）对工厂中行政、党支部与职工会“三位一体”的关系，应有明确的认识。应通过党员的积极工作，保证党对职工会的政治领导，应着重于政治上的领导，要保证工会在党的政治领导下独立自主地开展工作。

工会工作制度的建立 在抗日战争的艰苦工作、生活环境和繁重的生产任务下，各军工工会也开始根据工作实际，建立工作制度。延安茶坊兵工厂工会建立后，确定工会负责管理职工生活和思想，工会小组每周有一次生活会。遇到行政方面的问题，反映给厂长，经工厂调查处理后，在职工大会上进行解释和答复，有不同意见的，可以当面质问，当场解答。

晋察冀军区军工系统各工会成立后，建立了比较完整的组织、工作制度，组织劳动竞赛和职工文化教育，并对工厂伙食进行民主管理。

1940 年 7 月 1 日，八路军总部兵工部第一届兵工工人代表大会规定，工会领导干部任期一年，由会员代表大会选举产生。任职期间，除工会主任、秘书长脱产处理工会日常事务外，其他部长、委员均不脱产，定期参加由十人组成的执行委员会或由五人组成的常务执行委员会，讨论决定工会工作任务。

组织起来的军工工会在全民抗战中发挥了重要作用。1941 年 6 月 25 日，晋察冀军区直属政治部主任张平凯发表文章称边区军工工人组织了职工会，工会章程上写着：为加强工人的团结和抗战力量，为加强工人的阶级教育，保证生产计划完成——在工厂中制造所和矿山组织职工联合会。职工会在一切政治上有平等享受的权利，他们不但可以监督生产，而且还能商定生产计划。工人为了抗战需要，还主动改变生产计划、延长生产时间；在工会组织下经常研究技术，提高生产量，并做到平时是国防劳动英雄，战时是工人游击队，放下工具、拿起武器捍卫国家。他们关心国家大事，有高度的政治责任心。

（三）抗日军工职工队伍建设

抗日根据地的职工来自五湖四海，如茶坊兵工厂的工人，有经历过长征的老红军以及陕北红军的修械工人，有沈鸿从上海带来的青年工人，有从太原和重庆兵工厂来的工人，也有在当地招收的青年农民。晋冀鲁豫根据地的军工工人，有原红军修械所的职工，有太原兵工厂、河南巩县兵工厂及山西一些工厂的职工，有石太、同蒲线的铁路工人，有晋冀豫边界的煤矿工人，还有豫北的游动造枪工人。由于职工来自四面八方，思想觉悟、生产习惯和工作作风都存在一定差异，特别是当时的工人文化水平很低，且半数是文盲。因此，加强军工工人的思想政治教育，提高工人的文化、技术水平，培养一支能够承担军工生产任务的坚强职工队伍，成为当时的重要任务。

职工思想政治教育　思想政治教育是人民军工工作的独有特色和有力武器。自人民抗日军工事业创立起，根据地兵工厂和工会就把职工思想政治教育放在首位。1939 年“五一”国际劳动节，延安中央兵工厂召开大会，请中央领导人讲形势与任务，启发工人的阶级觉悟。兵工厂工会还经常请党的领导人给职工上大课，请老红军讲长征的故事，请职工运动前辈讲上海工人运动，进行传统革命教育，由政工干部讲人类的起源、社会发展史和革命战争形势，以加深职工对革命的认识。兵工厂还举办读书会，以提高职工思想文化水平。

1940 年 4 月 6 日，彭德怀明确指出，工会是工人的学校。他安排从事工会工作的毛齐华编一本阐明阶级、工人与党、八路军是什么队伍的小册子，作为教育工人的教材。同时指示工人俱乐部要设图书馆，以便工人学习。

在 1941 年 3 月的八路军总部后勤部政治工作会议上，八路军野战政治部主任罗瑞卿、军工部政治委员孙开楚专门讲了职工教育问题：工人的出身来源、成分不同，其思想比较复杂，因此要有政治工作的保证，要加强政治教育，把团结教育、民族教育和阶级教育联系起来，启发工人的政治觉悟。加强对青年的政治文化教育。罗瑞卿指出，教育工人是中心一环，必须使他们懂得其在革命中的地位、共产党是工人自己的党、八路军与工人目标的一致性。

1944 年 5 月 1 日，《晋察冀日报》发表社论，提出加强工人的共产主义教育，并与当时的反法西斯教育联系起来。

根据思想政治教育的要求，各抗日根据地兵工厂和工会把工人阶级的历史使命、军工生产与军工工人的任务、反法西斯运动与共产主义，以及如何成为民主政权领导下的“新劳动者”等，作为职工思想政治教育的主要内容，大大提高了职工队伍的思想政治水平。

思想政治教育在人民军工职工队伍建设中发挥了重要作用。1941 年 6 月 25 日，晋察冀军区直属政治部主任张平凯发表文章称：军工工人接受了民族教育，提高了阶级觉悟。他们不畏艰苦困难，发扬无产阶级的创造精神，克服、战胜了一切困难。

文化、技术教育 1940 年 4 月 6 日，彭德怀指示，要将工人培养成为干部、工程师，工厂作为培养工人的学校。在 1941 年 3 月的八路军总部后勤部政治工作会议上，八路军野战政治部主任罗瑞卿、军工部政治委员孙开楚提出，要进行文化教育，有计划地消灭文盲。

当时的工人多习惯于手工作坊的生产方式，能掌握公制、英制计量方法的很少，不会识图，也不习惯使用量具、模具。为了提高工人的文化、技术水平，延安茶坊兵工厂工会举办了从扫盲到高等数学、物理、化学及语文、历史、地理等知识培训班，请沈鸿、钱志道、徐驰等知识分子讲课，组织工人学文化，从识字和算数开始，逐步学会看图及英制、公制换算等。同时配合生产进行技术教育，工人需要看懂图纸，就成立识图班；造什么机器就讲什么机器的构造原理、工艺和技术要求。晋察冀边区军工工会成立后，各厂都办了工人夜校，帮助工人学习基础文化与专业技术知识。平日，职工都保持每天 1 到 2 个小时的文化、技术学习。在反“扫荡”的行军间隙，职工的主要任务就是学习。山东、华中等抗日根据地虽然面临战争的艰苦环境，但仍然坚持进行职工文化、技术教育。华中抗日根据地军工工会每周安排三次文化课、两次政治课、一次时事课，保证职工教育。经过工厂、工会和职工的努力，基本扫除了文盲，培养出一批适应专业分工的熟练工人。

在进行日常文化、技术教育的同时，各根据地还举办各种培训班。1940年9月9日，彭德怀在八路军总部召开的军工部会议上提出，“要尽快开办工业学校，吸收有知识的青年和工人，为军事工业培养管理干部和技术人才”。延安茶坊兵工厂建立后，就设立了训练班，任命由上海交大毕业的顾光为训练班主任，主持文化教育。八路军军工部也通过举办干部训练班培养工厂管理和技术人员。1939年至1945年，新四军四师军工部先后举办八期训练班，并创办淮北工业学校，培训干部职工510多人，其中150多人成为军工技术骨干或领导干部。1941年5月，八路军总部军工部组建了太行工业学校，为本地和各抗日根据地培养了一批军事技术骨干。晋察冀边区成立了工训队，选拔工人中的先进分子进行脱产培训。

（四）军工生产与劳动竞赛

抗战初期，各根据地军械所由于人员、设备等方面的不足，只能修理枪支。随着根据地武装力量的加强，八路军从刚挺进华北时的3万多人发展到几十万人。由于战争规模的不断扩大和国民党的限制，他们自力更生，加强根据地的军工生产就成为重要任务。

“一切为了抗战、为了前线、为了胜利”是军工职工最为执着的信念。在物质、资源极度匮乏的条件下，在日本侵略者频繁的“扫荡”中，军工职工用一些原始工具，克服技术条件的限制，在经济落后、生活艰苦的深山中制造出一批批武器，供给在前方浴血奋战的八路军，为抗击侵略者、赢得民族解放作出了极大的贡献。

1. 敌人围困下的斗争与生产

八路军、新四军兵工厂建厂初期，工厂规模小，工房多是古庙或借用的民房。职工们为了抗战，白手起家，艰苦创业。因为没有原料，兵工厂只能用火柴头和药店里买来的雄黄、洋硝制造炸药，用铜钱和铅制造子弹头，用缴获的弹壳制造复装子弹。在既缺乏技术、人才，又缺少设备、材料的情况下，兵工战士采用土洋结合、先易后难、先仿制后生产等灵活办法，凭借聪明才智和吃苦拼搏精神，千方百计保证生产。他们研制的各种口径枪、炮，各种规格的子弹、地雷、手榴弹，满足了前线的需要，有力地打击了敌人。

在艰苦的物质条件和残酷的战争环境下，职工的工作条件无法保障。做硫酸、硝酸、硝化棉的职工，衣服都被酸液烧成了"筛子"。寒冷的冬天，制酸工人穿着破烂的衣服，手上被硫酸烧出一道道口子，还在坚持生产。陕甘宁边区、晋察冀边区、晋绥抗日根据地困难时期，兵工厂的干部、工人有时一天只能吃两顿饭，甚至连续两个月只吃黑豆，但没人叫苦。兵工厂的职工吃着难以下咽的黑豆和高粱，用简陋的工具制造与敌人作战的武器。新四军的军工职工在敌人的不断"扫荡"中，没有粮食，只吃野菜，没有固定的后方，就跟随部队打游击。为了抗日战争的胜利，军工工人牺牲了一切，用鲜血和汗水作出了巨大贡献。

在军工生产研制中，许多职工因事故爆炸而负伤，甚至牺牲。新四军五师兵工处装弹所副所长严摩在试制炸弹时不幸牺牲。二师第一兵工厂厂长郭树声，因拼命工作，累死在工作岗位上。新四军子弹厂厂长吴运铎，浑身上下有 200 多处地方被炸伤，四根手指被炸断，左眼被炸瞎，一条腿也被炸断，但仍然坚持在生产第一线。浙东纵队修械所，先后有 20 多名兵工战士在试制炮弹时牺牲。晋察冀边区化学厂的工务主任臧本忠长期在酸性环境中工作，患上了严重的肺病。大家劝他不要再去制酸车间，他说："我的病是治不好的，不如用我有限的生命，为抗日尽一份力量。"虽然病情严重，但他一天也没有离开过生产一线，直到牺牲在工作岗位上。

在残酷的战争年代，兵工厂多次遭受日、伪军的袭击，军工们一边坚持生产，一边与日、伪军进行斗争。敌人来了，就紧急隐藏设备和物资，投入战斗与其周旋；敌人走了，就抓紧时间加班生产。有时敌人在山下“扫荡”，工人就在山上坚持生产。有的工人在“扫荡”中被敌人俘虏，坚贞不屈，壮烈牺牲。1938 年后，日本侵略军占领胶东广大地区，不断袭击兵工厂。一次，日军突然包围工厂驻地，工人很快将机器隐藏，在敌人机枪扫射中突出了包围，突围中有三名工人牺牲。在极其困难的条件下，工人想出各种办法与敌人斗争，采取“敌来我走，敌走我干”的办法，在游击斗争中流动生产。1942 年冬天，日军进行“大扫荡”，工人们将机器埋好后，便在寒冷的天气里与日军转山头，有时被围困山中一连七天没有东西吃。一个多月的“扫荡”中，工人有的被捕，有的牺牲，但在敌人“扫荡”后又很快恢复了生产。工人们一边打游击，一边生产，克服了种种困难，使产量不断提高，手榴弹月生产能力达到 5000 枚。到 1943 年，月产 7.9 毫米步枪 80 支、仿捷克式机枪 6 挺。1944 年共生产掷弹筒弹 3992 发。第三兵工厂的地雷产量突破日产 500 个。

2. 学习劳动模范和生产运动

在艰苦的抗日斗争中，一批军工工人吃苦在前，勤奋工作，努力完成生产任务，爱护公共财产，热心公益事业，勇于同不良现象作斗争，表现出工人阶级的高尚品质，其中，延安工人赵占魁成为杰出代表。1942 年，中共中央、中央职工运动委员会和陕甘宁边区总工会发起赵占魁运动和“新劳动者运动”，通过向先进工人学习，培养具有新的劳动态度的劳动者。在赵占魁运动和“新劳动者运动”中，八路军总部兵工部有“新劳动运动旗手”甄荣典、晋绥边区军工系统有“抗日生产光荣旗帜”张秋风等一批“新劳动者”和劳动英雄。

陕甘宁边区的“新劳动者运动”和赵占魁运动　1942 年在延安整风运动中，陕甘宁边区工人赵占魁，是以当家作主的新劳动态度对待工作的劳动模范。经中共中央和边区总工会提倡，在陕甘宁边区和敌后各抗日根据地，开展了以赵占魁为旗帜的“新劳动者运动”。

赵占魁，1916 年进入太原兵工厂做工。日军进攻山西，他流亡到西安，经人介绍到延安，参加了抗大与工人学校的学习。在党组织的关心和教育下，于 1938 年冬加入了中国共产党。1939 年 7 月，他被调到陕甘宁边区农具厂（后改为兵工厂）从事化铁工作。由于他发奋工作，努力钻研技术，热心帮助同志，吃苦在前，从不计较个人得失，1939 年被推选为边区模范工人，1941 年被选为边区参议会候补委员。

赵占魁在平凡的岗位上创造了不平凡的事迹。1942 年 9 月 12 日，《解放日报》发表社论称：“赵占魁在执行生产任务上、爱护革命财产上、照顾工厂生产上、关心群众利益上、遵守劳动纪律上、团结全体职工上、热心公益事业上，所有这些表现出来的精神，都是我们边区公营工厂工人的模范。在他的工作作风中所一贯表现出来的——始终如一、积极负责、老老实实、埋头苦干、大公无私、自我牺牲的精神，也正是我们新民主主义地区公营工厂工人所应有的新的劳动态度。……我们希望全边区有千个万个像赵占魁一样的模范工人涌现出来。”9 月 26 日，中央职工运动委员会、边区政府举行颁奖大会，授予赵占魁“特等劳动英雄”称号。10 月 12 日，陕甘宁边区总工会发出《关于开展赵占魁运动的通知》，号召边区工人学习赵占魁勤苦劳作的新劳动态度。

根据工作需要，赵占魁从温家沟兵工厂调到茶坊兵工厂工作，担任工会副主任和翻砂股副股长，全厂职工目睹了他的模范行动后，生产积极性空前高涨。厂工会抓住这一时机，开展生产竞赛运动，只用 40 天就装备了一个炮弹厂。

1943 年 5 月 1 日，中共中央作出《关于目前各抗日根据地职工运动的决定》，把开展赵占魁运动列为根据地职工运动的十项基本任务之一，赵占魁运动在各根据地先后展开。

太行区的“新劳动者运动”和甄荣典运动 1943 年，晋冀豫抗日根据地太行区普遍开展“新劳动者运动”。4 月 17 日，八路军军工部总工会召开第四次职工代表大会，讨论通过开展“新劳动者旗手”生产竞赛运动的决议，号召职工向甄荣典学习。7 月下旬，总工会评选出甄荣典等 18 人为军工部劳动模范。8 月 12 日，晋冀豫边区总工会选举甄荣典等为“新劳动者旗手”。

甄荣典，1940 年加入中国共产党，同年到黄崖洞兵工厂工作。他创造了日车炮弹外圆 480 个最高纪录，被工人称赞为“飞机”“老模范”“炮弹王”。“新劳动者运动”开始后，他要用 20 天完成一个月计划，和 3 个工人一起创造了 1 分 15 秒造一颗炮弹的最高纪录。在他的影响下，全厂生产量提高 20%。

1944 年 11 月 7 日，太行区群英会通过《太行区第一届劳动英雄大会宣言》，号召学习甄荣典，把“新劳动者运动”开展起来。

晋绥边区的张秋风运动 1942 年 9 月后，赵占魁运动在晋绥边区展开，李家坪炸弹厂劳动模范张秋风，成为晋绥边区工人的一面旗帜。

张秋风，河北省元氏县人，曾在太原兵工厂做工 6 年，饱受剥削和压迫。抗日战争爆发后，参加山西工人自卫旅修械所，先后在牸牛沟兵工厂和李家坪分厂工作。他任劳任怨，经常超额 20% 以上完成任务。他在翻造武器的过程中，零件使用减少到八分之三；在改制手榴弹过程中，日产量提高了四分之一。他不仅认真钻研技术，而且努力学习文化，被选为劳动模范。

1943 年 5 月 1 日，晋绥边区召开群英大会，号召边区工人学习张秋风，要提高产品数量和质量，以实际行动努力生产，支援前线。会后，边区行署、军区政治部和边区总工会联合发出通知，要求各工厂党政领导和各级工会组织立即行动起来，广泛地开展张秋风运动，掀起劳动竞赛高潮。

张秋风运动的开展，使晋绥边区各工厂生产运动很快开展起来，涌现出了不少英雄模范。1944 年 12 月，晋绥边区第四届群英大会，选出以张秋风为首的特等劳动英雄 5 名，甲等劳动英雄 11 名，乙等劳动英雄 25 名。通过张秋风运动，各厂的生产量明显增长，工人创造发明的现象更加普遍。1945 年，仅张秋风小组就增产地雷和手榴弹共 3 万枚。

在其他抗日根据地，赵占魁运动和“新劳动者运动”也普遍展开。1944 年初，山东军区后勤部向各军区兵工部门发出号召，提出学习赵占魁，开展创模运动。1944 年 5 月 1 日，《晋察冀日报》发表社论，要求大量培养赵占魁式的劳动者，开展劳动竞赛。该年 5 月 25 日，晋察冀军区工业部召开学习赵占魁运动初步总结大会，表彰了刘润田、张玉山、丁继芳、杨万红等劳动英雄。

3. 军工工人的劳动竞赛

抗日根据地的军工企业，自建立起就一直开展劳动竞赛。军工职工积极响应党组织和工会的要求，争当生产模范，为抗日斗争作贡献。1940 年底，晋察冀军区的兵工厂在竞赛中涌现出 102 个劳动英雄和 84 个生产英雄。1941 年，为了迎接“五一”国际劳动节，陕甘宁边区总工会发动了纪念“五一”的一个月生产大竞赛。由于军工职工的积极努力，黄崖洞兵工厂投产的两年时间，就生产步枪 4000 多支、五〇掷弹筒 800 门、手榴弹两万多发。

1943 年，晋察冀军区供给部、工业部两个系统的军工工人展开系统间革命竞赛。工人自觉要求延长工作时间，早上工，晚下工，夜以继日，有的工人一天工作 16 个小时。鞋厂职工张宝玉一天绱鞋 25 双，是平时产量的三倍。被服厂职工孙启明、张春元，每人每日做 80 件衬衣，为平时产量的四倍。

1943 年 4 月，胶东总工会召开劳模表彰大会，军工劳动英雄、劳动模范王凤太、杨冠春等 20 人受到表彰。渤海军区、鲁中军区、胶东军区充分发挥工会作用，掀起“创模”运动。运动中，鲁中军区涌现出一名创造英雄、15 名劳动模范，渤海军区涌现出 14 名甲等模范和 82 名乙等模范，胶东军区选出四名劳动英雄，三名特等劳动模范，五名一等劳动模范，28 名劳动模范。1944 年 11 月，胶东军区军工系统评出特等劳模三人，劳动英雄三人，一等劳模五人，劳模 28 人。

1944 年 7 月 15 日的《解放日报》，报道了晋察冀抗日根据地几名模范工人的事迹，工人王水山，秉承“革命需要我干什么就干什么，干什么就学什么”的工作原则，边学边干，经过艰苦探寻，发现并创办了铁矿。因工作出色，他被提拔为煤矿的股长。煤矿合并，由股长改为副股长。工厂改编，组织又调他到烧火班烧火，但他干得一样起劲儿，凡是重活他都干在别人前面。

晋察冀军区工业部副股长刘润田“丢下耙子拿扫帚，放下饭碗去工作”，从早到晚忙个不停。他长期从事化学配料工作，有毒气体把他的双颊、嘴唇熏成紫色，眼睛、喉管都有损伤，但他仍然坚持工作。

年轻工人许文华善于钻研，三年中发明和改造 10 种以上兵工用品，使生产效率大为提高，并节省了许多材料。他在一年中两次受到改进技术的奖励，当过三年的模范工人与模范党员。他在受伤的情况下仍坚持工作，工作量超额，在军工部数第一。

工人李登云，工作积极苦干，脏活累活他都抢在前面。下工了，他仍拾烂炭、铁渣，给厂里节省了大量原料。反“扫荡”时，大家都累得一坐下就合上了眼，但他仍然坚持坚壁产品、工具和原料。由于坚壁得好，敌人几次搜山，都没有发现修械所的机器。在他的影响下，其他职工也积极起来。

1943 年 1 月，八路军总部兵工部所属工厂共生产步枪 1832 支、复装子弹 68.1 万发、制造手榴弹 4.1 万颗、制造炮弹 5.3 万发。

1944 年 12 月 22 日，陕甘宁边区群英大会开幕，军工系统赵占魁、沈鸿、钱志道、陈振夏被选为特等劳动模范，郝希英被选为甲等劳动模范。

1945 年，山东抗日根据地“创模运动”更加深入。各军区工厂和工会号召工人，以生产岗位为战场，为夺取抗战最后胜利作贡献。各兵工厂普遍掀起了班组与班组、个人与个人的竞赛活动，劳动英雄层出不穷，技术革新成果不断出现。1945 年 12 月渤海军区评选出劳动英雄三人，特等模范 10 人，甲等模范 16 人，乙等模范 124 人。

4. 军工职工的技术创造

抗日根据地的军工职工，不仅以艰苦卓绝的奋斗精神创造了军工生产的奇迹，还以其聪明才智大搞技术创造，在十分困难的条件下进行了新式火药和武器的研制，为抗日武装的军事斗争提供了重要支持。

烈性炸药的研制　晋察冀根据地初创时期，只能生产黑火药，杀伤力小，影响了部队的战斗力，研究烈性炸药成为兵工部门面临的重要任务。在物资异常困难的情况下，张方、门本中、胡大佛、张奎元等知识分子与军工工人一起，冒着被炸伤、炸残，甚至牺牲的危险，开展了炸药研究。他们用土办法研制出优质硫酸，解决了制造烈性炸药的关键性问题。技师何振廉用土法制成仿朱迪生炸药。到晋察冀边区考察的美军军事观察组看到八路军在极其简陋的条件下生产出了合格的硫酸，连称“奇迹”。1940 年 6 月 30 日，彭德怀、左权致电聂荣臻，认为晋察冀军区制造硫酸、硝酸是“我们工业建设上一大进步，也是解决工业建设特别是兵工建设之主要关键。”1942 年后，由于军工技术人员和工人的努力，各抗日根据地的八路军基本用上了装填烈性炸药的武器。

八路军总部黄崖洞兵工厂职工焦逢春，以研制火药而出名。他的四位亲人都因制造火药遇难，他自己也多次受伤。加入黄崖洞兵工厂后，他冒着生命危险，拆解各种没有爆炸的炸弹。经过艰苦尝试，终于掌握了多种炮弹、炸弹的结构和性能，为试制新武器奠定了技术基础，他因此被工人称为“火工产品的外科医生”。没有多少文化的他，还在技术员郑汉涛指导下，写出了技术小册子——《炮弹》，为炮弹生产提供了重要的技术指导。

1944 年春，山东抗日根据地各兵工厂普遍开展技术革新运动。胶东军区第一兵工厂子弹部试验室，在胶东工业研究室王旭九等的指导下，用从敌占区买到的“卫生球”、肥田粉等作原料，试制成功二硝基萘硝酸铵混合炸药。

新武器的研制　八路军所用枪支落后，严重影响了部队的战斗力。因此，研制制式枪械成为军工职工的重要任务。1939 年 4 月，在延安兵工厂工作的刘贵福，成功研制了适合八路军急行、游击战、肉搏战特点的马步枪。在延安举行的陕甘宁边区工业展览会上，刘贵福被评为特等劳动英雄，并受到毛泽东等中共中央领导人的赞扬。由于刘贵福在枪械研制中的贡献，被派往太行抗日根据地，担任八路军总部兵工部一所步枪科科长。根据兵工部领导的要求，刘贵福组织技术人员在原马步枪的基础上反复研究，完成了新步枪的研制。1940 年 7 月，八路军首支自行设计的新式步枪诞生，定名为“八一式”马步枪。自 1940 年 8 月至 1945 年 8 月抗战结束后，黄崖洞兵工厂共生产“八一式”马步枪近 9000 支，为抗战作出了重要贡献。

1941 年 4 月，八路军总部兵工部工人又研制成功了掷弹筒，并投入实战。1945 年，牸牛沟兵工厂工人温承鼎、吴奎龙等改制成的新式掷弹筒对晋绥边区的军火供给起到了重要作用。

（五）工人待遇与职工权益保护

抗日根据地的军工部门和工会十分重视军工职工的生活待遇和权益保护。1940 年 4 月 6 日，彭德怀指示，要颁布《劳动法》，保护工人利益；衰老、残疾的给抚恤金、养老金、保险金；要关心工人生活；办合作社主要是满足工人生活的需要；有病的给一半工资。在 1941 年 3 月的八路军总部后勤部政治工作会议上，八路军军工部政治委员孙开楚提出，要注意工人衣食住行和疾病，反对工人在生产上的拼命主义；活跃文化娱乐和职工生活。1944 年 5 月 1 日《晋察冀日报》发表社论，提出发挥工会作用，注意在可能的条件下改善工人劳动条件，从政治上与物质上解决工人疾苦。

制定《战时劳动保护暂行条例》，订立集体合同　1940 年 6 月，八路军总部政治部公布《战时劳动保护暂行条例》，明确提出《条例》的目的，是保障、保护工人的生活与工作。《条例》规定：（1）实行 8 小时工作制和假日休息制度。（2）实行工人最低工资保障制度，并确定："发给工资应按照各工人技术之差别、对国防生产之贡献，由工人推选代表组织估价委员会，议出各工人应得之工资额，经交工厂审查而批准发给之。"（3）工厂不得招佣童工，青工、女工与成年男工同工同酬，实行女工保护制度。（4）工厂应保护工人工作之安全及身体之健康。（5）工厂对工人及学徒应进行补习教育。（6）由工厂支付社会保险费，保护工人疾病、残疾老弱休养和文化教育。（7）工厂不得随意开除工人，如有必要解雇须得工人工会之同意，绝对禁止对员工的打骂虐待行为。（8）凡工人都有参加工会工作之权利。（9）工人有对工厂建设提出意见，参加管理工厂的权利与义务。八路军军工部还制定了《军工部工厂规则》，从作息时间、劳动纪律、待遇、奖惩等方面对保护职工权益做了制度性规定，激发了工人们的积极性。

同时，军工部公布了军工企业集体合同，内容包括工人工资规定、学徒期限及工资规定、工时规定、工人文化娱乐教育费规定、工会办公费规定、劳动保险规定、假日休息规定、生产数量及质量规定、工人违纪处理等。并规定，厂方与工人间发生纠纷时，应协同工会妥善解决。1943 年修改的军工部工厂集体合同，根据抗日战争的严峻形势特别规定：凡遇敌人“扫荡”，工作被迫停工时的工资待遇，因工作受重伤、致残，特别是在扫荡中受伤者，均由工厂解决其工作和生活问题。工人在反“扫荡”中阵亡，应按照政府所颁布的《群众参战抚恤办法》办理。《劳动保护暂行条例》的颁布和集体合同的签订，维护了职工的利益，调动了职工的积极性。

发挥工会作用，保护职工权益 延安茶坊兵工厂工会设有劳保委员，专门负责职工的劳动保护和生活福利事业。工会根据群众反映，建议行政改善生产条件和安全措施。因战争和条件限制，兵工厂大多因陋就简组织生产，制造炸药的化学厂条件差，但在工厂党、政府、工会和职工的共同努力下，克服了种种不利因素，积极改善各种生产环境，使工厂一直没有大事故发生。

在生活方面，延安茶坊兵工厂工会改善职工的伙食，定好每人每天一斤半粮、三钱油、三钱盐的供给标准，使大家吃得饱、吃得好。工厂和工会组织职工养猪、养羊、养鸡，开发菜园，并组成由职工选举产生的伙食委员会出主意、想办法改善伙食。特别是毛泽东提出大生产运动“自己动手、丰衣足食”的号召后，工会协助行政组织职工上山开荒种地，用收获的粮食来改善职工的生活。

克服各种困难，改善职工生活 在抗日根据地创建和发展的过程中，由于日本侵略军的进攻和国民党顽固势力的封锁，职工生活面临难以想象的困难。根据地军工系统党政机关和工会在物质条件极度匮乏的情况下，多方面关心职工生活。1943 年 10 月 17 日，胶东行署、军区颁布《关于兵工厂供给标准规定》。1944 年 10 月 10 日，胶东军区司令部颁布《关于军工工人技术等级和待遇的规定》。1945 年 5 月 1 日，晋冀鲁豫边区政府、总部后勤部、太行军区政治部、晋冀鲁豫边区职工总会，召开全区工厂行政、工会联席会议，制定了《关于军工工人待遇规定》。5 月 22 日，八路军总部发布了《关于军工工人待遇规定的命令》，根据 1944 年军工系统工人已享有军人待遇的情况，决定从 5 月起，增加工人津贴，并在发冬季服装时，工人一律发衬衣一套。工人家属享受地方政府抗日军人家属待遇。

组织职工，开展业余文娱体育活动 在延安的茶坊兵工厂，工会积极开展职工文娱体育活动，并经常组织故事会、报告会和文艺演出。还请电影放映队和边区文艺团体到工厂放映电影和演出戏剧。延安鲁迅艺术学院派人常驻工厂，帮助开展文娱活动。尽管工厂条件困难，但体育活动十分普及，经常组织各种比赛。各种文体活动对丰富职工业余生活，增强职工的体质，培养职工的革命乐观主义精神，鼓励职工的生产积极性起了很好的作用。

1941 年 6 月 25 日，晋察冀军区直属政治部主任张平凯发表文章称，兵工厂有工人俱乐部，到处都可以听到雄壮的抗战歌声和欢声笑语。他们的生活是愉快的，因为他们一切劳动都是自觉的。

三、解放战争时期的人民军工与工人运动

1947 年召开的华北兵工会议，推动了中国共产党领导下的国防工业工会运动的发展。与此同时，国民党统治区的军工工人也为反对内战独裁，进行了各种经济、政治斗争。

（一）解放区的军工企业与职工队伍

抗日战争胜利后，山东解放区鲁中军区接收莱芜、淄博矿区的一些设备和人员，在莱芜重建鲁中兵工总厂，有分厂八个，职工 1800 人。胶东兵工总厂进行了调整，划分为五个工厂，以后又建立兵工六厂、七厂，军区军工职工总人数达到 2878 人。

1945 年 12 月，新四军与山东军区合并，新四军一师和七师兵工部迁到临沂，其中七师兵工部 200 余人。1946 年冬，国民党军队进攻苏北解放区，华中军区兵工企业转移到山东滨海解放区，与滨海军区军工企业合并建立八个兵工厂，华中解放区七个兵工厂 2500 余名工人转移到山东解放区。

1946 年 6 月，山东渤海军区兵工处收编德州子弹厂 400 余名职工，原华中解放区的部分兵工企业人员也调入渤海军区，渤海兵工处工人发展到 3413 人。

1947 年后，胶东军区建立第八、第九兵工厂。到 1948 年 9 月，胶东兵工人数达到 1.2 万余人。

到 1949 年 6 月，山东解放区已拥有兵工厂 37 个，职工 20911 人。

1947 年 3 月，国民党胡宗南部进攻陕甘宁边区，延安兵工局与晋绥工业部合并，所属兵工企业与晋绥根据地合并，晋绥军区又决定黄河以西的兵工厂全部搬迁到黄河以东的山西省，共组合成 12 个兵工厂。到 1947 年 12 月，晋绥军区后勤部兵工系统发展了九个厂。至 1948 年 6 月，又增加五个厂。

1946 年 8 月以后，东北民主联军先后在珲春、兴山、鸡西、东安、齐齐哈尔、牡丹江、吉林、哈尔滨和大连等九个地方建立军工基地。1946 年 11 月，中共旅大地区委员会根据东北局指示，成立军工生产委员会。根据中共中央指示，华东、华中、胶东、晋察冀等解放区派出大批干部和技术人员到大连参加军工建设。经过艰辛筹备，1947 年 7 月 1 日，中共领导的第一个兵工厂成立，出于保密需要，对外称大连建新公司，有职工 2600 余人。到 1948 年底，建新公司已有职工 8000 多人。

1946 年 8 月至 1947 年 10 月，东北民主联军军工部先后建立了 14 个兵工厂，建立了多个军工基地。其中鸡西军工基地有职工 4000 多名。1948 年 11 月，东北解放后，东北解放军军工系统共有职工 43687 人。随着解放战争的进展，中共先后接管国民党兵工厂和分厂 36 个、员工 77254 人。到 1949 年，解放区已形成华北、晋绥、东北、华东、中原五个兵工厂群，共有军工厂 160 余个、职工 9.98 万人。其中华北区兵工厂有职工 30685 人，东北区兵工厂有职工 46113 人，华东区兵工厂有职工 18646 人，晋绥区兵工厂有职工 3447 人，中原区兵工厂有职工 958 人。

（二）军工工会组织的发展

解放战争时期，华北、晋绥、山东等老解放区兵工工会组织进一步健全。1948 年，晋绥联防军区建立兵工部职工总会筹备委员会。1949 年 2 月，晋绥联防军区改为西北军区后，西北军区后勤总工会筹备委员会改组为西北后勤兵工部总工会筹备委员会。

各解放区都在可能的条件下召开了职工大会。1947 年 3 月，晋察冀各兵工厂召开工人代表大会。其决议事项包括工人待遇、劳动保护、劳动纪律、工人教育，以及组织俱乐部、充实合作社经营、英模与立功运动问题等。协议事项均由工业局与军工工会签订集体合同付诸实施，因而受到了广大职工的欢迎。1949 年 5 月，西北军区后勤兵工部召开职工代表大会，成立了后勤兵工部总工会。这一时期，较为突出的是东北等新解放区军工工会组织的建立和发展。

1947 年东北军区政治工作会议强调指出，职工会是工厂中政治工作最好的组织形式，并责成各地区政治机关及政委、助理员对职工会工作负完全责任。1948 年 4 月，东北军区军工部党委扩大会议提出《关于工运工作的意见》，并指出：职工工作在推动工厂一切工作中是最主要的一环。为更有效地开展职工工作，责成各党委，把职工会的工作当成本部门工作的重点。要求各地在 5 月 15 日以前把职工会全部建立起来，以便在 6 月 5 日成立军工部职工总会。

1948 年 6 月 20 日至 7 月 6 日，东北军工第一届职工代表大会在哈尔滨召开。出席大会的代表共 104 人。大会任务有八项：开展诉苦立功创模运动，以诉苦挖苦根的方式提高职工的阶级觉悟，并在这一觉悟的基础上开展生产立功创模运动；组织职工进行技术研究，学习管理工厂；积极协助行政使工厂走向企业化；积极培养和提拔工人干部；建立、巩固新的劳动纪律，发动职工爱护工厂；健全职工会的工作制度，发展会员，巩固组织；照顾职工生活，举办福利事业，发动职工互助及进行有益的副业生产；普遍成立俱乐部。

会议由东北军区军工部部长何长工致开幕词，提出应该把研究生产、交流经验、更好地完成生产任务当作大会的头等任务。东北军区副政治委员李富春在会上讲话，东北军区参谋长兼东北军区军工部政委伍修权致闭幕词。

会议通过了《东北军事工业工厂管理规则纲要》《职工公约》《东北军事工业职工总会章程》《东北军事工业全体职工立功评功标准》，还通过了《致毛主席、朱总司令电》《致全国、东北解放区职工代表大会贺信》《东北军事工业第一届职工代表大会告全体职工书》。

会议选举产生了 21 人组成的东北军事工业职工总会执委会，选举产生由 9 人组成的职工总会常务委员会，并选举了出席全国、东北解放区职工代表大会的代表。

（三）职工队伍建设

解放战争时期，解放区军工职工队伍建设的重点还是加强思想教育，提高工人的文化、技术水平。1946 年，晋绥军区军工系统制定了为期三个月的职工学习计划，同时由党、政、工三方面组成工厂教育委员会，进行有组织的学习，职工学习热情普遍高涨，培养了一批熟练工人和干部。1947 年 7 月 1 日《晋察冀日报》报道，在立功运动中，工人学习的积极性大大加强，文化低的工友每天集体识字，经常读报、讲报、研究时事。

在职工思想、文化教育中，军工工会被赋予重要职责。1948 年 1 月，华北兵工会议提出，职工会应成为职工的学校，以共产主义精神培养工人阶级。职工会的任务是团结教育职工，提高阶级觉悟，为完成生产任务而斗争。要教育职工多产军火，支援前线。7 月 3 日，东北军事工业第一届职工代表大会提出，职工会应以新民主主义思想把广大职工培养成为有组织观念、服务新民主主义事业的集体主义者。1949 年 5 月，西北军区兵工部职工代表大会提出，职工会要使职工认识到自己是工厂的主人，以新的劳动态度建设自己的工厂。发动职工学习生产技术与工厂管理，发挥其创造性。

（四）军工生产运动和新创业

解放战争时期，在中国共产党的领导下，为了人民解放，人民军工又开始了新一轮艰苦创业。军工工人继续开展生产劳动竞赛，以艰苦的劳动和无私奉献，为抵抗国民党军队的进攻、巩固和发展解放区、建立新民主主义国家提供了重要支持。

新一轮艰苦创业 解放战争时期，为了支持革命战争和人民解放，人民军工又开始了新一轮艰苦创业，除了继续扩大华北、山东、西北等地的军工生产规模，在东北又创建了九个军工基地。其中最有代表性的是在大连的兵工厂（建新公司）。

成立之初的大连兵工厂，生产环境十分简陋。由于苏军已将工厂设备拆卸运走，接手的工厂几乎都是空架子，野草遍地，堆满了废铜烂铁。军工工人靠着一不怕苦、二不怕死的精神，开始了艰难的创业之路。1947 年 5 月，由华中军区军工部副政委调任建新公司裕华工厂（炮弹厂）厂长的吴屏周，率人在一处日本人遗弃的胶合板厂秘密创业，仅用三个月时间就完成了裕华工厂的创建工作。同一时期，建新公司工程部副部长、宏昌厂（炮弹引信厂）厂长吴运铎，率领职工在日本人留下的一个石矿机修厂建起了宏昌工厂。

在吴屏周的带动下，裕华工厂很快生产出了第一批弹体。由于没有大炮可供实弹试验，吴屏周和吴运铎决定采用土方法试验。1947 年 9 月 23 日，吴屏周在试爆炮弹时不幸牺牲，年仅 31 岁。吴运铎也身受重伤。当他醒来后，立即向组织申请学习日语，查阅日文资料。刚能下床，他又在疗养室布置了一间小型炸药实验室。当年秋天，他就完成了信管图样的设计图纸。伤势还未痊愈，他就架着双拐回到了工厂。

在国民党重重封锁、原材料严重缺乏的情况下，裕华工厂和宏昌工厂职工克服困难，经过无数次试验，终于攻克了炮弹引信、扩炸管装配等关键技术，生产出了钢质炮弹。为了生产前方急需的炮弹，裕华工厂和宏昌工厂的干部职工 24 小时连轴转，车间机器日夜不停，展开了热火朝天的劳动竞赛。当时物资供应十分困难，工人的日常伙食只有窝窝头、咸菜。虽然条件艰苦，但大家没有任何怨言，人人都想看到全国解放，都想为和平尽一份力量。通过职工的努力，大连兵工厂的生产快速增长。1947 年，工厂生产的日式山野炮弹达到月产 1 万发。到了 1948 年，月产炮弹钢 350 多吨、发射药 30 多吨、引信两万个、装配七五山炮弹 3 万发。东北解放战争中投入的上百吨炸药、上千门大炮所需的炮弹多由大连兵工厂生产。淮海战役期间，大连兵工厂共提供了 20 多万发炮弹。

在广大军工职工的努力下，东北的人民军工事业获得了快速发展。1946 年 8 月至 1947 年 10 月，东北各兵工厂共生产子弹 300 万发，手榴弹 200 万颗，炮弹 7 万发，有力地支援了解放战争。

劳动竞赛和军工生产运动 抗日战争虽然结束，但国民党第二战区的阎锡山侵入晋冀鲁豫解放区，蒋介石随时准备对解放区发动进攻，形势十分紧张。为了支援前方的自卫战争，保卫解放区，1945 年 9 月，晋察冀边军区各工厂开展了突击军火生产大竞赛。1945 年 10 月 29 日《晋察冀日报》报道，冀晋军区各生产供给机关，都掀起突击竞赛的热潮，军工一、二、三厂进行军火生产大突击，创造了惊人的纪录，工人自动延长工作时间，不少工人带病上工。到 9 月 15 日止，一厂工人的工作时间共 1056 小时，超工 2700 小时。在延安，军工职工开始了大量技术改造和创新工作，以加快军工生产。1946 年 1 月 8 日，《解放日报》报道：工艺实习厂翻砂股副股长赵占魁配合股长蒋应川，领导职工克服没有镍钢皮的困难，用小铜钱提锌制造子弹皮；化铁由过去 1 斤焦炭最高化铁 3.8 斤提高到 5 斤；提炼灰铁率由 80% 提高到 100%。为解决军工生产问题，军工厂技术人员废寝忘食，日夜钻研。模范工程师沈鸿设计改造军工设备，使新的翻砂机效率提高五倍。模范工程师钱志道，试制成功氯酸钾、磷青铜等产品，解决了军工生产的大问题。军工三局动力间技术指导员胡华钦在通信器材严重短缺的困难条件下，拼凑零件，制造引擎，使各解放区的无线电通信得到了充分保障。

1946 年 6 月，国民党军队向解放区发动全面进攻，军工生产也受到威胁。由于战争规模扩大，军火供应更加紧张。各解放区兵工企业职工为了支援解放战争，发扬艰苦奋斗的精神，积极开展劳动竞赛，增加生产，提高质量，有力地支援了前方作战。1946 年下半年，晋冀鲁豫解放区刚建成的苇町兵工厂就生产炸药 3458 公斤。

1947 年 1 月，国民党军队进攻山东解放区，解放区各兵工厂开展了抢时间、多生产的“爬山头”生产立功运动。胶东兵工厂工人自动加班加点，每天工作 13 个小时，一周任务三天完成。晋察冀工业局军工一厂全体职工也掀起了立功竞赛，各科股相互挑战，不等上工时间，工人们就来到工房开始工作。

1948 年 1 月，华北兵工会议提出，职工会要尽一切努力，组织并号召全厂职工开展以生产为中心的立功竞赛运动。5 月 3 日《晋察冀日报》报道：晋察冀解放区军工工人以新的劳动态度展开竞赛，努力生产支援前线。东北解放区军工职工也开展“创模运动”。1 月至 5 月，火药生产完成计划的 136%，硫酸生产完成计划的 162%。工人主动延长工作时间，不要工资，以往每日工作八小时，现在改为九小时。兴安基地技师广潮与工人共同努力，新装子弹机器 49 台、改造 9 台，对增加弹药产量起了很大作用。哈尔滨基地刘仁刚在困难条件下，与工人完成了建立新厂的工作，并对设备进行了大量技术改造，明显提高了生产效率。一年多时间里，东北军工企业共涌现出大小功臣 4895 名。

（五）职工生活与职工权益保障

解放战争时期，各级党组织和军工企业，一方面鼓励职工加紧生产，另一方面尽最大可能提高职工生活待遇，保障职工生活和各种权益。1946 年 6 月，山东解放区后勤部兵工会议作出了《关于工人待遇问题的决定》，制定了兵工职工工资标准。晋察冀军工工人继续实行全面工资制，工资每月最高为 520 斤米，最低 120 斤米，全军区军工职工平均每人 300 斤米。工人已有家室者，450 斤米足够 3 至 4 人之用。工徒的 120 斤米已相当于本区一般机关工作人员的供给标准。

1947 年 7 月，陕甘宁和晋绥联防区军工部发布《关于工业局所属公营工厂战时职工待遇暂行补助办法》，为照顾职工生活，军工工人待遇由工资制改为供给制。

1948 年 1 月，华北兵工会议提出，职工会应在需要的条件下，组织工人建立消费合作社，组织家属生产，管理职工伙食与卫生，从而改善职工生活。但由于战争规模扩大，经济紧张，晋察冀解放区军工工人开始实行战时工资。虽然职工工资有所降低，但职工一致认为，“工业不断地发展和提高，工人利益才有保障，打垮人民公敌蒋介石，工人才能真正解放”。各厂职工在 3 月展开了自觉的减资运动。实行新工资标准后，生产情绪不仅未受到影响，反而大大提高。

1948 年底，解放战争的战略决战取得重大胜利，一些解放区经济形势好转，军工部门开始改善军工工人生活待遇，并考虑建立正常的工资制度。12 月，西北军区后勤工业部发出指示，决定自 1949 年 1 月 1 日起，所属兵工厂实行工资制，同时公布《西北公营工厂战时工资制度暂行办法（草案）》，明确：（1）应在发展生产、支援战争，和照顾职工生活的原则下，确定其工资待遇。（2）实行按劳计酬、同劳同酬、多劳多得原则。改革平均化的供给制度，实行交叉累进的等级工资制度。（3）工厂应根据经济举办职工福利事业，使职工享有文化教育及劳动保险待遇。对职工假日休息做了明确规定，规定假日工资、因公受伤工资照发。女工在怀孕期间禁止加工，哺乳期给予哺乳时间，月经期、产前产后等给予休息、休养时间。

在保障职工生活方面，各军工工会也发挥了重要作用。如东北各级军工工会，积极开展福利事业，保障职工生活，解决职工生活困难。工会还负责组织劳动保险工作，保障职工健康；组织储蓄互助；筹办各种公益事业，如改善职工集体伙食，建立俱乐部、球场、职工子弟学校、澡堂、理发所等。工会还组织职工互助。1948 年 1 月至 5 月，帮助困难职工 227 人。哪个职工有困难，职工会就召开会议讨论，组织大家捐助救济。职工会还给有困难的职工送救济物资，提升了工人的积极性。1949 年 5 月，西北军区兵工部职工代表大会提出，要根据可能条件，使职工待遇和劳动条件得到最大改善；并在可能条件下组织职工消费合作社，开办子弟学校，组织家属生产，管理职工伙食与卫生，改善职工生活。在保障职工生活的同时，职工劳动保护和民主权利也受到重视，职工劳动保护和民主管理企业制度也开始建立起来。

1949 年 6 月 1 日，经职工代表大会通过，西北军区后勤兵工部公布《战时暂行劳动保护条例》，提出为保护职工健康，减轻其战时生活困难，每月由政府按各单位全体职工工薪总额拨 3% 为劳动保护基金，1.5% 为文教基金。《条例》确定劳动保护工作由工会劳动保护部专门管理，并由工厂行政与工会共同组织劳动保护委员会全面领导劳动保护工作。

1948 年 1 月，华北兵工会议提出，职工会应积极参加工厂管理。1949 年 5 月，西北军区兵工部职工代表大会提出，职工会应积极参加工厂管理，巩固劳动纪律，保证生产任务的完成。工厂管理委员会除行政、支部、技术人员参加外，还要吸收职工参加，以实现工厂管理民主化。

第四章
新中国成立初期的军工工人运动

1949 年 10 月 1 日，中华人民共和国成立，全国军工职工在中国共产党的领导下，开始了全新的国防工业建设，国防工业发展进入了一个新的历史阶段。由于朝鲜战争的爆发，使刚刚诞生的新中国又面临着帝国主义侵略的考验。为了完成生产任务、反抗帝国主义的侵略和准备新的国防建设，兵工工会配合行政，加强工会组织和职工队伍建设，动员与组织职工完成生产任务，维护职工权益，为新的国防建设奠定了基础。

1953 年，我国制订了第一个五年计划，开始进入社会主义工业化建设阶段。适应大规模经济建设的需要，军工工会进一步加强工会组织和职工队伍建设，发动职工开展社会主义劳动竞赛，开展增产节约运动和技术革新运动，为国防建设作出了重要贡献。在搞好生产的同时，积极参与企业民主管理，推行职工代表大会制度，保护职工权益，提高职工生活水平，为社会主义建设时期工人运动的开展作出了有益探索。

一、兵工工会与职工队伍建设

中华人民共和国建立后，为了保证军工工人参与国家政治生活，军工系统开始了新时期的工会组织建设，建立了兵工工会。第一个五年计划期间，为适应国防工业建设的需要，第二机械工业工会把健全工会组织，加强职工队伍建设作为首要任务，为开展新形势下的工人运动奠定了基础。

（一）工会组织建设

中华人民共和国成立后，国防工业战线把建立工人组织，发扬社会主义民主，组织工人参加新民主主义建设作为重要任务。在这种形势下，军事工业系统开始召开工人代表大会，建立本系统的工人组织。

1950 年 3 月 9 日，中华全国总工会军工筹备委员会发出《关于选举全国军工工会会员代表大会代表的通知》，按东北、华北、华东（包括山东）、中南、西南等选区分配代表名额，并由当地工会全体会员大会直接选举或由本级职工代表大会选举代表。

6 月 5 日至 17 日，中国兵工工会召开第一届会员代表大会。会议选举产生了中国兵工会全国委员会，选举全国委员会委员 45 名、候补委员 14 名。大会同意，为台湾地区保留 2 名委员名额，待合适时机选举。大会通过《学习技术，提高产品质量的决议》，号召全国国防工业职工学习技术，提高产品质量，为新中国的国防工业建设而奋斗。

6 月 19 日，中国兵工工会全国委员会召开第一次委员会议，选举产生由 10 人组成的常务委员会及正、副主席，并报经中华全国总工会第四十一次常委扩大会议批准。中国兵工工会全国委员会，内设办公室、组织部、生产部、文教部、劳保部、工资部。

新建立的中国兵工工会全国委员会，把健全组织，特别是健全基层工会组织，密切联系群众，培养基层干部作为重要任务。据 1950 年 12 月中国兵工工会主席赵国强在常委扩大会议上的总结报告，当时，除东北、华北有大区级工会组织外，其他大区国防工会还未组织起来，全国委员会也不健全。针对这种情况，

1950年下半年，中国兵工工会全国委员会把建立健全工会组织作为重点工作。首先建立了华东（包括山东）、西南两个区委员会和山东办事处；在解放较晚的中南地区筹备建立工会组织；对华北、东北两个区委员会进行了组织机构调整。通过这些工作，工会组织逐步健全，中国兵工工会全国委员会亦充实了工作人员。

1952年8月7日，中央人民政府委员会第十七次会议决定，成立主管国防工业的第二机械工业部，将重工业部兵工总局、航空总局的机构、职能划归该部。经中华全国总工会批准，中国兵工工会第三次执行委员会改为“中国第二机械工业工会全国委员会”。中国第二机械工业工会全国委员会内设办公室、组织部、文教部、劳动保护部、劳动保险部、工资部、基本建设部、研究室、编辑出版室。

随着国家的稳定和军工企业的发展，全国军工企业的工会组织逐步健全，并建立了职工代表大会制度。经过各级工会的努力，87%的国防工业职工加入了工会。各级工会干部通过整风学习，使工会工作有了明显的发展和改进。

1954年，随着朝鲜战争的结束和国家的稳定，我国开始了国防现代化建设。根据国家计划，第二机械系统新建、扩建军工厂44个，建成后职工人数将增加20万左右。由于刚刚开始建设，这些工厂的工会组织还很不健全。1954年7月，中国第二机械工业工会全国委员会开始注意新建厂的工会建设，10月29日至11月1日召开了新建厂工会工作座谈会。11月15日，中国第二机械工业工会全国委员会分党组，就新建厂工会工作向全国总工会党组提交报告。12月6日，中国第二机械工业工会全国委员会发布《对新建厂工会工作的指示》，明确了新建厂工会的任务。同时要求，新建厂应逐步实行劳动保险条例或劳动保险合同，加强工会组织建设，适应新厂建设需要，为开工生产打下工作基础。

（二）工会思想工作建设

在新中国成立后的创业过程中，中国兵工工会和第二机械工业工会积极探索、推广工会建设的先进经验，针对国防建设的新形势，加强思想建设、工作建设，有效开展工作，起到了新时期国防工业建设助力者和新型工人运动领导者的作用。

推广五三工厂工会工作经验　在新中国国防工业生产和建设中，东北五三军工厂围绕搞好生产这一中心任务，创造了紧紧依靠工人阶级、加强党的领导、实行厂长负责制与民主管理相结合的工作方法，走出了一条工人阶级掌握政权后管理工厂的新路子，创造了工会工作的新典型。

为了加强工会工作，推动人民政权领导下的工人运动，1952年10月，第二机械工业工会召开全国基层组织会议，推广五三工厂加强工会工作的经验。会后，全国委员会开办了五三工厂先进经验研究班，轮训全国各厂正副厂长、党委书记、工会主席近150人。1953年1月，中国兵工工会全国委员会第三次执行委员会扩大会议讨论了进一步推广五三工厂经验的问题，并总结了五三工厂的工作经验：（1）全心全意依靠工人阶级，把职工作为管理好企业、搞好企业生产的动力。（2）重视职工思想领导与政治、文化、技术教育，关心职工生活。（3）依靠工会组织发动群众搞好生产，党、政、工密切配合，使工会真正成为党联系群众的纽带。（4）以生产为中心，结合生产、生活、教育，建立生产工资、劳保、文教三个工作委员会，明确工会搞好生产最主要的方式是发动职工开展爱国主义生产竞赛，用说服教育的方式，搞好生产、生活、教育三件事。

1953年8月24日，第二机械工业部、第二机械工业工会全国委员会发布《关于进一步推广五三厂经验的联合决定》，提出各厂必须认真学习五三工厂经验，提出学习的重点包括五三工厂领导干部依靠工人搞好工厂的思想，和从群众中来到群众中去的群众路线的领导方法；党、政、工、团思想一致，密切配合，建立正常的工作关系；党、政、工、团以生产为中心，步调一致，领导爱国主义劳动竞赛，组织生产，保证完成与超额完成国家计划的经验。

加强军工企业生产转型中的工会工作 1956 年，国防工业开始在保证军工生产的前提下转向民用产品生产。产业的转型不仅使军工企业面临新的挑战，也使军工工会工作面临新的任务。1957 年 9 月，第二机械工业工会全国委员会召开会议研究民品生产中的工会工作，提出工会干部和工会积极分子必须认真钻研，掌握民用产品生产知识，经常研究、及时解决由于生产民用产品给工会工作带来的一些新问题，改进工作方法，建立必要制度，适应新形势要求。

（三）加强职工队伍建设

新中国成立后，维护国家的统一和人民政权的稳定，反抗帝国主义的侵略成为国防建设的重要任务。为了建设新的国防工业，培养一支在思想上、文化上、技术上能发挥作用的国防工业职工队伍，成为国防工业工会工作和新时期工人运动的重要任务。为了完成这一任务，各级国防工业工会把职工队伍建设放在了重要位置，通过加强职工队伍的思想建设，提高职工文化、技术水平，增强职工队伍素质。

1953 年以后，为了适应国防工业生产的需要，第二机械工业工会全国委员会发出通知和指示，要求全国军工系统学习五三工厂加强职工思想、文化、技术教育的做法，把职工教育作为工会的三大任务之一，着力加强职工队伍建设，积极培育有理想、有文化、有技术的职工队伍。同时号召全国军工职工，树立共产主义思想，学好文化、技术，为国防工业发展贡献力量。

职工思想政治教育 1950 年，各级兵工工会通过形势教育和贯彻《学习技术，提高产品质量的决议》，使工人认识自身承担的责任。同时结合新中国成立后国防工业面临的形势，开展政治思想教育，特别是加强职工爱国主义思想教育。1950 年 12 月 24 日，中国兵工工会全国委员会第一次常委扩大会议通过决议，提出要将生产竞赛与爱国主义教育密切结合，加强生产宣传鼓动工作，宣传模范事迹，推动职工思想政治建设。同时，中国兵工工会全国委员会制订《关于文教工作的几个决定（草案）》，要求各级兵工工会协助工厂党组织把党的宣传网建立起来，密切配合党组织，制订有系统、有进度的政治教育计划，在职工中进行共产主义教育，提高工人觉悟。在职工业余教育中，每周必须有 1.5 小时的政治课。在时事政治教育中，应加强搞好生产，为前线服务的思想教育，提高职工在生产中的责任感。

1953 年 1 月，中国兵工工会全国委员会进一步总结了五三工厂职工队伍建设的工作经验，推广该厂党、政及工会采取多种方式，对职工进行经常的时事教育和系统的共产主义教育，提高职工的阶级觉悟的做法。同时推广该厂经常进行工人思想调查的做法，了解并及时解决工人思想上存在的问题；发现典型，总结先进人物的思想，以真人真事、“活的”教育方法做好工人的思想工作。

职工文化、技术教育 在加强思想政治教育的同时，兵工工会积极组织和鼓励兵工职工努力学习、提高技术，准备迎接新的国防工业建设，并通过业余教育提高国防工业职工的文化水平和技术水平。

1950 年，全国有 38.4%的兵工职工参加了业余学校学习。其中华北地区军工职工参加业余学校学习的达到 45%。该年 10 月，中国兵工工会全国委员会召开全国国防工业文教会议，总结各地业余教育的经验，拟定了《中国兵工工会 1951 年业余教育工作大纲》等三个文件。1950 年 12 月的中国兵工工会全国委员会常委扩大会议提出，1951 年，兵工工会要大力开展职工业余教育工作，加强文化技术学习。

1951 年 7 月，中国兵工工会全国委员会制订《关于文教工作的几个决定（草案）》，要求各级兵工工会，继续贯彻中国兵工工会全国委员会《1951 年职工业余教育计划大纲》及第一次全国代表大会关于学习技术的决议，制订二至四年内消灭文盲的计划。在职工中广泛开展学习技术的动员教育，开展技术学习运动。《决定》提出，各区委员会文教部应协同党、政、团组织文化、技术教育工作队，有效地推进职工文化、技术学习。

1953 年 1 月，中国兵工工会全国委员会总结了五三工厂建立经常的业余文化学习制度，提高职工的文化水平的做法。要求各级工会组织职工技术学习，签订师徒合同，组织技术研究会，推广先进经验，不断提高职工的技术水平。开办与坚持业余学校，特别是夜校的技术专科班，对工人进行培训。

1954 年 3 月 16 日，中国第二机械工业工会全国委员会发出《关于围绕新产品试制开展劳动竞赛的指示》，提出：为了迎接今后的大批量生产，需十分重视对职工的技术教育工作。工会进行技术教育的主要方法是认真地签订、贯彻师徒合同及技术互助合同，举办先进生产者学校，建立技术研究会等。

1957 年 9 月，中国第二机械工业工会全国委员会召开会议，针对民品生产，提出按工种举办小型、短期业余训练班的提议；组织技术等级高的工人和技术等级低的工人签订技术互助合同，互相取长补短，共同提高；组织工人进行操作观摩、访问、操作表演等。

二、劳动竞赛与生产运动

中华人民共和国成立后，为了支援西南地区的解放战争，完成全国的统一，巩固新生的人民政权，军工工人开始了新一轮创业。特别是朝鲜战争爆发后，为了支援抗美援朝战争，军工生产任务更加繁重。为了保证军工生产，全国军工职工在工厂行政和工会的组织下，开展了各种形式的劳动竞赛。

1953 年以后，中国国防工业开始进入正规化建设时期。为了配合新形势下的国防建设，第二机械工业工会积极发动军工职工开展技术革新和增产节约运动，开展劳动竞赛，推动军工生产在新形势下的新发展，有力地促进了军工生产的发展。国防工业职工，在中国共产党领导和工会的组织下，积极参加各种生产运动，为国防建设作出了巨大贡献。

（一）开展“创造新纪录运动”

新中国成立后，东北地区兵工系统就开展了“创造新纪录运动”。军工职工为了支援战争，建设现代化国防工业，以主人翁姿态，发挥工人阶级的积极性、创造性，克服了生产建设中的困难，降低了成本，推动了军工生产的发展。

运动中，涌现出五个集体新纪录的模范组、54 个集体创纪录组、154 名先进生产者。在运动中表现突出的马恒昌式小组——赵恩波钳工班，在人员减少三分之一的情况下，产量增加 39%，并连续创造了七次新纪录，成为东北军工的旗帜。各厂在“创造新纪录运动”中订立联系合同和各种互助公约，严格执行各种制度，遵守了劳动纪律，提高了职工劳动热情。1950 年上半年，东北兵工系统有 60 个小组创造了新纪录。除四个厂外，其余各厂共创造新纪录 6237 个。到 1950 年 10 月，东北地区军工企业参加抗美援朝、保家卫国爱国主义劳动竞赛的职工，达到职工总数的80%以上。为了推动劳动竞赛的开展，1950年12月的中国兵工工会全国委员会扩大会议确定，开展爱国主义生产竞赛，提高质量，降低成本，完成生产建设任务是1951年工作的中心。12月24日，中国兵工工会全国委员会第一次常委扩大会议，通过《关于开展爱国主义生产竞赛的决议》，提出为抗美援朝、保家卫国建设国防工业，领导群众生产，并决定在兵工系统中广泛开展爱国主义生产竞赛。《决议》特别强调，爱国主义生产竞赛是全体职工的运动，工会应负责领导，并加强下列工作：有计划、有意识地培养模范，定期召开生产模范、先进生产者、劳模代表会议交流经验、推动工作。动员、组织全体工人、职员、技术人员、管理人员开展各种竞赛，使之成为广泛的群众运动。应特别加强技术人员、职员与工人的结合，召开老工人与技术人员的座谈会、技术研究会，号召技术人员深入车间，帮助工人总结经验，提高技术理论，并向工人学习，加强理论与实际结合，使运动全面发展。

1951年1月，全国军工职工响应马恒昌小组挑战，掀起了更为激烈的劳动竞赛。第一季度，参加竞赛的职工达到职工总数的52.5%，向马恒昌小组应战的有204个单位。东北地区军工企业参加竞赛的职工，达到职工总数的90%，共涌现350个模范小组和1727个模范或先进工作者。

（二）推广五三工厂经验

东北军工系统在爱国主义劳动竞赛中，总结推广了五三工厂在竞赛中实行小组公约的经验。1950年，五三工厂在车间实行小组公约，发动群众，把生产竞赛变为经常性工作。通过制定小组公约和劳动竞赛，提前两个月完成全年生产任务，产品质量合格率由96.090%提高到99.905%；前三季度成本率平均降低

37.730%。1951年3月3日，兵工工会东北区委员会二届会员代表大会通过《关于学习五三厂的先进工作经验及推广小组公约的决定》，提出学习五三工厂的经验，提高劳动生产效率，降低成本，完成国家生产计划，把生产竞赛不断推向前进。

1951年5月，中国兵工工会全国委员会召开兵工群众生产会议，并于5月7日发出《关于推广五三工厂小组经验的决定》，指出五三工厂通过小组集体公约，保证质量与劳动生产率不断提高，加强生产责任制与劳动纪律，提高技术，改进操作方法，加强团结互助，并使生产竞赛广泛深入与经常化，这是工会领导生产最好的方法。《决定》要求各级工会，继续开展马恒昌小组竞赛运动，推广五三工厂经验，开展小组集体公约运动，培养马恒昌式的先进小组。

1951年7月，中国兵工工会第二次执委扩大会议，进一步做出《关于学习推广五三厂工作经验的决定》。到1952年底，东北地区军工系统有10个厂签订了集体合同，各厂普遍订立了小组爱国公约和联系合同。

（三）开展增产节约和捐献运动

抗美援朝战争开始后，全国兵工职工积极响应中国兵工工会全国委员会的号召，推行爱国公约、捐献飞机大炮、优待烈军属和增产增收运动。各级兵工工会积极动员职工为抗美援朝作贡献，其中华东地区军工企业召开动员会187次，职工捐款1.2亿多元，955个小组订立爱国公约。

1951年6月，东北兵工工会号召全体职工捐献“东北兵工工人号”飞机1架，得到全体职工一致拥护。五三工厂的赵恩波钳工班一马当先，提出每月献工一天，直到抗美援朝胜利为止，并向全厂挑战。西南地区全体兵工职工捐献两架战斗机后，又广泛开展增产节约、增加收入捐献飞机大炮运动。1951年8月，东北、华东、华北各地军工职工决定捐献战斗机三架，西南兵工职工捐献两架，华北某厂职工单独捐献一架。

（四）开展技术革新运动

1953 年 1 月，毛泽东指出："朝鲜战争证明，依靠我们过去和较为落后的国内敌人作战的装备和战术是不够的了，我们必须掌握最新的装备和随之而来的最新战术。"国防工业的正规化，以及军工生产的技术革新、产品革新成为军工企业的重要任务。为了适应新形势下的军工生产，第二机械工业工会各级组织积极配合新产品试制和新技术推广，为国防工业正规化提供了组织保证。广大军工职工积极响应中国共产党的号召，在工会组织下，学习先进经验，开展技术革新，保证了军工生产的快速发展。

推动新产品试制 1953 年以后，各军工厂在承担生产任务的同时，一面改建、扩建，一面试制新产品。新品试制对工厂的领导干部和工人来说，都是新课题。在技术水平低、经验不足、管理落后、生产条件不足和任务大、时间紧的情况下进行新品试制工作，他们面临许多困难。

在新品试制中，第二机械工业工会的各级工会组织在党委领导下，开展了一系列工作。

一是做好新品试制的动员工作。克服保守思想和经验主义，使职工深刻认识新品试制的意义，明确必须建立强大的现代化国防工业，才能保障国家独立、安全和进行社会主义建设。

二是组织职工开展劳动竞赛。第二机械工业工会西南区工委先后组织工具、机修车间竞赛，以及争取早日定型为中心的厂际竞赛，在鼓舞群众劳动热情，发挥企业潜力，推动改善管理，保证完成试制定型等方面起了较大作用。

三是组织职工提出合理化建议。抓住对新品试制定型有决定意义的先进经验，组织职工学习，发动群众找窍门、提合理化建议，推动新品试制。各军工厂工会建立了合理化建议组织，针对关键问题提出课题，集中群众智慧，解决生产问题。根据全国 24 个厂及上海部分厂的不完全统计，1954 年 4 月至 6 月，全国军工职工提出合理化建议 9359 件，其中实施 2991 件，解决了许多生产技术的重大关键问题。

1954 年 3 月 16 日，中国第二机械工业工会全国委员会发出《关于围绕新产品试制开展劳动竞赛的指示》，提出认真发动群众讨论新产品试制的计划，明确竞赛目标。大力开展职工合理化建议工作，推广先进经验，将职工的合理化建议引向解决关键问题。通过生产会议来组织群众讨论生产，开展竞赛，并举办技术革新展览会，利用群众事迹教育群众，对提高职工思想认识、推动运动开展起了很大作用。

学习王崇伦革新精神 1953 年，辽宁省鞍山市特等劳动模范王崇伦发扬工人阶级的战斗精神，与鞍山钢铁厂老英雄职工孟泰发起了技术革新和技术协作运动，1 年完成了 4 年零 17 天的工作量。为了推动技术革新和生产运动，第二机械工业工会各级组织发起了学习王崇伦革新精神活动。1954 年 3 月 20 日，第二机械工业工会华东区委员会发出《关于宣传学习王崇伦生产革新精神的意见》，提出学习王崇伦生产革新精神，教育广大职工加强主人翁责任感，树立正确劳动态度，发挥创造精神，通过改进生产技术、提倡生产革新，把劳动竞赛向前推进一步。工会强调，学习王崇伦的劳动态度和他的主人翁责任心；学习王崇伦勇于革新的精神；学习王崇伦虚心向别人学习和团结互助的集体主义精神。

1954 年 4 月 1 日，中国第二机械工业工会全国委员会印发《关于宣传学习王崇伦革新精神的意见》，明确王崇伦的革新首创精神是社会主义思想的具体表现，是今后进一步开展劳动竞赛的方向。宣传和学习王崇伦革新精神，在军工企业中产生了重大反响，使技术革新运动成了军工职工进行社会主义劳动竞赛的一个重要方面。

（五）开展增产节约运动

1956 年 11 月，中共八届二中全会提出开展全民性增产节约运动。中国第二机械工业工会全国委员会召开会员代表大会，传达会议精神，推动开展增产节约运动，宣传增产节约的重大意义，积极向职工进行形势与任务、增产节约、勤俭建国、勤俭办企业的教育，树立了增产节约的风气。

为使增产节约运动与劳动竞赛结合起来，四川各厂工会积极组织开展合理化建议工作，据重庆五个厂的初步统计，仅 1957 年 1 月，职工就提出合理化建议 1100 余件，在第一季度，各厂推广的新技术数量都在 10 种以上。淮海机械厂对全厂增产节约运动进行了两次大检查，总结经验，挖掘潜力，在全厂车间、班组普遍实行经济核算，推动了增产节约运动的开展，八个月完成增产节约计划的 118.65%。

各厂工会积极组织社会主义竞赛和先进生产者运动。南京各厂在工人中普遍开展了职工个人之间、小组之间、工段之间的竞赛。四川各厂工会发动职工，同时制定个人、小组、工段季度和月度竞赛计划，并组织实施贯彻，保证增产节约计划的完成。有些厂还针对生产特点、管理基础、劳动组织、关键问题等组织了各种不同的竞赛。

各级军工工会不仅要掌握职工思想情况、协助党委进行教育及全面发动组织竞赛，协助行政推行班组核算，还要注意培养典型小组，组织签订民用产品生产联系合同，保证增产节约的实现。如南京灯泡厂将技术人员、老工人组成关键组，及时解决生产关键问题，保证了生产的正常进行。

（六）开展厂际社会主义劳动竞赛

上海解放后，江南造船厂抢修中队长金龙山在没有大吨位起重设备的情况下，提出以冲天杆起吊被国民党炸沉在黄浦江底的船坞闸门，使江南造船厂提前半年恢复生产，随后被评为全国劳动模范，并被毛泽东等中央领导人接见。

1956 年，全国总工会在工矿企业和基建领域发起了先进生产者运动。为解决企业因管理水平低，造成产品质量不高、事故多、停工多等问题，从 1956 年起，第二机械工业工会各级组织在各厂工艺、工具、检验、材料供应四个系统中，组织了厂际同业务竞赛。在厂际同业务竞赛中，各厂把厂内同业务竞赛作为竞赛的重要内容。山西一〇四厂在 12 种业务中全面开展同业务竞赛，并在全厂职工大会上，就厂际竞赛做了专门报告，号召各单位积极参加厂际竞赛，虚心向同业务先进单位学习。三四二厂在三个重点业务部门开展同业务竞赛，促进了本厂竞赛的深入。厂内同业务竞赛的开展，不仅推动了各系统工作，也为厂际同业务竞赛建立了巩固的群众基础。

厂际同业务竞赛不仅推动了厂际生产竞赛的开展，还推动了厂际互助。辽宁军工系统有 56 个业务单位与 29 个业务单位签订了互助合同。在 12 月 10 日召开的经验交流会上，各厂材料供应系统提出 50 多个相互支援的项目。在 1957 年的增产节约运动和组织民用产品生产中，第二机械工业工会进一步开展了厂际竞赛。

（七）学习“两套本领”，完成民用产品生产任务

为了充分发挥国防工业的生产能力，满足人民物质文化生活需要，1956 年，中共中央决定，国防工业在保证军事装备需要的同时，利用剩余设备和技术力量组织民用产品生产。1957 年 3 月

22 日，中国第二机械工业工会全国委员会发出《关于加强民用产品生产中的工会工作的指示》，要求广泛宣传和平时期国防工业的生产方针，提高职工对组织民用产品生产的认识，增强职工的责任感；组织职工掌握“两套本领”，开展先进生产者运动，提高产品质量，降低产品成本，为国家创造更多的财富；注意民用产品生产中劳动保护工作的新特点，切实保证安全生产。

1957 年 9 月，中国第二机械工业工会全国委员会召开会议，研究民用产品生产中的工会工作问题，提出深入进行思想政治教育，大力宣传学会“两套本领”的重大意义，树立为经济建设服务的思想；监督、协助行政贯彻学会“两套本领”、执行民用产品生产的方针；组织开展社会主义竞赛和先进生产者运动，提高民用产品产量；推广先进经验，加强合理化建议工作；组织签订联系合同，保证民用产品生产；通过职工代表大会，检查、研究、解决民用产品生产问题；日常组织职工代表和工会积极分子对民用产品生产进行经常性监督与检查，同时采用其他方式加强群众监督。由于工会的积极推动，军工企业的民用产品生产取得了明显的成绩。

三、推行职工代表大会制度

民主管理是社会主义企业的特征之一。早在 1951 年 7 月，中国兵工工会第二次执委扩大会议就要求党、政、工、团密切配合，依靠工人阶级，贯彻群众路线，实现工厂管理民主化。要求工会发动职工参加工厂管理，深入基层，了解与反映生产情况，健全工厂管理委员会，开好工厂管理委员会与职工代表会议。

第一个五年计划期间，五三工厂依靠工人阶级，发挥职工的积极性和创造性；同时建立了职工参加企业管理的民主制度，加强了职工群众的监督作用。1953 年 1 月 10 日，中国兵工工会全国委员会总结推广了五三工厂的经验，其中包括按期开好工厂管理委员会及职工代表会议，厂内的重要问题如生产计划、集体合同、人事任免、奖励福利工作等都要提交工会和职工会议讨论，虚心听取委员及职工代表意见，使计划的执行获得更广泛的群众基础。

自1957年起，我国开始在工业企业进行扩大和健全企业民主管理制度的试点工作。1月，五三工厂党委制定了《关于扩大和健全企业管理民主制度的方案》。厂工会委员会作出相应决议，提出了健全职工代表大会制度的四项要求，并在党委的领导下，制定了《职工代表大会组织条例》。确定在总结已有民主管理经验的基础上，进一步发挥工会组织作用，扩大职工群众的民主权利，加强群众监督工作。为了保证职工代表真正代表职工参加企业民主管理，在五三工厂选出的403名职工代表中，直接参加生产的工人占57.56%。

1957年2月至7月，在南京国防工业系统11个厂中，已有六个厂召开了职工代表大会。1957年7月，第二机械工业工会南京市工作委员会对所属的六个厂召开职工代表大会的情况进行了考察，并提出《关于推行职工代表大会制度几个问题的研究的报告》。

在建立健全职工代表大会制度中，许多工厂把充分发扬民主作为职工代表大会的重要工作。在选出代表后，淮海机械厂工会让代表收集提案，让群众把意见"提透"。同时由工会组织代表检查组，检查生产管理、保障职工生活福利的工作情况。在大会召开阶段，为了给代表充分的讲话时间，使代表畅所欲言、说尽说透，工会把大会75%的时间用于小组讨论和大会发言。为使企业行政领导干部虚心听取代表的发言和批评，正副厂长都参加会议，不是代表的中层以上领导干部都列席大会。由于充分发扬民主精神，代表们在大会发言中共提出600余条批评意见。

为了保证职工代表大会的决议得到实施，1957 年 7 月，中国第二机械工业工会全国委员会发布《对工会如何监督贯彻执行职工代表大会决议的初步意见》，提出深入传达职工代表大会决议，组织贯彻执行大会决议及有关提案，检查对决议的贯彻执行情况，把重点放在发动群众开展增产节约运动方面，将职工的主人翁责任感和积极性引导到生产中去。《意见》提出，要充分发挥职工代表与工会组织的监督作用，加强职工代表工作。工会必须认识，职工代表是工会工作的一支重要力量，必须加强与他们的联系，注意对他们的培养，如组织他们学习，交流代表工作的经验等，同时也要教育他们模范地执行决议和完成本职工作。

在贯彻职工代表大会决议和职工建议中，许多工厂做了大量工作。淮海机械厂党委在职工代表大会闭幕的次日即召开常委会议，讨论传达和实施大会决议问题。在实施决议提案和解决有关重大问题时，请职工代表参加讨论，让代表参加企业管理和实行监督。为了有效地贯彻大会决议，工厂制定了改进企业管理工作规划，通过管理部门解决生产中的重大问题，推动工厂行政管理系统面向生产，为生产服务，克服工厂管理中的主观主义和不关心职工疾苦的官僚主义作风。厂工会为监督检查大会决议的实施情况，组织了三个代表小组检查工作。

职工代表大会制度的建立与实行，扩大了企业民主，改进了企业领导作风与企业管理，加强了领导与职工的团结，大大调动了职工的积极性，提高了广大职工的觉悟，加强了职工主人翁责任感，有力推动了增产节约运动的开展和各方面工作。淮海机械厂仅用八个月时间就完成了全年产值计划的 108.4%。

四、劳动保护与职工权益、职工生活保障

新中国的成立为劳动保护与军工职工权益保障提供了政治条

件。在中国共产党的领导下，各级兵工工会积极履行职责，保障军工职工的劳动安全和身体健康，维护职工权益，真正起到了职工利益代表者的作用。

在保障职工权益的同时，各级兵工工会还积极努力，配合工厂，努力提高职工生活质量和福利待遇，丰富职工的物质、文化生活。

（一）劳动保护

1950 年的东北军工会议提出，工会要配合行政做好劳动保护，严格遵守劳动纪律；监督行政的劳动保护、安全卫生工作，建立事故报告制度与劳动保护检查制度。当年 12 月，中国兵工工会全国委员会在常委扩大会议上提出，应注意劳保、女工、青工等工作的开展。1950 年到 1952 年，兵工工会组织了几次安保大检查，共发现问题 131378 件，其中 80%以上得到了解决。

在开展大规模国防工业建设过程中，第二机械工业工会的各级组织一方面发动军工职工开展社会主义劳动竞赛，积极为国防工业生产作出贡献；另一方面积极履行职责，加强劳动保护，维护职工权益，提高职工生活质量和加强福利保障，起到了社会主义工人组织和职工利益代表者的作用。

新中国成立初期，由于抗美援朝战争的需要，军工生产多半通过突击完成任务，有些工厂连续加班加点，职工每天做工 14 小时。过度劳动影响了工人的身体健康。为了保证工人适当休息，支持生产正常发展，1950 年，中国兵工工会全国委员会与国家有关部门研究实行八小时工作制。工会加强了执行劳动法令的监督工作，规定在非特殊情况下禁止加班加点，如遇特殊情况必须加班加点的，必须经军工生产管理部门和产业工会批准，且加班加点不准连续超过三天，每天不得超过三小时。同时规定特殊工种的劳动时间，如锅炉、变电所、交换台、水源地、水塔、装气室、水泵等方面的工作一律实行 12 小时三班轮换的工作制度。

1951 年，各级兵工工会继续开展安保大检查工作。1951 年 10 月 13 日，中国兵工工会全国委员会发出《关于秋季安保大检查的指示》，要求通过秋季安保大检查，肃清企业存在的只管生产、不顾工人安全、健康和国家财产损失的官僚主义作风。中国兵工工会全国委员会要求各级工会，进行广泛的群众动员和宣传教育，吸取以往的经验教训，明确认识安全生产的重要性。同时要求工会直接参加指导检查，并推广高文桥班，制订安全生产制度和积累责任制的经验。发现问题后，工会应积极发动群众解决或督促工厂行政解决问题。

1952 年到 1954 年，军工系统支出 961 万余元，解决了 1102 项较大的关键设备问题，使严重危害工人安全、健康的易炸、高温、有毒气体、触电、灰尘等问题得到了解决或缓解。但由于条件的限制，加上部分企业领导的单纯完成任务的观点，忽视职工劳动安全和身体健康，劳动保护工作跟不上生产的要求，造成事故、疾病多发的情况。

为加强劳动保护工作，保障职工劳动安全和身体健康，提高职工生产积极性，适应国家大规模经济建设的需要，第二机械工业工会全国委员会于 1953 年初设立了劳动保护部，各省、市工作委员会、办事处也先后配备了专职劳动保护干部。1953 年 3 月 5 日，第二机械工业工会全国委员会发出《关于加强劳动保护工作的指示》，要求各级工会组织必须认真执行毛泽东同志的指示："在实施增产节约的同时，必须注意职工的安全、健康和必不可少的福利事业。"《指示》提出，各级工会组织必须建立健全劳动保护组织，加强领导；各地区委员会、办事处的保护保险机构，要尽量分设；化学、火药工厂基层工会副主席（劳动保护委员会主任）应专做劳动保护工作。1500 人以上的基层工会应设专职劳动保护干部；1500 人以下者，可根据基层情况、生产性质，设专职或兼职干部。基层、车间、小组（干事）没有建立劳动保护机构的，应根据全委颁发的基层车间劳动保护委员会暂行组织条例迅速建立；已建立的，亦要依据条例精神，切实整顿和健全起来。《指示》同时要求，各级工会必须十分重视对劳动保护干部的培养教育，必须有计划、有准备地举办短期的和业余（基层）劳动保护训练班；所有的劳动保护干部，必须认真学习劳动保护的科学知识，切实钻研业务，担负起劳动保护工作的责任。

在工会的努力下，各企业建立了劳动保护机构和安全生产责任制度，第二机械工业部先后颁布了工厂安全技术劳动保护检查制度、工厂安全技术劳动保护教育制度等规章。同时采取一些措施，如限制加班加点、保护女工等，因此各企业的伤亡率下降，职业病和其他疾病减少。

1956 年 2 月 29 日，第二机械工业部、第二机械工业工会全国委员会颁布《签订劳动保护协议书暂行实施办法》，通过工会组织与企业行政管理部门签订劳动保护协议书的方式，加强劳动保护工作，促进安全生产。

1957 年 9 月，第二机械工业工会全国委员会召开会议研究民品生产中的工会工作，提出关心职工切身利益，关心工人的生产安全。

1957 年 12 月，第二机械工业工会全国委员会召开省、市工委主任联席会议，研究了劳动保护检查员制度问题。认为该制度在实行的过程中取得了一定成绩，对于开展群众劳动保护工作有一定的积极作用，但也存在一些问题。为了解决这些问题，第二机械工业工会全国委员会发出《关于劳动保护检查员制度新规定的通知》，提出驻厂劳动保护检查员应兼任工会基层劳动保护工会委员会主任委员。劳动保护检查员由全国委员会任命，委托省、市工委和基层工会委员会领导。火化工企业的工会基层组织必须设立专职劳动保护干部，规模较大的非火化工企业也应尽可能配备专职劳动保护干部。

（二）职工权益保障

抗日战争和解放战争期间，根据地和解放区的兵工职工在劳动环境十分恶劣的条件下，为了革命战争的胜利，不分昼夜地生产，以支援前线。不少兵工工人因公牺牲或者残废。这些残废职工，按当时规定，享有残废军人的待遇。

1950 年，根据全国军工工会会员代表大会的代表提案，中国兵工工会全国委员会对抗日战争与解放战争中有军籍工人享受荣誉问题、抗日与解放战争中因公牺牲的职工按烈士待遇问题、对抗日与解放战争中因公残废职工的照顾问题，进行了研究，并向中央人民政府内务部、劳动部、中央军委分别提出了建议，使问题得到了解决。

（三）职工生活福利工作

在开始全面进行国防工业建设过程中，各级兵工工会积极履行职责，通过实施劳动保险，建立职工合作、互助制度和举办福利事业等方式，加强职工生活保障，提高职工生活水平。1951 年，中国兵工工会全国委员会专门召开全国劳动保险、保护及职工福利工作会议，为职工生活保障及福利工作提供制度保证。

实施劳动保险　抗日战争时期和解放战争时期，中国共产党领导下的军工企业就实行了劳动保险。1940 年，晋冀鲁豫抗日根据地军工企业对军工工人实行 2.5%的“社会救济金”制度；1947 年晋察冀解放区军工企业对军工工人实行 2.5%的“国家保险金”制度；华北行政区建立后，制订了《华北兵工劳动保险办法》；1949 年 2 月，东北军区军工系统开始施行劳动保险。到 1950 年底，全国兵工系统全部施行了劳动保险。1951 年 2 月，政务院颁布《中华人民共和国劳动保险条例》。4 月，兵工工会第一次劳保会议通过，中国兵工工会全国委员会第八次常委会批准《关于贯彻执行劳动保险条例的决议》，要求建立健全各级工会的劳动保险组织，建立健全有关劳动保险制度。

保险金大部分用于困难职工家属救济、职工疾病救济、伤残抚恤、死亡埋葬及办子弟学校、工厂、商店、合作社等方面。1950年，华北军工系统利用职工劳动保险金建立了一个老残院、二个保育院、二个子弟学校和一个疗养院；东北地区军工系统利用劳动保险金建立六个业余休养所；华东地区军工企业规定了婚、丧、疾病伤残抚恤救济办法。西南地区军工系统由西南工业部拨缴3%的保险金，解决了国民党统治时期留下的遗属问题，并按照东北保险条例进行了抚恤与救济。

建立职工合作、互助制度　新中国成立后，为了保障职工生活，解决职工生活困难，在各级军工工会主持下，各军工企业继承抗日根据地和解放区军工企业的做法，继续建立、完善职工合作、互助制度。1950年，华北军工系统组织了合作社，以保证工人生活不受物价波动影响；华东地区军工系统70%的工厂建立了合作社，减轻工人负担；西南地区军工工会也建立了八个合作社。

1950年，华北地区军工工会就组织了职工互助会，以职工互助形式解决职工困难。1951年，第一次兵工全国劳保会议通过、第八次常委会批准《中国兵工工会互助储金会组织通则》，规定互助会是工会会员为了互相帮助，在自愿结合的基础上组成的经济组织；互助会在工会基层委员会领导下工作；工会会员缴纳会费后即可成为互助储金会会员，并有获得借款与领取互助救济金的权利。

开展职工福利工作　1950年，华北地区军工系统组织家属生产，解决了有家眷的工人的生活困难；办子弟学校二所，解决了山沟中工人后代的就学问题。全区建立饭堂12个、合作社13

个、澡堂20个、医务所23个、理发室13个、残疾院一个、休养所一个。华东地区军工系统工会救济失业工人及其家属，救济职工1026人，家属855人，用于救济的大米有近360万斤，还建了四个托儿所。东北各厂全部解决了职工生活问题，有的工厂还成立缝纫社，解决了工人穿衣问题。西南各厂普遍建立了工人食堂，解决了职工就餐问题。

1952年10月，中国兵工工会全国委员会成立了兵工职工集体福利事业委员会，并于10月29日公布《兵工职工集体福利事业委员会组织简则》。《简则》明确：兵工职工集体福利事业委员会组织的目的，是为发挥职工劳动热情，提高劳动效率，关心职工健康，改善集体福利事业；统一确定各地劳动保险集体福利事业的方针，讨论审查各地提出的预决算、督促检查各地集体福利事业工作。

开展职工文体活动　在举办福利事业、保障职工生活的同时，各级军工工会还注重丰富职工文化生活，积极为职工文化娱乐和体育活动创造条件。1950年，西南地区的一些军工企业建立了滑冰场、游泳池、戏剧场等。1951年5月，中国兵工工会全国委员会召开第二次文教工作会议，确定大力开展职工俱乐部工作，建立并持续充实图书馆，不断给职工提供“文化食粮”。随后，中国兵工工会全国委员会公布《关于文教工作的几个决定（草案）》，要求：在1951年这一年内，争取把所有基层俱乐部建立起来。俱乐部必须有房子，有业余文娱组织，有图书馆，有游艺和体育设备；大力推广车间俱乐部，把俱乐部建立到广大职工群众中，为职工及其家属服务；各区委员会可视条件在1951年组织一次体育竞赛活动或文娱比赛活动。职工文化娱乐活动一直是工会重视的工作。如1957年，淮海机械厂在工会的组织下，加强改进了文娱及体育以及解决子弟上学问题等工作，从而使全厂文娱及体育工作有了新的发展。

第五章
社会主义建设曲折发展时期的军工工人运动

1957 年以后，中国进入了在探索中进行社会主义建设的历史时期。国家的稳定和第一个五年计划的提前完成、中国共产党第八次全国代表大会制定的路线，为新的国防工业建设提供了重要条件。在这种形势下，国防工业工会组织及职工生产运动得到了加强。但是，由于对社会主义建设的指导方针还缺乏实践经验，同其他行业一样，国防工业工人运动在探索中曲折前进。

一、国防工业工会建设

第一个五年计划完成后，国家开始更大规模地进行国防工业建设。随着国防工业建设的发展，国防工业工会组织也不断地进行调整，加强思想、组织和职工队伍建设，为国防工业建设提供了重要条件。

（一）国防工业工会组织调整

为了适应社会主义建设的需要，国家不断对经济管理体制进行调整，国防工业工会也对工业管理体制进行了适当调整。

第一机械、第二机械工业工会合并为第一机械工业工会 1958 年 2 月 1 日，第一届全国人民代表大会第五次会议决定，将

第一机械工业部、第二机械工业部合并为新的第一机械工业部。1958 年 2 月 28 日，全国总工会发出《关于第一机械、第二机械工业工会合并为第一机械工业工会的有关事项的通知》，明确为了适应工业部门体制的变化，决定将第一机械、第二机械工业工会合并为第一机械工业工会。同一省、市有第一机械、第二机械产业工会的，一律在省、市工会联合会领导下进行合并工作。经过一段时间的过渡，第一机械、第二机械工业工会全国委员会合并为一个委员会，并确定自 1958 年 3 月 17 日起合并办公。

第一机械工业工会更名为中国机械工会 1960 年 3 月 7 日，第一机械工业工会全国委员会分党组向全国总工会党组和第一机械工业部党组提出请示：由于国民经济迅速发展，1959 年国家成立了农业机械部，第一机械工业工会的组织范围实际上包括第一机械工业部、农业机械部和地方所属的机械制造厂，一些地区产业工会也已将原第一机械工业工会的名称改称为机械工业工会。为使第一机械产业工会组织的名称和实际情况相适应，第一机械工业工会提出将工会名称改为中国机械工会，并通过召开全国会员大会予以确定。3 月 17 日、18 日，全国总工会党组、第一机械工业部党组分别函复第一机械工业工会：经中共中央有关部门批示，同意将第一机械工业工会全国委员会改名为机械工业工会全国委员会。

1960 年 4 月 6 日，机械工业工会全国委员会在重庆召开全国委员（扩大）会议，通过了机械工业工会全国委员会更名为中国机械工会全国委员会的决定，并选举了主席、副主席。

1963 年后，国家度过了经济困难时期，加强国防工业建设再次提上日程，国防工业管理体制需要进一步改革，国防工业工会也再次进行了调整。

国防工业工会工作委员会成立 1964 年 1 月 28 日，全国总工会党组在向中共中央提交的《关于全总机关组织机构和人员调整的报告》中提出，“根据中央关于国防机械与民用机械工业分开的决定，将现在的机械工业工会分为第一机械工业工会（对口第一机械工业部和农业机械部）和第二机械工业工会（对口国防机械工业部门）”。2 月 8 日，中共中央批准了上述报告。据此，1965 年，第一机械工业工会和第二机械工业工会分开，第二机械工业工会恢复，并定名为国防工业工会工作委员会。

（二）工会和职工队伍建设

在国防工业和国防工业工会组织的发展过程中，国防工业的职工队伍和工会建设也在不断加强。

1958 年 3 月 1 日，第一机械工业工会全国委员会、第二机械工业工会全国委员会联合发出《关于两会合并工作中的有关问题的通知》，特别提出，为了适应合并后任务更加繁重的局面，省、市产业工会应该保留骨干力量，组成一支比较精干的干部队伍，以便胜任新的工作。

1962 年 10 月 22 日至 31 日，中国机械工会全国委员会召开座谈会，提出工会要在党委领导下，协力做好各项工作。工会要注意发挥各级组织和积极分子的作用；通过运动，健全组织，改进工作方法和工作作风；做好班组骨干的调整培训工作，充实小组核心力量，不断提高他们的思想水平和工作能力。

在座谈会上，中国机械工会全国委员会提出组织职工坚持技术学习，建立技术学习制度，开展技术互助和各种群众性的技术学习活动，不断提高职工的技术水平。11 月 14 日，中国机械工会全国委员会发出《关于开展增产节约劳动竞赛的几点意见》，提出积极组织职工学习技术，适应发展品种，提高产品质量的要求。坚持组织职工业余技术学习，同时开展技术互助、互学，签订包教、包学合同，提倡尊师爱徒的新风气。

1963 年 4 月 29 日，第四机械工业部发出《关于创造“五好”

企业开展“五好”运动的试行草案》，要求工厂行政和工会，把国防工业队伍建设成一支具有高度政治觉悟、有纪律的、掌握现代化生产技术的、过硬的职工队伍。

1964 年 3 月 25 日，第六机械工业部政治部、中国机械工会全国委员会发出关于开展“五好”企业和“五好”职工运动的联合指示，要求大力提高职工技术水平：（1）从职工技术业务水平和生产需要出发，贯彻学用一致；做什么练什么，缺什么学什么；学练结合，以练为主，学一点用一点，力求实效，促进生产。（2）使每个职工能够掌握本岗位基本理论、业务知识和操作技术。以“三规一制”（技术规程、设备操作规程、安全规程和工人岗位责任制）为主，对工人进行技术培训；以提高技术业务水平，学习企业规章制度，熟悉本专业职责范围和技术、业务理论知识，正确地组织、指挥生产为目标，培训专业干部。（3）采用技术表演、师傅带徒弟、熟手带生手等形式，组织职工天天练、处处练、事事练，不断提升技术熟练程度，并且按期测验，考核成绩，作为考核“五好”工人中“经常学习好”的重要依据之一。

二、开展增产节约、厂际劳动竞赛和“五好”运动

1958 年，经过国民经济的调整和恢复，国防工业开始走上正常发展的轨道。在中国共产党领导和工会组织下，军工职工继续发扬艰苦奋斗的精神，开始了新的国防工业建设和军工生产运动。

（一）继续开展增产节约运动

为了贯彻中共中央关于国民经济调整的精神，动员国防工业职工努力增产，厉行节约，完成支援农业、改善市场供应和增强

国防的任务，1962 年 10 月 22 日至 31 日，中国机械工会全国委员会就开展以增产节约为中心的先进生产者、先进班组运动，召开了国防工业重点省、市和 10 个基层工会负责人参加的座谈会。

座谈会讨论了国防工业企业如何进一步开展先进生产者、先进班组运动的问题，交流了各地开展群众生产运动的情况和经验，并且重点介绍了北京五四七厂开展运动的试点经验，并一致认为开展这一运动是十分必要的。为争取把企业生产、管理提高到新水平，会议提出，继续贯彻“工业七十条”，进一步开展先进生产者、先进班组运动，充分发挥先进生产者和先进班组作用，调动广大职工的生产积极性，以保证完成生产任务。同时通过运动，为广大职工树立榜样，发扬先进思想，促进“比学赶帮”竞赛，使广大职工更加积极地参加劳动竞赛。

会议还提出，要认真推广先进经验，开展技术革新，把职工的创造智慧引导到完成新产品试制，提高产品质量，突破尖端技术等主要方面。对职工提出的技术革新项目和合理化建议，要热情支持。

1962 年 11 月 8 日，中国机械工会全国委员会就开展增产节约、劳动竞赛问题与七个军工企业党委书记进行了座谈。11 月 14 日，中国机械工会全国委员会发出《关于开展增产节约劳动竞赛的几点意见》，提出进一步调动广大职工的劳动热情和生产积极性，扎扎实实地开展增产节约、劳动竞赛：（1）对职工进行政治教育，发扬工人阶级艰苦奋斗的光荣传统，努力增产，厉行节约，保证完成和超额完成国家计划。在思想政治教育工作中充分发挥老工人、先进生产者和广大积极分子的作用，依靠他们在群众中进行深入细致的思想工作，了解职工思想、劳动、生活情况，帮助解决职工思想和实际问题。（2）发动职工讨论国家计划，制定切实可行的增产节约计划和竞赛条件。（3）深入开展班组竞赛和个人竞赛，充分发挥先进生产者、先进班组的作用。做好先进生产者和先进班组工作，关怀他们的思想、生产（工作）、生活情况，支持他们的革新创举，宣传他们的事迹，总结推广他们的先进经验，充分发挥他们的作用，为职工群众树立学习榜样，调动广大职工的积极性，促进“比学赶帮”的深入发展。（4）开展合理化建议与技术革新，鼓励职工创造性地学习和运用别人的先进经验，做到推广一项，巩固一项。在竞赛中针对技术关键和生产薄弱环节，发动职工提出合理化建议，从而推动技术革新。

这一时期，机械工会系统开展的全国性同行业（同类产品）厂际竞赛有较大的发展，有近 20 个组、200 多个工厂参加，他们都希望把竞赛继续开展下去。为此，中国机械工会全国委员会决定进一步加强厂际竞赛的组织领导，提高厂际竞赛活动质量，更好地组织推广先进经验。

（二）开展多种形式的厂际劳动竞赛

为了推动增产节约和劳动竞赛的开展，中国机械工会全国委员会就同军工系统各有关部委联合组织开展了部分专业的机动工作厂际竞赛。其中如内蒙古第一、第二机械厂的机械系统，自 1957 年 7 月就开展了厂际竞赛。双方互助协作，不断交流发动职工搞好设备维护的经验，在人力和物力上互相支援，并组织相关车间和科室建立联系，通过协议书的形式固定竞赛关系，以进一步全面发展两厂“比学赶帮”竞赛。经过两年多的协作和竞赛，在做好设备维护工作、提高业务水平和工作效率方面，取得了很好的成绩。

为进一步扩大职工的积极性，深入开展增产节约运动，1962 年 12 月上旬，第三机械工业部、中国机械工会全国委员会召开会议，交流了各地区军工企业开展厂际同业务竞赛的经验，讨论制订了《第三机械工业部机动工作厂际竞赛暂行办法》。1963 年

1 月 3 日，第三机械工业部、中国机械工会全国委员会发出《关于开展三机部系统机动工作厂际竞赛的联合通知》，确定由第三机械工业部、中国机械工会全国委员会组成机动工作厂际竞赛委员会。各省、市机械工业工会负责军工部门参加竞赛组织领导工作，了解竞赛情况，交流经验。通知要求各基层工会进一步搞好厂内机动工作同业务竞赛，保证厂际竞赛的顺利开展。

1964 年 4 月 18 日，第三机械工业部、中国机械工会全国委员会发出《关于继续开展三机部系统机动与技术安全工作厂际竞赛的联合通知》，提出：1963 年，各厂积极地开展机动与技术安全工作厂际竞赛，取得了不少成绩。为适应航空工业生产形势，深入开展"比学赶帮"竞赛活动和"五好"运动，决定继续开展机动与技术安全工作厂际竞赛，但评比次数调整为一年一次，并明确了技术安全工作先进厂的标准，要求各厂根据竞赛要求，深入发动广大职工找差距，制订措施，尽快把工厂的机动、技术安全工作提高到先进水平。

1964 年 4 月 28 日，第四机械工业部、中国机械工会全国委员会发出《关于继续开展四机部系统机动工作厂际竞赛的联合通知》，提出：为贯彻中央有关开展"五好"企业和"五好"职工竞赛的指示，进一步调动机动部门职工的积极性，通过"比学赶帮"提高机动工作水平，促进"五好"企业竞赛的开展，决定在第四机械工业部所属企业中仍继续开展地区机动工作厂际竞赛活动。为加强竞赛领导，由中国机械工会全国委员会和四机部组织成立第四机械工业部机动技术安全工作厂际竞赛委员会。

1964 年 7 月 1 日，第五机械工业部、中国机械工会全国委员会颁发《第五机械工业部机动工作厂际竞赛暂行办法》的联合通知。决定由第五机械工业部与中国机械工会全国委员会共同组成机动工作厂际竞赛委员会，通过组织技术协作、经验交流、业务研究、开办训练班等方式，开展机动工作厂际竞赛和协作。

（三）创造“五好”企业，开展“五好”竞赛活动

1963 年，中国机械工会及各机械工业部在机械工业系统开展了创建“五好”企业，开展“五好”竞赛活动。

1963 年 3 月，第一机械工业部提出“创建‘五好’企业、开展‘五好’竞赛活动”的任务，并明确“五好”企业的标准：思想政治工作好，民主集中制贯彻好，全面完成任务好，企业经营管理好，职工生活安排好。要求开展创建“五好”企业，在企业内部创建“五好”车间、“五好”工段、“五好”班组、“五好”工人和“五好”科室、“五好”干部以及“五好”家属的群众运动。

为开展创建“五好”企业工作，第四机械工业部于 1963 年 4 月 29 日发出了《关于创造“五好”企业开展“五好”运动的试行草案》，要求军工各厂由厂长和工会主席共同组织车间主任、科长、车间工会主席、职工积极分子学习讨论，当“五好”工人、争“五好”班组、办“五好”企业。

在开展创建“五好”企业过程中，第三机械工业部第五工业管理总局、中国机械工会全国委员会发出了《开展三个行业厂际竞赛的联合通知》。第三机械工业部第五工业管理总局所属的六个枪弹厂签订了竞赛协议书。各厂普遍开展增产节约运动和厂内“五好”竞赛，半年中，就技术改造、企业管理、思想政治教育等方面交流了 100 多条先进经验。

竞赛对各厂技术改造、提高产品质量、提高劳动效率、加强企业管理、加强思想政治教育和保证全面完成国家计划起了积极促进的作用。大部分职工关心时事、关心生产、注意节约，生产情绪普遍高涨，形成了互学互帮，你追我赶，积极创建“五好”企业的新局面。各厂都普遍开展了增产节约运动，增强了职工的主人翁责任感，并涌现出大批的先进事迹和先进人物。

1963 年 12 月 26 日，第四机械工业部、中国机械工会全国

委员会再次发出《关于开展“五好”企业和“五好”职工竞赛的联合指示》。1964 年 3 月 25 日，中国机械工会全国委员会又与第六机械工业部政治部发出《关于开展“五好”企业和“五好”职工运动的联合指示》，提出要把思想政治教育做到生产活动中去，对职工进行完成生产任务的教育，大规模开展“比学赶帮”活动，进行技术革新，提高技术水平，保证企业生产任务全面完成。

三、搞好企业民主管理

1957 年以后，根据中共中央的指示和军事工业的实际，各军工企业积极扩大职工管理企业民主权利，贯彻职工代表大会制度，取得了企业民主管理的初步效果。在 1958 年的社会主义建设高潮中，军工企业首先创造了干部参加劳动、工人参与管理的社会主义企业管理制度，为工人参加企业管理做了有益的尝试。

（一）贯彻职工代表大会制度，加强军工企业民主管理

1957 年，军工产业的多数企业已建立了常任制的职工代表大会制度，建立了党委领导下的厂长负责制与党委领导下的群众监督制相结合的企业管理制度，起到了职工参加企业管理、监督的作用。如职工代表大会的职权有审查企业生产、财务、技术、劳动工资计划和实现计划的重要措施以及有关的规章制度，并且可以提出建议。讨论和审查企业奖励基金、福利费、医药费、劳动保护拨款及其他有关生活福利经费的开支，并且可以作出决议，交企业行政领导执行。

为了落实军工企业职工代表大会的职权，发挥企业职工代表大会的作用，促进企业职工代表大会的建设，1957 年 12 月 25 日，第二机械工业工会全国委员会发出《关于通过职工代表大会

讨论、审查 1958 年度国家计划的通知》，提出凡已建立职工代表大会制度的企业工会，要在党委领导下，召开以讨论、审查本厂年度生产、财务、技术计划和审查有关生活计划为中心议题的职工代表大会。尚未建立职工代表大会制度的单位，力争以此作为第一次大会的内容，把职工代表大会制度建立起来。会前必须运用群众路线的方法，吸取以往组织群众讨论国家计划的经验，先发动科室人员与车间人员协作，提出计划草案，再提交至职工代表大会，用于全体职工讨论修改。

《通知》要求把召开大会与贯彻大会决议的过程作为组织一个全面、深入、持久的生产新高潮的过程。在发动职工代表讨论计划草案时，不仅要指出计划中的缺点，更重要的是发动群众围绕计划要求，挖掘潜力，提出合理化建议，制订学习与推广先进经验的措施。为了更具体地规划工作，用集体合同、劳动保护协议书等形式把落实国家计划的措施固定下来，必须把职工代表大会讨论、审查企业生产计划的活动与发动全体职工的活动相结合，最主要的方面是发挥工会小组的作用，使工会小组的讨论活动成为职工代表大会活动的基础。此后，军工企业普遍建立了职工代表大会制度，并在企业民主管理中得到了较好的坚持。

1966 年 4 月，国防工业工会全国委员会、沈阳市总工会、沈阳市二机工会联合组成工作组，总结了五三工厂贯彻党委领导下的职工代表大会制度的经验和做法，即教育干部走群众路线，树立民主作风。针对一些干部的民主作风问题，党委听取工会汇报后，及时采取措施，整顿干部工作作风。工会在党委领导下，组织力量到车间蹲点，广泛开展自下而上的群众监督活动，解决干部的民主作风问题。同时对各方面工作提出建议和措施，并主动组织群众带头实干，解决了一些生产上、管理上、群众思想上、生活上等各方面的问题，使干部感受到职工群众的力量。

工会经常性地组织群众监督活动，组织开好职工代表大会，保证职工对企业所有活动的监督权；从厂到工段层层建立常设机构，使职工代表和职工的日常监督活动得到组织上的保证，并探索建立了相关活动制度：一是组织小组民主生活会，即工会小组会。每月召开一到二次，对各级干部和各项工作提出批评、表扬和建议，并由代表汇总，向工段或车间的常设机构反映。二是职工代表和工长以上干部参加交心会。通过批评和自我批评，解决工长以上干部的思想作风问题，一般两个月召开一次。三是召开代表大会。一般一个月召开一次。除学习文件、交流经验、讨论研究职工代表组的活动安排外，还有对车间、工段的工作进行讨论。四是组织代表和职工开展检查活动，检查职工大会决议落实情况、生产关键问题和群众最关心的问题。五是厂级常设委员会除安排全厂职工代表和职工群众监督活动外，还要讨论企业的一些重要问题。由厂工会主席召集由厂长、政治部主任和有关科长参加的代表组长联席会议，反映基层职工对生产管理、技术革命、干部作风等各方面的批评和建议。

这些措施保证和加强了职工对企业工作的管理权和监督权，提高了职工的劳动积极性，加强了企业管理，推动了军工生产的发展。

（二）推广“两参一改三结合”经验

在 1958 年的社会主义建设高潮中，黑龙江省的三家兵工企业，建华机械厂、华安机械厂和庆华工具厂积累了工人参加管理、干部参加劳动、改革不合理规章制度的三项经验。这些经验与第一汽车制造厂技术人员、工人、干部三结合的经验形成了“两参一改三结合”，即“三华经验”。

1956 年召开的中国共产党第八次全国代表大会作出了工业企业实行党委领导下的厂长负责制的决定。位于齐齐哈尔的建华机械厂认真贯彻党的八大决议，实行党委领导下的厂长负责制和职工代表大会制，一方面精简机构，下放干部，给车间班组放权；

另一方面发动职工查找企业经营管理和干部领导作风方面的问题，组织职工群众进行整改，使职工凡能自己解决的问题都自己解决，并把整改过程作为工人参加管理的一个重要环节。在四车间五工段（即后来的“405 小组”）进行工人参加管理试点，对生产班组管理提出了一个朴素而实际的口号：“事事有人管，人人有事做”，打破了“管理是干部的事，生产是工人的事”的旧观念。经过在生产实际中的调整，深入形成了固定班组“四长”（党组长、行政班组长、团组长、工会组长）和“八大员”制度。

位于北安的庆华工具厂从 1957 年 5 月开始，规定各级干部每周参加半天劳动，后来发展到干部参加劳动与解决生产问题相结合，让干部在劳动中帮助班组解决生产中的实际问题。位于齐齐哈尔的华安机械厂在 1958 年 3 月参加“两参一改”经验推广会后，领先推行“两参一改”，在企业管理的八个方面进行了全面业务改革，使工人参加管理的范围扩展到更大，工人不但参与班组日常管理，而且逐步向技术管理和经济管理拓展，同时，开展了业务管理“八条龙”竞赛，推动了全厂工人参加管理活动的深入。

1958 年初，黑龙江省委派考察组分赴建华、庆华两厂，对“两参一改”进行考察，作了认真研究和总结，全面推广两厂经验，并向中共中央作了报告。4 月 18 日，中共中央批转了黑龙江省委《关于工业企业干部参加劳动，工人参加管理及实行业务改革的报告》。中共中央工交部副部长李立三在批语中高度地评价了“三华经验”，指出：“黑龙江省委的报告中所说的北安国营庆华工具厂的经验，是一项具有重大意义的创举，是在整风运动中干部和工人群众的共产主义精神大为高涨之后，对于企业管理的一项重大改革和提高，是完全符合社会主义企业管理原则的。这项经验应当在全国一切具有条件的工业企业中加以推行。”

1958 年 2 月 13 日，毛泽东视察沈阳飞机制造厂，嘱咐厂领导说：“要充分相信工人群众，依靠工人群众，才能管好企业。”1958 年 4 月 25 日，《人民日报》刊登了“两参一改”的经验报道。5 月 7 日的《人民日报》发表了关于学习和推广“两参一改三结合”经验的社论，称由黑龙江省庆华工具厂的职工群众创造出来的大胆改革企业管理工作的经验，是一项具有重大意义的创举。

1960 年 10 月 4 日，中共中央发出了《关于发展“两参一改三结合”制度，提高企业管理工作的指示》，同时印发了中共黑龙江省委的报告和所附庆华工具厂的典型材料，要求各中央局，各省、市、自治区党委，中央各部委、各党组，认真研究并组织所属工矿企业学习这一经验。

“两参一改三结合”是中国社会主义企业管理制度改革的重大创举，对加强和改善企业管理，提高企业效益和效能起到了巨大作用。

四、保护职工权益，提高职工生活水平

1961 年以后，随着国民经济调整，职工权益保护、职工劳动保护和职工生活保障工作重新被提上日程，各级军工工会在这些方面做了一些积极的工作。

（一）关心因战、因公残废职工

新中国成立后，军工工会为解决抗日、解放战争期间因公残废的兵工工人的待遇问题作出了一定努力，解决了一部分职工的问题。但由于每个职工的情况不同，加上政策不够完善，还有一部分职工的问题没有解决。为了维护这部分职工的权益，军工工会积极向政府部门反映，提出工会的意见，使在抗日战争、解放战争期间因公残废的兵工工人的待遇问题得到全部解决。

1957 年 8 月，第二机械工业部、第二机械工业工会全国委

员会经向国防部反映，解决了在抗日战争、解放战争期间因公残废的兵工工人享有革命军人因公残废待遇的问题。然而，这并不包括在抗日战争、解放战争期间参加兵工企业工作，因战、因公残废，且仍在兵工企业工作的兵工职工。为了照顾和妥善安置这部分对革命事业有贡献的职工，使其在社会主义建设时期继续发挥积极性，第二机械工业工会全国委员会、第二机械工业部致函内务部，要求解决这部分职工的抚恤问题。经内务部函复同意，1958 年 2 月 26 日，第二机械工业工会全国委员会、第二机械工业部发出《关于老解放区兵工企业职工因战、因公残废的抚恤问题联合通知》，对抗日战争、解放战争期间参加兵工企业工作，因战、因公残废，且仍在兵工企业工作的职工按下述办法处理：东北区在 1947 年底以前，华北、山东、陕甘宁、晋绥、中南区在 1948 年 6 月底以前，参加兵工企业并在上述时间因战、因公残废，且仍在兵工企业工作的职工，由所在单位的工会和人事部门证明，介绍至当地民政部门审查，评定残废等级，根据其残废原因，分别发给革命残废军人残废证或革命残废军人优待证，并从评定等级之日起，享受革命残废军人抚恤和优待。如果所在单位已实行劳动保险，可由本人任选一种，即愿意享受劳动保险条例中有关残废待遇的，可由所在单位按劳保办法处理，则不再发革命残废军人证件。

上述办法解决了 1948 年 6 月底以前，因公残废的老兵工的待遇问题。但 1948 年 7 月至 1951 年 4 月，因公残废的职工的待遇问题仍未解决。为解决这一问题，1958 年 5 月 27 日，第一机械工业工会全国委员会制定了《关于处理 1948 年 7 月至 1951 年 4 月间因公部分残废职工待遇的意见》，确定对两类人员实施残废补助：1948 年 7 月至 1951 年 4 月因公部分残废，并享受原华北兵工劳动保险暂行办法规定的残废待遇，在 1951 年实行全国劳动保险条例时停止享受残废待遇者；部分残废后，仍从事原工作，并因残废影响其技术、工资提高者。该两类人员经厂劳动保险委员会审查，认为符合上述情况的，可根据劳动保险条例有关规定，从审查确定之日起，发给本人工资10%的因公残废补助费。

（二）劳动保护工作

1958年开始的“大跃进”运动中，由于不切实际地追求高指标，职工劳动保护制度受到了一定冲击，劳动保护工作未能得到应有的重视。在“大干快上”的口号下，人们过于强调生产进度，职工的劳动安全和身体健康问题被忽视了。

恢复安全生产和劳动保护制度 1962年，国家开始进行国民经济调整，劳动保护工作重新被提上日程。10月22日至31日，中国机械工会全国委员会召开座谈会，提出切实贯彻安全生产方针，做好技术安全与劳动保护工作，教育职工严格执行安全规程，推广安全生产的经验，定期开展群众性的安全检查，做好文明生产，保证生产安全。11月14日，中国机械工会全国委员会发出《关于开展增产节约劳动竞赛的几点意见》，要求各军工企业切实贯彻安全生产方针，积极改善职工劳动条件，定期开展群众性的安全检查，做到“十防一灭”、安全与文明生产。同时注意劳逸结合，保证职工的休息权和健康权。

开展技术安全工作厂际竞赛 1963年4月25日，第三、第四机械工业部发出《关于开展技术安全工作厂际竞赛的通知》，为适应国防工业发展，确保生产安全，保证职工的安全与健康，促进各企业间互相学习，互相帮助，取长补短，共同提高技术安全工作水平，以保证国家任务的顺利完成，决定在第三、第四机械工业部系统开展技术安全工作厂际竞赛。第三、第四机械工业部颁布《技术安全工作厂际竞赛暂行办法》，组织厂际安全竞赛检查组，由地区机械工业工会派人参与组织领导工作。

1963 年 12 月 20 日，第四机械工业部、中国机械工会全国委员会颁发《无线电工业系统技术安全工作厂际竞赛暂行办法》，由第四机械工业部和中国机械工会全国委员会组成技安厂际竞赛委员会，统一领导无线电工业系统的技术安全工作厂际竞赛。

1964 年 12 月，第五机械工业部、中国机械工会全国委员会召开厂际安全生产竞赛座谈会，决定继续开展企业间厂际安全技术工业劳动卫生工作竞赛。根据几年来开展厂际技术安全工作竞赛活动的经验，重新制定了《厂际安全技术工业劳动卫生工作竞赛暂行办法》。1965 年 2 月 24 日，第五机械工业部、中国机械工会全国委员会下发《关于颁发厂际安全技术、工业劳动卫生工作竞赛暂行办法的联合通知》，要求通过互相检查、互相学习、交流经验，不断提高企业的安全技术和工业劳动卫生工作水平，确保企业安全生产和职工在劳动过程中的安全与健康。同时明确，厂际安全生产竞赛由第五机械工业部和中国机械工会全国委员会统一领导。

（三）保障职工生活

1962 年，中共中央开始部分地纠正“大跃进”时期发生的“左”倾错误，职工生活保障重新被提起。该年 10 月 22 日至 31 日，中国机械工会全国委员会召开座谈会，提出贯彻一手抓生产、一手抓生活的方针，做好职工生活工作。要求各级军工工会协同行政，办好食堂和农副业生产；做好工资奖励和困难补助工作；组织职工和家属开展生活互助和生产自救；注意劳逸结合，活跃文化生活。11 月 14 日，中国机械工会全国委员会发出《关于开展增产节约劳动竞赛的几点意见》，提出关心职工生活，认真贯彻中央有关劳保福利待遇的规定，做好困难补助工作。要发动生活服务部门的职工开展竞赛，做好生活服务工作。

由于重新重视职工生活保障工作，在 1963 年“五好”企业厂际竞赛中，职工生活又成为企业竞赛的一项内容。各厂工会积极争取工厂支持，做好职工生活安排，改善职工食堂伙食，加强职工宿舍、托儿所和幼儿园管理。一二一厂组织职工开展互助互济活动，对困难职工及时给予救济。改进了工厂医疗工作，提高了医疗质量，同时坚持职工业余教育，积极开展职工的文娱体育活动。通过对职工生活安排，进一步提高了职工生产的积极性。上半年内，各厂还普遍加强了安全防护措施，开展了安全大检查活动，及时消除了各种不安全的隐患，减少了一般事故，保证了安全生产。

五、“文化大革命”时期国防工业工会和工人运动

在“文化大革命”中，在企业秩序出现混乱的困难形势下，广大军工职工坚持工人阶级的革命传统，坚持生产，保证了国防需要。

（一）国防工业职工在逆境中坚持生产

“文化大革命”中，国防工业生产虽然受到了干扰，但是，在社会主义革命和建设中成长起来的军工工业职工，仍以为国家奉献的精神，积极投入军工生产工作，保证了军工生产的正常进行。

核工业七一二矿的广大工人、干部和工程技术人员克服困难，在军管会和矿临时党委的领导下，以大局为重，坚守岗位，努力工作，力排各种干扰，努力推动生产和科研向前发展。1970年至1971年，全矿组织夺高产大会战，年产量达到历史最高水平。

（二）三线建设中的国防工业职工

自1964年起，为应对严峻的国际形势，保障国家安全，调

整国家经济和国防建设的战略布局，中共中央决定在西北、西南战略纵深地区大规模开展国防工业建设。

从 1964 年到 1966 年，中央 15 个部门的企事业单位从北京、上海、辽宁、广东等 12 个省市迁到重庆，建设常规兵器工业及船舶、电子、航天工业。来自上海、北京、天津、黑龙江、辽宁、陕西、四川、河南、山西、湖南、湖北、甘肃、江苏等省市企业的十几万名职工先后迁到贵州。军工职工在山沟里安营扎寨，晴天一身汗，雨天一身泥，卸砖、背水泥、安装设备，样样自己动手。工厂建在偏僻山沟里，职工只能住帐篷、草棚、油毛毡棚，一切生活设施都因陋就简。

这支建设三线的职工队伍发挥了特别能战斗的精神，在三线建设中作出了巨大贡献。曾是哈尔滨市和黑龙江省劳动模范的八级焊工窦德义，到贵州黎阳公司后，苦、脏、累活抢着干，为了加快生产，曾连续工作 32 小时。云马飞机制造厂工装设计员鱼龙克服种种困难，研制成功电磁模，又先后制成五台高强度的磁力电磁磨床，达到国内同行业先进水平。为了缩短工时、降低成本，他用替代材料，省去五六道工序，一个机型就节省 5 万多个工时，一年为国家节约 10 余吨钢材。陕西航空工业系统的老劳模李相臣白手起家，试验时，用人造金刚石取代藏量稀少、价格昂贵的天然金刚石，并获得成功。仅 1976 年这一年就生产了 3369 克拉人造金刚石，他领导的金刚石工具组，每人每年平均为国家创造产值 3 万多元。

军工职工以国家利益为重，在十分困难的条件下保证了建设的正常进行。在陕西，建成了以西安为中心的航空科研工业体系，并兴建了我国唯一的大型运输机制造公司——陕西飞机制造公司。截至三线建设结束时，陕西航空工业系统已有生产企业 28 个，科研所 6 个，形成了包括飞机制造、航空发动机及辅机制造、专业化组件部件制造、体系完整的航空工业基地。在陕西，还投产了26个大中型电子工业企业，形成了从元件、器件、仪器、仪表、专用设备到整机生产的完整体系。

（三）基层国防工会组织的恢复

1972年，《人民日报》提出要做好工会工作，经过整顿逐步健全工会等群众团体。1973年4月11日，中共中央批转中共北京市委和上海市委关于召开工会代表大会的请示报告，提出了整顿与健全工会组织的要求。

根据中共中央关于整顿健全工会组织的通知，一批工会先后恢复了组织和活动。典型的如军工五一〇三厂组建了工会筹备办公室，针对“文化大革命”中工会组织停止活动、组织不健全的情况，开始整顿工会组织。厂工会筹备办公室下发整顿工会组织的通知，经过整顿，建立基层分会41个，工会小组197个，重新登记老会员678名，发展新会员785名。

核工业二七二厂召开了第三次工会会员代表大会，恢复、健全了工会组织，选举产生了厂第三届工会委员会。先后建立基层分会13个，工会小组330个。在工会组织整顿中，有2483名老会员重新登记，同时发展了1554名新会员，使会员总数达到了职工总数的92%。

核工业二八二厂成立了整顿健全工会领导小组，开展了思想整顿和组织整顿活动，并召开了二八二厂第九届工会会员代表大会，选举产生了厂和车间工会领导机构，还按行政班组建立了工会小组。自1973年工会组织整顿开始到1978年底，工会小组由520个增至778个，工会会员由8300人增至8970人，工会的群众生产、劳动保险、女工、家属、财务、组织和文化体育等工作逐步恢复和加强。

第六章

改革开放和社会主义现代化建设新时期的国防工业工人运动

1978 年 12 月，中国共产党召开十一届三中全会，实现党和国家工作中心战略转移，开启了改革开放和社会主义现代化建设新时期。在这一历史转折时期，国防现代化作为“四化”的内容之一，被重新提上日程。在这个历史转折过程中，国防工业工会组织得到恢复和重建，并围绕党的工作重心，积极组织工人投入新时期社会主义现代化建设，保证了国防工业的战略转移。

一、国防工业工会的恢复与建设

1979 年后，各级国防工业工会组织逐步恢复。在转入社会主义现代化建设过程中，中国国防工业工会和各级国防工会组织积极围绕党的中心工作，加强思想、组织建设，推动国防工业工会建设步入正轨。

（一）国防工业工会的恢复

1977 年 8 月召开的中国共产党第十一次全国代表大会提出：要加强党对工会、共青团、妇联等群众组织的领导，把这些组织整顿好、建设好，充分发挥它们应有的作用。11 月，全国总工会建立整顿工作领导小组，开始整顿和重建各基层和产业工会组织。1978 年 10 月，中国工会第九次全国代表大会在北京召开，工会工作全面恢复。1979 年 4 月，全国总工会恢复组建包括机械和国防工业两个部分的机械工会全国委员会。同年 10 月，国防工业部分分出，建立中国国防工业工会工作委员会，内部机构设办公室、生产生活部、组织宣传部。在一些部门，如核工业系统，建立了第二机械工会工作委员会。

地方国防工业系统的工会也开始重建工作。1981 年 9 月 9 日，中共陕西省国防工办党委、中共陕西省总工会党组向中共陕西省委报送《关于成立陕西省国防工业工会的请示》，提出建立国防工会组织。11 月 1 日，中共陕西省委对省国防工办党委、省总工会党组请示作出批复，同意成立陕西省国防工业工会工作委员会。

据 1982 年 5 月 17 日的《国防工会简报》报道，当时全国已有北京、天津、河北、山西、内蒙古、安徽、山东、江苏、浙江、福建、湖南、湖北、河南、陕西、甘肃、青海、新疆、贵州、黑龙江、吉林等 20 个省、自治区、直辖市建立了国防工业（军事工业）工会。其中天津、山东、山西三省市召开了会员代表大会，选举产生了领导机构，其余都由省、自治区、直辖市总工会党组或国防工办（军工局）党组（党委）建立工作委员会。陕西、贵州两省除成立省级国防工业工会外，国防工办所属各局建立了局工会。江苏省南京市建立了市军工工会。各省、自治区、直辖市国防（军工）工会一般都实行地方总工会党组和国防工办（军工局）党组（党委）双重领导，以国防工办（军工局）党组（党委）领导为主，北京市、河南省以省、市总工会领导为主。工作人员最多的 15 人（山西、陕西），最少的 3 人。云南、上海没有建立省、市一级国防工业工会，而在所属的 7 个军工局（公司）建立了工会组织。国防工业比较集中的四川省总工会则成立了国防工业部，主管国防工业系统的工会工作，并在省第二、第七机械工业局成立了局工会。重庆市建立了市国防工业工会，成都市总工会和绵阳地区工会办事处分别建立国防工业部和军工科。辽宁省总工会原有国防、机械工会工作委员会，改建后把工作和人员并入省总工会生产部，仅保留名义。沈阳市建立了市第二机械工业工会，领导全市国防企业工会工作，并把铁路、邮电等局工会划为市第二机械工业工会联系单位。

至此，基本完成了国家和省、自治区、直辖市一级国防工业工会的恢复重建工作。

1983 年，中国工会第十次全国代表大会前夕，全国总工会国防工会工作委员会改称中国国防工业工会工作委员会。

（二）加强基层国防工会建设

中国国防工业工会工作委员会建立后，与各地党政领导机关相结合，积极加强基层国防工会建设。

1982 年 9 月至 1983 年 2 月，全国总工会国防工会同中国船舶工业总公司、电子工业部、航天工业部、航空工业部、核工业部联合颁发《部属企业基层工会干部管理办法暂行规定》，明确企业基层工会干部应由工会会员大会或会员代表大会民主选举产生；企业基层工会主席，按部属企事业单位领导干部的管理体制列入同级党、政副职领导干部管理。为便于工作，基层工会主席经过党内民主选举参加党委会或常委会。暂时没有选进党委会或常委会的基层工会主席，是中共党员的，可列席党委会或常委会的有关会议。航天工业部、全国总工会国防工会工作委员会颁发《航天工业部六工厂企业基层工会干部管理办法的暂行规定》，明确要选配年富力强、作风正派、密切联系群众的干部，经过民主选举程序，担任工会主席。航空工业部、全国总工会国防工会工作委员会颁发《航空工业部企业基层工会干部管理办法的暂行规定》，明确要尽快根据革命化、年轻化、知识化、专业化的要求，选择坚持四项基本原则，有一定的企业管理知识和群众工作经验，热心为职工办事的同志，通过民主选举程序担任基层工会主席。企业党委要进一步加强对工会干部的管理、培养、教育工作。

1983 年 5 月，国防科工委、中国国防工业工会工作委员会召开省、自治区、直辖市国防工业（军工）工会负责人座谈会，特别强调搞好工会组织建设和作风建设。提出把经济改革和工会自身改革结合起来，密切联系群众，改进工作作风和工作方法，研究新情况，解决新问题，总结新经验，大胆破除已经不符合新的历史任务的老框框、老套套、老办法、老作风。为便于省、自治区、直辖市国防工会及时交流新情况，研究新问题，中国国防工业工会提出建立四个中心研究组的建议，研究改革和开创工会工作新局面，以及民主管理、思想政治工作等问题。

1983 年 11 月 25 日，中国国防工业工会工作委员会会同国防科工委发出《关于认真学习贯彻中国工会十大精神的通知》，提出要经过民主选举，把一大批坚持四项基本原则，坚决贯彻执行党的十一届三中全会以来的路线、方针、政策，年富力强，有文化知识，热爱工会工作，同群众有密切联系，能够打开局面的优秀分子选到工会领导岗位上来。同时提出，要坚持“从群众中来、到群众中去”，熟练地运用群众工作方法；要健全民主生活和民主制度。工会干部应当严格要求自己，忠诚于工运事业，勤奋工作，努力学习，大胆探索，勇于创新，坚持原则，实事求是，作风民主，做职工的贴心人、代言人、带头人。

1984 年 2 月，中国国防工业工会工作委员会召开省、自治区、直辖市国防工业（军工）工会负责人会议，推广了五二四工厂党委和工会加强基层工会建设和开展工作的经验。中国工会九大后，五二四工厂按照干部“四化”要求，选配厂和车间（科室）两级工会班子，并建立、健全了以 27 个方面，90 项责任制为主要内容的规章制度，建立了比较完整的工会工作系统和一套新的工作秩序，推动了工会工作的开展。工会建立了一支 3500 多人的工会积极分子队伍，通过开展“三优”（优秀分会、优秀工会小组、优秀工会积极分子）竞赛活动，调动了广大积极分子的积极性，涌现出一大批优秀工会积极分子和优秀工会干部。五二四厂工会一班人有一个全心全意为职工服务的好思想、好作风。他们说“职工之家”的话，办“职工之家”的事，尽“职工之家”的责。由于能够团结教育和带动全厂职工，为不断提高企业经济效益和改善职工生活作出了贡献。1984 年 12 月 11 日，中国国防工业工会工作委员会与国防科工委转发了《国营五二四厂工会建设“职工之家”的基本经验》。

1986 年 12 月，国防工业工会工作会议提出，1987 年，在新形势下，国防工业工会的作风要有一个大的转变。各省、区、市国防工会、各国防工业企业工会正、副主席都要参加社会主义商品经济教育培训。各级工会都要制定自己的职业道德规范，推行目标管理，建立民主评议干部的制度和工作评比制度。要深入基层，调查研究，密切联系群众，听取职工的意见，协同有关方面解决职工迫切要求解决且有可能解决的实际困难。

（三）围绕党和国家的工作中心开展工会工作

中国国防工业工会工作委员会建立后，围绕党的中心工作，深入基层，调查研究，总结交流经验，在推动企业经济体制改革，加强企业民主管理、发动职工开展劳动竞赛及改善职工生活等方面做了积极工作。

1981 年 3 月 24 日至 4 月 3 日，全国总工会国防工会工作委员会邀请黑龙江、甘肃、山西、四川、河南、天津、内蒙古等七个省、自治区、直辖市国防工会负责人，参加辽宁省国防、机械工作委员会召开的调整工作座谈会，听取了两个市、14 个基层工会做好调整工作的经验介绍，并就地召开了辽宁等八个省、自治区、直辖市国防工会负责人座谈会。会上，传达和学习了中央有关调整和改革、推行职工代表大会制度和加强工会建设等方面的指示，交流了情况，研究了工作安排。

1982 年 2 月 2 日至 8 日，全国总工会国防工会在沈阳黎明机械公司召开各省、自治区、直辖市国防工会负责人座谈会，着重讨论了加强职工队伍建设和进一步完善职工代表大会制度的问题，听取了黎明机械公司、五三工厂等 11 个基层工会的经验介绍，交流了省市工作情况。会议重点讨论了加强职工队伍建设和企业民主管理问题。

1983 年 5 月，国防科工委、中国国防工业工会工作委员会召开省、自治区、直辖市国防工业（军工）工会负责人座谈会，总结了 1982 年各级国防工业工会在职工队伍建设、企业民主管理、工会组织建设、发挥工会作为职代会工作机构的作用、保障职工生活等方面的工作。会议明确，1983 年要做好经济改革中的思想政治工作，把企业民主管理提高到一个新水平。同时抓好职工生活，特别是解决三线职工的生活问题。

1983 年 11 月 25 日，中国国防工业工会工作委员会会同国防科工委发出《关于认真学习贯彻中国工会十大精神的通知》，明确新时期工会的任务，加强工会建设：（1）从自己是党领导的群众组织这个特点出发，为职工多办事，办好事，把职工的积极性调动起来；要维护职工的合法权益，在社会和国家生活中起积极作用；要面向基层，面向职工，密切联系群众，反映职工的呼声和要求，真正成为“职工之家”。（2）面向基层、面向群众，依靠广大职工办工会。要建设一支热心为职工服务的工会积极分子队伍。加强工会小组建设，努力使工会小组成为团结互助、建设两个文明的战斗集体。要善于根据职工的愿望，充分利用工会各种阵地，积极开展群众喜爱的、丰富多彩的群众活动。

1984 年 2 月 15 日至 22 日，中国国防工业工会工作委员会在吉林五二四厂召开省、自治区、直辖市国防工业（军工）工会负责人会议，确定 1984 年的工会主要工作内容是继续落实《国营企业职工思想政治工作纲要（试行）》精神，健全共产主义思想教育体系，提高职工思想觉悟；抓好企业民主管理升级，开展“争创建设社会主义精神文明先进单位和先进个人”活动。

1985 年 1 月 30 日至 2 月 4 日，中国国防工业工会工作委员会召开工作会议，提出，从国防科技工业实际出发，进一步把工会工作的中心转移到贯彻“保军转民”方针上来；积极投身改革，突出重点，把推行厂长负责制试点单位的民主管理抓出成效来。

1985 年 12 月，中国国防工业工会工作委员会召开工作会议，研究确定 1986 年工作任务。要求更好地发挥产业工会的作用，认清形势，顾全大局，动员国防工业战线的广大职工积极落实“保军转民”的方针；加强思想政治工作，促进精神文明建设。要注意提高服务水平，转变作风，提高工作效率。工会干部要带头讲理想、守纪律，树立全心全意为人民服务的精神，用实际行动打开工会工作的新局面。

1986 年 12 月，中国国防工业工会工作委员会召开工作会议，提出 1987 年工会的工作重点：一是加强职工劳动纪律和职业道德培养，使职工在两个文明建设中发挥主力军作用；二是调查研究一些政策性问题，抓住行业性问题，搞好参政议政。

（四）把工会建设成“职工之家”

1983 年，中国工会第十次全国代表大会后，全国总工会作出决定，用三年时间对全国工会基层组织进行一次整顿，把基层工会办成名副其实的“职工之家”。国防工业各级工会积极推行整顿建设“职工之家”活动，真正把工会建设成党领导下的、职工群众自己的组织。1984年初，中国国防工业工会工作委员会总结推广了军工五二四厂基层工会建设的经验，制定了建设“职工之家”的办法。1984年5月，全国总工会作出《关于整顿工会基层组织，开展建设“职工之家”活动的决定》。当年10月，中国国防工业工会在沈阳召开会议，总结交流“建家”经验，推动国防工业系统建“家”活动向纵深发展。1984年12月11日，中国国防工业工会工作委员会与国防科工委转发《国营五二四厂工会建设“职工之家”的基本经验》。

1985年1月30日至2月4日，中国国防工业工会工作委员会在山西太原召开工作会议，强调继续抓好整顿、建设“职工之家”的活动，要特别注意抓好科研单位（院、所、校）的“职工之家”建设。1985年7月，中国国防工业工会工作委员会召开国防科研单位工会工作座谈会，进一步推动国防科研单位的整建“家”活动。要求国防科研单位，根据全国总工会《关于整顿工会基层组织，开展建设“职工之家”活动的决定》，全心全意为职工服务，为科研人员当好后勤，争取在二三年内把所有科研单位工会建成“职工之家”。

1985年底，已有930个企业工会和98个科研事业工会经过整顿建成了合格的“职工之家”，分别占所属企事业工会总数的66%和34%。至1986年底，国防工业系统已有1101个企业工会被验收为合格的“职工之家”，占工会数量的93.6%。国防科技工业系统266个科研单位，建“家”合格的有66个，占25%。沈阳黎明公司工会紧紧围绕企业改革和发展生产这个中心，动员和组织职工参与企业重大决策，积极参加改革，为职工说话办事，充分发挥了工会组织在新时期的重要作用。公司工会被全国总工会授予“职工之家”称号，被辽宁省、沈阳市总工会授予“先进职工之家”称号。

（五）开展国防科研单位工会建设

新中国成立后，国防科技工业战线的广大科技工作者、干部和工人发扬献身精神，自力更生、艰苦奋斗，在极其困难的条件下，建立了技术先进、实力雄厚、门类较为齐全、规模宏大的国防科研体系，为巩固国防和社会主义现代化建设作出了重大贡献。特别是中共十一届三中全会后，中共中央提出科学技术是第一生产力，知识分子是工人阶级的一部分，极大地调动了广大知识分子参加“四化”建设的热情和积极性。国防科技工业各级党、政、工组织，积极落实党的知识分子政策，尊重知识，尊重人才，大力发挥科学技术人员的作用，大大加快了国防科学技术发展的步伐。在国防科学技术向民用部门转移过程中，国防科学技术显示出在国民经济建设中的巨大作用。

中国工会第十次全国代表大会后，国防科研单位工会工作有所发展，一部分单位建立了工会。1985 年 1 月 30 日至 2 月 4 日，中国国防工业工会召开工作会议，强调要特别注意抓好科研单位（院、所、校）的工会建设。但到 1985 年 5 月，尚有 36% 的科研单位还没有建立工会，有近 11% 的单位还在筹备中；已建立工会的单位也有一部分组织不健全，主要干部未配好，工作开展不起来，还有的科研单位只在工人中建立工会，没有吸收科技人员参加。

1985 年 7 月，中国国防工业工会工作委员会召开国防科研单位工会工作座谈会，专门研究科研单位工会工作。会议讨论了《关于加强科研单位工会建设和职工民主管理的若干规定（草案）》，要求所有科研单位都要根据《中国工会章程》的规定，把工会组织建立和建设好。没有建立或正在酝酿建立工会组织的单位，要积极创造条件，认真做好筹备工作，开好第一次会员代表大会，民主选举产生符合“四化”要求的领导班子。对已经建立工会但基础工作薄弱的单位，要认真进行整顿和建设。在加强组织建设的同时，还要加强思想建设，在干部和职工中进行一次有关工会性质、任务、作用的教育，提高对工会的认识。

1985 年 9 月 5 日，中国国防工业工会工作委员会与核工业部、航空工业部、电子工业部、兵器工业部、船舶工业总公司联合颁布《关于加强国防科研单位工会建设和职工民主管理的若干规定》，要求各科研单位要把工会组织建设好，调整、选配工会组织的领导班子。各部门（总公司）要尽快把直属机关工会建立起来。部（总公司）直属机关工会，在接受同级党委领导的同时，接受北京市国防工业工会的领导和中国国防工业工会的指导。各省、自治区、直辖市国防工业工会也要加强对国防科研单位工会工作的领导，不断总结经验，尽快把科研单位的工会工作提高到一个新水平。

1987 年，中国国防工业工会工作委员会把抓好科研单位工会建设作为重点，全面总结推广核工业部第九研究院的经验，与北京市国防工会一起总结交流部直机关工会建设的经验。8 月 20 日，全国总工会办公厅转发核工业部第九研究院工会《关于科研单位工会工作的探索》，为国防科研单位工会建设提供了经验。该年 12 月，中国国防工会工作委员会调查了沈阳五三厂、七二四厂和牡丹江一二一厂的工会改革，总结了他们的经验，其中包括理顺工会与党、政府、职工群众以及职工代表大会的关系；强化工会代表和维护的职能，赢得了职工群众的信任和支持；研究建立工会代表职工的新工作机制，形成多层次的协商对话、民主管理和民主监督的组织体系；精简机构，精干人员，合理分工，科学管理，走聘用业余干部，依靠广大会员办工会的路；积极创造条件实现“两级”工会主席直接选举，改变工会干部事实上存在的委派制，充分体现选举人的意志。

二、适应历史转折，加强职工队伍建设

国防工业战线职工艰苦奋斗，为国防现代化作出了重要贡献。在新形势下，职工队伍建设面临新的严峻任务，为解决职工思想出现的新问题，国防工会积极开展职工思想教育及文化、技术教育，提高职工思想觉悟和文化技术水平，为实现历史转折和社会主义建设新时期国防工业建设起了重要的保障作用。

（一）适应历史转折，加强社会主义建设新时期的职工队伍建设

1981 年，中共中央、国务院作出《关于加强职工教育工作的决定》。3 月 24 日至 4 月 3 日，全国总工会国防工会工作委员会召开工作会议，确定加强职工思想政治工作，围绕调整时期出现的思想问题，把职工思想统一到中央工作会议的精神上来。抓好职工教育，有计划地搞好全员培训工作，不断提高职工的政治、文化、技术水平。自 1981 年开始，国防工业工会利用五年时间，对青年工人进行文化、技术补课，以提高青年职工的文化、技术水平。

1982 年 2 月 2 日至 8 日，全国总工会国防工会工作委员会召开各省、自治区、直辖市国防工会负责人座谈会，重点讨论职工思想教育工作。提出：组织职工学习政治、文化、技术，建设一支过硬的职工队伍是工会的责任。要加强职工思想政治教育，建设一支有高度政治觉悟、技术精、作风好、纪律严、团结协作、为“四化”献身的职工队伍。根据这一要求，会议要求抓好以下几个方面的教育：（1）对职工进行政治教育，讲清什么是工人阶级的光荣传统，什么是工人阶级的历史使命，什么是工人阶级的固有本色，从根本上提高职工的政治觉悟。（2）进行形势和任

务的教育，使党的方针、任务变为广大职工的意识和自觉行动。（3）继续深入开展“五讲四美”活动，把“五讲四美”活动同遵守职工守则、学雷锋树新风活动结合起来，同开展立功竞赛和评比选树结合起来。（4）教育职工正确处理国家、集体和个人之间的关系，自觉做到个人利益服从集体利益，眼前利益服从长远利益，局部利益服从全局利益。（5）对职工进行历史教育，请英雄模范人物讲创业史，请老职工讲家史、厂史，使广大青年职工了解帝国主义侵华史、中国人民的苦难史和斗争史，激发职工热爱共产党，热爱新中国，热爱社会主义制度。（6）工会要配合有关方面，把职工的文化技术教育搞好，提高他们建设“四化”的本领。

会议提出，国防工业工会要做好几项工作：调查研究，摸清职工队伍的基本情况和思想特点；以先进人物、老工人为骨干，培养一支做思想政治工作的积极分子队伍；表扬先进，帮助后进，依靠先进做好后进职工的转化工作；发挥工会的阵地作用，使工会成为传播工人阶级思想、建设社会主义精神文明、普及科学文化的阵地。

1983 年 5 月，国防工业工会召开全国省、自治区、直辖市国防工业（军工）工会负责人座谈会，认为在经济改革中，必须加强思想政治工作，教育职工发扬共产主义精神，正确处理好国家、集体和个人利益的关系，必须把改革的教育，同为人民服务、对人民负责的教育结合起来，使职工自觉站在改革的前列。要求各级工会积极落实全国职工思想政治工作会议精神，按地区分期举办企业思想政治工作研究班，培训一批贯彻全国职工思想政治工作好的典型。

1983 年 11 月 25 日，国防科工委、中国国防工业工会工作委员会发出《关于学习贯彻中国工会第十次全国代表大会精神的通知》，明确新时期职工队伍建设的任务：加强职工教育，建设一支有理想、有道德、有文化、守纪律的职工队伍。要求各级工会要把加强职工教育放在十分重要的地位，坚决维护职工的学习权利，办好正规的职工教育，同时要积极组织职工参加各种形式的业余学习和支持职工自学成才。

自 1983 年起，各级国防工业工会开展了连续三年的青工政治轮训。基本内容是组织青年工人学习《中国工人阶级》《科学社会主义》《中国近代史》等图书知识。国防工业有 90%的基层工会对 80%以上的青年职工进行了轮训，加强了职工的主人翁责任感。

1984 年 2 月 15 日至 22 日，中国国防工业工会工作委员会召开省、自治区、直辖市国防工业（军工）工会负责人会议，明确 1984 年工会应继续落实《国营企业职工思想政治工作纲要（试行）》精神，逐步把共产主义思想教育体系健全起来。中国国防工业工会仍以大连造船厂为搞好科学社会主义常识教育的试点，同时，由沈阳市二机工会和黎明机械公司工会总结健全共产主义思想教育体系的经验，并明确围绕提高经济效益，开展“争创建设社会主义精神文明先进单位和先进个人”的活动。

1985 年 1 月 30 日至 2 月 4 日，中国国防工业工会工作委员会召开工作会议，要求坚持抓好提高职工的“两个素质”，推动企业“两个文明”建设。中国国防工业工会在西安、株洲、上海为各省、区、市培训了一批科学社会主义常识业余理论教员，并与电子工业部、兵器工业部、山西省国防工会共同创办了微机职业培训中心和培训点。

中国国防工业工会 1986 年工作会议提出：由于军品任务削减，民品一时又不能满足生产，有不少部属企业出现亏损，国防系统各级工会面临严峻的考验。我们应该从大局出发，抓好队伍建设，稳定队伍。要把“四有”教育具体化、形象化，开展爱党、爱国、爱厂、爱岗的教育，同时在职工中开展社会主义商品经济教育。

1986 年 3 月至 5 月，航空工业部、中国国防工业工会工作委员会组成联合调查组，对黎明公司的职工队伍状况进行了调查。调查发现，黎明公司职工的思想发生了深刻变化，职工实行开放的观念，以提高经济效益为中心的观念，社会主义竞争观念，讲质量、讲服务、讲信誉的社会主义职业道德观念，努力开发智力、开发人才、采用新技术的观念不断加强。

1987 年，全国总工会提出产业工会的工作重点之一是抓好职工劳动纪律和职业道德教育，并通过了《加强劳动纪律，培养职业道德，在两个文明建设中发挥主力军作用的决议》。国防工业工会把职工队伍建设作为社会主义现代化建设中一个具有战略意义的重要任务，提出争取在三年内，使国防科技工业系统的劳动纪律和职业道德情况发生较大变化或全面好转，包括抓好“四职”（职业道德、职业纪律、职业责任、职业技能）教育；抓好社会主义商品经济理论教育；创建“双文明”班组。

（二）推广先进经验，加强职工教育

1983 年，中国国防工业工会工作委员会派出工作组，总结调查了大连造船厂工会开展职工教育的经验。

大连造船厂是一个具有 80 多年历史的老厂，新中国成立后，职工人数由 2000 多人增加到 1.7 万多人。1982 年后，厂工会真正发挥共产主义学校的作用，建立了一支千余人的理论宣传骨干和积极分子队伍，并结合企业特点，自己编写教材，又建立起一支 200 人左右的业余教师队伍，采取脱产培训的办法，对职工特别是青年职工进行了以共产主义世界观为核心的思想政治教育。到 1983 年底，全厂办培训班 200 多期，培训职工 8200 多名，占 1966 年以后入厂青年职工总数的 85%。通过脱产培训，促进了企业的两个文明建设，成为工会十大受表扬的先进基层工会之一。

中国国防工业工会工作委员会向国防工业系统推荐了大连造船厂编写的《工人阶级的基本知识》，并委托大连造船厂工会举办了三期培训班，为24个省、自治区、直辖市国防工业系统的102个基层单位培训了204名业余理论教员。

1986年3月至5月，根据全国总工会的部署，国防工业工会对职工队伍状况进行了系统调查，并与航空工业部一起在沈阳黎明公司开展了依靠工人阶级搞好经济改革的调查，提出了稳定生产一线工人队伍的建议。总结了适应商品经济发展新形势，探索建设“四有”职工队伍新途径的经验材料，并在黎明公司召开了职工社会主义商品经济教育研讨会，编写了职工社会主义商品经济教育教材，为1987年在全国国防科技工业普及职工社会主义商品经济教育做了准备。1987年7月，中国国防工业工会工作委员会总结推广了航空工业部黎明公司工会开展全员社会主义商品经济教育的经验。

1986年，中国国防工会工作委员会推广了黑龙江建华机械厂工会通过提高职工思想政治觉悟，增强主人翁责任感，从而加强班组管理工作的经验。建华机械厂工会为适应班组管理升级需要，统一组织、集中培训，提高职工政治、业务素质。在全厂开办16所政治分校，轮训青年职工1000名。同时又在全厂开展了2000人参加的技术岗位练兵活动，有力地推动了班组建设和企业生产经营。

1986年9月，中共十二届六中全会通过《关于社会主义精神文明建设指导方针的决议》。11月，全国总工会十届四次执委会通过《加强劳动纪律，培养职业道德，在两个文明建设中发挥主力军作用的决议》。中国国防工业工会工作委员会在12月召开的工作会议上，部署开展“四职”教育工作。各省、区、市国防工业工会积极开展教育，制定“四职”规范，推动了“四职”教育的普遍展开。1987年1月，中国国防工会工作委员会总结推广了国营光明器材厂工会开展职业纪律和职业道德教育，建立军民结合型企业职工队伍的经验。光明器材厂工会在职工中树立“四种精神”，即艰苦奋斗的创业精神、一丝不苟的求实精神、团结互助的协作精神、公而忘私的献身精神。在职工中开展不同形式的教育活动。把“两职”作为竞赛的重要内容，加强了劳动纪律，发扬了职工的主人翁精神，推动了企业生产发展。

1987 年初，中共中央明确指出，全国要抓好两件大事：一是在思想政治领域中，坚持四项基本原则，开展反对资产阶级自由化的斗争；二是在经济工作中，坚持改革、开放、搞活，开展增产节约、增收节支运动。8 月 18 日，中国国防工业工会工作委员会提出关于抓好“两件大事”的若干意见，提出围绕搞活企业、发展生产这个中心，按照“四有”要求，提高职工的思想道德素质和科学文化素质，改变一切与改革、开放、发展社会主义商品经济不相适应的旧思想、旧观念，确立与建设有中国特色的社会主义相适应的新观念。

（三）开展学习先进模范人物活动，促进职工队伍建设

为了培育国防工业职工建设社会主义的奉献和奋斗精神，各级国防工业工会组织开展了学习先进模范人物活动，教育职工发扬奉献精神，为新时期国防建设作出了贡献。

开展向尤子骏学习的活动　1980 年 7 月 3 日，第五机械工业部三五六厂外线电工班副班长尤子骏，为抢救触电儿童壮烈牺牲。为表彰他的英勇事迹，部党组决定授予其“雷锋式的兵工战士”称号。

尤子骏热爱祖国和自己从事的军工事业，在部队服役期间多次被评为“五好”战士、学习标兵、刺杀标兵、生产标兵、优秀团员。他复员到三五六工厂后，积极参加社会主义建设，勤奋学习、吃苦耐劳、勇挑重担，曾 14 次被评为先进生产者；他见义勇

为、助人为乐、严于律己、宽以待人，具有高尚的共产主义品质和无产阶级的革命情操；他临危不惧、舍己救人，曾三次为伤员输血，13 次抢救工人兄弟，直至献出自己的生命。

1981 年 5 月 4 日，第五机械工业部、全国总工会国防工会工作委员会发出《关于在兵器工业战线开展向雷锋式的兵工战士尤子骏学习的通知》，提出学习尤子骏的英雄事迹，对加速兵器工业现代化建设，对开展“学雷锋、树新风”和“五讲四美”活动，建设社会主义精神文明具有重要的意义。兵器工业战线应开展向尤子骏学习的活动，兵器工业战线全体工人、干部、工程技术人员、教师、学生和职工家属都要向尤子骏学习。

开展向罗健夫学习的活动 航天工业部陕西骊山微电子公司工程师、共产党员罗健夫，在党的领导下，刻苦学习，勇于攀登科学技术高峰，主持研制成功了Ⅰ型和Ⅱ型图形发生器。他以惊人的毅力和忘我的精神，一直带病坚持工作，经常一个星期连续奋战在工作室。即使已到癌症晚期，他仍以坚韧不拔的毅力，一面同疾病作斗争，一面坚持工作，为研究Ⅲ型图形发生器拼搏到最后一刻。

罗健夫不为名、不为利，处处为国家和人民着想。几次调整工资时，他都把升级名额让给其他同志。获得全国科学大会奖励后，他又把奖金全部上交给组织。他带领技术小组出国学习，节省下来 40%的费用全部上交给国家。他廉洁奉公、艰苦朴素，从不搞特殊，直到病危也不要求组织照顾。他毫不计较个人待遇，对党、对人民的事业勤勤恳恳，忘我工作，奋斗到生命的最后一刻。罗健夫用自己的行动，忠诚地实践了为共产主义事业奋斗终身的誓言，表现出了一个共产主义战士毫不利己、专门利人的高尚品质。

1982 年 11 月 7 日，国防科工委、全国总工会国防工会工作委员会发出《关于在国防科技、国防工业系统学习罗健夫先进事迹的通知》，希望国防科研工业战线上的广大科学技术工作者、工人、干部，学习罗健夫的先进事迹和先进思想，把自己锻炼成为有理想、有道德、有文化、守纪律的战士，为全面开创国防科技、国防工业的新局面贡献自己的力量。

开展向张同星学习的活动 全国劳动模范、共产党员张同星是核工业部核部件加工厂分厂的副厂长兼总工程师。1960 年，党组织派张同星到核工业基地工作。当时正是我国经济暂时困难时期，生活十分艰难。在条件极为艰苦的戈壁滩上，他和战友们一起，经常饿着肚子，白天带领小组同志进行攻关试验，晚上刻苦钻研有关专业知识，在一年多时间里创造出一种新的工艺设备。1964 年春，他作为铸造组组长，昼夜奋战，创造了我国自己的熔铸工艺，保证了我国第一颗原子弹试验成功。

1966 年，张同星担任车间副主任，与职工一起接受了新的核部件试制任务。他顶住极左思潮的压力，坚持在车间抓工作，组织攻关，为开创新的核材料应用技术作出了贡献。1975 年 9 月，他接受新的紧急试制任务，在不到五个月的时间里，建成一条简易试制生产线，不仅争取了时间，还为国家节省了大量资金。在新产品试制中，他冒着高温和放射性污染的危险抢修设备，用三个月时间拿出了产品，不但满足了国家的急需，而且填补了国家的一项空白。长期艰苦高危的工作严重地损害了张同星的身体。在住院检查的当天下午，他还到厂里安排工作。他在胃被切除了四分之三后，仍坚持查资料、看笔记，系统总结参与试验的关键工艺和体会。在新产品试制的紧张阶段，他忍着病痛上班，直到交出了合格的产品才去化疗。

张同星是核工业战线共产党员、科技干部和广大职工的优秀代表。他始终把革命利益放在第一位，刻苦钻研，艰苦奋斗，靠奋不顾身的献身精神、实干精神和大公无私的高尚品质，树立了一个国防科研工业职工的崇高形象。他二十多年如一日，忘我地工作在核工业研制生产第一线，与同志们一起解决了一个又一个重大技术难题，为发展我国核工业作出了重大贡献。他多次被评为总厂和省劳动模范，1979 年，他被国务院授予“全国劳动模范”光荣称号。

1982 年 12 月 8 日，国防科工委、全国总工会国防工会工作委员会发出《关于开展向全国劳动模范张同星学习活动的通知》，提出要学习他为发展我国核工业发奋图强、刻苦钻研、不断攀登国防科学技术的高峰的献身精神和高度的爱国主义精神；学习他有严格的组织性、纪律性，把革命利益放在第一位，个人利益服从革命利益的高度主人翁觉悟；学习他全心全意为人民服务，一心为公，严格要求自己，甘当无名英雄，处处关心他人，事事起表率作用，勇于作出自我牺牲的高贵品德。开展向英雄模范学习活动，为国防工业职工树立了社会主义建设新时期的典型形象，为职工队伍建设提供了动力。

三、开展劳动竞赛，投入现代化建设

在向社会主义现代化建设的历史转折中，国防工业职工积极响应推动国防工业的战略转移，努力生产、不懈奋斗，发挥了主人翁作用。新恢复的各级国防工业工会组织围绕党的中心工作，组织职工开展劳动竞赛；同时发挥工人组织的积极作用，积极为改革和生产提供支持，保证了企业改革和生产经营的发展。

（一）国防工业战略转移中的工人运动

中共十一届三中全会后，为了全面投入经济建设，中共中央作出了国防科技工业实行战略转移的决策，军品生产任务大幅下降，军工企业生产经营受到巨大影响。面对新的挑战，国防工业职工和工会积极贯彻“军民结合”方针，奋发图强，进行第二次创业。第六个五年计划期间，一大批技术密集型民用产品相继投产，核工业、航空、航天、兵器四个系统的民品产值占总产值的比重由18%上升到26%。

1985年12月，中国国防工业工会工作委员会召开1986年工作会议，提出认清形势，顾全大局，动员国防工业战线的广大职工积极落实“保军转民”的方针，广泛深入开展“保军转民”社会主义劳动竞赛，提高产品质量，降低消耗，保证安全生产，提高经济效益。

（二）以经济建设为中心，开展劳动竞赛

为了推动国防工业的战略转移，为社会主义现代化建设提供动力，自1980年起，各级国防工业工会发动职工开展社会主义竞赛和立功活动。1983年5月，国防科工委、中国国防工业工会工作委员会召开全国省、自治区、直辖市国防工业（军工）工会负责人座谈会，要求各级工会积极开展各种形式的劳动竞赛。11月25日，国防科工委、中国国防工业工会工作委员会发出关于学习贯彻中国工会十大精神的通知，提出更大规模地开展先进生产者和先进集体活动，更大规模地开展创先进、学先进、赶先进的社会主义竞赛。紧紧围绕提高经济效益、推进改革、促进技术进步、改善经营管理的方针政策，通过开展群众性技术革新、学习先进经验、开展合理化建议和技术协作活动，实现国防工业企业的新发展。

1985年1月30日至2月4日，中国国防工业工会工作委员会在山西太原召开工作会议，要求各级工会通过保证完成军品生产、发展民品生产，组织各种行之有效的竞赛活动，把广大职工群众的积极性引导到改善经营管理、提高产品质量、促进技术进步和提高经济效益上来。7月，中国国防工业工会全国委员会召开国防科研单位工会工作座谈会，要求针对科研工作的特点，开

展多种形式的劳动竞赛。

针对军品生产任务削减，民品生产一时不能满足生产，不少军工企业出现亏损的情况，中国国防工业工会工作委员会提出，1986 年，要将为“四化”立功的社会主义劳动竞赛扎扎实实地开展起来。核工业部第九研究院工会在职工中开展群众性立功、创优、竞赛和职工合理化建议活动，取得了明显成果。1987 年，中国国防工业工会工作委员会起草了《中国国防工业工会 1987 年工作安排》，提出要不断深化社会主义竞赛活动，把企业竞赛活动引到增产节约、增收节支上，引到提高企业经济效益上。各省、区、市国防工会都要把群众性合理化建议活动提高到一个新的水平，更深入地开展“两个一”活动，即人均一条合理化建议，人均节约和创造价值 100 元。要连续抓三年，三年迈出三大步。

（三）围绕行业生产中的难点、重点，组织开展同行业厂际竞赛

在历史转折时期和社会主义现代化建设初始，国防工业工会继承社会主义建设初期的经验和做法，围绕行业生产中的难点、重点，组织开展同行业厂际竞赛。1985 年 12 月，中国国防工业工会在 1986 年工作会议上提出，有条件的省、自治区、直辖市要把“保军转民”的厂际竞赛开展起来。这一阶段，主要开展了电视机生产厂同行业竞赛和围绕国家重点工程建设组织跨行业、跨地区劳动竞赛。

开展电视机同行业厂际竞赛 1979 年 7 月，针对电视机生产中存在质量低、成本高、亏损大、产量不能满足市场需要，以及工厂间技术上互不交流的情况，国家广播电视总局、中国国防工业工会机械工会委员会决定，组织电视机行业厂际竞赛。7 月 24 日，国家广播电视总局、国防工会机械工委公布《电视机同行业厂际竞赛试行办法》，要求深入开展增产节约运动，开展同行业

厂际竞赛，促进同行业间的互相学习、互相帮助、取长补短、共同提高。竞赛开始有 45 个厂参加，后又增加到 57 个厂。在两年时间里，中国国防工业工会机械工会委员会把共产主义协作风格作为评选优胜企业的主要条件，采取切实有效的形式，组织互帮互学，使先进经验得到了及时的推广。同时组织三个赛区的百余名专家组成帮学组，针对各厂存在的问题，提出了 204 项改进建议，收集和推广 51 项新技术成果。通过组织互帮互学活动，使一些先进经验得到普及，行业内部差距逐渐缩小，对电视机工业发展起了重要的促进作用。电视机产量每年以超过 65% 的速度大幅增加，质量显著提高，成本大幅降低，由全行业的亏损变为普遍盈利。

围绕国家重点工程建设组织跨行业、跨地区劳动竞赛 秦山核电厂是我国自行设计、建造的第一座核电厂。为组织职工在发展核电中建功立业，1987 年 1 月 26 日，核工业部、中国国防工业工会工作委员会、共青团中央、全国妇女联合会作出《关于在秦山核电厂建设中开展社会主义劳动竞赛活动的决定》，对竞赛目标、竞赛方式、竞赛组织等作出了规定，开始组织参与核电厂设备制造和建设的所有单位进行社会主义劳动竞赛。

（四）加强班组建设

在经济改革中，为推动企业生产和管理发展，各级国防工业工会继续开展班组建设，提高生产效率、保证产品质量、增强员工凝聚力和工作积极性，推动新时期的企业生产、管理发展。

1986 年 3 月，中国国防工会工作委员会对黑龙江建华机械厂的班组建设做了调查，并在当月召开的工作会议上，提出加强国防科技工业企业班组建设。在齐齐哈尔班组工作座谈会上，对推进班组建设作了全面部署。

建华机械厂是兵器工业部所属的大型骨干企业，有 20 个车间、两个民品分厂和232个班组。该厂在1957年就实行了工人参加管理制度，并产生了工人参加管理的标杆“405小组”。1977年后，该厂大力推广“405小组”管政治、抓思想，管技术、抓革新，管生产、抓核算的经验。1979年，该厂工会在全厂各班组中开展了“远学‘马恒昌’，近学‘405’，对指标、找差距、补工作、上水平”活动，促进了班组建设。

1983年7月，该厂工会结合企业整顿开展班组管理升级活动，把以工人参加管理为主要形式的班组基础建设推向了一个新的阶段。工会通过多种形式的思想教育，特别是通过开展学习“405小组”爱厂如家，想主人事、干主人活、尽主人责的模范事迹，不断增强职工的主人翁责任感，实行全员教育、全员参加、全面管理。通过思想教育和全员管理，建华机械厂在“405小组”之后又涌现四个新的标兵班组和109个红旗班组。

为了加强班组建设，黑龙江省国防工业工会在建华机械厂召开全省国防工业班组工作会议，推广建华机械厂工会开展班组升级赛的经验，重点推广建华机械厂“405小组”向班组民主管理现代化的方向迈进的经验。在各厂开展班组竞赛的基础上，提出以开创“双文明班组”为形式，以“七比”（比定额先进、比产品质量、比基础管理、比文明生产、比民主管理、比两个文明一起抓、比共产主义风格）为内容，以企业管理升级为目标，以提高班组管理水平为目的，组织全省国防工业的班组升级接力赛。

1986年8月，中国国防工业工会工作委员会提出《关于进一步加强班组建设的若干设想》，决定从下半年起，大力推广建华机械厂开展班组民主管理升级赛的经验，用两年左右的时间，争取把所有企业班组都建成合格班组，同时创建一批具有现代水平，符合省、自治区、直辖市和全国标准的先进班组。要贯彻两个文明一起抓的精神，紧紧围绕企业改革和企业现代化管理，充分发挥职工主人翁作用。

1987 年，中国国防工会工作委员会提出，要继续抓好班组建设，为企业抓好班组建设创造条件。

（五）建立国防工业职工技术市场，促进军工技术转民用

1986 年 1 月，中国国防工业工会工作委员会同军工各部（总公司），为联合建立国防工业系统技术交流市场，先后两次召开会议。会议确定委托陕西省国防工业工会负责，建立全国技术市场信息库。各部（总公司）和各省、区、市国防工会建立技术交流门市部，坚持以服务为目的，采取成果发布、联合攻关、组织推广、技术培训、信息交流等方式，推广应用技术。同年 3 月，中国国防工会工作委员会召开会议，讨论了《国防工业系统职工技术交流市场的暂行管理办法》，宗旨是建立国防工业系统职工技术交流市场，直接为推进企事业技术进步、技术改造服务，为企业事业工会广泛深入开展技术交流，技术攻关活动服务；为加速军工技术向民用转移服务。

1986 年 10 月，由中国国防工业工会工作委员会主持的陕西省国防科技工业技术市场信息库成立，并先后向陕西省安康地区的 53 个单位进行了技术咨询、技术推广、技术转让，解决生产工艺难题 25 项。在临潼、渭南等地开办小型技术市场，共交流新技术、新工艺、新材料以及需要解决的难题等 68 项。

四、企业民主管理方式的新尝试

1978 年，军工企业和各级工会开始推行职工代表大会制度，并积极探索民主管理企业和民主选举企业领导干部，在民主管理企业方面做了新的尝试。

（一）推行职工代表大会制度

1979年后，国防工业实行经济结构调整和改革，任务很重，困难也很多。许多企业针对军品任务下降、生产任务不足的情况，召开职工代表大会，动员广大群众献计献策，参与企业管理，从而实现了扭亏为盈。

天津市国防工业系统恢复、建立职工代表大会制度 1979年3月后，天津市国防工业系统开始恢复、建立职工代表大会制度。到1980年7月，有88%的单位先后恢复、建立职工代表大会制度。职工代表大会把坚持党的政治路线，贯彻“八字方针”，搞好增产节约，保证国家计划的完成作为中心议题，并围绕这一中心议题，研究、讨论企业各方面工作，激发了职工的社会主义积极性和主人翁责任感，对于加强企业民主管理，搞好增产节约、增收节支，促进和保证生产计划的完成，发挥了积极作用。如红光铸造厂通过职工代表大会提出并解决了领导作风、工作方法、企业管理和职工生活等方面的129个问题，把广大职工引导到增产节约、扭亏增盈上来，全面完成该厂全年八项指标。

全面推行职工代表大会制度 1980年，各级国防工业工会开始实行民主管理，建立健全党委领导下的职工代表大会制度，解决企业职工当家做主的问题。天津市国防系统除了一个厂外，其他厂都召开了职工代表大会。各地军工企业建立职工代表大会制度的情况普遍较好，其中甘肃省达到90%以上，山西省达到70%，其他地区也均在40%以上。黑龙江省国防工会还通过民主管理方式选举干部。

1981年3月24日至4月3日，全国总工会国防工会工作委员会召开工作会议，确定把继续抓好职工代表大会和基层工会建设工作作为上半年的工作重点，认真维护职工的民主权利，使基层工会更好地发挥职工代表大会办事机构的作用。

1981年上半年，近70%的国防工业企业已建立职工代表大会制度。但是，还有部分企业没有恢复、建立职工代表大会制度；一些企业的职工代表大会作用发挥得不够好。1981年7月13日，中共中央、国务院转发《国营工业企业职工代表大会暂行条例》。7月25日，国防科技委员会、国防工业办公室、全国总工会国防工会联合发出关于认真学习和贯彻《国营工业企业职工代表大会暂行条例》的通知，要求国防工业各部门积极推行职工代表大会制度，搞好企业民主管理工作。同时要求各省、自治区、直辖市国防工办和国防工会，在党委领导下，组织本地区国防企事业单位，做好职工代表大会制度的建立、完善工作，保障职工代表大会行使权利，发挥职工代表大会的作用。

1982年2月2日至8日，全国总工会国防工会工作委员会召开各省、市、自治区国防工会负责人座谈会，确定不断提高各级领导干部执行党的群众路线的自觉性，树立全心全意依靠工人办好企业的思想。要求各省、市、自治区国防工会，从组织上、思想上、制度上加强职工代表大会制度建设，在企业中建立起一套既有民主又有集中的社会主义企业领导制度。要积极创造条件，逐步实行民主选举企业领导干部。这一年，成都市军工系统已有91%的企业恢复和建立了职工代表大会制度。

1983年，国防工业系统推行职工代表大会制度，从普及发展到完善提高阶段。5月，国防科工委、中国国防工业工会工作委员会召开全国省、自治区、直辖市国防工业（军工）工会负责人座谈会，提出把实行职工代表大会制度列入企业整顿的内容。

1985年7月，中国国防工业工会工作委员会召开国防科研单位工会工作座谈会，要求各科研单位把职工代表大会制度建立健全起来。在职工代表构成上，要加大科技人员的比例，保证科技人员的主体地位。

（二）开展民主选举，加强企业民主管理

在转向社会主义现代化建设的历史转折中，企业管理制度的改革不可避免地成为国防工业改革面临的课题。为了发挥职工社会主义现代化建设的积极性，集中群众智慧把军工生产搞好，各军工企业和工会吸取之前企业民主管理的经验和教训，重新开始了企业民主管理的探索。

开展企业民主管理和全面整顿工作 1982年5月，全国总工会国防工会工作委员会和第六机械工业部在上海召开企业民主管理和全面整顿工作座谈会。会上，推广了上海中华造船厂民主管理的经验。

中华造船厂于1978年4月开始恢复召开职工代表大会，作出了全面整顿企业的决议。会后组织120名职工代表参加了检查团，开展了以整顿劳动纪律为中心的安全大检查；恢复和制定了90多项规章制度，在整顿中，紧紧依靠职工代表大会，使企业发生了根本变化。会议经过讨论，提出要进一步完善职工代表大会制度，并建立健全一套完整的民主制度和程序，切实保障群众行使当家作主的民主权利。积极创造条件，开展民主选举企业领导人员的工作。注意发挥常任主席团和各职能工作委员会（或组）的作用。

加强职工代表大会制度，深化企业民主管理 1983年，国防工业系统推行企业、车间、班组三级民主管理，民主评议干部和民主选举"三长"有了一定的进展，企业民主管理水平有所提高。还有的为研究一些理论、政策问题和相互交流经验，组织了企业民主管理学习研究会。

陕西彩色显像管总厂为解决工会与职工代表大会体制分割，责权不统一的问题，进行了工会与职工代表大会两会一体化的改革，建立了"四个合一"组织体制，即工会会员代表大会与职工

代表大会合一、会员代表与职工代表合一、各单位工会主席与本单位职工代表团组长合一、工会组织与职工代表组织合一。克服了机构重叠、责权分离等弊端，提高了工作效率。

1983 年 5 月，国防科工委、中国国防工业工会工作委员会召开全国省、自治区、直辖市国防工业（军工）工会负责人座谈会，交流了七个厂的民主管理经验。11 月 25 日，国防科工委、中国国防工业工会工作委员会发出《关于认真学习贯彻中国工会十大精神的通知》，提出推进民主管理，力争普遍实行职工代表大会评议企业领导干部制度；企业管理重大问题的决策和有关职工切身利益的重大问题必须经职工代表大会讨论决定；进一步发挥职工代表大会在职工自我教育方面的作用，增强职工主人翁责任感。

1984 年 2 月 15 日至 22 日，中国国防工业工会工作委员会召开省、自治区、直辖市国防工业（军工）工会负责人会议，明确 1984 年做好企业民主管理升级，争取民主管理好的企业达 35% 以上。1984 年，六个国防工业部门确定了 85 个推行厂长负责制的试点单位，四个中心研究组分别召开了民主管理经验交流会。企业民主管理有了新的发展：调查研究企业民主管理问题增多；职工代表大会的作用普遍得到了加强；在企业改革的推动下，对企业民主管理进行了新的探索。

1985 年 1 月 30 日至 2 月 4 日，中国国防工业工会工作委员会召开工作会议，要求把企业民主管理引向新阶段，并突出重点，抓好厂长负责制试点单位的民主管理，贯彻“保军转民”方针，体现职工的主人翁地位。中国国防工业工会全国委员会草拟了《关于按部（总公司）建立企事业工会代表会议的试行办法》。航空工业部党组作出决定，邀请工会代表参加每年召开的部企事业领导干部会议和部党组会议。兵器工业部制定了《企事业工会代表会议办法》。

1985 年 9 月 5 日，中国国防工业工会工作委员会与核工业部、航空工业部、电子工业部、兵器工业部、船舶工业总公司联合颁布《关于加强国防科研单位工会建设和职工民主管理的若干规定》，要求工会要把搞好职工代表大会制度作为自己工作的重点，努力把科研单位的民主管理推向新阶段。

1986 年，核工业系统试行企事业工会代表联席会议制度。该部第九研究院一些研究所的科研室建立了民主管理会制度，七个研究所先后开展了民主评议干部工作。

1987 年 8 月，中国国防工会工作委员会总结、推广了天津市电子仪表局工会民主评议干部的经验。天津市电子仪表局所属企事业单位在民主评议干部中，创造了“双评一投”的经验，即把评议干部、评议企业工作与投信任票捆在一起进行。经过三年的“双评一投”活动，使民主评议干部的工作上升了一个新的层次，增强了实效性，保证了职工行使民主权利，推动了生产、科研的发展。“双评一投”经验的推广，为保证职工民主监督企业干部和企业管理提供了参考。

五、职工生活保障

随着国防工业工会组织的恢复，各级国防工业工会开始纠正只讲生产、不顾职工劳动安全和生活的做法，把加强劳动保护，改善和提高职工生活作为自己的职责，监督安全生产，保障职工生活开始成为各级国防工业工会工作的重点之一。中国国防工会积极发挥工会作用，注意“一个代表”（代表劳动者利益）、“两个维护”（维护全国人民总体利益和职工具体利益）工作，加强劳动保护工作，促进安全生产，重视职工生活，协助管理部门和工厂，解决了一批影响生产安全和职工生活的关键性问题，保护了职工利益，起到了职工利益代表者的作用。

（一）开展劳动保护和安全生产工作

1983 年 11 月 25 日，国防科工委、国防工业工会认真学习贯彻中国工会第十次全国代表大会会议精神，提出要坚持不懈地同轻视安全生产的错误思想作斗争，督促和协助行政认真贯彻安全生产方针，监督有关安全生产、工业卫生和环境保护法律、法令、条例的制订与贯彻实施。

为了加强劳动保护和安全生产工作，1985 年 2 月，中国国防工业工会工作委员会在山西太原召开工作会议，提出调查安全生产，特别是火化工生产安全的情况。4 月，全国总工会颁发了《工会劳动保护监督检查员暂行条例》《基层（车间）工会劳动保护监督检查委员会工作条例》《工会小组劳动保护检查员工作条例》。12 月，国防工业工会召开工作会议，提出要认真贯彻三个条例，健全劳动保护机构，充实人员，有计划地进行培训。1986 年要加强劳动保护工作，特别要注意火化工厂的生产安全。

1986 年 11 月 7 日，中国国防工业工会工作委员会召开安全技术工作座谈会，总结交流国防工业系统安全生产情况，分析安全生产，劳动保护工作面临的新形势、新情况、新问题，研究开展安全技术工作的意见。会议认为，搞好安全生产，加强劳动保护工作是维护职工切身利益，促进“四化”建设的一项重要任务，在改革中只能不断加强，不能有丝毫削弱和放松。会议要求各部（总公司）保持已建立起来的技安机构，每年要有计划、有总结地开展劳动保护和安全生产工作。要执行安全规章制度，加强劳动纪律，落实安全生产规程，在进行体制改革的同时改革安全技术工作，做到文明生产，使安全生产工作在改革中免受损失。要进一步开展各种形式的安全生产活动，进一步发挥工会在开展安全生产、劳动保护工作中的作用。

1987 年 5 月，针对兵工企业发生的几起爆炸事故，中国国防工业工会工作委员会副主席关恒才提出建议，要求解决国家机械委员会组建过程中对安全生产管理人员削减过多，对弹药安全生产无力顾及的问题，建议在质量安全监督司内组建弹药安全监督处，以加强管理。为充分发挥群众对安全生产的监督作用，要把工会系统的安全生产监督员组织起来，对弹药工厂生产进行检查监督。同时建议由国家机械委员会和中国国防工业工会联合举办安全生产知识师资培训班，加强对职工的安全生产知识教育。

1987 年 9 月至 10 月，为了贯彻国务院《关于加强安全生产管理的紧急通知》，扭转弹药企业安全生产的被动局面，保障职工生产和国家财产安全，适应深化改革和发展生产的需要，国家机械工业委员会和中国国防工业工会工作委员会联合组织，对重点火药、炸药、弹、雷、箭、火工品、引信厂的安全生产劳动保护进行大检查。检查内容包括安全生产、劳动保护、群众监督三个方面，范围涉及黑龙江、吉林、辽宁、山西、河南、陕西、湖南、四川等省的 40 个弹药厂。

从总的情况看，各弹药厂贯彻落实国务院《关于加强安全生产管理的紧急通知》，强化分级管理、分线负责的安全生产管理体系，使企业生产安全和劳动保护得到了基本保证。各厂工会组织贯彻全国总工会颁发的工会劳动保护监督检查三个条例，使劳动保护工作前进了一步。但通过检查发现，各企业在安全生产、劳动保护方面仍有不少问题。主要是企业安全管理和规章制度执行不严格；由于弹药生产企业多是老旧企业，设施设备、环境等安全条件差，隐患严重；企业基本上没有建立起相对独立的群众监督检查体系。

根据检查情况，国家机械工业委员会和中国国防工业工会工作委员会向国务院提出建议：（1）由国家机械委任命的安全监察员与工会任命的国防工业工会劳动保护监督检查员组成安全监督网，推动弹药企业的安全生产工作。用两年的时间，分期分批对所有危险作业的工人进行安全技术专业培训。(2)弹药厂安全技术改造，历史欠账太多，资金困难，国家应给予特殊的政策和支持。(3)对受尘毒污染的工人实行轮换和定期疗养、休假政策。(4)建议在兵工科研、试验及抢险救灾中牺牲的职工按烈士待遇，负伤的职工要予以表彰。(5)弹药企业的工会组织，要从代表和维护职工群众利益出发，把搞好安全生产劳动保护作为第一位的任务来抓。建立健全工会劳动保护监督检查网络体系，开展相对独立的活动。

(二)发挥工会作用，重视职工生活

在进入社会主义现代化建设的历史转折中，国防工业工会积极发挥工会作用，重视职工生活，为历史转折中的军工建设起到了保驾护航的作用。

1979 年冬至 1980 年春，国防工业工会组织对职工生活工作进行了普遍检查，解决了一些问题，使职工物质文化生活有了一定的改善。1980 年，中国国防工业工会工作委员会发动了军工企业后勤服务竞赛，通过保证一线生产职工的生活服务，提高职工的生产积极性。

1981 年 3 月 24 日至 4 月 3 日，全国总工会国防工会工作委员会召开工作会议，确定继续抓好职工的物质和文化生活工作，并特别提出要注意解决好关、停、并、转企业中职工的生活问题。在加强企业民主管理工作中，上海中华造船厂注意听取职工意见，新建职工住房近 1 万平方米，解决了 100 多户职工的住房困难问题。1982 年 5 月，全国总工会国防工作工会委员会同六机部在上海联合召开企业民主管理工作座谈会，推广了中华造船厂依靠职工代表大会，改善职工生活的经验。

为发挥工会关心职工生活的作用，1983 年，中国国防工会工作委员会专门推广了五二四厂工会关心职工生活的经验。工会十

大表彰的全国优秀工会积极分子、五二四厂工会兼职女工委员刘桂芹，热心为女工服务，仅1982年就走访职工130多人次，为女工解决了23个实际问题。五二四厂有41位孤独老人、130户遗属、12名生活不能自理的伤病职工，他们都得到了工会的妥善照料。工会以周到的服务，让职工感到工会就是自己的贴心人、“娘家人”。

1983年11月25日，国防科工委、中国国防工业工会工作委员会在《关于认真学习贯彻中国工会十大精神的通知》中指出，要关心职工生活，切切实实地为职工群众办好事。各级国防工业工会积极落实工会十大的决议，关心职工生活，不断改善集体福利工作。特别是为解决三线职工生活问题深入基层，调查研究，积极协同有关方面，切切实实地为职工办了一些好事。

1985年2月，中国国防工业工会工作委员会召开工作会议，提出重点抓好三线企业和亏损企业的职工生活问题，搞好“两个调查”，其中包括调查了解国务院、中央军委关于解决有关三线职工生活问题所发的两个文件落实的情况；调查企业实行经济责任制和工资改革后，职工收入变化的情况。

1985年7月，中国国防工业工会工作委员会推广航空工业部第六研究所工会，关心职工生活，改革福利费开支制度，配合行政做好食堂、幼儿园、卫生科和青少年暑期教育的工作。航空工业部六〇八所工会为科研人员排忧解难，极大地调动了科研人员的积极性和创造性，全所完成科研成果62项，技术攻关12项，经济效益比前年提高了25%。

1985年12月16日，中国国防工业工会工作委员会召开1986年工作会议，针对三线地区的职工生活问题，特别要求各省、区、市国防工业工会继续关心三线地区的职工生活。

1986年12月的国防工业工会工作会议提出，在国防科技工业战略转移中，职工生活存在着不少问题。要切实关心职工生活，为职工办好事、办实事，搞好群众性的互助互济。

（三）深入调查研究，解决职工生活问题

由于国防工业企业多位于生活条件较差的地区，军工企业的职工生活也面临一些困难。为保证军工职工生活，推动军工企业改革和生产发展，国防工业工会针对一些企业的具体生活问题，积极进行调查研究，帮助企业解决生活问题，保证了军工企业生产的正常运行。

1981 年 9 月，全国总工会国防工会工作委员会到甘肃省平凉地区，对军工企业进行调查。调查发现，这些厂建在离县城 30 公里的山沟里，交通十分不便，给生产和职工生活带来很多困难，影响了三线建设。9 月 8 日，国防工会向全国总工会报告：提出的这些问题在其他三线地区也普遍存在，需要严重关切。呼吁有关部门关心和协助解决职工生活困难，建议中央召开由有关部门参加的会议或责成一个部门牵头研究解决，并到三线地区做调查，就地解决问题。国防工会还专门推荐吉林省解决三线工厂职工生活的作风和做法，作为解决这些问题的参考。

12 月 25 日，国务院国防工业办公室召开会议，对国防工会关于甘肃省平凉地区三线军工企业职工生活情况和问题的调查报告进行了讨论，认为应当引起高度重视，努力加以解决，以保证军工企业安定和三线建设的巩固。

1982 年 3 月，全国总工会，国防工业办公室、第五机械工业部组成联合工作组，赴兰州向中共甘肃省委、省政府汇报。甘肃省政府召集有关部门听取了汇报，做了决定，并决定由省国防工办牵头，同联合工作组一起到平凉地区具体落实。3 月 13 日至 16 日，中共平凉地区地委、行署及省政府有关部门，与工作组两次召开工作会议，共同磋商，对三线军工单位粮油、蔬菜、肉食供应，商品、药品供应，职工就医及子女就学问题，三线内迁职

工家属和困难户家属户口问题，工厂职工交通问题都提出了解决办法。在甘肃省委、省政府和平凉地委、行署及省、地各业务部门的支持下，平凉地区三线国防企业职工的生活问题基本得到了解决，对安定职工情绪，巩固三线国防工业战略基地建设起了很好的作用。

1982 年 5 月 14 日，全国总工会国防工会致函平凉地区各军工单位工会，提出教育广大职工，特别是领导干部要关心三线建设，在发展生产的基础上使广大职工的生活得到改善，尽一切力量为职工解除后顾之忧。

1982 年 7 月 9 日，全国总工会、国务院国防工业办公室转发了联合工作组《关于解决平凉地区三线国防企业职工生活问题的报告》，指出平凉地区三线职工生活中存在的问题，其他省、自治区、直辖市三线地区也不同程度地存在，请各省、自治区、直辖市国防工办和工会参照甘肃省的做法，对三线地区职工生活进行深入调查，对职工生活存在的问题提出解决办法，主动向省、区、市党委和政府汇报，凡是当地能解决的，要抓紧就地解决；需要中央有关部门解决的，要及时请示报告。

（四）深入调查，解决有关三线职工生活方面的政策性问题

三线军工企业多位于偏远山区，由于环境条件限制和配套建设滞后，职工生活面临多重困难。在三线建设基本结束，多数企业进入生产期后，特别是在转向全面开展经济建设的历史背景下，职工的生活问题更加突出。为了解决三线军工企业职工的生活问题，国防工业工会和各级军工工会积极向有关部门提出建议，努力解决三线职工的生活问题，保证了三线企业的稳定和生产发展。1981 年 2 月，全国总工会国防工会工作委员会就核工业铀矿冶系统企业严重困难、职工队伍不稳的情况，向全国总工会作了报告。1983 年 8 月 6 日，中华全国总工会书记处决定，为改

善边远偏僻地区、工矿区和重点建设地区职工的文化生活条件，分配给全国总工会国防工会全国委员会30万元，作为补助三线地区职工增添部分文化活动设施和开展文化活动之用。

总结推广天津市小三线企业职工生活问题的经验 1983年2月，中国国防工业工会工作委员会派出调查组，总结了天津市国防工业系统解决小三线企业职工生活问题的经验，并向三线国防工业企业推广。

天津市小三线企业，由于分布在山区，且在河北省境内，职工生活问题突出。中共十一届三中全会后，天津市国防科工管理部门和国防工业工会，把解决三线职工生活问题当作一件大事来抓，深入基层调查研究，积极主动地向市委、市政府反映，先后为三线职工解决了事关生活的困难问题：（1）解决直接影响到职工的生活供应渠道和标准的职工户口问题。（2）成立商业公司，保证三线单位副食品和其他紧缺商品的供应。（3）新建完全中学和医院，解决三线企业职工就医和子弟教育问题。开拓渠道，解决了职工子女就业的问题。（4）采取措施，办好托儿所、食堂，修建住房，开展文化娱乐活动，稳定三线职工队伍。

通过推广天津市解决三线职工生活问题的经验，对保证三线职工生活，稳定三线职工队伍起了推动作用。

解决四〇四厂离休退休人员安置问题 20世纪50年代后期，国家从全国各地调集一批政治、技术骨干到甘肃玉门戈壁滩建设核工业基地。20多年中，他们艰苦创业，为我国核工业的发展作出了贡献。到20世纪80年代，这些人都到了离退休的年龄，妥善安置这些离退休人员，使他们安度晚年成为急需解决的问题。1983年1月，中国国防工业工会工作委员会向全国总工会提出《关于四〇四厂退休职工安置问题的情况报告》。经全国总工会主席倪志福批示并转报中央有关部门，1983年5月17日，劳动人事部对安置四〇四厂离休退休人员安置问题提出解决办法：（1）在甘肃省内医疗、交通条件较方便的中小城镇安排离休干部的安置地点。对到配偶原籍或原调出单位所在地区安置的，予以适当照顾。考虑到这些人员有些是从同一城市集中调去的，建议核工业部在接受安置任务比较大的城市郊区或附近县统一建立小型干休所，同时可在兰州建立一个干休所，安置该厂部分配偶、子女在兰州居住的离休干部。（2）退休干部、工人的安置，可参照《国务院办公厅批转劳动人事部关于落实西藏离休退休人员跨省安置问题的请示的通知》中的有关精神办理。（3）核工业部所属其他在高原、沙漠地区的厂矿离休退休干部的跨省安置问题，可参照上述意见办理。

解决三线艰苦地区国防科技工业离休退休人员安置和职工夫妻长期两地分居问题 四〇四厂离休退休人员安置问题解决后，根据国务院、中央军委领导的指示，在国防科工委组织下，全国总工会、中国国防工会工作委员会会同有关部门，对三线艰苦地区国防科技工业企事业单位离休、退休人员的安置和职工夫妻长期在两地分居的问题进行了调查研究。1984 年 2 月 29 日，国防科工委、劳动人事部、公安部、商业部、财政部向国务院、中央军委提出《关于解决三线艰苦地区国防科技工业离休退休人员安置和职工夫妻长期两地分居问题的报告》。

一是离休、退休人员安置。就地安置的离休、退休人员，凡在三线艰苦地区三类（高寒、高原、沙漠戈壁、深山峡谷地区）工作累计满 20 年的职工，退休金标准提高 10%；在一类区（无城镇依托、交通不便的偏僻地区）、二类区（远离城镇和交通干线的贫困山区）工作累计满 20 年的职工，退休金标准提高 5 %。享有艰苦地区事业津贴的职工，事业津贴费同地区生活补贴费一样，对离休的，包括在原工资内发给；对退休的，则作为计算退休费的基数。对从一、二线和大中城市到三线艰苦地区工作的职工，按实际情况，分别采取以下安置办法：在二、三类地区工作的离休、退休干部和在这类地区工作满20年的退休工人，可在所在地区交通、医疗等条件比较方便的中小城市安置。在三类区工作的离休、退休人员，就地就近安置确有困难的，可到本人、配偶原籍或配偶、子女工作所在地安置。

二是解决职工夫妻长期两地分居问题。凡从一、二线和大中城市到三线艰苦地区工作的，长期两地分居的职工夫妻，具备下列条件之一的，可以解决两地分居问题。其中，有农业户口的一方可转为城镇户口。对环境特别艰苦、条件很差、无法解决职工夫妻两地分居问题的单位，只要有其他单位接收，经过批准，可以分期、分批地将长期两地分居的职工夫妻，调到其配偶所在地区安排工作。

1984年6月11日，国务院、中央军委批转了上述报告，并要求有关部门、地区积极落实，解决三线离退休职工的安置和夫妻长期两地分居问题。

在国防工业工会的倡导下，各级工会积极解决职工夫妻两地分居问题。航空工业部六〇八所有一位女工程师多次被评为三八红旗手、株洲市先进工作者。其爱人在海南岛农村工作，这位女工程师身患多种疾病，身边还有瘫痪的老人和两个小孩需要照顾。为了解决其问题，所工会配合有关业务部门先后几次到省、市及对方单位联系，用了近两年的时间，终于将其爱人调到研究所。1984年，各级工会共陆续解决40名科研人员两地分居的问题。到1987年底，国防工业系统解决两地分居问题的达4.5万户。

关心三线艰苦地区科技人员生活，稳定三线艰苦地区科技队伍 1983年下半年，全国总工会、中国国防工会工作委员会在国防科工委的组织下，会同国务院有关部门，对三线艰苦地区国防科技工业科技队伍建设方面的若干政策问题进行了调查研究。根据调查结果，1984年2月29日，国务院科技领导小组办公室、国防科工委、劳动人事部、财政部，向国务院、中央军委提交《关于稳定和加强国防科技工业三线艰苦地区科技队伍的若干政策问题的报告》，提出由于三线大多数科研、生产单位地处深山峡谷、崇山峻岭、荒原戈壁、高寒、高原地区，工作条件艰苦，生活困难，科技人员的许多实际问题，如夫妻两地分居、子女升学就业、离退休安置等，未能得到妥善解决，致使科技人员外流严重，补充科技人员困难。为改变这种状况，稳定和加强三线艰苦地区国防科技工业科技队伍建设，建议采取以下政策：(1)进一步落实党的知识分子政策，加强思想政治工作，教育广大科技人员发扬艰苦奋斗的光荣传统，扎根三线，为加强国防、保卫祖国作出更大的贡献。(2)号召和鼓励大学和中专毕业生到三线艰苦地区参加国防科技工业建设。(3)对分配到三线艰苦地区工作的科技人员、大中专毕业生采取工资浮动政策。(4)对工程师及相当于这一职称以上的科技人员，每三年安排三个月至半年进修时间，使他们通过自修、进修、学术交流、调查研究、专题考察等活动更新知识，提高科技业务水平。《报告》还对三线艰苦地区科技人员离退休后的安置、夫妻两地分居问题、科技人员的待业子女就业问题提出了解决办法。

1984 年 6 月 11 日，国务院、中央军委批转了《报告》，保证了三线军工科技队伍的稳定。

第七章 加快社会主义现代化建设中的国防工人运动

1987年10月，中国共产党第十三次全国代表大会制定了实现现代化的发展战略，并在次年召开的党的十三届三中全会上，提出了治理经济环境、整顿经济秩序、全面深化改革的指导方针和政策措施。随着国民经济的大调整，军工开始全面实行战略转移。计划经济条件下的军品生产大量压缩，并转向主要以市场调节的民品生产。这种转向，使长期实行计划经济的军工产业遇到了一个时期的严重困难和巨大挑战。在新形势下，国防工业工会积极加强自身建设，团结、组织全体国防工业职工，发挥工人阶级的主力军作用，参与企业管理，推动改革的深化和生产的发展；同时维护职工的具体利益和正当权益，在改革和发展中发挥了重要作用。

一、新形势下的工会建设与改革

按照中国共产党第十三次全国代表大会提出的改革要求，1988年以后，国防工业工会组织进入了全面改革时期。1988年10月，中国工会第十一次全国代表大会召开，提出了工会组织改革及维护、建设、参与、教育的四项基本职能，新时期的国防工业工会建设与改革拉开了序幕。

（一）探索企业工会改革

根据中国共产党第十三次全国代表大会提出的改革群众组织的要求，中国国防工业工会工作委员会在工作会议上提出，1988年的工作要点是探索工会改革的新路子。1988 年 10 月后，根据中国工会第十一次全国代表大会精神，各省、区、市国防（电子）工业工会普遍进行了企业工会改革试点，在明确职能、理顺党政工关系、调整机构、下放权力、改革选举制度、改变活动方式等方面，进行了探索。

1989 年，中国国防工业工会工作委员会在四川召开第一次企业工会改革试点工作会议，制定了《企业工会改革试行方案》和《国防工业企业工会改革要点》。提出要以经济建设为中心，全面履行工会维护、建设、参与和教育职能，着眼于增强基层工会活力，建立完善工会代表职工的新机制，坚持党的领导，独立自主，取得职工信赖，实现群众化、民主化，发挥其他组织不可代替的作用。改革的要点包括：（1）理顺同企业党委、行政的关系，找准自己的位置，建立相适应的制度。（2）根据企业工会的基本职能，以参与、监督、维护为重点，建立新的工会工作秩序。（3）保证职工代表大会依法行使“五权”，通过深化企业改革，把工会工作与职工代表大会工作有机结合起来。（4）建立渠道，抓住整体利益和具体利益的结合点，真正把代表和维护职能落到实处。（5）在工会选举中引入竞争机制，实行企业工会主席直接选举。建立企业工会正、副主席作述职报告制度，直接接受会员或会员代表的监督、评议。（6）坚持依靠广大会员办工会的方向，建设好工会专兼职干部队伍和积极分子队伍。（7）建立按照群众意愿和要求办事的运行机制。

根据《企业工会改革试行方案》和《国防工业企业工会改革要点》，到 1989 年底，国防工业系统 50 个改革试点单位，已进入全面改革的占 30%，处于小改小革的占 60%。

1990 年，国防工业工会工作会议确定要继续搞好企业工会改革试点，密切工会与群众的联系，不断增强基层工会活力，向工会组织的群众化、民主化迈出扎实步伐，使工会更好地起到党联系群众的纽带作用，在治理整顿和深化改革中作出更大的贡献。

在国防工业系统首先开展建立“职工之家”活动的五二四厂工会，坚持党对工会工作的领导，抓住密切联系职工群众这个根本，通过工会独立自主、创造性的工作，充分发挥工会在企业建设和改革中的作用，把工会组织真正建设成为赢得职工信赖的“职工之家”。1990 年，国防工业工会工作委员会组织编写了《五二四厂工会密切联系群众一百例》，组织该厂三级工会到国防工业集中的省市作巡回报告，推介了五二四厂工会全心全意为职工服务的情况。

（二）深化工会建设与改革

1989 年 12 月，中共中央发出《关于加强和改善党对工会、共青团、妇联工作领导的通知》。1990 年 3 月，甘肃省国防工业工会提出贯彻落实《通知》的意见，要求各级工会自觉接受党的领导，组织工会干部、积极分子和职工围绕稳定大局、稳定经济、稳定职工队伍，发挥工会组织作用。要深入一线职工中，为基层服务，为一线职工服务。大力提倡调查研究作风，参与一线劳动，了解掌握职工思想情绪，协助解决有关问题。

1990 年 5 月至 7 月，中国国防工业工会工作委员会先后与中国核工业总公司、中国新兴总公司、中国兵器工业总公司、航空航天工业部、船舶工业总公司、中国人民解放军总后勤部军需生产部，提出了贯彻落实《通知》的意见。7 月 1 日，中国国防工业工会工作委员会召开国防工业工会组织工作会议，贯彻落实《通知》精神，要求进一步稳定企业，稳定队伍，推进国防科技工业工会工作的新发展。

1990 年 8 月，中国核工业总公司和国防工业工会组成联合调查组，对核工业系统企事业单位贯彻落实《通知》的情况进行了检查。检查发现这一年中，工会工作发生了明显变化：进一步加深了对新时期工会地位、作用的认识，增强了政治责任感；提高了接受党对工会工作领导的自觉性和依法依规自主开展工会工作的主动性；坚持了以经济建设为中心的工会工作方针，增强了工会工作的活力。在国防科技工业战略转移的新形势下，发挥工会优势，在职工中开展“当主人、比贡献”活动，团结职工开展“第二次创业”，为核工业发展贡献了力量。各单位按照《通知》的要求，重视发挥职工代表大会的作用，保护了职工的合法权益，提高了职工队伍“两个素质”。

（三）中国国防工业工会第四届全国委员会第一次全体会议的召开

中国国防工会工作委员会建立后，工作范围包括国防工业和电子工业两大行业，下属工会组织有省级国防工业工会、电子工业工会、计划单列市国防工业工会；对口的产业部门有中国人民解放军国防科工委、航空航天工业部、核工业总公司、中国兵器工业总公司、船舶工业总公司、电子工业总公司、机械电子工业部，解放军总后勤部生产管理部等。随着经济体制改革的深入，产业工会建设成为工会组织建设的重要任务。1988 年，全国总工会颁布《关于加强全国产业工会建立的若干问题的意见》。1991 年，又印发《关于进一步建立健全产业工会全国委员会若干问题的暂行规定》。根据全国总工会的意见，中国国防工业工会工作委员会向全国总工会提出了建立中国国防工业工会全国委员会的建议，开始了中国国防工业工会第四届全国委员会的筹备工作。按照全国总工会规定的联合制、代表制的原则，提出了建立中国国防工业工会全国委员会的实施方案，明确了国防工业工会的职责、组织制度。

1991 年 3 月 25 日，中国国防工业工会工作委员会印发《关于建立中国国防工业工会全国委员会的实施方案》，要求根据《方案》规定的程序进行委员的推荐、选举工作。经国防工业系统各级工会推荐、民主选举产生的中国国防工业工会第四届全国委员会委员为 87 名。

1991 年 5 月 29 日至 6 月 1 日，中国国防工业工会第四届全国委员会第一次全体会议在北京召开。全国总工会、国防科工委、中国兵器工业总公司、解放军总后勤部生产管理部有关领导出席会议并讲话。中国国防工业工会工作委员会副主任靳山在预备会上作了《关于筹备召开中国国防工业工会第四届全国委员会第一次全体会议工作情况的报告》。

会议回顾总结了国防工业工会组织恢复 10 年来的工作，制定了国防工业工会工作的规划，提出了工会的主要工作任务。中国国防工业工会工作委员会相关负责人向大会作工作报告。团结国防科技工业系统广大职工，为实现十年规划和“八五”计划，特别是促进国防科技工业的战略转移而奋斗。全面实现工会维护、建设、参与和教育的社会职能；坚持物质文明建设与精神文明建设一起抓，不断提高国防科技工业产业大军的整体素质。深化工会组织的群众化、民主化建设，进一步增强工会活力。大力开展社会主义劳动竞赛，在促进国防科技工业发展、实现战略转变中做出新贡献。切实加强安全生产和劳动保护工作；切实尊重和保障职工的主人翁地位和民主权益，强化企（事）业职工民主管理，反映职工群众正确的意见和要求，协商确定为职工办实事。

经过全体委员的充分酝酿和讨论，选举 10 人为中国国防工业工会第四届全国委员会常务委员会委员，选举李华为中国国防工业工会全国委员会主席，赵宝印为副主席，周玉良为兼职副主席。

会议作出《关于大力开展“第二次创业”社会主义劳动竞赛的决议》，提出要进一步动员国防科技工业职工，为实现国防科技工业“第二次创业”，完成第八个国民经济五年计划和十年规划而建功立业。

中国国防工业工会第四届全国委员会常务委员会产生后，召开了常务委员会第一次会议，讨论通过了《中国国防工业工会全国委员会组织办法》《中国国防工业工会全国委员会常务委员会议事规则（试行）》，提出了贯彻落实会议精神的意见。

（四）贯彻落实《中华人民共和国工会法》，改革工会工作

1992 年 4 月 3 日，《中华人民共和国工会法》（以下简称《工会法》）颁布实施。5 月 11 日，中国兵器工业总公司、中国国防工业工会发出关于认真学习宣传、贯彻落实《工会法》的通知。要求认真组织好《工会法》的学习和宣传，把学习、宣传《工会法》与“二五”普法教育、深化企业改革、建设“职工之家”活动结合起来。工会组织要在党委领导下，对照《工会法》的规定，对工会工作进行一次检查，总结经验，找出差距，制订整改措施，抓好落实。工会组织在贯彻落实的过程中要抓职工最关心的问题，向党委和行政提出建议，做好协调沟通工作。工会要全面履行职能，进一步落实全心全意依靠工人阶级的方针，推进深化企业改革。在转换企业经营机制、调整产品结构、推进技术进步、建设军民结合型企业和“第二次创业”中，加强工会和职工代表大会对企事业改革的参与和监督，要和工会自身建设和改革结合起来，提高工会工作的整体水平。

1992 年 5 月至 7 月，中国国防工业工会全国委员会分别与解放军总后勤部生产管理部、中国船舶工业总公司、中国电子工业总公司、中国核工业总公司、航空航天工业部，联合发出关于学

习宣传、贯彻落实《工会法》的意见。28 个省市区国防（电子）工业工会也制定了学习宣传、贯彻落实意见。

1992 年，中国国防工业工会两次召开常委会，确定调整工作思路，用建设有中国特色社会主义理论武装工会干部和职工，积极研究新形势下围绕经济建设中心，全面开展工会工作。省市国防（电子）工业工会转变工作方式，减少对基层布置工作，精简会议和活动，搞好多层次工会干部的培训工作；把工作重点放在基层，深化"职工之家"建设，加强了科研单位工会工作。

二、加强职工队伍建设

中国共产党第十三次全国代表大会报告提出，必须下极大的力量，通过各种途径，加强对劳动者的职业教育和在职继续教育，努力建设起一支素质优良、纪律严明的劳动大军。1988 年 1 月，国防工业工会工作会议要求，把党的基本路线教育落实到职工队伍的"四职"（职业道德、职业纪律、职业责任、职业技能）建设上来。要以社会主义初级阶段党的基本路线教育为先导，以提高产品质量为中心，以开展多层次的培训为手段，把"四职"建设引向深入。

根据国防工业工会工作会议的要求，各级国防工业工会针对职工思想实际，采用民主对话、专题讨论、读书演讲、社会调查等多种形式，开展党的基本路线教育，提高了职工对改革的承受力。"四职"教育在国防科技工业系统普遍展开，职工的职业道德、职业纪律、职业责任、职业技能有了不同程度的提高。

1989 年，针对不少国防工业企业遇到困难，出现亏损的局面，各级国防工业工会开展形势教育，引导职工用社会主义初级阶段理论看改革十年里政治、经济、文化以及职工生活方面的巨大变化，看改革中存在的问题，引导职工自觉在思想上同党中央保持一致，教育职工以主人翁姿态办好企业。

针对当时政治经济形势出现的新变化，1989 年底的国防工业工作会议提出，1990 年，要吸取前一时期物质文明和精神文明建设“一手硬一手软”的教训，发挥工会优势，强化教育职能，加强“四有”职工队伍建设。通过“三组”（送温暖小组、职工读书自学小组、帮教小组）、“一校”（工人业余学校）、“两阵地”（工会宣传阵地与职工文化、文体阵地）和“一个活动日”（工会活动日）的形式，继续坚持和发展马列主义系统教育、革命传统教育。1990 年 7 月的国防工业工会组织工作会议，要求加强工人队伍自身建设，使广大职工在进一步认识工人阶级政治地位、历史使命的基础上，不断提高思想政治素质和文化技术素质。加强思想政治工作，深入搞好基本国情、基本路线教育，把思想教育工作落实到车间、班组。

1990 年 8 月 8 日，中国新兴总公司、国防工业工会颁布《关于落实全心全意依靠工人阶级的指导思想的几点意见》，提出加强工人阶级队伍建设。在企业职工中深入进行基本国情和基本路线教育，开展“四职”教育，使广大职工在进一步认识工人阶级的政治地位、历史使命的基础上，不断提高思想政治素质和文化技术素质，努力建设一支有理想、有纪律、有文化、有道德的“四有”职工队伍。广泛宣传劳动模范和先进人物的先进事迹和先进思想，在广大职工中掀起“学先进、做主人、比贡献、创一流”的热潮。黎阳机械公司工会在职工中大力开展“四职”教育，技术工人的岗位培训率达到 94.8%。

1991 年 12 月，中国国防工业工会第四届全国委员会第二次全体会议确定，1992 年要以社会主义思想教育为重点，继续深化“双基”与“三热爱”教育，进一步开展优良传统教育，加强法制教育。特别要对职工进行商品经济意识、竞争意识和市场观念的教育，引导职工群众理解和支持改革。继续开展岗位练兵、岗位培训、技术比武等活动，提高职工技术素质，以适应岗位工作的需要。注重表彰中青年优秀人才，为中青年优秀工人、优秀科技人员的脱颖而出创造条件。各级国防工业工会积极组织技术练兵和比武活动。据中国国防工业工会全国委员会对 148 个单位的数据统计，这些单位共组织技术比武 6513 次，参赛职工 216290 人，选拔技术能手 9268 人。大连船厂坚持把职工技术比武活动与日常生产相结合，立足于岗位练兵，在生产实际中选拔技术能手，并把生产、比武、工资分配、荣誉“四位一体”结合起来，对提高职工技术素质起到了重要作用。

1992 年，中国国防工业工会全国委员会通过调研，写成《关于兵器工业转换企业经营机制中职工积极性问题的调查报告》《关于兵器工业部分试点企业转换经营机制和职工思想状况的调查报告》，对加强职工队伍建设提出了对策。

三、现代化建设中的国防工业职工运动

根据中国共产党第十三次全国代表大会提出的中心任务，1988 年以后，国防工业工会组织以“保军转民”为中心，紧紧抓住搞好国有大中型企业这个中心环节，继续开展“双增双节”运动，大力开展扭亏增盈和“第二次创业”社会主义劳动竞赛，为加快转换企业经营机制，保证生产任务的完成，促进技术进步，提高经济效益，增强企业活力作出了贡献。

（一）继续开展“双增双节”运动

1988 年至 1989 年，中国国防工业工会工作委员会要求，以深化企业改革为中心，继续深入开展“双增双节”运动。针对不少国防工业企业遇到困难、出现亏损的局面，各级国防工业工会围绕“双增双节”，通过多形式、多层次的劳动竞赛以及“双保

合同”、技术革新活动，发动职工群众找问题、提措施，以降低物质消耗、提高劳动生产率、改善产品质量、增进经济效益为重点，提出合理化建议，促进了企业生产的发展。

1989 年 11 月 9 日，中共第十三届中央委员会第五次全体会议通过《关于进一步治理整顿和深化改革的决定》，提出：“在整个社会主义现代化建设过程中，都必须充分发动群众，长期不懈地抓好‘双增双节’工作，深入开展以‘双增双节’为主要内容的社会主义劳动竞赛。”12 月 2 日至 5 日，中国北方工业总公司和国防工业工会召开兵器工业企事业工会代表民主协商联席会议第二次会议，提出要把深入开展“双增双节”运动作为“双稳定”的重要内容，在企业挖潜、节约、改造上抓出成效。

1990 年，国防工业工会工作会议要求，要搞好系列教育，保证参加“双增双节”的职工达到 90%以上；制定“双增双节”目标，层层分解落实。各省、区、市国防工业工会积极抓好落实，陕西省国防工业工会开展了“双增双节”厂际竞赛。该年 7 月的国防工业工会工作会议再次确定，围绕“双增双节”，广泛开展合理化建议和发明创造活动。8 月 8 日，中国新兴总公司、中国国防工业工会颁布《关于落实全心全意依靠工人阶级的指导思想的几点意见》，提出要深入开展以“双增双节”为主要内容的劳动竞赛。

（二）开展扭亏增盈、闯关创业活动

由于军工生产计划的大幅减少，军工企业遭遇了很大困难。如陕西兵器工业共有 10 个企业，有职工 6.5 万人。1989 年，军品产值比上年下降 50%，其中外贸军品下降 75%，亏损率达到 80%。由于生产任务不足，部分军品生产车间处于停产、半停产状态。陕西军工企业的一些特困分厂（车间）的干部群众在困难的情况下，不等、不靠、不要，以自力更生、艰苦奋斗的精神，

开展生产自救，奋力闯关创业活动，并出现了新的转机。

为了推动特困分厂（车间）的闯关创业活动的开展，陕西省兵器工会把特困分厂（车间）开展闯关创业活动列为推动军工企业发展的一项重要内容。向职工进行生产自救，闯关创业的宣传教育，开展闯关创业达标竞赛，振作职工精神，增强职工信心和闯关创业的责任感，推动企业生产自救和闯关创业活动的开展。为了保生存、求发展，实现军工企业的战略转移，陕西省国防工业工会组织开展了“双增双节”厂际竞赛、19 个创利税大户竞赛、车间竞赛等三项竞赛，通过生产劳动竞赛，逐步扭转了企业滑坡的局面。

为了全面推动国防工业扭亏增盈，在 1990 年的国防工业工会工作会议上，中国国防工业工会全国委员会提出，要积极做好群众工作，动员职工坚定信心，在稳定大局中发挥主力军作用。1990 年 3 月 25 日，兵器工业企事业工会代表民主协商联席会议，在西安召开兵器系统搞活车间经验交流会，中国兵器工业总公司和中国国防工业工会共同做出开展搞活车间厂际竞赛的决定。在 7 月的国防工业工会组织工作会议上又提出，各级工会特别要帮助车间搞好生产自救，组织厂际竞赛。各国防工业工会结合“企业有困难，职工怎么办”的大讨论，动员职工为工厂献计献策，积极支持和推动特困分厂开展生产自救，闯关创业脱贫。

（三）开展“第二次创业”社会主义劳动竞赛

1990 年，国防工业工会工作会议提出，要组织职工发扬“第二次创业”精神，坚持自力更生，广泛开展产品“一条龙”社会主义劳动竞赛和各种形式的达标竞赛活动，发动广大科技人员和能工巧匠针对薄弱环节开展攻关活动，把军民结合型企业建设好。

1991 年 5 月 31 日，中国国防工业工会第四届全国委员会第一次全体会议通过《关于大力开展“第二次创业”社会主义劳动竞赛的决议》，确定连续五年开展“第二次创业”社会主义劳动竞赛。12 月 28 日，中国国防工业工会全国委员会印发《关于“第二次创业”社会主义劳动竞赛实施方案的通知》，提出动员和依靠国防科技工业战线广大职工，发扬自力更生、艰苦奋斗、大力协同、无私奉献的国防精神，为建立军民结合型新体制和实现四个现代化作出新贡献。确定在国防科工委、各部（公司）、解放军总后勤部生产管理部和中国国防工业工会领导下成立劳动竞赛委员会，直接领导竞赛工作。

各省市国防（电子）工业工会和各基层工会依靠职工群众，围绕企业生产经营，突出“质量、品种、效益”，开展了分层次、多形式的劳动竞赛。如“新产品开发杯竞赛”“科研杯竞赛”“质量攻关竞赛”“保重点项目进度竞赛”“促销售出效益竞赛”“双增双节能手竞赛”“民品开发杯竞赛”“四全三无竞赛”（全员承揽生产任务、全员开发新产品、全员扩销促产、全员提合理化建议；身边无废品、无事故、无浪费）等多种群众性竞赛活动，调动了职工的积极性，为提高产品质量，提高经济效益等发挥了重要作用。核工业、兵器工业、船舶工业开展的“效益杯”竞赛推动了企业经济效益的提高。

1992 年 10 月，国防工业工会学习贯彻党的十四大精神，要求最大限度地把职工的积极性调动起来，深入开展“第二次创业”社会主义劳动竞赛。11 月 14 日，“第二次创业”劳动竞赛委员会，提出关于深入开展“第二次创业”社会主义劳动竞赛的意见，要求开展全方位的、多层次多渠道的、形式灵活多样的竞赛活动，以提高企业效益为目标，增强企业活力为内容，围绕企业科研、生产、经营、管理中的热点、难点和关键问题，开展竞赛活动。

“第二次创业”社会主义劳动竞赛动员了国防工业的数十万

名职工，形成了声势浩大的职工群众劳动生产运动。据统计，在169个单位中，参赛职工有52.2万余人，参赛率达84%。竞赛实现了大多数企业的扭亏增盈，推动了企业生产的新发展和军工企业的战略转移。1992年，国防科技工业总产值增长比1881年增长33.5%，其中民品产值增长43.8%；销售收入增长37.9%；利税总额年增长41.3%。在竞赛中，国防科研事业也获得了大发展。

（四）开展合理化建议活动

为了加快国防工业生产发展，适应社会主义现代化建设的要求，国防工业工会组织继承社会主义劳动竞赛的传统，继续开展职工合理化建议活动。1988年，中国国防工业工会工作委员会要求各级工会组织要勇挑重担，紧紧围绕企业技术改造和经济效益，广泛深入地发动职工提合理化建议。1990年上半年，陕西国防工业职工共提出合理化建议7万余条，创经济效益近千万元。

1990年8月8日，中国新兴总公司、国防工业工会颁布《关于落实全心全意依靠工人阶级的指导思想的几点意见》，提出认真组织和发动职工群众提合理化建议。据国防工业工会与船舶工业总公司调查组对船舶工业80个单位的调查，1990年，船舶工业系统职工提出合理化建议8.5万项，采纳2.8万项，实施1.45万项，创造效益6818.4万元。沪东造船厂工会发动全厂职工开展“提高科学管理，争取更大效益”合理化建议活动，共征集建议3129项，创经济效益178.3万元。大连造船厂在建造4万吨出口船过程中，发动职工围绕“确保质量、安全、缩短船台周期”这个中心献计攻关，不到一个月，职工献计献策457项，采纳建议，并实施后，创造直接经济效益30多万元，缩短船台周期25天。核工业系统开展的合理化建议活动同样轰轰烈烈。据53个单位的数据统计，有3.11万人次提合理化建议2.88万项，实施

1.19 万项，当年完成的有 6850 项，取得了显著的经济效益和社会效益。

1991 年，各级国防工业工会围绕“质量、品种、效益年”和以重点工程、重点开展合理化建议活动为基本内容开展竞赛。1992 年，军工〇六六基地把提出合理化建议、班组升级竞赛纳入了总体竞赛目标，推动了合理化建议、班组建设活动的开展。上半年仅主机厂就提合理化建议 5213 项，采纳数 2143 项。

1992 年 4 月，国防工业工会确定把劳动竞赛的重点从单纯的“大干快上”逐步转移到推动企业技术进步、提高企业管理水平上来。要加强对合理化建议、技术攻关和技术革新活动的领导。1992 年，国防工业中的 155 个单位，职工和技术、管理人员共提出合理化建议 38.7 万余项，采纳实施近 20 万项，创经济效益 6.84 亿元。

（五）深入开展国防职工技术协会活动

1987 年后，国防工业系统职工技术协会获得较快发展。到 1988 年 6 月，已有 18 个省、区、市国防工业工会建立了职工技术协会组织。为了进一步推动职工技术市场向实体转变，加强组织、协调和指导，1988 年 9 月，中国国防工业职工技术协会正式成立。该协会的宗旨是发挥军工技术优势和职工建设社会主义的积极性，团结组织会员，吸引广大职工，开展群众技术活动，推动军工技术向民用转移，为社会技术进步和发展经济服务。任务是推广应用新技术，开展技术互助、技术交流和技术培训活动；提供技术信息和咨询服务；开拓职工技术市场；组织职工开展合理化建议和技术革新活动；组织参与国际职工技术交流交易活动。1988 年至 1990 年，全国各国防工业职工技术协会共组织职工攻破技术关键 4.4 万项，创经济效益 8.47 亿元。

沪东造船厂职工技术协会，1992 年有会员 1899 名。自成立起，积极攻克技术难关，开展对外服务，创造了良好的社会效益和经济效益。1988 年、1989 年，沪东造船厂共为西德建造 2700 箱集装箱船，职工技术协会同有关部门组织技术攻关活动，仅该船轴系镗孔新工艺攻关，就为工厂节约了 40 万元。为该船配套的柴油机是我国目前功率最大、使用难度最高的船用柴油机。该厂的职工技术协会与工厂签订技术攻关协议，组织技术人员攻关。经过一年半的努力，试制成功“84”柴油机。

四、企业民主管理

党的十三大以后，国防工业工会开始按照建设中国特色社会主义的方针，进一步开展和加强国有企业的管理，通过健全完善职代会制度、落实职代会“五权”、推动企事业单位民主管理，建立健全工会民主参与制度，推动了企业民主管理，激励了职工的积极性，保证了国防工业生产的发展和正常运行。

（一）开展民主对话活动

1987 年 10 月后，核工业系统不少企事业单位都开展了民主对话活动。湖南、江西矿冶局等局级领导和所属单位工会主席进行了协商对话。

1988 年 1 月，国防工业工会工作会议提出，要切实建立和完善企业协商对话制度，开辟新的协商对话渠道。国防工业工会在核工业系统建立了企事业工会代表联席会议制度；在航空航天工业系统建立了产业工会代表列席部级有关会议制度；在兵器工业系统开展了产业工会与部领导专题对话活动。

同年 7 月，大连市机械重工工会公布了《工会与主管局（总公司）建立联席会议制度暂行办法》，规定由工会代表，或组织本系统基层工会、职工代表，与主管局（总公司）领导及有关部门，就每个时期的中心工作和涉及本局、本行业广大职工关心的热点、难点、疑点问题开展协商对话活动。联席会议的主要形式包括定期对话制度，专题对话制度，党、政、工联谊活动。《办法》明确了行政管理方、工会方在联席会议中的权利与责任。

1988 年 12 月 11 日，中国国防工业工会工作委员会、核工业总公司政工办公室公布《关于在核工业系统基层单位建立健全民主协商对话制度的意见》，要求基层企事业单位更广泛、深入地开展民主协商对话，及时向职工介绍党和政府的政策，通报企业重大情况和解决方案，同广大职工一起分析和对待各种新情况、新问题，使职工更好地理解改革、支持改革。通过对话达到企业领导同职工的相互理解、相互信任，建立职工同企业的利益共同体。在“第二次创业”时期，要通过对话，激发职工的主人翁责任感，为核工业振兴献计献策，贡献智慧和力量，同时还规定了开展民主对话的主要内容及对话的形式。

1989 年 4 月 11 日，中国国防工业工会与中国北方工业总公司公布《关于共同建立兵器工业企业工会代表协商对话联席会议制度的若干规定》，决定建立兵器工业企事业工会代表协商对话联席会议制度，共同建立一个下情上传、上情下达、彼此沟通、互相理解的协商对话渠道。对话内容包括科研、生产、经营方面的决策；在调整产业政策中，由于企业停产、限产、转产带来的职工待业、就业问题；在企业改革和推行承包制中引起争议的有关问题；在工资改革和分配制度中出现的新问题；产品质量、安全生产和职工保健问题；职工集体生活福利方面的问题；有关制定和落实知识分子、一线工人政策问题；贯彻落实企业法的问题，深化企、事业民主管理的问题；企、事业工会合法权益和其他有关问题。

通过努力，各国防工业工会逐步建立了三级民主协商对话制度，积极开展民主对话，解决了许多职工关心的问题。1989 年 5

月，西安飞机工业公司工会与公司管理方召开了首次联席会议，当场议决了 18 个职工长期关心的问题。会议召开后不到 50 天，18 个问题中有 13 个被全部解决，稳定了生产一线，促进了公司经济效益的提高。北方工业总公司与工会先后进行了两次协商对话，收到了很好的效果。

1989 年 7 月后，兵器工业企事业工会代表联席会议，分六个地区对直属 129 个企事业，围绕全心全意依靠工人阶级、职工分配和军民结合三个问题进行了调查研究，提出 67 个问题、85 项建议。12 月 2 日至 5 日，中国北方工业总公司与中国国防工业工会召开兵器工业企事业工会代表民主协商联席会议第二次会议，要求稳定企业，稳定职工队伍，为治理整顿、深化改革创造一个良好的内部环境。

1990 年 4 月 24 日，江西省国防工会提出《关于建立工会代表与省国防科工办领导联席会议制度的意见》，确定了联席会议协商讨论 12 个方面的主要内容。

1990 年 8 月，中国船舶总公司与工会建立联席会议制度。1991 年 7 月 31 日，船舶总公司与国防工业工会船舶系统企事业工会代表举行了第一次联席会议。1992 年，中国国防工业工会同中国核工业总公司、中国船舶总公司、解放军总后勤部生产管理部建立了工作联系制度。

1989 年至 1990 年，陕西省国防工业系统有 10 个单位建立工会与行政联席会议。1991 年，福建省国防工业系统建立省国防科技工业办公室领导和工会代表联席会议制度，提出“以发扬军工精神，自力更生，艰苦创业”为联席会议中心主题。1992 年根据邓小平南方谈话和中央工作会议精神，确立“把全心全意依靠工人阶级落到实处”作为联席会议的主题。联席会议针对问题进行剖析，并在会后采取协调、监督办法，以督促问题的落实。

1991 年 12 月，中国国防工业工会第四届全国委员会第二次全体会议确定，1992 年，要继续完善联席会议制度，建立健全中国国防工业工会与国防科工委及对口国防工业各部（总公司）、解放军总后勤部生产管理部的联系制度。要以调查研究为主，充分发挥民主渠道作用，全心全意依靠职工搞好企业。

（二）推进企业民主管理

1988 年 1 月，国防工业工会工作会议提出，要随着企业核算单位的划分，研究解决好车间和班组民主管理问题。12 月，中国国防工业工会工作委员会拟定《国防工业企业工会改革要点》，提出企业工会改革的集中体现是建立企业利益共同体，把厂长的中心地位与职工的主人翁地位变为统一体；把专业管理与职工民主管理变为统一体。使生产者与经营者利益共享，风险共担，充分调动生产者和经营者两个积极性，提高经济效益，办好社会主义企业。

1989 年底的国防工业工会工作会议确定，1990 年，要狠抓职工代表大会“五权”落实，改变职工代表大会软弱无力的状况。要健全三级民主管理网络体系，推动产业社会主义民主政治建设。1990 年 3 月，甘肃省国防工业工会要求各级工会着重抓好以职工代表大会为基本内容的企业民主管理，使工会真正成为广大职工有组织、有纪律、有领导的参政议政的民主渠道。充分发挥民主参与、民主管理、民主监督作用，把全心全意依靠工人阶级的思想落到实处。

1990 年 7 月召开的国防工业工会组织工作会议，要求进一步加强企业民主管理，健全企业职工代表大会制度，使职工代表大会充分行使法律赋予的各项职权。工会和职工代表大会要参与企业承包方案的选定、经营者的选聘、经济利益的分配。要推行工会、职工代表大会同经营者签订集体合同的制度。抓好企事业民主管理和行业参政议政，依靠职工群众，群策群力，上下一心，共同克服暂时困难。

1990 年 8 月 8 日，中国新兴总公司、国防工业工会颁布《关于落实全心全意依靠工人阶级的指导思想的几点意见》，提出在思想认识上认真落实全心全意依靠工人阶级的指导思想，克服片面强调企业经营管理者作用的认识，切实摆正企业经营者与劳动者的位置，强化企业民主管理，加强管理者、工人和技术人员的结合，全心全意地依靠职工办企业。以职工代表大会为基本形式，进一步加强企业民主管理，通过职工代表大会参与企业重大问题的决策、民主评议企业领导干部、依法决定有关职工切身利益的重大问题。要支持工会和职工代表大会参与企业承包方案的选定、承包人的确定、经济利益的分配；要推行工会、职工代表大会同经营者签订集体合同的制度，处理好国家、企业和职工之间的责权利关系。

1991 年 12 月，中国国防工业工会第四届全国委员会召开第二次全体会议，确定 1992 年，在以搞好国营大中型企业为目的的劳动人事制度、工资制度、社会保险制度以及医疗保险制度、住房制度等改革中，深入调查研究，提出积极的意见。

五、劳动保护、职工权益与生活保障

中国共产党第十三次全国代表大会后，各级国防工业工会按照党的群众工作方针，在维护全国人民总体利益的同时，更好地维护职工群众的具体利益，加强劳动保护，维护职工权益，协助企业保证职工生活，组织职工改善生活条件，从根本上保障了职工利益。

（一）劳动保护

1985 年，中国国防工业工会工作委员会和省、区、市国防

（电子）工业工会，会同有关部门（总公司），开展了三次劳动保护专业人员培训，进行了三次生产安全大检查。同时建立了兵工行业安全监察监督网。一些省市国防工业工会也建立了劳动保护监督检查员队伍，开展了培训、检查活动。1988年1月，中国国防工业工会工作会议提出，要建立健全工会劳动保护监督检查网络，将劳动保护问题列入职工代表大会议事日程，狠抓班组安全建设。要继续抓好弹药厂的安全生产工作，反映弹药企业安全生产中存在的紧迫问题，提出解决问题的建议。

1989年，国防工业工会工作会议提出，根据《全民所有制工业企业法》规定，把安全生产作为稳定完善发展承包制的重要内容，贯彻落实全国总工会劳动保护监督的“三个条例”，总结推广班组安全生产经验，开展安全生产监督检查工作。

1990年，国防工业工会工作会议确定，要从产业特点出发，继续抓好劳动保护和安全生产，把兵器系统的国家监察、行政管理和群众监督三结合的安全工作体制逐步移植到其他行业。集中力量抓好“三员”（监察员、技安员和监督员）培训，开展班组安全生产、劳动保护达标竞赛活动。

1990年5月，中国国防工业工会推广了五一〇三厂三〇一车间螺装班强化安全生产措施、实现螺装百万发无事故的经验。五一〇三厂三〇一车间螺装班负责炮弹的装药任务，是全厂最危险的作业班组。该班对职工加强安全教育，牢固树立安全第一的思想；发挥民主管理的作用，根据各个工位操作的特点，制订个人安全细则28项，严格执行安全制度；对于出现的不安全苗头做到“三不放过”，及时采取措施，把安全隐患消灭在萌芽状态，有效地保证了安全生产。在10年时间里，成为无一事故先进班组，为安全生产作出了贡献。通过推广五一〇三厂三〇一车间螺装班的经验，对国防工业安全生产起了推动作用。

1990年6月，为加强铀矿冶行业的安全生产工作，发挥工会的监督检查作用，保障职工在生产过程中的安全和健康，中国国防工业工会工作委员会决定，在部分省国防工会、矿冶局和重点企业工会中，任命一批工会劳动保护监督检查员。为切实抓好安全生产和劳动保护工作，中国国防工业工会与中国核工业总公司决定，在铀矿冶系统联合建立安全监督检查网，组织安全检查、参与事故调查处理、培训劳动保护骨干、加强生产安全保护。

1992 年，中国国防工业工会全国委员会对广东矿冶局所属矿山安全工作进行了调查，并写出报告，提出建议，受到了有关部门的重视。同年 7 月，中国国防工业工会公布《劳动保护监督检查员暂行管理办法实施细则》，要求工会劳动保护监督检查员要定期了解和掌握分管地区的企业，特别是重点企业劳动保护措施和安全技术措施制定、实施情况，掌握存在的重大事故隐患和严重的职业危害，实行跟踪监督检查，督促其尽快改进。

（二）维护职工权益

1988 年 1 月，中国国防工业工会工作会议提出，要强化工会维护职能，在维护人民总体利益的同时维护职工具体利益。12 月制定的《国防工业企业工会改革要点》提出要把企业总体利益与职工具体利益变为统一体。

东北机器制造厂工会，在企业劳动人事改革中，根据调查研究，向厂方提出了两条建议：一是对为企业作出巨大贡献且已年老的工人和处于生育哺乳阶段的女职工妥善安置，体现“治懒不治老、不治女”原则；二是适当延长被剥离的富余人员取消奖金和降低工资的考察期限。由于决策前做了大量工作，及时维护了老职工和女职工利益。齐齐哈尔和平机器制造厂工会积极建议，经职工代表大会通过，制定实施了八项对一线生产工人的倾斜政策，在工资上体现优惠，在奖励上拉开档次，提高了工人的经济待遇和政治待遇。

1989 年 12 月的兵器工业企事业工会代表民主协商联席会议，讨论了有关职工分配问题。提出要在发展生产的基础上提高职工收入，增加企业内部分配透明度，使分配更加合理公正。

1990 年 8 月 8 日，中国新兴总公司、国防工业工会颁布《关于落实全心全意依靠工人阶级的指导思想的几点意见》，提出采取有力措施稳定一线工人队伍，对生产一线的工人和在作业条件艰苦的关键岗位上的人员，在利益分配上给予倾斜政策。

1992 年 4 月 1 日至 5 日，国防工业工会召开第四届全国委员会第三次常务委员会会议确定，突出工会在改革中的维护作用，及时反映职工群众合理的意见和要求。协助企业行政广开门路，把富余人员作为企业开发三产的一支力量，并创造条件为实行合理组合提供机会。

（三）保障职工生活

1989 年，国防工业工会工作会议提出维护职工的切身利益，关心职工生活，稳定队伍。把工作重点放在效益不好的三线地区企业。针对新旧体制转换中，物价上涨幅度过大、一部分职工家庭生活水平下降等问题，把职工集体福利事业办好，开展群众性互助互济活动，帮助职工排忧解难。

1990 年，国防工业工会工作会议确定，要千方百计地帮助一些特困厂、特困车间搞好生产自救，挖掘潜力，广开门路，保证职工的基本工资。对于少数特别困难的职工给予一次性补助。要特别注意解决好二次分配不公的问题。为稳定一线工人，逐步推行企业工资福利向老工人和技术能手倾斜的政策。

1990 年 7 月 1 日，国防工业工会组织工作会议召开，要求尽一切力量关心和安排好职工生活，解决职工生活中存在的实际问题。1991 年 8 月 20 日，中国国防工业工会全国委员会就解决国防科技工业三线职工的子女待业问题，向全国总工会提交了报告。

1992 年，中国国防工业工会全国委员会对兵器工业系统的 88 个半停产和亏损企业的职工生活状况进行了调查，反映这些企业职工的生活困难，就企业经营机制转换过程中出现的政策性问题提出建议。中国国防工业工会还参加中国兵器工业总公司、国家计委、财政部等部门的联合调查组，对工厂的特殊问题进行了调查，反映了职工的意见和呼声，向国务院呈报了相关情况的报告。

第八章
社会主义市场经济体制中的工人运动与工会工作

1992年10月，中国共产党第十四次全国代表大会召开，提出了建立社会主义市场经济体制，转换国有企业，特别是大中型企业经营机制的改革目标，为工业体制改革和发展确定了方向。在这一方针指导下，国防工业发生了两大根本性变化：一是由单一军品型转向军民结合型，实行战略转变；二是引入市场机制，强化市场功能，向市场经济发展。

为适应新的形势，国防工业工会组织开始新一轮改革，并把工作重点放到参与深化改革，特别是国防工业企业经营机制的转换上，加强职工队伍建设，组织国防工业职工积极投入改革和企业生产；加大市场经济条件下协调劳动关系的力度，保障职工权益，在新的经济体制下发挥了工人代表的作用。广大国防工业职工积极投入企业生产和改革，在国防工业企业战略转移及经营体制转换中作出了巨大贡献。

一、国防工业工会组织的改革和建设

在建立市场经济的大背景下，国防工业生产经营体制发生了巨大变化，也对工会工作提出了新的要求。在全面改革的大浪潮中，国防工业工会积极适应和参与改革，加强思想、组织建设，开创了社会主义市场经济条件下工会工作的新局面。

（一）适应根本性变化，加强工会工作

1992 年 10 月，中国共产党第十四次全国代表大会召开。10 月 26 日至 30 日，中国国防工业工会召开第四届全国委员会第四次常务委员会会议，学习贯彻党的十四大精神，提出要从产品经济条件下从事工会工作的思维定式中解放出来，转变到适应和推动社会主义市场经济的思维方式上来。

1993 年 1 月，中国国防工业工会第四届全国委员会召开第三次全体会议，提出该年度的工作思路是以经济建设为中心，全面贯彻国防科技工业战略调整方针，使工会工作更好地服务全局；进一步树立社会主义市场经济观念，在改革中求发展；进一步树立职工群众是改革主体和全心全意依靠职工群众的观念；全面履行工会四项社会职能，坚持两个文明一起抓；进一步团结职工，发扬自力更生、艰苦创业的精神和国防科技工业团结奋进的优良传统，为国防工业发展贡献力量。

根据建立社会主义市场经济体制的要求，1993 年 8 月，中国国防工业工会全国委员会召开座谈会，提出与企业走向市场相适应，提高企业工会自主工作的能力，研究新情况、解决新问题，创造性地开展工作。培养“一专多能”的复合型工会干部，做好工会工作。12 月的中国国防工业工会第四届全国委员会第四次全体会议提出，工会要在增强自身活力上下功夫，有效地参与改革。12 月 15 日，中国国防工业工会全国委员会与解放军总后勤部生产管理部，提出加强军队企业工会工作的意见，要求在企业逐步与市场接轨，劳动关系逐步由国家管理变为企业行为，并向企业化、市场化、契约化发展的情况下，解决好国家与企业、企业与职工两个关系，做到企业自主经营，职工当家作主。

1994 年 4 月，中国国防工业工会全国委员会在湖南举办转换

经营机制、建立现代企业制度与工会工作研讨班，对建立现代企业制度中的工会工作问题进行了交流。该年，中国国防工业工会全国委员会与电子工业部联合召开电子工业部所属 49 个科研院所党政工负责人参加的工会工作研讨会，总结了科研单位工会工作经验。

1995 年 3 月，中国国防工业工会与中国兵器工业总公司，就兵器工业外商投资企业工会建设问题联合进行调研，并联合下发了《关于建立健全兵器工业系统外商投资企业工会组织和加强工会工作的意见》。

1996 年 6 月 12 日至 15 日，中国国防工业工会第五届委员会第一次全体会议在北京召开。会议的主题是贯彻党的十四届五中全会精神，总结第四届国防工业工会的工作，确定新的工作任务，团结动员广大职工，在实现国防科技工业跨世纪宏伟目标中发挥主力军作用。李华受中国国防工业工会第四届常务委员会委托，向大会作了题为《团结动员广大职工，在实现国防科技工业跨世纪宏伟目标中发挥主力军作用》的工作报告。提出要团结动员广大职工，为实现国防科技工业“九五”计划建功立业；进一步加大源头参与力度，依法维护职工合法权益；贯彻落实全心全意依靠工人阶级的方针、完善职工民主管理制度；积极推动“送温暖工程”全面实施到位；加强工会自身改革和建设。

会议通过了全国委员会的工作报告。经过民主选举，产生了中国国防工业工会第五届全国委员会领导机构，李华当选为主席，赵宝印、刘爽当选为副主席。

（二）新型劳动关系、经济关系下的工会建设

1996 年，根据党的十四届五中全会提出的实现“两个根本性转变”（经济体制从传统的计划经济体制向社会主义市场经济体制转变，经济增长方式从粗放型向集约型转变）的目标，中国国

防工业工会在对南方航空动力机械公司等企业进行调查后提出，要探索建立企业工会新的运行机制，明确为职工群众服务。

随着经济体制改革，国防科技工业各部（总公司）和部分省、区、市在企业组织调整中组建了一批国防科技企业集团。1996 年，为了在这些企业集团中建立健全工会组织，中国国防工业工会做了专项调研，对企业集团成员单位工会组织建设提出了建议。

1997 年，中国国防工业工会在对四川三线的三个军工企业进行调查后，向全国总工会书记处提交报告，提出要根据劳动关系的变化推进工会工作，加强工会自身建设，建立新型劳动关系、经济关系下的工会工作新机制。根据这一任务，中国国防工业工会全国委员会对部分国防科技工业单位较集中的省市国防产业工会的组织体制、领导关系、活动方式等进行了调研，向全国总工会提出了《军工产业体制改革及其运作方式给产业工会工作提出的新课题和有关建议》。同时，根据航空工业总公司进行国家控股公司试点的情况，对试点中有关工会工作和工会组织建设等问题提出了意见和建议。

1998 年 8 月召开的中国国防工业工会第五届第五次常务委员会会议提出，充分认识进一步加强工会自身建设的重要性和紧迫性。为此，中国国防工业工会对省市国防产业工会、总公司直属工会进行了大面积调查，并向全国总工会书记处报送了《关于加强产业工会工作，充分发挥产业工会作用》的调查报告。分析了国防工业工会工作面临的新形势、新任务，提出了《关于对国防科技工业系统产业工会组织设置调整的意见和建议》。

（三）加强国防科技工业新体制下的工会建设

1999 年，核工业、航空工业、航天工业、兵器工业、船舶工业五大军工总公司改组为十大军工集团公司。根据国防科技工业的新体制，中国国防工业工会全国委员会积极研究、推动军工集团公司工会的组织建设，针对军队企业领导管理体制的调整，协调和指导军工企业工会组织领导体系的调整工作。向全国总工会提交了《关于组建国防科技工业十大集团公司工会的调研报告》，反映了军工体制调整中工会建设和工会工作遇到的新情况、新问题，提出了组建集团公司工会的基本思路，以及集团公司工会组织体制、工作职责、运行机制和活动方式的建议。同时，向国防科工委提出《关于组建军工集团公司工会组织的建议》，向各军工集团公司提出《关于在组建军工集团公司的同时加强集团公司工会建设的意见》。2000 年，向全国总工会提交了《关于国防科技工业系统工会建设若干问题的报告》《关于在国防科技工业战略重组中加强国防工业产业工会工作的调查报告》《关于组建军工集团公司工会的建议》《关于理顺军工（电子）集团公司工会关系有关情况和建议》。同时提出了《关于国防科技工业在机构改革和企事业改制中加强工会组织建设的几点意见》，积极推进十大军工集团公司直属工会的组建工作。至 2000 年底，已有八个集团公司建立了京区直属工会联合会。

在国防科技工业改革改制过程中，军队也保留了部分企业。为了保证这些企业工会组织的正常活动，中国国防工业工会全国委员会召开了八大军区工厂管理局工会主席座谈会，商讨了军队企业管理体制调整中的工会建设和工会工作。对军队所属军工企业工会建设，提出了《关于军队企业领导体制调整中保留工会组织和加强工会工作的意见》《关于军队企业管理体制调整中工会组织建设和工会工作的调研报告》，对保留和加强军区一级工会组织提出了意见和建议。向中央军委和军委办公厅报送了《关于在军队企业管理体制调整中保留军区工会组织有关问题的报告》和《关于调整军区工厂局工会有关问题的函》。根据中央军委批示，总参谋部向全军下发了《关于全军保留企业工会领导管理问题的通知》，对军队企业各级工会的组织机构、人员编制、干部配备、工会经费等事项作出了明确规定，理顺了军队企业的工会体制。2000 年，中国国防工业工会全国委员会与解放军总后勤部生产管理部联合下发了《关于做好军队保留企业工会工作有关问题的意见》。9 月 8 日至 10 日，中国国防工业工会召开第五届第六次全体委员会议，选举许文斌为中国国防工业工会主席，燕桦为中国国防工业工会副主席。许文斌作了题为《认清形势明确任务在推进国防科技工业改革和发展中充分发挥工会组织的作用》的工作报告。2001 年，全国委员会就军工企业改制给工会工作带来的新情况、新问题到辽宁、贵州、甘肃、北京、江西等地区进行调查，提出《国防科技工业在结构改革和企事业改制中加强工会组织建设的几点意见》。

二、适应市场经济体制，加强职工队伍建设

建立社会主义市场经济体制，对长期执行严格计划经济的国防工业是一个机遇，也带来了巨大挑战。在这场伟大改革中，国防工业职工队伍也面临巨大考验。如何搞好新时期的职工队伍建设，成为国防工业工会的一项重要任务。在机遇与挑战面前，各级国防工业工会积极适应社会主义现代化建设需要，在加强自身建设的同时，加强职工队伍建设，锻炼和培养出了一支适应市场经济需要的国防工业职工队伍。

（一）积极建言献策，稳定职工队伍

1993 年上半年，中国国防工业工会全国委员会就国防科技工业反映比较突出的科技队伍人心不稳、人才流失等问题，对国防科技工业比较集中的四川、陕西、贵州、山西、湖南、江西、甘肃、湖北、内蒙古、北京等 10 个省、区、市和中国工程物理研

究院进行了调研，并于 6 月 24 日向全国总工会提交了关于国防科技队伍状况的调查报告。报告提出：国防科技工业科技队伍，集中了国内许多优秀专家，仅各类专业科技人员就占全国专业人员总数的 7.4%。多年来，这支队伍在党和国家集中统一领导下，突破和掌握了各种国防尖端技术，为国防现代化建设，维护世界和平作出了贡献。改革开放后，随着党和国家工作重心的转移，国防科技工业实行战略调整。在从计划经济体制向市场经济体制转换中，国防科技工业也面临新的困难和问题。国防科技工业，特别是在三线艰苦地区，科技队伍人心不稳、人才流失现象严重。为保住这支队伍，党和国家采取了许多措施，国防科技工业部门也做了大量工作，但仍不足以克服国防科技工业队伍面临的困难，造成一批国防科技人员流出国防企事业单位。

为稳定国防科技队伍，国防工业工会全国委员会建议：通过调整国防科研布局、确定确保的重点国防企事业单位、增加投资强度、实行工资待遇倾斜政策、加强思想政治工作，保证国防科技工业队伍的稳定。1993 年 12 月的中国国防工业工会第四届全国委员会第四次全体会议再次提出，稳定国防科技工业队伍是国防工业工会需要认真研究解决的一项重要工作。

在国家政策的支持下，经过各级国防工业工会和企业的努力，国防科技工业队伍基本保持了稳定。

（二）适应经济改革需要，加强职工队伍建设

1993 年 1 月，中国国防工业工会第四届全国委员会第三次全体会议提出，引导职工群众树立“科技兴企”思想，加强职工科技意识，提高职工技术素质，适应国防科技工业生产科研的需要。内蒙古第二机械总厂工会提出，努力提高职工素质，发动职工开展技术练兵，技术比武活动。陕西航空工业系统工会开展青年工人技术比武、技术练兵、知识竞赛等活动，开展以老带新帮

教活动，解决了关键工种、工序后继乏人的问题。1995 年 6 月，中国国防工业工会与中国航空工业总公司、电子部联合举办了首届职工技术比武大赛。

1996 年 12 月，中国国防工业工会召开第五届第二次全体委员会议，通过了《中国国防工业工会全国委员会关于加强精神文明建设的工作意见》，强调保持和发扬军工优良传统，努力建设一支高素质的国防科技工业“四有”职工队伍；培养和造就一批具有时代精神的先进模范人物，用先进典型的榜样作用带动和激励全体职工。

1999 年，中国国防工业工会全国委员会对大连造船厂工会开展“主人自为教育”系列活动进行了调查，并在国防工业系统各级工会宣传推广。通过活动，启发引导职工不断创新，不断有所作为，培养了职工积极向上的劳动观念。

三、市场经济条件下的职工劳动

在建立市场经济体制和实行战略转移过程中，国防工业企业和科研单位面临繁重的生产、科研任务，长期执行计划经济体制带来的体制惯性，大大增加了体制转换的难度。在困难面前，国防科技工业工会发挥组织作用，积极组织广大职工以主人翁态度投入体制转换和科研生产中，深入开展“第二次创业”社会主义劳动竞赛，这在国防科技工业战略转移中发挥了重要作用。

（一）深入开展“第二次创业”社会主义劳动竞赛

1992 年 11 月 14 日，国防工业“第二次创业”社会主义劳动竞赛委员会公布《关于深入开展“第二次创业”社会主义劳动竞赛的意见》，提出其后一个时期“第二次创业”社会主义劳动竞赛的总体思路：按照社会主义市场经济要求，以经济建设为中心，以市场为导向，以提高经济效益为目的，以增强企业活力为目标，以促进技术进步和提高职工队伍素质为重点，走竞争型、效益型、科技型的劳动竞赛新路子。1993 年 1 月的中国国防工业工会第四届全国委员会第三次全体会议提出，发挥企事业工会作为职工组织者的作用，发动职工为发展企业生产献计出力。以提高经济效益为中心，围绕本单位生产经营目标，继续开展“第二次创业”社会主义劳动竞赛。

1993 年 5 月 7 日，中国国防工业工会对“第二次创业”社会主义劳动竞赛的组织优胜单位和先进单位进行了表彰，决定授予黑龙江省国防工业工会等 18 个单位“‘第二次创业’社会主义劳动竞赛组织优胜单位”荣誉称号；授予哈尔滨飞机制造公司等 178 个单位“‘第二次创业’社会主义劳动竞赛先进单位”荣誉称号。中国国防工业工会号召国防科技工业广大职工，要继续发扬自力更生、艰苦奋斗、大力协同、无私奉献的国防精神，充分发挥积极性和创造性，在“第二次创业”社会主义劳动竞赛中创造新成绩。中国国防工业工会全国委员会要求各级工会组织紧紧围绕经济建设这个中心，解放思想，更新观念，不断拓展新的竞赛领域，探索新的竞赛形式，把具有产业特色的“第二次创业”社会主义劳动竞赛提高到一个新水平。

1993 年 12 月的中国国防工业工会第四届全国委员会第四次全体会议提出：1994 年，要继续推进国防科技工业“第二次创业”。要按照社会主义市场经济要求确定劳动竞赛的重点，包括营销领域的竞赛、民品开发的竞赛、重点工程建设和重大科研项目的竞赛。中国国防工业工会全国委员会和亏损企业集中地区的地方国防产业工会，要把反映亏损企业的问题及帮助亏损企业扭亏增盈的政策性建议作为重点调研项目，注意总结经验，引导和推动亏损企业走出困境。亏损企业工会要抓好以“双增双节”为内容的竞赛，有针对性地开展“第二次创业”社会主义劳动竞赛，为企业扭亏增盈作贡献。

1994 年 2 月，中国国防工业工会全国委员会公布《1994 年“第二次创业”社会主义劳动竞赛工作要点》。11 月 23 日，发出《关于深入开展“第二次创业”社会主义劳动竞赛的意见》。中国国防工业工会第四届全国委员会第一次全体会议通过《关于大力开展“第二次创业”社会主义劳动竞赛的决议》，“第二次创业”社会主义劳动竞赛取得了明显成果。据对黑龙江、辽宁、内蒙古、陕西、河南、福建、江西、山东、沈阳、成都、重庆、大连等省、区、市国防工业工会调查统计，参赛职工达 21 万多人，共提出合理化建议 24 万余项，实施 11 万余项，创造经济效益 7.9 亿元。

1995 年 11 月，中国国防工业工会第四届第十次常务委员会提出，继续深入开展“第二次创业”社会主义劳动竞赛。同时决定进行评选“八五期间第二次创业”标兵单位和先进单位活动，以推动国防科技工业“第二次创业”的发展。

1996 年，据对 250 个企事业单位近三年的统计，有 193 万名职工投入了“第二次创业”社会主义劳动竞赛，职工参赛率为 94.2%；提合理化建议 81.6 万项，采纳实施 42.7 万项，创经济效益近 30 亿元；“双增双节”活动创效益 61.8 亿元。按照竞赛活动的总体部署，6 月 12 日，国防工业工会分别与中国核工业总公司、中国船舶工业总公司、中国航天工业总公司、解放军总后勤部生产管理部、中国工程物理研究院联合表彰了 56 个“第二次创业”标兵单位；由国防工业工会表彰了 19 个劳动竞赛先进单位，57 个劳动竞赛组织优胜单位。

（二）开展多种形式的劳动竞赛

1996 年 6 月，中国国防工业工会第五届第一次全体委员会议作出《关于为实现国防科技工业“九五”计划建功立业、广泛深入地开展合理化建议活动的决议》。中国核工业总公司与中国国防工业工会联合开展了合理化建议活动和劳动竞赛活动。在开展劳动竞赛活动的同时，还积极开展群众性合理化建议活动。上半年陕西航空工业系统职工共提出合理化建议近 3000 项，被采纳 1700 多项。西安飞机制造公司号召全体职工针对公司生产经营情况，开展“万人献计献策活动”，半年收到合理化建议 715 条，被采纳 410 条，可以计算的经济效益达 45.5 万元。

1996 年是人民兵工创建 65 周年。在庆祝活动中，中国国防工业工会与中国兵器工业总公司联合评选表彰了全国兵器工业劳动模范 81 名，全国兵器工业先进工作者 19 名；与中国航空工业总公司联合评选表彰了全国航空工业劳动模范 157 名；与中国航天工业总公司联合评选表彰了航天先进单位 6 个，航天先进集体 20 个，全国航天工业劳动模范 100 名。

1997 年 9 月，中国国防工业工会召开五届三次常委会议，提出进一步推进合理化建议活动的深入发展。全国委员会下发了开展合理化建议活动的工作要点，广泛组织职工围绕企业减亏自救和扭亏增盈，大力开展合理化建议活动。据对 74 个先进单位的统计，提合理化建议的职工 16.7 万人，提合理化建议 16.3 万件，被采纳实施的 9.68 万件，创造（节约）价值 4 亿多元；发明创造共 2263 项，能计算的总价值为 18.48 亿元，有 8 项发明创造获得了省、部级科技进步奖。在 12 月召开的中国国防工业工会五届三次全体委员会议上，表彰了 74 个合理化建议活动先进单位，96 名合理化建议活动先进个人，20 个合理化建议活动优秀组织单位。

2000 年，与国防科工委共同推荐全国劳动模范，有 10 人被授予“全国劳动模范”称号。2001 年，参与和指导担负国家重点型号任务的集团公司工会组织开展重点型号任务厂际竞赛活动。

（三）历时五年的秦山核电站社会主义劳动竞赛

1993 年 8 月 11 日，由中国核工业总公司、中国国防工业工会、共青团中央、全国妇联共同发起的建设秦山核电站社会主义劳动竞赛宣告圆满结束。竞赛历时五年，各参赛单位紧紧围绕“三保两比”（保安全、保质量、保工期，比效益、比协作）开展了形式多样的竞赛活动，取得了可喜成绩。据参赛的核工业系统 22 个单位统计，五年中，共提合理化建议、开展技术革新、参与技术改造 6470 项，采纳实施 5397 项，创造价值 2828.08 万元；开展“双增双节”活动，节约资金 1469.31 万元；攻克技术难关 100 多项，获国家、省部级科技进步奖 80 多项。高质量、高效率、低投入地建成了我国自行设计的第一座 30 万千瓦压水堆核电站。秦山核电站的建设是核工业广大职工发扬艰苦创业、勇攀科技高峰的又一伟大成就，打破我国无核电的历史，造就了一支适应市场经济的敢于打硬仗，善于打硬仗，艰苦奋斗、无私奉献的职工队伍。

竞赛中涌现出一大批先进集体和模范人物。由中国核电工业总公司、中国国防工业工会、共青团中央、全国妇联联合表彰的先进集体 100 个，其中有 4 个单位荣获“全国五一劳动奖状”，1 个单位荣获“全国新长征突击队”称号，1 个单位荣获“省级三八红旗集体”称号，5 个单位获得“中国核工业总公司先进集体”称号；由中央联合表彰的个人 470 名，其中，特等功 18 名，一等功 94 名，二等功 164 名，三等功 194 名。3 人荣获“全国劳动模范”称号，14 人荣获“部级劳动模范”称号，6 人荣获“全国五一劳动奖章”，1 人荣获“全国新长征突击手”称号，3 人荣获“全国三八红旗手”称号。

（四）加强国防工业职工技术协会工作，开展群众性经济技术创新

1994 年 2 月，中国国防工业职工技术协会发布《1994 年国防工业职工技术协会工作要点》。4 月，在西安召开协会工作会议，就职工技术协会在新形势下遇到的新情况、新问题及活动目标、形式、内容等进行了研讨。1995 年 6 月召开协会工作会议，确定要在国防科技工业发展、调整、改革战略转移中，广泛开展群众性生产科技活动，充分发挥协会作用；多方面开展职工职业技能培训，促进企业不断发展。

1999 年，中国国防工业工会全国委员会总结了内蒙古六一七厂工会建立群众生产技术工作机制的经验，与内蒙古国防工业工会在该厂召开了建立群众生产技术工作机制现场经验交流会，在全系统推广该厂经验。会后下发了《关于建立和完善群众生产技术工作机制的意见》，以推动群众生产技术工作的开展。

2000 年 3 月 23 日，中国国防工业工会下发《关于印发中国国防工业工会 2000 年群众经济技术工作的意见的通知》，强调要全力推进合理化建议活动的开展，积极组织实施“经济技术创新工程”，并制定了《关于在国防科技工业系统实施群众性经济技术创新工程的意见》，召开了群众经济技术创新工程研讨会。

2001 年，中国国防工业工会全国委员会在全系统开展群众性经济技术创新活动，总结推广了沈飞公司、黎明公司、新新集团、大连造船厂、大连造船新厂、贵州黎阳公司、四川成飞公司、重庆长安公司、建设集团、嘉陵集团、江西洪都公司、湖南南动公司、五六一八厂等企业的经验。11 月在湖南长沙召开了实施群众性经济技术创新工程研讨交流会。

四、适应市场经济体制，加强企业民主管理

1993 年 1 月，中国国防工业工会第四届全国委员会第三次全体会议提出，要发挥企业工会作为职工民主参与企事业管理组织者的作用，在转换企业经营机制过程中探索深化职工民主管理的内容与方式。贵州国防工业工会提出，工会的参与不只是被动地召开职工代表大会通过改革方案，而是全方位、全过程、全员地参与改革。

1994 年，中国国防工业工会全国委员会与电子工业部，联合召开电子工业部所属 49 个科研院所党政工负责人参加的工会工作研讨会，根据科研单位职工民主管理遇到的问题，向全国总工会书记处提出了制定科研单位职工民主管理规范的建议。9 月 15 日，中国国防工业工会发出《在建立社会主义市场经济体制和深化国防科技工业企事业改革中加强职工民主管理工作的意见》。

中国国防工业工会全国委员会还组织核工业、兵器工业、船舶工业三个联席会议的工会代表组，对企业转换经营机制中的职工民主管理问题进行了调研，并将《兵器工业企事业单位职工民主管理工作的调查报告》报送中国兵器工业总公司。3 月 2 日、5 月 21 日，国防工业工会分别与中国航空工业总公司、中国航天工业总公司联合发出《关于建立工作联系制度的意见》。10 月 7 日，与中国电子工业部联合发出《中国国防工业工会、电子工业部关于建立工作联系制度的意见》。

1995 年初，国防工业工会与国家科委、中组部协商，对科研单位职工民主管理工作进行了调研，在此基础上起草了《关于完善科研院所职工民主管理工作若干意见》。经有关部门同意后，以全国总工会和国家科技委员会名义下发。

1996 年，国防工业工会对部分行业企事业职工民主管理工作

进行了调研，分别与电子工业部、中国兵器工业总公司联合下发了《加强企事业单位职工民主管理工作的意见》，就加强职工民主管理的认识问题、制度问题、领导问题，建立现代企业制度试点单位如何坚持完善职工代表大会制度问题及职工代表参加公司董事会、监事会等问题明确了意见和要求，为加强和完善职工民主管理工作创造了条件。对核工业系统、船舶工业系统工会代表联席会议的组织形式进行了调整，建立健全了工会代表团团长办公会议制度、工会代表团各地区代表组工作制度等，加大了国防工业工会对联席会议组织形式及调研工作的领导。

1997 年 9 月，国防工业工会召开五届三次常委会议，提出突出抓好职工代表大会民主评议领导干部工作。全国委员会公布了《加强企事业职工代表大会民主评议监督企事业领导干部工作的意见》；参加了中国兵器工业总公司、船舶工业总公司对部分大型企事业单位领导班子的考核工作；通过核工业、兵器工业、船舶工业系统的三个联席会议，把建立健全职工代表大会民主评议监督领导干部制度列为重点调研课题，充分听取职工群众的意见和建议，使民主评议和监督工作更有群众基础。还与核工业总公司联合召开职工代表大会民主评议领导干部工作座谈会，推动了整个系统职工代表大会民主评议领导干部工作的开展。

1997 年，中国国防工业工会全国委员会与航空工业总公司总结了沈阳飞机工业公司全心全意依靠职工办企业的典型经验。并将“沈飞经验”选入《全国百家依靠职工办企业典型经验调查文集》。1998 年，中国国防工业工会对 17 个军工企事业单位进行了专题调查，分析研究了国防科技工业在发展市场经济过程中贯彻全心全意依靠工人阶级方针的新情况，并形成了《坚定不移地依靠工人阶级搞好国防科技工业企事业》的研究报告。

1999 年，中国国防工业工会全国委员会下发了《关于在国防科技工业系统进一步深化厂务公开、民主管理工作的意见》。对

25 个省市国防（电子）工业工会进行调查，初步摸清了国防工业企业集体合同签约情况，向全国总工会书记处报送了《国防工业系统推行平等协商和集体合同制度情况的调研报告》，并对军工八六一厂落实全心全意依靠工人阶级方针、推行厂务公开的情况进行了调查，总结推广了八六一厂的经验，同时，向全国总工会报送了《全心全意依靠职工群众加快企业扭亏解困步伐》的调查报告。

2000 年，中国国防工业工会全国委员会组织人员到内蒙古、河南、陕西、山西、重庆、湖北、四川、辽宁、江苏等地，对军工企业厂务公开，职工代表参加董事会、监事会等方面的情况进行调研。总结了内蒙古第一机械制造公司开展厂务公开的经验和建设工业（集团）公司签订第二轮集体合同的经验，提出《关于在国防科技工业系统进一步推行平等协商和签订集体合同工作的意见》。10 月，又在广西举办了国防工业工会组织和民主管理干部培训班。

2001 年，中国国防工业工会全国委员会就基层职工民主管理情况、军工企业改制中职工董事、职工监事情况以及就军工企业推行平等协商和集体合同制度工作情况到上海、江苏、东北等地区进行了调研。

五、工会坚守维护职能

各级国防工业工会在向市场经济转换过程中，坚守维护职能，加强劳动保护，维护职工权益，保障职工生活。

（一）加强劳动保护

1993 年，中国国防工业工会全国委员会针对兵器工业弹、药厂生产中安全隐患增多的问题，会同中国兵器工业总公司对弹、药厂的安全生产进行检查，提出了加强劳动保护和安全生产的意见。6 月 16 日，国务院召开全国安全生产工作电话会议。为进一步加强兵工企业安全生产工作，中国兵器工业总公司、国防工业工会与劳动部共同组成调研组，对兵器工业火药和弹药企业比较集中的四川、湖北、河南、辽宁、黑龙江等省 19 个重点企业进行了调研。从总的情况看，各弹药企业对安全工作比较重视，积极采取措施，加强对危险点和关键岗位的防范工作。但调研发现，企业在转换经营机制、适应市场经济发展过程中，安全生产工作出现了一些新情况、新问题。这些问题是：（1）19 个弹药企业由于军品任务锐减，生产线停停开开，无法做到均衡生产；多数企业亏损，职工生活水平下降，部分科技人员和技术工人外流，使企业技术力量削弱，一线职工素质下降，关键岗位人员短缺，给安全生产带来不利影响，增加了安全管理的难度。（2）在企业实行承包经营过程中，存在只重经济效益、忽视安全生产现象，安全管理和监督被淡化，事故隐患得不到有效控制。民品生产中，部分企业新增易燃易爆、有毒有害化工产业，有的项目没有进行评审或没有完善的防护措施。（3）由于历史原因，弹药企业本质安全条件差，存在严重隐患，包括工艺落后、设备老化，有 50%的设备超过折旧期，有些报废的设备仍在使用；工房破旧，不符合弹药生产对建筑物防火防爆的要求。

1993 年 8 月 7 日，中国国防工业工会全国委员会发出《关于发挥工会组织作用促进企业实现安全生产的通知》，要求各级工会要把搞好安全生产作为一项重要工作来抓；积极反映职工群众要求，解决安全生产方面存在的问题。要组织力量，开展群众性安全监督检查活动，对检查出的重大安全隐患和严重的职业危害，提出整改措施及对策建议。在深化改革和转换企业经营机制中，要协助企业加强安全管理。要督促健全安全机构，解决安全生产工作中的薄弱环节和各种问题。要在职工中开展多种形式的安全生产宣传教育，加强职工的安全生产意识和自我保护能力，发动职工重视和关心安全生产，遵守劳动纪律和规章制度，抵制违章指挥，禁止违章作业。

1993 年 8 月 23 日，中国兵器工业总公司、劳动部、国防工业工会向国务院提交《关于兵工弹药企业当前安全生产状况的调研报告》，并提交《关于解决兵工弹药企业安全生产问题的请示》。针对部分弹药企业存在严重隐患和企业无力进行技术改造的问题，请求将兵工弹药企业安全技术改造列为国家专项或实行优惠政策，解决部分厂急需的安全技术改造资金，以消除重大事故隐患，实现安全生产。

该年 12 月召开的中国国防工业工会第四届全国委员会第四次全体会议提出，保护职工在生产中的安全与健康是工会组织的重要责任。各级工会要切实履行群众监督职责，就安全监督检查活动中查出的重大危险隐患和严重职业危害，提出整改措施和对策建议；主动参与有关部门和企业关于安全生产的决策；抓好班组建设，加强职工的安全生产意识和自我保护能力；严肃伤亡事故的调查处理，勇于提出处理意见。

1994 年 5 月，国防工业工会与中国兵器工业总公司、中国核工业总公司联合组成外商投资企业安全工作检查组，对广东省内的核工业总公司所属的 15 个外商投资企业进行了安全检查。就解决部分外商投资企业中存在的违反劳动保护法规、忽视安全生产和侵犯职工合法权益等问题提出了整改建议。12 月 13 日，中国核工业总公司、中国国防工业工会全国委员会联合发出了《关于加强核工业系统外商投资企业职业安全卫生管理工作的通知》。

1995 年 6 月至 8 月，国防工业工会与中国兵器工业总公司联合组成调查组，对兵工企业贯彻实施《中华人民共和国劳动法》（以下简称《劳动法》）和执行劳动安全卫生法规情况进行了专题调查，并向全国总工会和劳动部提出了建议。同时分别与中国兵器工业总公司和中国核工业总公司联合对安全监察员和工会劳动保护监督检查员进行了培训。

1996 年，国防工业工会与中国兵器工业总公司联合表彰 17 个安全生产先进单位、35 个先进班组（处室）、100 名先进个人。

1997 年 4 月，针对部分企业连续发生几起爆炸事故的情况，国防工业工会下发了《关于加强监督检查搞好安全生产的紧急通知》。

2000 年，中国国防工业工会全国委员会与中国兵器工业集团公司联合举办了安全技术劳动保护研讨会，发出《关于进一步发挥工会组织作用切实加强安全生产工作的通知》。2001 年，与中国兵器工业集团公司联合下发了《中国兵器集团公司安全监督网工作规定》。

（二）维护职工权益

1993 年 1 月，中国国防工业工会第四届全国委员会第三次全体会议提出，发挥工会维护职工合法权益、为职工办事的纽带作用，正确处理企业及其经营者与职工群众的关系，实现职工与企业目标共保。内蒙古第二机械总厂工会在贯彻落实党的十四大精神的意见中也提出，认真履行工会维护职能，加强劳动争议调解工作，解决和协调职工在改革中遇到的劳动关系问题。充分发挥女职工委员会作用，做好女职工劳动保护工作，切实维护女职工的特殊利益。

该年 8 月，中国国防工业工会全国委员会组织召开国防工业系统中 29 家大型军工企业工会负责人和各部（总公司）有关负责人参加的座谈会，提出在转换企业经营机制中，必须履行工会维护职能，反映职工意愿和要求：（1）坚持民主决策，让职工充分讨论，取得群众的理解、参与和支持；坚持职工总体受益，不断改善职工的物质文化生活；坚持符合职工综合承受能力，使绝大多数职工能够负担得起；坚持保障职工基本生活。（2）加强工会协调企业劳动关系、利益关系，维护职工合法权益的工作力度。

1993 年 12 月，中国国防工业工会第四届全国委员会第四次全体会议提出，1994 年要坚持“两个维护”的统一，认真研究和正确处理企业转换经营机制和建立现代企业制度中的经济关系和劳动关系问题。要在维护职工政治权利、民主权利的同时，更好地维护职工的劳动权利和经济利益。在 1994 年 12 月的中国国防工业工会第四届全国委员会第五次全体委员会议上提出，建立现代企业制度，既要解决产权关系问题，也要解决劳动关系问题。

1995 年 4 月，中国国防工业工会全国委员会召开三线军工企业工会贯彻实施《劳动法》座谈会，要求在贯彻实施《劳动法》过程中，突出工会维护职能。要求管理者树立尊重劳动者合法权利的意识，劳动者树立行使权利和履行义务相统一的意识，工会干部树立全局意识和代表职工依法维护其合法权益的意识。6 月 30 日至 7 月 4 日，召开贯彻实施《劳动法》，加强工会工作座谈会，提出充分认识工会是劳动者合法权益代表者，努力推进企业建立平等协商，签订集体合同制度。

1999 年 12 月召开的中国国防工业工会第五届全国委员会第五次全体委员会议，再次明确维护职工的经济利益，进一步理顺劳动关系，大力推行平等协商和集体合同制度。根据 1999 年中国国防工业工会全国委员会对 25 个省市国防（电子）产业工会的调查，截至 1998 年底，有 616 家企业签订了集体合同，签约率为 63.4%，职工覆盖率为 60.4%；亏损企业签约率为 44.9%。

在理顺劳动关系，保护职工基本权益的同时，国防工业工会还对一些历史遗留问题提出建议，解决职工的具体问题，保障职工的具体权益。1997 年，中国国防工业工会全国委员会在对核工业四〇四厂进行专题调查后，通过《工会信息》向国务院建议：

对该厂第一代创业者在政治上应予以充分肯定，在经济待遇上应予以适当照顾或补偿。1999 年，在对军工三线企业下岗职工的生活情况进行了调查后，向全国总工会书记处提交了《关于军工三线企业下岗职工基本生活保障和再就业情况的调查报告》；在对齐齐哈尔和平机器厂职工养老金筹集问题进行调查后，向劳动和社会保障部提交了《关于齐齐哈尔和平机器厂养老保险社会统筹负担过重问题的情况报告》。2000 年，又向全国总工会反映了兵器工业集团公司所属企业离退休职工要求补发拖欠养老金及养老保险关系不能转移等问题。

（三）保障职工生活

1993 年 8 月，中国国防工业工会全国委员会召开座谈会，提出重点针对三线企业和“保军转民”过程中发生的特殊困难，保障职工生活。在 12 月的中国国防工业工会第四届全国委员会第四次全体会议上，全国委员会提出，各级工会要采用多种形式为亏损企业职工办实事、送温暖，为亏损企业和职工排忧解难。

1994 年 5 月，中国国防工业工会全国委员会发出《关于贯彻全国总工会实施“送温暖工程”的意见》。山西、黑龙江、湖北、湖南等省市国防工业工会分别制定和实施了“送温暖工程”具体办法。7 月 7 日，中国国防工业工会全国委员会向国务院、中央军委专门委员会报送《关于航天工业系统部分三线企业特殊困难情况的调查报告》。

1995 年 11 月，中国国防工业工会召开第四届第十次常务委员会议，要求各级工会把“第二次创业”送温暖工程基金重点用于扶助脱贫和重点解困。据对九个省、市国防科技工业企业的统计，当时已有 113 个单位建立了送温暖基金，基金总额达 1417.9 万元。

1997 年，国防工业工会转变工作思路，开始注意在解决职工生活困难的同时，积极扶持职工，通过再就业的形式，保证和提高职工生活水平。该年 9 月，中国国防工业工会召开的五届三次常委会议也提出做好产业结构调整中的职工再就业工作，完善以“送温暖工程”为基本形式的职工生活互助补充保障机制。同月，在沈阳召开送温暖和促进再就业工作经验交流会，起草了《关于加快建立和完善送温暖工程机制、积极促进再就业工作的意见》。12 月的中国国防工业工会第五届全国委员会第三次全体委员会议，明确 1998 年要深入实施“送温暖工程”，促进职工再就业。

1998 年 3 月 7 日至 4 月中旬，国防工业工会与上海仪表电子工会联合举办了三期促进下岗职工再就业工作培训研讨班，要求各级国防工业工会学习上海的经验，增强做好职工再就业工作的信心和决心。在 8 月召开的中国国防工业工会第五届全国委员会第五次常务委员会议上，要求把促进下岗职工基本生活保障和再就业工作作为头等大事来抓。为贯彻落实中共中央、国务院关于下岗职工基本生活保障和再就业工作会议精神，国防工业工会用大半年时间，分南北两路深入困难较大的 10 个省市、36 个企业以及五个军工总公司进行调查，向国务院提交了《关于军工企业下岗职工基本生活保障和再就业情况的报告》。中国国防工业工会全国委员会还对陕西、贵州部分三线军工企业第一代创业者的基本生活保障问题进行了调查，向国务院呈报了报告，建议重视解决国防科技工业三线建设创业者基本生活保障问题，并提出了解决办法。

1999 年，中国国防工业工会全国委员会下发《关于 1999 年继续做好下岗职工基本生活保障和再就业工作的意见》，推广了三四二厂促进再就业工作的经验；通过调查研究，向全国总工会书记处提交了《关于军工三线企业下岗职工基本生活保障和再就业情况的调查报告》。总结了山西长治三四二厂努力做好职工再就业工作的经验，与山西国防工业工会在该厂召开推进军工企业下岗分流再就业工作现场经验交流会，并在全系统推广。

2000 年，中国国防工业工会会同国防科工委有关部门组成调查组，对军工三线企业落实“三条保障线”工作情况进行了调查。通过对贵州、陕西、河南、湖北等地区 24 个三线企业的调查，摸清了基本情况和存在的问题。与国防科工委、十大军工集团公司联合召开了落实军工企业“三条保障线”工作座谈会，下发《关于做好 2000 年职工生活保障工作的意见》。10 月 9 日，召开了军工十大集团公司劳动部门负责人参加的专题会议，研究解决军工三线企业落实“三条保障线”的政策建议问题。经过研究，形成《关于军工三线企业落实“三条保障线”制度情况的调查报告》，并将调查的主要问题和建议报国务院有关部门。

2001 年，国防工业系统有几十家企业列入关闭破产计划，为协助有关方面做好工作，国防工业工会就军工破产企业职工安置问题，到贵州、四川、陕西、天津、山东等地进行调研，提出《关于工会组织参与关闭破产工作的意见》。并于 10 月 17 日召开了有国防科工委、十大军工集团和部分省市国防工业工会参加的军工破产企业职工安置工作研讨会，对军工关闭破产企业职工安置问题进行了研讨和交流，提出了建议。

第二篇

邮电篇

第一章
近代邮电职工队伍的产生和邮电工人运动的兴起

中国的信息传递和类似于邮政的机构发源甚早，早在周代，即有“邮传”之设。南朝也有“私传”，承担民间书信传递。但官府“邮传”多为传递官文书之用，与民间书信传递无关。“私传”业务也极有限。明清时期，一些地方设“民信局”，民间邮递开始发展。但由于经济发展的缓慢和封建制度的限制，真正意义上的邮政极不发达。

1840 年鸦片战争后，帝国主义侵略势力无视中国主权，开始在中国设邮。1870 年，帝国主义势力开始谋划在中国发展电信业务。迫于形势，清政府不得不有所作为。1877 年 10 月，福建巡抚丁日昌在台湾主持架设了中国第一条电报线路。光绪四年（1878 年），清政府开始试办邮政。次年在天津设立电报总局，拉开了中国电信建设的序幕。至 1896 年，正式办理国家邮政业务，次年设大清邮局。

随着近代邮政、电信业的发展，中国近代邮电工人群体开始诞生，并作为中国近代工人阶级的重要组成部分，登上了历史舞台。

一、中国邮电工人群体的诞生与早期发展

相对于 17 世纪才产生的西方邮政机构，中国的书信传递机构

产生并不太晚。古代的邮驿系统承担着传递官方书信的功能，明朝永乐年间（1403—1424 年）产生的民信局具备了近代邮政的大部分功能。但是，古代的驿递与为人民服务的邮政性质不同，民信局的服务范围及功能也与现代邮政有所差别，特别是作为国家服务与经营机构的国家邮政迟迟没有设立，使中国邮政的诞生滞后于其他资本主义国家。这种滞后也导致中国邮电工人群体的产生晚于其他资本主义国家。但是在中国这样一个地广人众的国家里，这个群体一经诞生就发展较快，且带有较高的组织性。

（一）中国邮政事业的兴办与邮电工人群体的诞生

19 世纪中后期，中国邮政极不发达的状况很快被侵略者所利用。1834 年，英国商务监督律劳卑无视中国主权，在其广州住所开办所谓的“英国邮局”。1842 年 4 月 15 日，英国侵略军头目璞鼎查就以“香港英国总督”的名义发出通告，在未正式租借的香港开办“香港英国邮局”。1842 年 8 月 29 日，英国侵略者强迫清政府签订丧权辱国的《南京条约》后，便以香港为基地，在各通商口岸任意开办“英国邮局”，以派驻各口岸的英国领事为负责人，即所谓的“领事邮政代办所”。

这种侵犯中国邮政主权的行为得到了其他帝国主义国家的竞相效仿。法国、美国、日本、德国、俄国分别于 1861 年、1867 年、1876 年、1886 年、1897 年在上海设立了自己的邮局。以后，又逐渐推及内地及边远地区，如新疆、西藏、云南、黑龙江等地。到第一次世界大战末期，这类邮局及代办所达 340 余处。

1866 年，清政府将传递外国使领馆文书事务交由英国人赫德控制的海关总税务司办理。总税务司借此设邮务办事处，办理邮递事务。1878 年，北洋大臣李鸿章举荐天津海关税务司德璀琳，协助赫德兴办华洋书信局，办理民间邮件。1878 年 11 月初，德璀琳提出在北方各口岸及北京至镇江之间建立陆路邮运业务，于是开办了天津至牛庄（今辽宁营口）的邮路，并开始设置天津至镇江的邮路。其中天津至牛庄的邮路，全线路程约 600 公里，由 13 名信差接力运送。天津至镇江邮路在山东齐河分设至烟台的邮路分支，邮路全线路程 1000 余公里，沿线共有 5 名巡役、42 名信差。一年后，天津至镇江邮路已雇用 50 名信差。1893 年，天津至镇江邮路上的信差已达 62 名。1893 年 5 月 25 日，天津海关税务司德璀琳致总税务司呈文称："考虑到天津、镇江线的邮件重量自开办以来就不断增加，我建议从本年冬季开始，将天津、清江浦间过去使用骡马运送邮件的办法改为使用大车，从清江浦到镇江仍照旧用船运送。"大约在同时，烟台至齐河的邮路分出设置烟台至济南的邮路，有信差 22 名。

总税务司试办的邮递事务，随各地海关的增设而逐渐发展，而传统的官办驿站已经严重腐败。于是洋务派官员李鸿章、刘坤一、张之洞等相继奏请创立国家邮政。1896 年，清政府批准由海关邮递推广，建立国家邮政，仍以赫德主持，但由总理衙门主管。1897 年，各海关邮务办事处改称为大清邮局，先后开始经办信函、明信片，以及汇兑、包裹业务。

随着邮政事业的发展，中国邮政工人群体也开始诞生。北京邮政开办时，有人员 13 人。随业务量发展，1900 年初，人员增至 65 人，次年又增至 104 人。1902 年，清政府令县以上政区普遍设置邮政，邮政工人数量迅速增加。上海邮政局开办时，有各类员工 44 人，到清末增加到 689 人。1901 年 12 月，四川成都设局时仅有 3 人，至清末，从业人员达到 1447 人，另外还有邮政代办人员 413 人。

（二）中国电信事业的兴办与电信工人群体的诞生

清同治年间，俄国、英国、美国先后提出在中国架设电报线的要求，均遭清政府拒绝，英国商人私架的电报线也被拆毁。

1870 年，丹麦大北电报公司与俄国政府勾结，敷设经俄国、日本至中国上海、福州、香港的海底电报线。次年 6 月 3 日，大北公司擅自在长江口外的大戢山岛设立工房，又将电报线引至上海市区并开始通报，成为外国入侵中国的第一条电报线。

与此同时，英国东方公司组建中国水线电报公司（后改称大东电报公司），计划以香港为基地，开办在中国沿海各地的电报业务。1870 年 4 月 30 日，英国公使威妥玛照会清廷总理衙门，要求“由广州、汕头、厦门、福州、宁波向准通商各海口的水底暗设铜线，通至上海。”恭亲王奕䜣答复，电报线必须安置于深水中，“惟线端仍不得上岸”。这年 5 月 13 日，大东电报公司与大北电报公司秘密划分了两个公司在中国的势力范围，规定上海以北的电报线归大北公司经营；香港以南的电报线归大东公司经营；香港、上海间则为双方共同经营区。

1900 年，由于义和团事件和“八国联军”进犯，南北通信中断。大北、大东两公司趁火打劫，抢先修建上海经烟台至天津大沽的水下电报线，并在威海、旅顺、青岛、烟台分别为英、俄、德国抢修支线。就这样，中国电信事业一开始就被外国侵略势力控制。

外国侵略势力咄咄逼人的态势，使一些洋务派官员感到了危机的来临。1877 年 10 月，福建巡抚丁日昌在台湾主持架设的中国第一条电报线完工。1879 年，直隶总督兼北洋大臣李鸿章在大沽至天津架设电报线。次年在天津设立电报总局，并架设天津经山东、江苏至上海的陆上电报干线。1881 年 2 月，全长 1537 公里的津沪电报线建成通报，并于次年改为官督商办。两年后，上海至广州电报线架设完工，并开通广州至梧州的电报线，电报总局也于此时迁往上海。

其后，电报线建设里程以前所未有的速度增长。短短几年内，电报已遍及 18 个省。从 1884 年至 1889 年，共架设电报线路 5500 多华里（以里程计算）。故该年李鸿章奏称：“中国创设电线，已阅十年。近来风气渐开，推行日广，东北则达吉林、黑龙江俄界，西北则达甘肃、新疆，东南则达闽、粤、台湾，西南则达广西、云南，遍布二十二行省，并及朝鲜外藩，殊方万里，呼吸可通，洵称便捷。”据统计，从 1881 年津沪电报线建成到 1908 年清政府将电报收归国有时为止，设官办电报局 155 处、商办电报局 239 处，总计 394 处。电报通信机构遍及除西藏地区以外的所有省份，构成了大体完整的干线通信网。到 1911 年，全国电报局所已达 503 处。

1879 年，招商局在天津架设第一条电话线。1881 年，上海英商瑞记洋行在上海租界内开办华洋德律风公司，架起市内电话线路。次年 2 月，丹麦大北电报公司在上海外滩开办电话局。1885 年 3 月，李鸿章令在天津新关南及大沽新关设立两个德律风总局，另设四处分局，由在北洋电报学堂供职的丹麦人璞尔生经理负责。

1899 年，督办铁路事务盛宣怀建议由电报局兼办电话事务。次年，上海、南京电报局开通市内电话。在天津的璞尔生乘八国联军侵略之机，自办电铃（电话）公司，并架设了天津至塘沽、天津至北塘的电话线。随后，又把电话线架设到北京，创办北京电话局。1902 年，武汉设官办电话局。在汉口的德国邮局也同时在租界设电话局。次年，督办电信大臣袁世凯据北京电报局总办黄开文建议，奏准试办电话局。1905 年，黄开文向璞尔生交涉，用 5 万元将北京、天津的电话设备赎回，在北京、天津相继成立电话总局。1906 年，上海、苏州设电话局。至清末，已有十余个城市设电话局，有官、商电话局 26 个。

进入 20 世纪，无线电通信也开始在中国使用。1904 年，法国人和俄国人分别在烟台、宁海私设无线电台。1906 年，广东因琼海水下电报线中断，由商人向上海礼和洋行购买长波电台两台，分装于琼州、徐闻，开始中国最早的民用无线电通信。1908年，江苏官方在上海吴淞、崇明架设无线电台，并设无线电报局。

1912年，国民政府开始在上海吴淞、广州、福州、武汉、张家口设立无线电台。1913年至1914年，上述几处无线电报局先后成立。

随着电信业的起步，电信工人群体也开始诞生。1904年，北京电话局开办时，局内有职工12人；上海大清邮政局开办时，有人员44人。但随着电信事业的发展，各地电信工人队伍不断增加。如湖南省，1897年在长沙设1处电报分局，10年后，全省已有电报局10处，有电报员工254人。1908年，江西境内有电报局所15处，有职工208人。作为中国电信中枢的上海、天津、武汉等城市，电信工人是一个不可忽视的群体。

（三）民国前期的邮电状况与邮电工人队伍

进入民国时期后，由于邮政业务的发展和传统驿站的裁撤，邮政事业发展加快。1912年，全国有各类邮政局所6816处。1915年，四川省邮政从业人员达到1359人，代办人员达到523人。1916年，全国邮政局所增加到8797处，共有人员24967人。到1917年，全国邮政局所已达到9103处，人员达到25867人。其中，邮务官以上官员145人，邮务员等职员1079人，邮务生、拣信生、信差、邮差等15382人，船夫水手、听差、杂役等下等劳动者1938人，邮政代办7420人。

据《民国十二年邮政事务总论》统计，1920年至1923年这四年的全国邮政局（所）数量分别为10469处、11032处、11306处、11596处。1922年邮政人员总数为32573人。1923年，全国邮政人员增加到34363人，其中官员有邮务长25人（内有外国人23人）；副邮务长28人（内有外国人17人，并有5名外国人代理邮务长）；邮务官 144 人（内有外国人 77 人，其中 1 人代理邮务长、15 人代理副邮务长。有 12 名中国人代理副邮务长），还有 5 名外国人任邮务佐和技术人员。其余有中国邮务员及杂项职员 1290 人。普通职工则有邮务生、拣信生、信差、邮差等 20636 人，还有船夫水手、听差、杂役等 3209 人。另有邮政代办 9148 人。

1913 年，交通部部长朱启钤在给大总统的呈文中说："中国幅员广阔，近沿江海、远及蒙藏，九万余里、电局六百余处。"1917 年，交通部部长许世英在呈文中说：当时"一省之电局，多者五六十处，少者亦二三十处。"1920 年，全国有电报局及报房 883 处，1923 年增至 959 处。由于电信事业的发展，这一时期的电信工人队伍也成为一支不可忽视的力量。

二、早期中国邮电工人群体的阶级特征

中国邮电工人群体诞生在半封建半殖民地的中国，自其诞生之日起，就遭受着帝国主义势力的民族压迫和封建主义的阶级压迫。由于诞生在当时多灾多难的中国，其地位十分低下，生活也十分困苦。

（一）邮电工人面临的民族压迫

中国邮政是在侵略者咄咄逼人的态势下产生的。大清邮政设立后，虽然中国邮政开始诞生并迅速发展，但外国邮局仍在中国邮政中占据一定地位。1907 年的调查结果显示，英国在中国设置邮局 12 处，法国在中国设置邮局 15 处，德国设置 13 处，俄国设置 5 处，日本设置 21 处，加美国 1 处，共计 67 处。

在华的外国电信机构积极为帝国主义侵略服务。1900 年，上海英商华洋德律风公司，为满足八国联军侵犯中国的需要，帮助

联军架起了 24 条军用电话线。璞尔生占用天津至上海电报线为八国联军通报。英商大东公司、丹麦大北公司趁机私设两条电报线至天津。

进入民国时期以后，中国邮政主权仍然没有保障。《中国邮政》指出：“自光绪以来，‘客邮’（指外国邮局）势力日益扩大，民国以后其势更甚。”当时在中国设置的外国邮政机构有：英国邮务处及代办所 12 处；法国邮局 20 处；德国邮局及代办所 12 处；俄国邮局 17 处、邮电局 1 处；美国邮局 1 处。其中日本设置最多，有邮局及附属局 83 处、代办所 68 处、野战邮局 3 处。

中国邮政系统自设立以来，就被外国人控制。1904 年，北京电话局开办时，只有 1 名中国人兼任总办，聘 1 名日本人为参赞，还有 3 名日本人任工程司。根据统计，在清朝 34 年的邮政发展中，各国在中国的邮政管理人员共有 119 人，其中担任邮务长、副邮务长等职位者有 44 人。1917 年，全国 15 名邮务长全是外国人；副邮务长 19 人，只有 4 名中国人。1925 年，全国邮务长 28 人，有 25 人是外国人；副邮务长 30 人，洋副邮务长占 17 人；邮务官 140 人，洋邮务官占 73 人。在 17 名副邮务长中，有 7 人代理邮务长；73 名邮务官中，有 2 人代理邮务长，20 人代理副邮务长。

由于外籍管理人员受到政府的宠信，因此外籍管理人员与中国工人待遇悬殊。洋邮务长的月薪 2000 银圆，而华工邮差起薪为 11 银圆，到退休也仅 23.5 银圆，高低相差近百倍。当时邮局不给邮政员工提供宿舍，而洋邮务长却免费享有公寓，并配有多名厨师、佣人。

对于反抗的中国员工，洋邮务长往往任意捏造罪名，予以开除。有时洋主管在信筒内扔入 1 枚铜币，不管开筒的信差是否发现，如不当天将铜币交回，便以“舞弊罪”予以处分。

（二）邮电工人面临的阶级压迫

1917 年，全国邮局有邮务长、副邮务长、邮务官 76 人，有职员 1079 人，有邮务生、拣信生、信差、邮差及舵工水手、听差、杂役等 17322 人，邮寄代办 7420 人。

1925 年，全国邮局有邮务长、副邮务长、邮务官、邮务佐 201 人。邮务员及杂项职员 1389 人；邮务生、拣信生、信差、杂差等 21061 人，邮政代办 9310 人。

从上海邮政系统的职工情况看，其来源大体上可分两大类。一类是邮务佐以上的职员以及信差、听差等工人。根据 1949 年 5 月上海邮政管理局的统计，这类员工占职工总数的 85%，他们的出身多数属于城市中的职工、店员或者中小工商业者，另一类是被称为“苦力”的邮役，局役（包括临时雇用的）和技工都属于这一类。这些工人一般是来自苏北等地的穷苦农村或者出身于城市贫民的家庭，他们约占职工总数的 15%。

1922 年，上海邮政职工起薪的情况是邮务生 28 元，拣信生 18.5 元，信差 12 元，苦力 10.5 元。信差和苦力干一辈子，其最高薪金额分别为 25 元和 22 元。1922 年的米价从每石七元涨到八九元，低级信差每月工资还买不到两石米，生活十分艰难。邮政工人，尤其是信差，他们的工作时间一般在 11 小时以上，逢到外洋邮船到达的日子，工作更加繁重。信差每月有一天的规定假期，由于缺少替工，很多人往往整年不得休息，即使有病也要上工。信差在人格上也备受歧视，常常受到无理欺压，动辄被罚金、记过，甚至偶因小事就被停职开除。为了迫使邮工工作，《邮政纲要》还规定了 20 多条开除邮工的理由。

邮政当局对入局工作的人还规定了“铺保制度”。每人在入局前，根据所任职责，必须签署包括数百元押金的保证书，并由殷实商号担保。找铺保，还要给保人送礼。

信差的劳动条件极其恶劣。押运火车的邮工常年忙碌在邮车上，得不到很好的休息。长途邮车没有窗户和暖气，行车时颠簸剧烈。短途邮车有时是敞篷车或平板车，人在车上，冬天冻得浑身哆嗦，夏天晒得头昏脑胀，雨雪天更加艰苦，他们睡觉时躺在邮袋上，冬天寒冷，头发常和邮袋冻在一起。在恶劣的工作条件下，许多押车的信差都患有贫血、肺病和胃病。

三、早期邮电工会组织及邮电职工的罢工斗争

由于遭受严重的民族压迫和阶级压迫，地位低下加上生活的苦难，使中国邮电工人群体一开始就具有了反抗性和革命性。较高的组织性和相对集中使邮电工人群体很早就建立了工会组织，并开始了反对帝国主义和阶级压迫的斗争。

（一）早期邮电工会组织

中国邮电工人是中国较早产生的近代工人群体，因而其工人组织也产生较早。《中国邮务工会：它的过去和将来》记载："据可得查考之记载，中国最早成立的工会之一，是 1906 年一群广州邮工所组织之邮务工会。邮工不但在中国工人组织上居先，且在过去 18 年中作了工人运动的前驱。"

成立于 1906 年广东邮区的群志俱乐部，为中国邮电工会组织开了先河。但当时群志俱乐部的成员仅以邮政职员为限，不吸收下层工人。

1915 年 11 月，浙江杭州也成立了邮员俱乐部，有会员 173 人。

1922 年 4 月，在中国共产党劳动组合书记部的领导下，上海邮政工人举行大罢工，并成立了上海邮务友谊会和同志互助公益会。但由于反动当局事后将罢工领袖开除，工会组织被迫解散。

1923年，群志俱乐部开始吸收邮务生入会，改名为邮员俱乐部。是年冬，电信职工成立了中华全国电政同人公益会。

（二）早期邮电工人的反抗斗争

清末北京邮工反对增加劳动强度的罢工 1911年6月，大清邮政总办帛黎为与民信局竞争，指令北京邮政总局改订邮章，将京城邮件投递次数由每日四次改为六次。信差每日投递四次时，本“已极奔波”，骤然增加二次，更是难以忍受，于是“以赶办不及，恳请减免”，遭到拒绝。6月12日下午三点多钟，信差数十人齐集前门外福海居茶馆内开会商讨对策，宣布罢工。次日致函帛黎，诉说：“每日分送信件，差务本极烦劳，虽狂风大雨，酷暑严寒，无敢外停。每遇邮件多时，戴月披星，忘食废寝。现奉总巡查传知，每日加添两班，实难遵办……”罢工使京城邮政陷于瘫痪。在社会舆论的压力下，帛黎不得不表示，“如果添差，自必增加薪水，饬令该信差等照常出差，所禀各节，以候核办”。并将两职员以“办理不善，致起风潮”之名撤职。6月14日，在取消加班的条件下，信差复工。

哈尔滨邮政工人反抗外国总办歧视中国邮工的罢工 1911年10月14日，哈尔滨邮务总办佛兴纳坻，诬陷一名信差送信时索取酒钱，并加以责罚。15日，对洋人把持中国邮政不满的哈尔滨45名邮务工人举行罢工，抗议佛兴纳坻迫害邮工，并列举了他的六项罪状。罢工历时四小时，最终佛兴纳坻被调往他处。

广州邮政职工反抗封建统治制度的斗争 中华民国成立后，广东邮务长希乐思出于对辛亥革命的仇视，强迫广州信差穿着“大清邮政”号衣，否则不准出局投递。1912年1月，广州拣信生及信差提出抗议，希乐思拒不接受，于是举行罢工。工人要求取消穿着“大清邮政”号衣的规定，并增加工资。希乐思拒绝，并声言开除罢工工人。同时招募临时雇工维持市内投递。罢工工人一面坚持斗争，一面说服临时雇工不受利用。希乐思束手无策，只好派人与罢工工人谈判，被迫接受工人所提的各项条件。这次罢工具有了反帝反封建的政治色彩。

1913 年留学生反对洋邮务总办的斗争 1910 年冬，由清政府邮传部派赴奥地利学习邮政回国的一批留学生回国，准备加入邮政工作。但邮政总局总办帛黎要求他们再次参加邮政考试，否则不予录用。据《中国邮政》记载，帛黎强迫这些留学生参加考试的原因是“邮政总办帛黎主持邮政，恐大权之被夺，故对此返国学生未具任何好感，或竟有顾忌而摒绝之嫌。”这些留学生立即发起反抗，组织工会，准备发起罢工。由于帛黎的分化破坏，斗争最后失败。

1913 年北京邮差罢工 1913 年 11 月，汉口邮政局欲增加投递次数，增加了邮差的劳动强度，引起全省邮差的一致反对而未能实行。其后，北京邮政总稽查马玉昆欲在北京试行此制度，每日增加四班，改为八次投递，使邮差昼夜不能休息，寝食俱废。于是第六支局邮差李某、马某等人发动罢工。马玉昆闻知，即于 12 月 1 日贴出告示，招考邮差 237 名以维持投递，并破坏罢工。李某、马某见此，动员邮工 100 余名，阻拦新招邮工投递。邮政当局强力镇压，将第五、第六支局的全部邮工开除。马某闻知，于当晚夜间在第六支局内自杀未遂。邮政总局因惹起风潮，只好暂行缓办，每日仍按四次递送。但被开除的邮工只保证到期发还押金，其工作没有恢复。

1918 年 7 月，苏州邮务局全体邮递工人 67 人，因局长赫尔师办事苛刻、虐待邮递工人等事，向江苏邮政管理局申诉，要求撤换赫尔师。省局派员赴苏州调查，并会晤赫尔师。24 日上午，调查员召集全体邮工进行调解，表示赫尔师已自知操持过激，情愿和平解决。但要求全体邮工出立字据，声明双方误会，方可了事，邮递工人不允。赫尔师称工人要求过分，可以另换新邮工，并要求邮工一律脱下号衣。于是全体邮工一哄而散，致使邮包信件无人投递。调查员及赫尔师请人调解，但邮工仍坚持罢工，管理局不得不将赫尔师调离。

1918 年以后，随着邮电工人队伍的成长，工人运动逐步走向成熟。其标志是：（1）由个别群体的罢工走向团结各种力量，维护整个工人阶级利益的斗争。如 1918 年 9 月 2 日，哈尔滨电报局、电话局工人举行罢工，支援中东铁路员工为反抗帝国主义势力压迫而进行的罢工斗争。（2）由针对个别事件、个别人员的罢工走向反对帝国主义侵略和反对反动政权的斗争。（3）由单纯争取提高生活待遇和维护人身权利的斗争，走向作为一个阶级的政治斗争。其变化的起点是邮电工人支援五四运动的斗争。

上海邮电工人支援五四运动的斗争　1919 年五四运动时，北洋政府以爱国运动“干涉政治”“妨碍治安”为名，大批逮捕学生。为了封锁消息，交通部密电全国电报局，禁止拍发爱国文电，还故意将北京至上海、北京至武汉的电报线破坏。除日本在华报纸外，新闻检查局对所有报纸进行检查，扣压所有有关运动的新闻报道。上海电报局职工针锋相对，一面通电北洋政府，要求罢免曹汝霖、章宗祥、陆宗舆；一面优先拍发爱国文电，对反动政府文电一律扣留不发。上海邮政职工原拟于 6 月 8 日举行全体总罢工，但因考虑各地罢工、罢课、罢市消息的传播要靠邮政，如果罢工，正中北洋政府诡计，所以仍然坚持通邮，阻止了北洋政府封锁消息的企图。

上海英商华洋德律风公司为支持北洋政府，将中国用户的电话线全部割断。该公司华籍话务员 300 余人，于 6 月 10 日晨起宣布罢工。当日召开新闻记者会，向报界发表声明，声称此次罢工纯属一种政治性罢工。工人提出了四个复工条件：（1）罢市期间不替任何日本人接通电话；（2）要求北洋政府立即释放被捕学生，并罢免曹汝霖、章宗祥、陆宗舆；（3）立即全部恢复割断的中国用户的电话线；（4）要求公司保证不追查罢工发起人。这一立场严正、爱憎分明的爱国斗争立即得到了全市人民的声援。一直到6月11日，北京被捕学生已全部释放，卖国人员被罢免，华籍话务员才于6月12日晨起复工。

1921年中国共产党成立后，就把组织团结工人阶级、发动工人运动、推进民主革命作为自身的重要任务。自此之后，邮电工人运动走上了无产阶级革命的道路。

上海邮局信差大罢工 1922年4月24日，上海邮局工人在中国劳动组合书记部总干事李启汉的直接领导下发动了大罢工。罢工的导火线是邮政当局修改押金制度（相当于入职保证金）。4月21日，邮政当局为了控制工人，发布通告宣布：信差请假后续假未经批准而不到职，或擅自离局耽误时间者，立即将其工资扣除，并将工人存储的押金充公。信差每天工作十余小时，工资很低，偶然因病因事未及请假或迟到，即被扣除工资和入职保证金，使生活陷入困境。上海邮局信差周启邦、瞿锡坤在李启汉的领导下，发动群众，首先以全部信差的名义向代邮务长西密司发出请愿书，指出：（1）工人每日工作十余小时之久，而片刻不暇，星期日不能休息，个人难免有紧要私事发生，必然有来不及告假者；所存押金皆血汗所得，邮局不能借口没收，恳请发还从前押金，以后废除存款。（2）近来物价飞涨，邮差生活难以维持，请增加邮差等工资，维持正当开支。（3）邮差等由监理处与查差员管理，不得受旁人不正当之管束，以保证邮差等之人格自由。因久久得不到答复，4月24日，愤怒的工人撕掉了布告，举行了罢工。邮工们封闭了邮局，使邮件不能进出。西密司勾结租界巡捕前来镇压，并声称“如不立即复工，将使用武力”。工人答复：“如不在一小时内给予满意的答复，将继续罢工。”4月25日，西密司指使一批邮务职员投递信件，遭到信差的抵制。为了争取社会同情，周启邦还到各团体宣传，要求援助信差维持生计的斗争。到 26 日，罢工浪潮已波及拣信生和拣信生以下班次。据西密司向邮政总局的报告，卷入罢工的总人数有信差 390 名，拣信生 167 名，邮件听差 101 名，邮件力夫 68 名。面对越来越大的罢工浪潮，邮政总办铁士兰慌忙指派总局业务股长申玛思前往上海进行镇压，并以开除相威胁。在一切手段方式均遭失败之后，邮政当局被迫同意自本年 4 月 1 日起，拣信生、信差每人每月增加工资 2.5 元，邮件听差、邮件力夫每月工资增加 1.5 元，工时缩短为 9 小时。上海邮局信差大罢工首战告捷，于 4 月 27 日复工。邮工们乘胜分别成立了上海邮务友谊会和同志互助公益会，但由于反动当局事后将罢工领袖瞿锡坤、周启邦开除而被迫解散。

上海邮政工人的反抗怒潮，“给上海工人及其附近的工业城市，如苏州、无锡等处不少的影响”。[①] 是年 5 月，无锡邮局信差 50 余人，因薪水微薄难以维持生活，要求比照上海、杭州等地成比例增加工资。经邮政当局核准，自 5 月增加跑差、信差、拣信生的工资。9 月 24 日，北京邮局拣信生发表《大同盟（工会）宣言》：我们拣信生在黑暗中已然很久了，不能不起来采取正当自卫手段，来保障我们的生命和权利。那些“养尊处优”的邮务长、邮务官、邮务员们现在又要加一百、几十两的薪水。回过头来看我们可怜的拣信生，平日里幽禁在监狱式的黑屋子里，低着头一天做 12 小时的工（有时还打夜作），一年受 365 日的徒刑（终年无休息日，虽婚丧疾病，不得请假），永远是十几块钱，终不加薪。并且他们还巧立名目（储蓄），忍心从十几块血汗的钱克扣几块，存在银行给他们生息。这是怎样不平等的待遇，怎样蹂躏人道的事情！我们现在为力争人格，保障利益、生命起见，组织邮局拣信生大同盟。《宣言》要求邮局：（1）每日工作不得

① 邓中夏：《中国职工运动简史》，第 28—29 页。

超过 6 小时，星期日及各假日均应轮流休息。（ 2 ）自 1922 年 10 月起，应按现薪加十分之四。（ 3 ）以后同人得自由集会，议决事项，得邮务长照准实行。以上 3 项，自宣言日起，限 3 日内答复，如仍不体谅我们的苦衷，我们就施行总罢工，往总局交通部请愿，纵然牺牲我们的地位，以致以血肉相搏，也是我们所不顾惜的。《宣言》呼吁，现在天津的同志已然发难，和那些资本家斗争，并且取得了胜利。恶魔的末日到啦！我们看得到最后胜利的是谁！

1922 年 12 月 27 日，东川邮政管理局的邮差、信差、邮务生、拣信生提出反对不平等待遇，要求增加工资，反对迫害的要求，未获当局答复，即开始罢工、集会，并组成四川第一个邮政工人组织“邮拣俱进会”。

第二章
大革命时期和土地革命战争时期的邮电工人运动

1921 年 7 月，中国共产党成立，中国革命的面貌从此焕然一新。自中国共产党成立起，就把开展工人运动作为自己的历史任务和实现革命目标的重要途径。在中国共产党领导和“国共合作”的背景下，中国邮电工人运动出现了第一个高潮。但是，由于以蒋介石为代表的国民党反动派的背叛和血腥镇压，工人运动陷入了低潮。国民党为维护其统治，加强了对工人运动的镇压和控制。在极其残酷的斗争中，中国共产党走上了独立领导工人运动的道路。除了在国民党统治区继续开展邮电工人运动外，在根据地也发动邮电工人积极参与革命斗争，开创了邮电工人参与革命军事斗争的先例。

一、第一次邮电工人运动高潮

1921 年,《中国共产党第一个决议》提出了开展工人运动的任务、方针和要求。8 月 11 日，中国共产党在上海成立了早期公开领导工人运动的领导机关——中国劳动组合书记部。1925 年 5 月，党领导召开了第二次全国劳动大会，成立了中华全国总工会。在中国共产党领导下，我国工人运动掀起了第一次高潮。在这一高潮中，邮电工人队伍发挥了重要作用。

邮电工人的斗争也受到了邮局及北洋政府的强烈压制。1926年7月20日，因上海邮政工人罢工，邮政总局呈北洋政府交通部文称："为维持纪律起见，此风断不容其再长。"提出工人如不迅即复工，即予一律辞退。要求交通部电告江苏都督饬令上海地方官，会同上海工部局，"严厉取缔，以维邮务而重纪律"。同日，邮务总局致电交通部邮政司，要求勒令取缔邮务公会，并请"将此情形再行电达江苏督理予以必须之襄助"。但是，在汹涌澎湃的大革命浪潮面前，邮电工人的斗争仍然如火如荼，显示了工人阶级的巨大力量。

（一）邮电工人队伍与工会组织的发展

随着邮电事业的发展，邮电工人队伍也在不断壮大。1924年全国邮政员工总数达到35590人。其中邮务官以上管理人员201人，职员1389人，普通职工及代办人员3.4万人。1925年，湖南邮政员工达到1758人，比1920年增长1.06倍。另外还有代办人员731人。1927年，上海邮政局员工增至2914名。

电信职工人数虽不及邮政工人数量多，但在产业工人队伍中亦属一支不小的力量。1925年的《中华全国电政公益会会报·序言》记载："我电界同人，不下数千余人。"后来随着电信事业的发展，电信职工队伍又进一步扩大。

在邮电工人队伍发展的过程中，中国共产党积极领导邮电工人组织工会，大大加强了工人运动的组织力量。这一时期，大部分地区都建立了邮电工人工会组织。

广州电话女司机联合会　1924年春，广州电话局新入女司机（话务员）谭竹山、区夏民、伍杏仙等人，她们以学生和工人的双重身份，先后参加了社会主义青年团的外围组织——广州新学生社。她们接受了党的教育，肩负起电话局的女工工作。在电话局内，她们经常用局方克扣工人工资，随意处罚、开除工人等事例启发教育工人，使女司机逐步认识到组织起来保障女工权利的必要性。1924年7月，在新学生社的支持下，电话局开展了组织工会的斗争。两三天内，女司机有20多人签名响应组织工会的倡议，但发起人谭竹山、马少芳竟因组织工会被局方开除。由于区夏民等领导女司机继续斗争，又有各方面支援，局方终于答应工人提出的三项条件：（1）局长公开道歉，保证今后不发生类似事件；（2）允许工人组织工会；（3）未经工会同意，不得随便处罚工人。斗争取得了胜利，谭竹山和马少芳恢复工作，新学生社召开庆祝大会，列队把她们送回电话局。这次斗争的胜利极大地鼓舞了工人的斗志，全局100多名女司机参加了工会。1924年10月，广州电话女司机联合会（以下简称“女司联”）宣告成立，广州工人代表会、广东新学生社和其他行业的工会都派代表出席了成立大会。这就是我国第一个女话务员工会。“女司联”第一届执行委员五人，主任谭竹山，副主任马少芳、区夏民、骆正卿、冯焕钦。不久，谭竹山、马少芳调出做其他工作，区夏民成为“女司联”主要领导人。

上海电话工会　1925年5月30日，上海爆发了各界人民反对帝国主义的五卅运动。31日，华洋公司接线生在共产党员王酉庚的带领下发动罢工。6月1日，在中国共产党领导下成立了上海电话工会。

广州邮政工会及广东省邮政工会联合会　1925年7月21日，广州信差及下级班次人员组织工会，并开始罢工。23日，他们到佛山鼓动邮政人员组织工会并罢工。当时，广州邮政工会已经组成，并呈请广东省政府立案。7月27日，邮务生及拣信生开始组织全省工会联合会。

上海邮政工会　1925年8月，上海党组织看到时机成熟，指示邮局党支部负责人顾治本召集工人积极分子，秘密商讨发动罢工和组织工会的事情。8月17日他们在总局发动罢工，并宣告成立上海邮务工会。

中国电报工会联合会 1925年9月，上海电报局共产党员白文兴等积极分子与各地电报局员工联络，酝酿在上海组织中国电报工会。9月24日，陕西、甘肃、河南、江苏、安徽、浙江、吉林、河北、山东、湖北、福建等417个电报局的59名代表齐集上海。通过协商，成立了中国电报工会联合会。中国电报工会联合会的成立及其领导的罢工，标志着中国第一个全国性电报工会组织的诞生。

广东电报工会 1926年初，广州电报工人准备成立工会，因交通原因，未能召开工人代表大会。1926年5月12日，全省各电报局代表200余人在全国总工会礼堂召开代表大会，选举凌景銮、冯少敏、陈鼎章、刘国诚、丁一等人设立主席团。主席团报告了电报工会的成立经过，国民党中央党部、省党部，以及农工厅、中华全国总工会、第三次劳动大会各代表及各工会团体代表先后在会上发表演说，《广州民国日报》称："全场革命空气异常充满，为广东电报界空前之会。"

湖北邮务总工会 1926年10月，北伐军到达武汉后，湖北邮务工人在中国共产党领导下，成立了湖北邮务总工会，仅汉口加入工会的邮务职工就达400多人。

中华全国邮务总工会 1927年初，由全国总工会副委员长刘少奇领导，在中华全国总工会驻汉口办事处设立了邮务总工会筹备处，由广东、湖南、湖北三省邮务工会派员参加筹备。1月16日，筹备处发出通告："现在我们为统一全国邮务工人运动、集中全国邮务工人的力量起见，特发起召集全国邮务工人代表大会，组织全国邮务总工会"，"（以）共同努力，去帮助政府收回邮政管理权，并改善我们全国邮务工友的生活"。会议于3月7日在汉口召开，出席会议的有广东、湖南、湖北、广西、江西、浙江、福建、东川、西川、上海等共10个邮区的54名代表。在大会开幕典礼上，全国总工会驻汉口办事处主任李立三讲话，希望在最短期内收回邮权。在第二天会议上，中共中央职工运动委员会书记项英作了关于职工运动的报告。在第三天会议上，刘少奇作了关于扩大执委会之经过及中国工人阶级目前行动决议案的报告。大会开了 11 天，通过了组织工会、改善待遇、收回邮权、设邮务监理员、修改邮政纲要等决议案共 58 件。大会期间，还发表了反对蒋介石独裁的通电。大会推举广东代表、共产党员伍天德为中华全国邮务总工会常务委员会主席。

在大革命的浪潮中，各地邮电工人组织迅速发展。据 1937 年 2 月 17 日的《交通部职工工会组织概况调查表》，当时邮务工会的情况如下：

南宁邮务工会，成立于 1925 年。

上海邮务工会，成立于 1925 年 8 月 17 日，有会员 3110 人。

厦门邮务工会，成立于 1926 年 1 月，有会员 133 人。

西川邮务工会，成立于 1926 年 4 月 1 日，有会员 1028 人。

汕头邮务工会，成立于 1926 年 6 月。

九江邮务工会，成立于 1926 年 10 月 1 日，有会员 184 人。

南昌邮务工会，成立于 1926 年 10 月，有会员 598 人。

云南邮务工会，成立于 1926 年 11 月 1 日，有会员 440 人。

浙江邮务工会，成立于 1927 年 3 月 16 日，有会员 890 人。

南京邮务工会，成立于 1927 年 3 月 26 日，有会员 1115 人。

上海邮务职工会，成立于 1927 年 4 月 7 日。

江西邮务职工会，成立于 1927 年。

（二）邮电职工参加革命斗争

在中国共产党和工会的领导下，邮电工人改变了以往以提高生活待遇为主的斗争方向，开始有了为阶级和国家利益而斗争的目标。

上海电话工人参加五卅运动　1925 年 5 月 15 日，上海纱厂工人顾正红因组织工人反对日本资本家迫害而被枪杀。5 月 30 日，上海群众集中在公共租界巡捕房门首，要求释放参加 5 月 24 日反帝活动的被捕学生。英国巡捕开枪屠杀集会群众 10 余人，其中有华洋德律风公司接线生唐良生。华洋德律风公司的 700 名全体接线生非常激愤，于 5 月 31 日在共产党员王酉庚的带领下发动罢工。次日，总局、北局等电话局工人采取一致行动，同时罢工。

工会向公司提出五项复工条件：（1）致函工部局，要求释放被捕学生；（2）致电英国政府向中国政府道歉，并保证以后不得发生同样事件；（3）向工部局交涉，对唐良生的被害予以抚恤；（4）致函工部局，要求严惩凶手；（5）此次罢工纯属爱国行动，不得扣除罢工期间工人工资。公司一方面对工人采取分化手段，另一方面派人和工会谈判，对工会所提条件并不接受。罢工坚持了 10 余天后，公司勾结租界巡捕房派出巡捕、包探，他们抓接线生到公司复工，并开除坚持罢工的工会人员 50 余人。由于资本家和租界帝国主义势力的破坏，罢工失败。但为缓和职工反抗情绪，公司将工人工作时间由每日 9 小时减为 8 小时，接线生每日工作时间减为 7 小时，原本无休的星期日也改为全员休息日。

上海邮政工人组织工会的罢工　五卅运动期间，上海邮政职工根据上海总工会的指示，为维持罢工期间的通信而没有参加罢工。但五卅运动和广东邮政职工罢工的消息使上海邮政职工的斗争情绪迅速高涨。

1925 年 8 月，中国共产党领导上海邮政职工罢工，并组织工会，在中共党员和积极分子的坚持下通过了罢工的决定，成立了罢工委员会。党组织负责人顾治本，以及党员、职工积极分子王荃、蔡炳南、宋併镜、沈孟先等当选为罢工委员。罢工委员会连夜准备，争取社会舆论的同情与支持，并与商务印书馆、中华书局工人事先约好同时罢工。8 月 17 日晨，罢工委员会首先在总局发动罢工，发表罢工宣言，并宣告成立上海邮务工会。罢工很快蔓延到各支局，罢工职工 2500 余人，形成上海邮局第一次全局性的罢工。

当天上午 9 时，罢工委员会派出六名代表与邮政当局谈判，提出七项要求，主要包括承认工会有代表全体会员之权利；合理解决工人薪酬，并发给奖金；减少劳动时间，合理休假；自 1926 年起停止再聘用外国管理人员等内容。邮政当局拒绝了这些要求，一方面电告北洋政府交通部，另一方面通知租界捕房派捕探到邮局戒备。邮政当局还对罢工工人实行所谓的“训诫”。罢工持续了三天，经调停，罢工委员会在邮政当局答应增加津贴后同意复工。

事后，北洋政府对邮政工人罢工采取了严厉的压制政策。9 月 28 日，北洋政府交通部指令邮政总局，通知各区邮局实施上海邮务长“申诫”罢工办法。该办法包括：（1）凡参加罢工人员，无论主动或被动，或拒绝办事，或擅离职守者，将新给之津贴完全取消；（2）倘在 24 小时后不回局服务，必予以斥退并永不复用；（3）首领煽动及胁迫他人罢工者，均应一律严予重办；（4）倘继续罢工，必将新近允给此前罢工者各级之津贴全行取消。危机四伏的北洋政府企图以这种方式压制邮电工人的罢工斗争。但是，随着大革命的发展，这种手段亦不起作用。在北伐战争中，邮电工人积极参加革命斗争，掀起了新一轮斗争高潮。

中国电报工会联合会反对与西方公司签订合同的罢工 1925 年 9 月 27 日，中国电报工会联合会通电北洋政府交通部电政司长，提出承认中国电报公会及其章程；废止“电报生”名义；不再与大北、大东等电报公司签订丧失权利的合同；修整全国电报线路等各项要求。并再次通电交通部，要求 36 小时内予以答复，否则全国电报局即实行总同盟罢工。至 9 月 28 日，交通部不予答复，中国电报工会联合会发表罢工宣言，由上海电报局带头发起了电报工人大罢工。

湖南邮电工人支援北伐战争　1926 年 7 月，广东国民政府出师北伐。为支援北伐战争，湖南邮工夜以继日坚守岗位，北伐军到了哪里，通信就通到哪里。北伐军打下长沙后，军政电报陡增。因上年湘江大水，毛家桥过河电缆尚未修复，长沙至宁乡、益阳、常德、沅陵等地无法通报。长沙电报工人在湘江西岸银盆岭纱厂设立临时报房，以保障长沙至湘西的通信联系。湘江两岸传递电报则用小木船往返摆渡，保证了北伐军的通信需要。

上海邮政工人参加上海工人武装起义　1926 年 7 月，国民革命军开始北伐，上海党组织指示各工会组织工人纠察队积极准备迎接北伐军。邮政工人迫切要求肃清邮政机构中的帝国主义势力，争取自己的政治权利和保护自己的经济利益。1926 年 10 月，上海工人举行第一次武装起义，但由于国民党组织失误，导致包括邮局在内的大部分起义单位没有发动成功。

1927 年 2 月，国民革命军进抵杭州。在上海总工会指示下，19 日起，全市工人举行总同盟罢工，并在南市发动武装起义（即二次起义）。上海邮政工会组织了行动委员会，开始举行全体罢工。北洋军阀守备司令部派大刀队前来镇压，行动委员会指挥全体职工退出邮局，使邮局无法运转。由于北伐军没有进入上海，武装起义失败。在上海总工会指示下，邮政工人于 2 月 25 日暂时复工。

1927 年 3 月 9 日夜，邮务工会开会讨论参加第三次武装起义，因奸细告密，租界巡捕房包围邮务工会会所，将参加会议的 78 人逮捕。经过审讯，将三名工会骨干监禁。

1927 年 3 月 21 日，国民革命军进抵龙华，上海总工会紧急发动第三次武装起义。各局邮政职工代表在总局集合，庄严地举行了升旗礼，并于下午开始罢工。邮工纠察队在共产党员率领下，参加了闸北区战斗，取得了第三次武装起义的胜利。在战斗中，上海邮局信差杨令牺牲。

（三）邮电工人争取邮政主权和驱逐洋邮务长的斗争

武汉邮政工人反对洋邮务长的斗争 1926年10月，北伐军到达武汉后，湖北邮务工人在中国共产党领导下成立了湖北邮务总工会。湖北邮务长杜和白（英国人）强烈反对工人运动，开除了参加工会的部分邮工，并将工会执委会委员长郝达清调离武汉。为了反抗洋邮务长的暴行，11月11日，武汉邮务职工举行大罢工。全国总工会副委员长刘少奇出席邮务职工大会，并发表演说。罢工取得了胜利，邮务职工于14日复工。

1927年1月，武汉国民政府酝酿接管邮务长职务，杜和白被吓跑，法国人乍配林接任湖北邮务长。乍配林到任后，用更毒辣的手段与工会对抗，遭到了邮工的强烈反对。湖北邮务总工会连续揭发了乍配林的罪状，还向政府及各界团体宣传，要求驱逐乍配林，得到了舆论界和其他行业职工的广泛支持。但随着武汉国民党政权与南京蒋介石反动政权合流，斗争没有取得最后的胜利。

湖南邮政工人驱逐洋邮务长的斗争 湖南邮务总工会成立后，积极领导全省邮工开展争取改善待遇的斗争。湖南邮务长、法国人饶略拒不承认工会，不接受工会提出的条件。湖南邮务工会决定于1926年12月16日全局员工停工一天，向湖南省政府请愿。工会举行记者招待会，散发宣言，痛斥洋人操纵邮权，邮工受其宰割，邮政盈余用以支持军阀，蹂躏人民。28日，经建设厅邀集各界人士仲裁，饶略被迫同意。但29日起，饶略伙同会计长博礼将邮票、汇总印纸和现金全部封锁，使营业陷于停顿。31日，国民党湖南省党部以饶略仰承北洋政府鼻息，不遵守省政府命令，电请国民政府交通部予以撤换，限期出境。

湖南省总工会认为饶略出尔反尔，故意抵抗，在革命紧张之秋，为害甚烈，于 1927 年 1 月 2 日决定成立中华邮政管理委员会，公推谢觉哉、柳直荀、蔡声硕等 9 人为委员，并请省政府向外省暂借邮票维持通信。

1927 年 1 月后，长沙反英运动进入高潮，省邮务总工会执行委员会开办了反英运动储金，组织反英“十人团”，抵制英货，在邮件上加盖反英标语，印发反英宣传品，《湖南邮务工人》半月刊开辟反英专栏，推动收回邮权的斗争。随着斗争的深入，3 月 7 日，国民政府交通部解除了饶略的职务。

浙江邮政工人驱逐洋邮务长的斗争 1927 年 2 月 17 日，北伐军占领杭州，2 月 21 日组成杭州邮务工会。浙江邮务长、英籍印度人杜达，长期在中国侦察军事与鸦片情报，在北伐军到达浙江前，曾对北伐军的活动进行侦察。北伐军占领杭州后，杜达于 3 月 27 日逃往上海，行前通知截留北京发往浙江的 100 万元邮票，企图使浙江邮务陷于混乱。但武汉国民政府交通部部长孙科却给杜达下达了委任状，南京蒋介石政府也请杜达回到杭州，指令杭州公安局给以“保护”，并声明“在中央颁布工会法以前，各地邮务工会应一律视为非法”。杭州邮务工会不畏强权，于 1927 年 4 月 19 日向各界发出快邮通函表示抗议，并向南京政府交通部揭露杜达的间谍行为，最终将杜达逐出中国。

河南邮政工人驱逐洋邮务长的斗争 1927 年 3 月，河南邮工不堪邮务长、英国人穆林及其走狗的压迫，由地下共产党员张光岱、陈家仁、任其祥等人秘密活动，筹组河南邮务总工会。穆林闻讯后竭力反对，并在汉口英文报上扬言开封邮局有共产党活动，同时唆使副邮务长刘某包办工会，指定候选人名单，企图把工会变成自己的工具。穆林的阴谋被工人识破，由职工民主选举张光岱、陈家仁、任其祥等 13 人为执行委员，成立了河南邮务总工会。4 月，总工会揭露穆林罪状 20 余款。穆林怀恨在心，遂与驻汴奉军及警察厅勾结，将陈家仁逮捕，搜查张光岱住处，宣布工会为“非法组织”，予以解散。

邮工们对当局的暴行极为愤慨，遂掀起“驱穆”运动。6月1日，北伐军到达开封，陈家仁被释放，由张光岱组织邮务工人迎接北伐军。张光岱、陈家仁代表邮务工会面见北伐军第一集团军总政治部主任邓演达。邓演达和苏联顾问鲍罗廷召集群众讲话，支持成立邮务工会，驱逐穆林，收回中国邮权。张光岱宣布穆林破坏工会的罪行，限其3日内离开中国。穆林在事实面前不得不低头认罪，并亲具洋文悔过书，向工会道歉，于6月3日去职回国。

全国邮务总工会为邮工津贴问题抗议邮务总办铁士兰 1927年，全国邮务总工会发出致邮政总办法国人铁士兰的《为邮工津贴问题向邮政总局进言书》，声讨铁士兰的三大谬误：

一是对下层邮政工人的不平等。《进言书》指出：中华邮政乃国家为便利群众设立的服务机关，虽雇用外国人，实未与任何条约有关，华人自有主权管理。近来各地生活费用高涨，邮局下级人员常有要求津贴之事，这是正当要求。铁氏身为邮政总办，应体念多数下级人员痛苦，发给津贴，以资救济。但动辄以经济困难为托词，拒绝此项要求，或仅发给管理局及一等局，而不顾内地各局。更不平等的是，薪金越少，所得津贴亦越少。中国邮政收入每年盈余数万元，此项盈余全系多数下级人员努力工作所得，此款应分配于出力之多数下级人员方为合理。铁氏以经济困难为托词，抵制多数下级人员的要求，不知留此款何用?

二是对内地艰苦地方邮工的不平等。《进言书》指出：内地各局与管理局及一等局之生活消费并无高低之分，其工作亦无劳逸之别，还有数省各处生活费用较管理局及一等局为高、工作较管理局及一等局为苦，发给津贴应一视同仁。而铁氏竟差别对待，使内地工友愤愤不平，以致酿成罢工。

三是对贫苦劳动者的不平等。《进言书》指出：邮差运送文件无论寒暑风雪，终年跋涉，其劳苦之功绩在邮政史上占第一位。但所得薪资为数极微，本来已不大公道，现在所发给津贴又较各级人员为少，对贫苦职工极不平等。

《进言书》指出：铁士兰是故意与工友为难，也是挑拨上层邮务员与下级人员，管理局、一等局与内地各局的矛盾，使邮务工会因此不能巩固。并且动辄以关门停业相恫吓，“不顾与设立邮政之宗旨，欲使群众感觉种种不便”，这是其“思想行动之大谬误”。

《进言书》警告铁士兰，国民革命势力不久即达北京，可立将邮权收回，敦劝铁氏立改正往昔歧视多数下级人员的方针，以保留其地位。

（四）邮电职工争取生活待遇和劳动权益的斗争

在第一次工运高潮期间，邮电工人仍然坚持了争取提高生活待遇和劳动权益的斗争。

广东电话局工人罢工 据《广州民国日报》1925 年 7 月 4 日报道，广东电话局工人为维持生活，于两星期前提出加班增薪条件，多次与局方磋商、修改，但局长不顾工人困境，不允其所请，并将条件批交新任局长办理。工人于 7 月 2 日下午开大会表决，实行罢工，全市电话于当晚 7 时 20 分即告不通。经官方调解及新任局长答应工人所提条件，工人才停止罢工。

广州邮政工人罢工 1925 年 7 月 21 日，广州邮政工人以广东邮务总工会名义，向邮政当局提出 11 项要求，主要包括：（1）工人工资改为以库平银两计算，以防止纸币贬值；全省所有津贴一律照数发给，以昭公允。（2）每服务一年者，加薪两个月。（3）星期日及放假日工作，应按照本人每日薪金额补给。（4）工人在服务期内因公死亡的，应由邮局补给丧葬费 1000 元；致伤致残者则发给半薪，至终身止，所有医药费由邮局承担。（5）服务邮局20年者，准其退休，每月按本人工薪1/2发给，至终身止。（6）不得调遣工会会员，调遣会员须得本人同意。（7）各项假期应与邮务员一律平等，邮务生的津贴费应与邮务员一样。（9）薪水按邮局薪水表递升。（10）工作时间每日不得超过8小时，夜班不得超过6小时。（11）邮局现设督察，应由工会公众选举，以6个月为期，不得连选连任。

1925年7月30日，工会又向邮政当局提出6项要求：（1）制服上恢复“中华”二字；（2）增加月薪5元；（3）投递改为每日服务不逾8小时；（4）因婚丧及疾病请假时，须得应允；（5）裁减稽查员，巡视员不得当街训斥信差；（6）所有罢工人员均应按以前等级留用。国民政府建设厅厅长决定答应信差要求，要求邮务长按照办理。但不受广东政府控制的邮政总局电复该邮务长，主张采取应付办法，答应少数要求，并发给暂时津贴。在复杂的条件下，工人的罢工要求只得到部分满足。

中国电报工人全国总同盟罢工　1925年9月27日，在中国共产党领导下，上海电报局及11个省的417个电话局的电报员的代表，以中国电报工会联合会名义，通电北洋政府交通部电政司长，提出增加电报员工资；重新修订年终奖金、津贴加成、养老金、抚恤、劳绩金、川资、欠薪、棺殓费等标准要求。至9月28日，交通部不予答复，中国电报工会联合会主席张伯勋出面召开记者会，发表罢工宣言，指出罢工目的在“欲补救电政之窳败，减少生活之困难”。

上海电报局首先宣布罢工，各地代表分别通电本局响应，于是全国417个电报局投入总同盟罢工。罢工期间，中共上海地区负责人汪寿年、罗亦农等到邮局鼓励大家坚持斗争，增强了职工的斗争信心。上海电报局罢工开始后，北洋军阀戒严司令部便派便衣士兵到局，强迫职工签字复工，但遭到全体职工拒绝。上海电报局和驻上海的江苏电政监督也对职工软硬兼施，均未得逞。9月29日，交通部总长叶恭绰向北洋政府内阁会议报告了罢工的经过，并提出四项对策以防“风潮蔓延”。当时，北洋军阀正调动军队准备激战，且商电停顿对其筹饷不利，于是北洋政府交通部乃于10月1日致电各省电报局长，决定不久在北京召开“电政改善会议”，罢工形势大见缓和。当晚交通部电政司长到上海，与中国电报工会联合会聘请的律师谈判。10月2日，双方达成妥协：（1）工会改为“电报同人公益会”；（2）允许月薪60元以下者加二级，60元以上、100元以下者加一级，28元以下者加三级；（3）交通部承认此次罢工系出于为公众谋利益的精神，对罢工人员及其代表免予处分和调动。10月4日，上海电报局电告全国各局复工，震惊全国的电报工人全国总同盟罢工结束。

苏州邮务生罢工　1926年6月，苏州邮务生因薪水微薄、与上级职员待遇悬殊，并鉴于上海邮务工会成立，邮务生已增加薪水，遂发起组织邮务工会。20日夜，全体拣信生与邮差130余人开会，讨论组织工会章程，并向局方提出13项要求，其中主要有：（1）邮局应承认工会权利及其代表全体工人之职能；（2）津贴按上海局先例发给；（3）不得无故辞退工人，有辞退时须将充足理由提交工会审议，否则不得辞退；（4）疾病由医生证明后，有告假的自由，正式事假须一律照准；（5）凡有疾病，经工会证明后，得要求邮局给予津贴、医药费，缩短工作时间等；（6）改善劳动条件。会议决定在未解决前暂行罢工。21日上午4时，一面由代表面见局长，一面由罢工者在外散发宣言书。局长答应向管理局请示，并请工人先行复工。代表征求全体意见，多数工人同意先行复工。

广东电话所女司机罢工　1926年11月30日，广东电话所女司机发动了要求加薪的运动。女司机联合会向电话所所长提出三项条件：加薪、提高待遇和有劳动保障。12月3日《广州民国日报》报道："现查该女司机生活极为痛苦，昼夜从公，月薪不过17元，即班长最高亦不过26元，学习生仅6元，以之供给个人衣食，尚且不足，故屡有要求加薪之动机。旋因革命政府除旧布新，政费浩大，该女工等只得忍穷维持，而社会生活程度与日俱增，不得不举行加薪运动。"

长沙邮局工人的斗争　1926年11月中旬，长沙邮局邮务生及以下各级开始组织邮务总工会。邮政总局为防止工人罢工，于12月1日起向长沙邮务生及其以下各级发放津贴。12月7日，工会致函湖南邮务长，提出14项要求，主要包括：（1）承认邮务总工会；工会职员在任期内不得调遣，开除会员应得工会同意。（2）工人薪水及津贴改元为两，每服务满1年加薪；老弱告退者另给1年全薪。（3）工作最长时间不得超过8小时。（4）听差、苦力、杂役、轿班、水手之升级加薪及一切待遇应与信差一律平等；邮务工人所享事假、病假等待遇与邮务员同等。

邮政总局不同意全面接受工会条件，电令湖南邮务长就近与广州国民政府官员磋商和调停。经谈判，湖南邮务管理局承认湖南邮务总工会为合法团体，但邮务总工会对邮务管理局的用人行政不得干涉，同意改善工人待遇及工会其他部分要求。

杭州邮务工会成立　1927年2月21日，杭州邮务工会发出《致浙江邮务长杜达请愿书》，提出19项要求，主要包括：（1）承认杭州邮务工会，开除工会人员须得工会同意；被选举为委员者，在任期内不得调遣原驻地点。（2）实行8小时工作制；延长者应另给津贴；每星期应休息一天。（3）邮务生、拣信生假期应与邮务员相等；按规定休长假者，应另给长假之薪水；信差、邮差及杂项差役等服务3年以上的，应给长假两个月，病假如逾两个月，发半年半薪。（4）服务1年后，应发年赏两个月；差役等1年内不请事假者，加发薪水1个月。（5）信差及邮差等只服务公务，不受私事差遣。（6）差役因病因公死亡及发生残疾，除照进局年限给抚恤饷外，应自进局之日至病故之日止，按照月薪发给。（7）拣信生服务满 3 年者，得擢升为邮务生；信差服务满 5 年者，应升为拣信生；服务满 1 年者，应加薪 1 次。

九江邮工罢工 据 1927 年 1 月 25 日邮政总局电称，九江邮局员工于 1927 年 1 月 17 日罢工。18 日拘禁九江邮局局长、法国人帮代尔，19 日释放，但未经允许不能离开租界。20 日罢工纠察队代表带帮代尔赴南昌，向江西邮政管理局反映罢工要求。

江西邮务工会向邮总抗议克扣“防后金” 邮局每月在职工工资内扣除部分钱款，存入邮局储金会，充作预备金，当时称为“防后金”，是邮局剥削工人的一种手段。1927 年 2 月 8 日，江西邮务工会就发还“防后金”及资助金办法，向邮务总办提出抗议：“此项防后金及资助金为同人历年血汗之余，决不容贵总办复施帝国主义之狡猾手腕。”工会代表全体江西职工向邮务总办提出抗议，并提出办法：（1）所有存款限当年 3 月底全数发还；（2）停止存扣“防后金”；（3）邮政所得余利是工人血汗代价，逐年余利仍应拨给一部分发给职工作为酬金。工会称以上 3 项办法为全体之决议，不达到目的，誓不变更，要求总办于 4 周内答复。

福建邮工罢工 1827 年 2 月 26 日晨，福建邮政工人因局方遣散工人，包围邮局，实行罢工，要求按照汉口邮局办法给予津贴，局方答应罢工工人部分要求后，工人复工。

上海邮务工会的 19 项要求 1927 年 7 月，上海邮务工会向局方提出 19 项要求。主要内容包括：（1）限一年内彻底修改邮政纲要，取消一切不平等制度，修改时须派工会代表参加。（2）在邮政纲要未修改前，解决以下职工经济待遇问题：邮务生及以下各级一律加工资 10 元；邮务生以下各级每年加薪一次；拣信生及以下各级资助金照旧发给，邮务生及以下各级无论年数，每年发给年赏 1 个月并加发津贴；邮务生及以下各级中途死伤的，应发给抚恤金薪水 6 个月。（3）病假不得留难，并无限期，不得扣工资；星期日及假日休息，否则应加倍发给薪金；邮务生及以下各级每年给事假一个月；拣信生及以下各级长假照邮务生同样算法；苦力的号衣质料须改良并须有号裤。（4）要求补发邮务长所应允之工会开办费 1000 元及以前未发之按月经费（每月 100 元，自 1925 年 8 月起至 1927 年 12 月止），以后应按月发给工会经费 100 元；会员记过及开除，须得工会同意。

二、国民党对邮电工人运动的破坏和对邮电工会的控制

1927 年 4 月，蒋介石公开叛变革命，发动了四一二反革命政变，工会被查封，许多共产党员和工人领袖被杀，工人运动遭受极大的破坏。

在上海，国民党反动派纠集了一批流氓，成立了以白崇禧为后台的“工会组织统一委员会”和以蒋介石为后台的“工人总会”，作为他们统治和分化工人的工具。邮局的共产党组织转为地下活动，工会也停止了活动。

（一）国民党对各地邮电工会的摧残和对进步职工的迫害

1927 年四一二反革命政变后，上海邮局党组织转入地下，工会被“邮局清党和邮务工会整理委员会”接收。4 月 15 日，广东的国民党反动派发动了反革命政变，广州电话女司机联合会遭到反动军警破坏，委员冯焕钦、黄惠祝、黄振华等被捕。

1927 年 5 月 21 日，湖南军阀何键指使反动军官许克祥发动“马日事变”，大肆捕杀共产党人和革命群众。当日下午，电话局工人纠察队接到总队通知，由队长谭福生、胡金生率队员 30 多人去保卫湖南省总工会。夜间，队员与许克祥军队相遇，队员邓菊生当即死于乱枪之下，其余队员撤退回局。5 月 23 日，电话局

局长召开大会，要群众检举去保卫省总工会的人员，队员杜冬生被宣布开除后，遭“清乡司令部”逮捕，游街示众后被杀。5月26日，永州发动“宥日事变”。事变前，中共永州直属总支书记、电报工会负责人唐浩值机时，收到代省长张翼鹏发给各地驻军和政府的密电，要求驻军监视工会，收缴工人纠察队枪支。他当即将密电扣压，烧毁文件，安排党员转移。30日，唐浩不幸被捕就义。随后，湖南电报工会、长沙电报电话工会和衡阳、宝庆等电报工会均被解散。长沙电报电话工会委员长朱镇耀被捕，副委员长曾桂生被开除，有的委员被调离；湖南邮务总工会委员长蔡声硕被立案审查，后经亲友力保，被调往靖港邮局。之后，省邮局对工会工作人员以分化调离办法，使工会组织无形解体。

上海邮局的党组织转入地下后，成立了一个工会党团，以上海邮务工会（公会）创始人顾治本为书记。在五卅运动两周年纪念日之际，党团组织了一次示威游行，几百名怀着激愤情绪的职工，在邮局天井里高呼口号，散发传单。国民党加紧了对邮政工人的迫害。工会党团成员周颙、顾治本先后被捕。

1927年9月26日，汉口邮务职工举行罢工，要求恢复大革命时期的待遇，在反动当局的高压下，罢工坚持了三天，以失败告终。

1927年12月11日至13日，中共广东省委领导了广州武装起义。起义前，广东邮务总工会作出了罢工的决定，秘密将邮艇“鸿鸣”号作为起义负责人张太雷召开秘密会议的会场，并印制了起义传单。中华全国邮务总工会主席伍天德和广州邮工彭巨忠、周渭南、何卫华、张娣、何荣、何辉、麦福、朱锦、文佩等参加了起义。起义失败后，广东邮务总工会高义炳和参加武装斗争的邮工相继离开广州。1928年1月3日，广州公安局下令解散广东邮务总工会，广东邮政工运转入低潮。

反革命的白色恐怖也涉及北方。1927年，张家口邮局和电话公司工会被迫解散，电话公司工会干部张修、王英、沈继昌等人被捕，两个工会解体。

1928 年 6 月，国民党新军阀势力进入北京，并改称北京为北平。北平邮工为了解除自身痛苦，反对帝国主义势力控制邮政，于 7 月底成立了邮务工会。8 月，国民党新军阀白崇禧致电平津卫戍总司令部，以所谓平津工会内有少数共产党为由，要求将“平津两地工会一律解散”。平津卫戍司令部接电后宣布：“北平初定，人心未安，若任共产党煽惑阶级斗争，为害何堪设想。兹据前情，自应严厉制止，其已成立之工会一律暂行解散，不得自相惊扰。”新成立的北平邮务工会被迫停止活动。

为了控制工会，国民党中央常务委员会于 1928 年 7 月通过《工会组织暂行条例》，规定“组织工会须经当地党部之认可”，“并向地方官署立案”。因此，北平国民党势力同意北平邮务工会在“受党部领导，政府监督”的前提下恢复活动。

1929 年 5 月 19 日，英国士兵打死一名中国市民，为此，上海各界成立了后援会，要求惩办凶手。邮务工会代表朱学范和沈孟先参加了后援会。5 月 24 日，后援会工业界大会在邮局召开。大会结束后，国民党抓走了工会领导成员、共产党员徐斌藻，党组织成立“徐斌藻营救委员会”对其进行营救。6 月 1 日，“徐斌藻营救委员会”扩大会议予以举行，隐藏在工会内的国民党分子陆京士指使包围会场的捕探抓人，由于群众的极力保护，沈孟先等人逃脱。但一天后，营救委员之一、共产党员全子明在工会被捕。6 月 5 日，国民党上海特别市执行委员会就邮局内有共产党多人，致函上海邮务管理局，称褚士良、沈孟先、钱静庵、徐斌藻、叶春荣、全子明为首要分子，余彬生等 4 人为次要分子。6 月 8 日，上海邮务管理局发布《处理共产党员局谕》，开除徐斌藻、全子明和另外 6 名进步职工（其中有共产党员），沈孟先不得不离开邮局。

由于害怕工人运动，国民党政府、邮政总局及各地邮务管理局加紧了对邮务工会内积极分子的迫害，一部分邮务工会也因此停止了工作。电报、电话系统的工人积极分子也受到了残酷迫害。1929 年 8 月 30 日，国民党政府通令各省，严禁邮电等交通机关职工怠工、罢工，企图以高压手段阻止邮电工人运动的发展。

1930 年 8 月 4 日，国民党上海市执行委员会秘书处致函上海邮务总局，以该局职员盛积瑞系邮务工会最重要之共产党分子为由，要求将其抓捕送公安局。9 月，邮政总局电示北平邮务长聂克逊要采取“果断措施”，以共产党嫌疑犯之罪名，将工会执行委员李景韩、杨茀候开革，又将数十名工会骨干分子调出北平。北平邮务工会的进步力量受到严重摧残，会务被迫停顿。

这一年，南京电报局工人在几位积极分子的领导下，以局内腐败、职工待遇差、生活困难为由举行了反饥饿会议。当时参加会议的工人有六七十名，推选陈继昌、李传夔、蒋宗銮、冯柏六、薛酉生、王兆熊、李光裕等 10 人组成主席团，一致要求改善待遇，并声援被无理开除的报差陈山。电报局长陈伯扬一面表示答应，一面却将参与人员名单报送南京警备司令部。夜间 3 点，警备司令部派兵包围邮局宿舍，将 9 名代表捆绑而去。经过二十几天非人折磨，认定陈继昌、李传夔、蒋宗銮、冯柏六为“共党重要分子”，8 月 18 日在雨花台将 4 人枪杀。

（二）国民党势力对邮电工会的控制

1927 年四一二反革命政变后，鉴于上海邮政工会及邮政职工运动在国内有较大影响，国民党便派曾在上海邮局任高级职员的国民党区党部指导员凌其翰，邮局的国民党员钱丽生和曾参加共产党的叛徒王小林等，组成“邮局清党和邮务工会整理委员会”，接收了上海邮务工会，后续又成立了各省市邮务工会联合办事处。

1928 年 12 月 1 日，在钱丽生的助手陆京士等人的策划下，由上海、南京邮务工会召集，在上海召开了全国各省市邮务工会代表谈话会，并决定于 12 月 2 日举行正式会议。12 月 2 日，各省市邮务工会代表大会第一次会议举行，改各省市邮务工会联合办事处为全国邮务总工会筹备委员会。12 月 3 日至 5 日，全国邮务总工会筹备委员会会议举行，通过了筹备委员会简章、常委会办事细则等事项。1929 年 2 月 1 日，由南京、上海两会选举陆京士等人为常务委员。

国民党接收上海邮务工会后，工会内部的共产党人和工会积极分子进行坚决抵制。1929 年 6 月 7 日，国民党市党部逮捕并由邮局开除徐斌藻、全子明等，指定陆京士等 16 人为整理委员，对上海邮务工会进行继续所谓的“整理”。6 月 19 日，在陆京士的主持下，邮务工会整理委员会第一次会议召开，称“现在工会内部纠纷达于极点，（国民）党部方面顾念及此，不得不派员整理改造”。上海邮务工会由代表国民党势力的陆京士等人掌握了领导权。

为了控制上海邮务工会，陆京士纠集工会内的张克昌等人在工会内组成帮会组织——“50 个党精神团”。工会内部的帮派组织不断发展，形成了“毅社”“畅社”“青社”“明社”“心社”等帮会。由于存在上层邮务人员组成的邮务职工会和下层邮工组成的邮务工会，加上国民党的控制以及工会内帮派势力的存在，工会的战斗力被严重削弱。

1929 年 10 月 21 日，国民党政府公布了《工会法》，规定：“国家行政、交通、军事、军事工业，国营产业，教育事业，公用事业，各机关之职员及雇用员役，不得援用本法组织工会。”这样，属于“交通”事业的邮电行业工会，就被置于非法地位。如《中国邮政》所报道：“《工会法》颁布，邮工组织已失去法律上之地位，职工运动之势力，至此呈动摇之势。”但由于上海、南京邮务工会已受国民党控制，并没有被取缔。“上海邮务工会及其余荫下京沪路之各地邮务工会，得以巍然独存。嗣后，各地邮务职工会及总会之组织相继产生。职工会有吉黑、辽宁、北平、河北、山东、山西、河南、东川、西川、湖北、湖南、江苏、安徽、江西、上海、浙江、广东、广西、云南等地区。邮务工会方面，亦有全国总邮务工会之组织。今此两种工会亦有相当坚强之势力。《工会法》颁布后，邮务职工团体，名义上虽无法律之地位，但事实上则不可否认其存在。”

1931 年底，上海邮务职工会发起组织全国邮务职工总会，召集各邮区代表在沪举行第一次代表大会，苏皖、上海、浙江、江西、湖北、湖南、山东、山西、北平、河北、河南、广东、广西、辽宁、吉黑等 15 个邮区各派代表到会。会议自 1932 年 1 月 11 日开幕至 15 日闭幕。选举执行委员 11 人，候补 3 人；监察委员 7 人，候补 2 人；常务委员 5 人。

1932 年 7 月 25 日，全国邮务职工总会在南京召开了第二次全国邮务工会代表大会。

三、工运低潮时期的工人斗争

在国民党势力的高压和控制下，邮电工人运动一度陷入低潮。但工人并没有放弃斗争。自 1928 年至 1936 年，邮电工人为改善生活待遇进行了多次斗争。拥护蒋介石政权的上海邮务工会负责人陆京士也发动了所谓的“护邮”罢工。

（一）邮电工人为改善生活待遇的斗争

自 1928 年起，邮电工人又掀起新一轮争取改善生活待遇的斗争。

上海邮务工人为改善生活待遇而罢工 自 1925 年后，上海邮政职工的薪资一直没有调整，而在这一时期，各种生活费用又开始上涨。因此，有中共地下党员和工人积极分子参加的上海邮务工会，于 1928 年 4 月提出了 10 项要求。但邮政当局长期拖延，不予答复。根据邮局中共地下党组织的指示，工会成立了罢工委员会，于该年 10 月 2 日开始罢工。罢工要求除原有的 10 项外，又增加了 6 项，中心要求是上下级人员薪资及每次加薪都应保持合理差距，以保证低级邮工的利益。这次罢工经过较长时期的酝酿，声势浩大，罢工人数达 2500 人。

上海发动后，其他各地邮局很快响应。邮务总办刘树藩不仅拖延与工会的谈判，还要求国民党警察局和租界巡捕房派保安队和巡捕封闭邮务工会会所，驱逐罢工委员，逮捕工会纠察队成员，并且蛮横地“剥掉”了 310 个罢工信差的号衣。代表高级人员的邮务职工会，在刘树藩的主使下，借口邮务工会罢工事先未征求该会意见，命令其 400 多名会员照常工作。国民党反动派早就想肃清邮务工会中的进步势力，便借此罢工机会指使陆京士在工会和罢工委员会内部进行破坏，还命上海市政府农工商局长潘公展及上海市党部成员吴开先等召集党政军联席会议，并称邮局罢工“影响社会”，要邮局职工先行复工，再谈条件。蒋介石指定 4 名政府委员“郑重办理此事”。由于国民党的威胁和破坏，罢工失败，除邮务生级别以下的底薪增加至 5 元外，其余要求均遭拒绝。

1928 年 10 月 12 日，中国共产党领导下的全国总工会发表《告邮务工人》的宣言书，大呼：“伟大的 2500 人的罢工，使帝国主义及国民党震骇得心惊肉跳、手忙脚乱。这是运用你们的力量的正确方法，这种方法是你们得看（到）胜利的唯一途径！”15 日，蒋介石发表演讲，威胁说：“工人只有两条可走的路，一则是……在本党指导之下，为国造产，……使四万万国民的生计，都得解决，这是生路；二则是受共产党党徒的诱惑，……一任私欲狂发，以致国家破亡，这是死路。”

事后，反动派进行了疯狂反扑。1929 年 2 月 1 日，上海邮务总办更是无故开除了 32 名工人。为此，1929 年 2 月 14 日，全国总工会发表《为邮政总局无故开除工人告工友书》，指出：“上海邮务工人自上次罢工被帝国主义、国民党及其走狗工贼等联合围攻失败后，几个月以来，邮政局更肆无忌惮地向邮务工友施以不断的高压和剥削，任意加重工作，任意处罚工人……同时复违背章程，引用国民党派来的一般走狗，并借口招考邮务员，准备大批开除老的工人。……本会认为这不仅是邮务工人部分的斗争，也是全上海与全国工友们所应当严重注意的事变。”

《告工友书》揭露，“国民党对于工人素来是采用极凶恶极狡诈的政策，蒋介石最近发表的政见是要绝对禁止一切的罢工和怠工，……为着巩固他们的统治，更不得不特别镇压国有产业的工人。”《告工友书》号召全国国有企业的工人，预备反抗国民党这一危险的阴谋，与邮务工人共同反对违背章程开除工人的毒辣手段，时刻提防蒋介石委派其门徒走狗混进工人队伍，施行离间工友、组织法西斯工会的阴谋。

上海邮务工人争取假日休息的斗争 1929 年 4 月，上海邮务工人提出了星期日休息、整理薪金、恢复暑假等要求。18 日，上海邮务工会致函邮务长，要求邮工享有星期日及假日休息的权利。公函指出“吾邮工终岁辛勤，既无如商家号家之开工赏工，又无商务铁路之月假年假，除因婚丧喜庆每年得请事假 14 天外，余均不得告假，故俗言常称邮工为卖身邮务之奴仆。”经邮务工会组长会议决议，要求星期日与假日应停工休息。“如民众不便，则工作者另给工资”，工作全天者加给半日工资。

斗争坚持一个多月，国民党及其他反动势力开始指使少数人阻碍罢工，不久又逮捕罢工领导人，进而解散工会，并开除 10

多个积极分子。1929年6月18日，中国共产党领导的上海工会联合会发表《告邮务工友书》，指出："这种一步一步地进攻你们，显然是当局有步骤地要消灭你们的斗争。""过去孙传芳时代都不敢取消的，现在又被剥夺了。"《告邮务工友书》说："工会是工人自己的机关，只有自己选出来的才能代表全体工友，何得由旁人指派！""十几位勇敢的工友，是邮务当局奉（国民）党部命令开除的。能够直接开除工人的工作，这是何等离奇的怪状！这样我们的生活还有保障吗？"工会联合会呼吁"每个工友都本着百折不回的精神为条件、为领袖生命、为被开除的工友、为争得自己的工会而继续更坚决地向前争斗！"因为"争斗的胜利，就是全体工友得到一部分解放的先声。"但是由于国民党和工会内部反动分子的破坏，斗争没有取得最后胜利。

江苏邮务工人争取困难补助的斗争 1930年5月7日，由于物价昂贵，员工生活困难，江苏邮务工会南京分会提出7条救济办法。交通部不准江苏邮政管理局发给员工临时补助费，只是让职工事务委员会每月核拨2000元办理职工消费合作社。

北平、天津邮政工人争取"米贴"的斗争 "米贴"即粮食补贴。1930年7月，北平（京）、天津的邮工要求仿上海例发给"米贴"，均遭到邮政总局拒绝。23日，北平邮务工会发动怠工。工会组织了四个"维持队"，负责维持怠工期间的秩序。25日，天津邮务工会举行紧急代表大会，会上决定成立怠工委员会，于26日开始怠工。经过谈判，工会和局方先后达成协议，发给临时补助费：月薪50元以下的每月发给3元，月薪50元以上的每月发给2元。27日、30日，北平、天津邮工分别宣告结束怠工。

全国邮务工会争取"房贴"的斗争 "房贴"，即职工租房补贴。1931年2月16日，上海邮务工会联合全国43个邮务工会发表宣言，要求一律发给10元"房贴"。交通部恐酿成罢工，19日与工会达成协议，取消"房贴"名目，全国邮务员提前3个月加薪，邮务佐提前6个月加薪，信差、听差、苦力、杂役升级1次。

美商上海电话公司工人罢工 1932年3月，美商上海电话公司新建的6个自动电话交换所全部竣工，原来的人工电话接线台逐步停用。资方就此大批裁减接线生，仅1932年3月至5月就裁减、开除、辞退接线生848人，话务部人员从1278人骤减到430人。装机工人在工程竣工前也陆续被裁。由于自动机全部启用，大批工人面临被裁减的危险。

1932年5月底，工人们向资方提出增加工资、改良待遇和不得开除工人等5项要求，未获解决。于是中共电话支部在上级党组织领导下决定罢工，由党员叶公照出面，于6月7日晚召集各行工人代表开会，确定组成罢工委员会，要求各行也相应成立罢工委员会或斗争委员会，宣布自6月8日起罢工。

9日下午，罢工委员会集合罢工工人1000余人，报告罢工经过，并派代表同资方交涉。代表向资方提出：（1）反对开除工人，恢复5月30日后被开除工人的工作；（2）工人一律按比例增加工资，罢工期间工资照发；（3）承认工会完全代表工人，任何劳资关系均由工会负责接洽；（4）接线女工分娩前后休息2个月，工资照发，并发给生育费50元；（5）补发"一·二八"后和5月30日前被开除工友的退职金。同时确认女工实行7小时工作制；储蓄金及6个月的退职金由工人自己保管；因公受伤残疾发给与一年工资相当的恤金，直到伤愈复工或终身；50岁以上员工不做工的，需给养老金等14项条件作为劳资双方初步协约。

公共租界各巡捕房紧急出动，在各分局附近武装戒备。国民党社会局长吴醒亚也派人调查罢工情况。10日晨，罢工工人准备集会，租界派捕探百余人在福建路分局附近实行戒严。至9时许，工人已集合1000人以上，捕探强行驱赶罢工工人，但工人仍坚持不肯离去。10 时 10 分，捕探将工人代表叶公照，工人万瑞春、张荣生、朱子文等 4 人拘入捕房，并驱散了罢工队伍。

罢工进行一星期后，资方态度强硬，加上捕房干涉，形成了僵持局面。12 日晚，罢工委员会召开紧急扩大会议，重新选举罢工委员会主席团，领导工人继续罢工。14 日下午，罢工委员会推派代表向资方递交抗议书，严正指出资方屡次无理拒绝工人所提条件，开除工友 12 名，这种极端压迫工人的手段造成了工人的更大反抗。18 日，罢工委员会召集各界讨论援助事宜，到会的有上海民众援助东北义勇军联合会人员，英美烟厂工人，南洋烟厂工人，中国大学和暨南大学学生，市政工会员工等，大家一致呼吁各界实力援助，以达到最后的胜利。

20 日，公共租界捕房在福建路总局门前临时戒严，并增派捕探，保护复工。21 日早上，捕房派大批捕探到远东饭店，驱逐罢工工人，以致群众大会和示威游行都无法举行。

由于租界帝国主义势力的破坏，罢工在进行了 13 天后失败。

北平邮务职工反对逮捕北平邮务工会成员的斗争 1933 年 2 月 2 日，北平邮务长巴立地勾结地方警察局，逮捕北平邮务工会执行委员、监察委员 11 人，开除 13 位委员，封闭工会。2 月 3 日，北平邮务工会采取合法手段电呈交通部，请求撤职查办严惩北平邮务长巴立地。6 日，发表《为邮务长巴立地非法摧残工会宣言》，称工人及工会人员“处于高压恐怖之下，全副武装的警察监视着局内工友的言语行动，不许多言，尤其不许谈到会务。而工会地址（被）包围，工会处所横被封禁。这便是巴立地统治下的邮局现状！这便是外国人统治下的中国政府机关的现象！……我工友虽在极度高压之下，但人心未死，精神还在，决计奋斗到底。”

2 月 8 日，浙江、南京等邮务工会致电北平（京）邮务长巴立地，要求释放被捕的北平邮务工会执行委员。指责巴立地“摧残辽宁工会，旧恨未消；擅捕北平执委，新怨更结”。要求其“悬崖勒马”，立即释放被捕执委。9日，镇江、无锡、芜湖、徐州等10多个地方的邮务工会群起响应，致电巴立地，要求立即释放被捕邮工，并予复职，以平众愤。

2月13日，中共北平东区区委发表《声援信》指出，向帮助巴立地抓捕工会人员、封闭工会的国民党请愿不可能解决任何问题，工人只有罢工才能维护自己的权益。党组织号召工人驱逐巴立地，恢复“米贴”，恢复升级制，成立邮工义勇军参加前线抗日，加入共产党和北平总工会。

各地邮政工人为改善生活待遇的斗争 1936年6月，因物价飞涨，福建、浙江、江西等省邮政员工纷纷通电邮政当局要求发给相当于工资40%的临时津贴，全国邮务工会据此向交通部提出交涉，发给临时津贴的问题得到解决。

（二）黄色工会发动的邮电工人罢工

1931年，由于水灾和东北沦陷，交通邮电事业萎缩，亏损严重。为了维持因官方、局方管理不善而亏损的邮政，交通部部长陈铭枢取消了邮工补贴，并借口工人加薪，提出“邮费加价”的方案。这些做法引起了工人的反对。1932年5月，以陆京士为首的全国邮务总会为反对陈铭枢，利用邮电工人的不满情绪，以“护邮”（亦称“巩固邮基”）为名，发动了席卷全国的罢工。22日晨，上海邮务工会和上海邮务职工会首先发动罢工。次日，北平、天津、开封、太原、济南、南京、安庆、福州、杭州、郑州、洛阳、青岛、烟台、苏州、常州、无锡、镇江、江都、徐州、宁波、温州、松江等地邮务工会相继罢工。与陈铭枢有共同利益的行政院长汪精卫，训令上海市市长吴铁城劝邮工立即复工。25日，国民党政府特派代表、实业部部长陈公博会同吴铁城邀集上海头面人物虞洽卿、杜月笙等7人出面调停，与上海两会代表进行谈判。陆京士等发现形势于已不利，表示接受调停方案，下令于 26 日下午复工。各地邮务工会也分别于 26 日晚或 27 日复工。这次大罢工实际上是国民党内部的派系斗争，广大邮工没有获得任何利益。“护邮”罢工结束后，国民党成立了一个“邮政经济制度研究委员会”，用一年时间出了一个《巩固邮基方案》，始终未见实施。“护邮”期间，一些邮务工会负责人大肆挥霍，导致每个会员反而被扣掉一笔“福利金”，以弥补工会经费的亏空。

针对这次罢工，1932 年 6 月 2 日，中华苏维埃共和国临时中央政府发出《致全国邮务罢工工人电》。该电报指出，邮务工人举行全国一致的总同盟罢工，反对国民党的剥削与压迫，以及其出卖航空邮政的罪恶行为，争取本身利益，是伟大的、英勇的阶级斗争。国民党政府投降帝国主义，压迫中国革命，出卖中国邮政，对总罢工实行残酷压迫的事实证明，要求中国民族独立与工农解放，就要打倒帝国主义，推翻国民党统治。目前只有在苏维埃政权下的工人已取得《劳动法》的保护、不受帝国主义资本家的压迫，本政府对于你们伟大的罢工斗争深表同情与慰问，除号召全国苏区工农群众予你们以经济援助外，我们正在领导全体红军战士以积极发展革命战争，响应你们共同向阶级敌人进攻。希望你们本着无产阶级的坚决精神，并防止黄色领袖出卖罢工，以与敌人作坚决的斗争，直至最后的胜利。

四、全国邮电职工的爱国救国运动

1928 年，国民革命军开始了二次北伐，以期统一全国。为了阻止中国的统一，以日本帝国主义为首的外国侵略势力开始了对中国的进一步侵略和蚕食，并制造了“济南惨案”。1931 年，又制造了侵略东北的九一八事变。在国难面前，中国邮电工人继续发挥斗争精神，开展了一系列反对帝国主义侵略和控制的斗争。

（一）邮电工人反对帝国主义势力的斗争

日本侵略者制造“济南惨案”后，中国邮电工人发起了抵制日本侵略行为的斗争。

邮政工人抗议日本侵略者制造“济南惨案” 1928年5月3日，日本侵略者制造了“济南惨案”，其中济南电报局有3人被惨杀、10余人受重伤，还有10余人下落不明。全国工人非常愤慨，自动起来组织各种反日团体，演讲示威。上海邮政工人决定召开工人大会，举行全市罢工。福建等地电报工会发出通电，决定联合各界组织之反日行动，并要求设法救济失踪及遇难电报工人的家人。但国民党提出和平交涉，禁止集会结社，取消反日组织。因上海邮务工会陆京士等人的妥协，邮务工人反日会无形解散。

北平邮务管理局工人拒绝收寄投递日本人发行的《顺天时报》 为了反对日本帝国主义侵略中国的恶行，北平邮务管理局工人拒绝收寄投递日本人发行的《顺天时报》。自1928年9月9日起，《顺天时报》被邮务工会职员扣留，自20日起停止邮寄该报。因邮局代理副邮务长刘曜庭反对工人行动，工人阻拦刘曜庭到局办公。10月1日，工人宣告罢工，并要将刘曜庭送往南京惩办。邮政总局为平息罢工风潮，准许刘曜庭告假，并答应工会在3日内令其离开北平，工会遂于1日下午6时30分复工。

在抵制日本侵略的同时，邮电工人不顾南京国民党政府的反对，继续进行反对帝国主义控制和反对洋邮务长压迫工人的斗争。

北平邮政工人驱逐洋邮务长 1932年7月第二次全国邮工代表大会筹备期间，南京国民党政府交通部担心“护邮”罢工刚结束，“兹复定期召集大会，难免发生恶劣影响”，借口全国总工会

“本系不合法组织”，命令邮政当局阻止第二次邮工代表大会召开。但北平邮务工会代表不顾反对，仍向邮务长、英国人聂克逊请假出席大会。聂克逊假意表示通融，但代表刚刚出发，就向邮政总局诬告工会代表擅离职守，加以陷害。

1932年9月，北平邮务工会写信给聂克逊，揭露了督查长陈某压迫工友的罪行，要求聂克逊将陈某开除，以平公愤。然而聂克逊竭力包庇陈某，拒不答复工会的要求，引起工会和邮工的极大愤慨。邮务工会决定团结起来，坚决将聂克逊驱逐出北平邮局。

1932年10月6日，北平邮务工会发表驱聂克逊宣言，列举聂克逊摧残工会、欺压工友、破坏抗日、包庇坏人等十大罪状，宣布“今日之势，有聂克逊无北平工友，有北平工友无聂克逊，我们誓以2000名工友的全力，与帝国主义的聂克逊周旋”。该日，成立驱聂行动委员会，发布宣言，进一步列举了聂克逊的14条罪状，包括随意调遣工会会员，致使工友妻离子散；邮工抗日救国会成立第二天，聂克逊就将救国会执行委员调往他地，企图破坏中国邮工的救国运动；假手他局，迫害被调遣的邮工。

驱聂克逊发起时，恰好邮政总局视察员缪鸿俊正在北平办事，听到消息，立即赶到邮局与邮务工会全体执委商谈。看到邮工团结一致，一定要驱逐聂克逊，深恐僵持下去事态扩大，即致电邮政总局，建议“促聂克逊早日离局，以息风潮”。邮政总局只好将聂克逊调走。

（二）九一八事变后，邮电职工的抗日救国运动

九一八事变发生后，日本侵略军占据中国东北三省，激起了全国一致的反日运动。作为中国工人阶级的一个重要群体，中国邮电工人也发起了一系列抗日爱国运动。

西川邮务工会发表反对邮务长、英国人克定压迫，并阻挠邮

工反日游行的宣言。1931 年 9 月 28 日，成都市反日大会邀请西川邮务工会组织工人参加 9 月 29 日全市反日示威游行。工会派代表向邮务长、英国人克定申请停工一日，参加游行，克定不准。工会代表以事出非常，再三陈述，使部分工人得以参加游行，克定仍然坚持不允。工会无法，便于 29 日晨召集临时紧急会议讨论办法，克定亲到会场，要求不准集会，并勒令解散。当时全体邮工义愤填膺，毅然决定自动集会，出发参加游行。工会认为，克定的行径是其以帝国主义对待亡国奴的态度对待工人群众，故发表宣言指出，倘克定仍继续行使高压手段，阻止邮工的爱国运动，工会誓以全力对付。

北平邮区工人抗日救国会成立 为了反抗日本侵略者强占东北三省，北平邮区经各局处推举代表，于 1931 年 10 月 2 日组织成立北平邮区工人抗日救国会。28 日，国民党政府交通部以北平邮区工人抗日救国会并非法定团体为由，不准给予备案。

苏州邮务工会反日行动 1931 年 10 月 13 日，苏州邮务工会反日救国委员会呈请全国邮务总工会转邮务总局，对服务中国各邮局的日籍雇员应一律停止职务。并决定组成义勇军，为抵抗日本侵略者做准备。

上海邮政两工会组织抗日救国会 九一八事变发生后，上海邮务工会和上海邮务职工会联合组织了抗日救国会。邮政工人在上海管理局内张贴抗日救国标语，鼓动全体人民团结起来，抗击日本帝国主义侵略。

上海电信职工成立抗日救国会 1931 年末，上海电信职工在上海各界人民组织的抗日救国会的推动下，成立了上海电信抗日救国会，并开展了抗日活动。1932 年初，上海无线电总台员工志愿组成几个小型无线电队，为 29 路军抗日作战服务。国际电台职工在四川路青年会为支援东北义勇军义演抗日话剧。

上海邮政职工支援 29 路军抗战 1932 年 1 月 28 日，日本侵略军在上海发动武装进攻，29 路军将士奋起抗击日军。2 月 15 日，上海邮务工会组织义勇队，齐赴战地，负责战地交通、运输，以及救助灾民、伤兵的工作。工人置生命于不顾，出入于枪林弹雨之中，作出了突出贡献。各地邮工亦纷纷解囊，捐助军饷 1 万余银圆，慰问品 1000 余件，麻袋 3000 件。一些邮工在战斗中牺牲，例如，信差会员陈方湘、苏品才、傅德修在服务时被日本侵略军杀害。

吉黑邮务工会揭露日本侵略者罪行 1932 年 3 月，吉黑邮务工会在中共地下党领导下，广泛发动群众，向国际联盟调查团写信，揭露日本侵略我国东北的罪行，并通过信差直接送交国联盟调查团团长李顿。

天津等地邮务工会开展追悼抗日殉难邮工活动 1932 年 10 月 16 日，天津邮务工会开展追悼“九一八”“一·二八”抗日殉难邮工活动。这天上午，职工臂戴黑纱，起立默哀 5 分钟，以示悼念。当天所有邮件一律加盖“纪念抗日殉难职工”“誓死收复东北失地”的纪念日戳，以志不忘。1936 年，全国邮务总工会在南翔郊外烈士殉难之处购地 3 余亩，建筑邮工烈士公墓。1936 年 3 月 19 日，借全国邮务总工会第三次代表大会代表齐集上海之际，举行邮工烈士公墓典礼。

广州等地邮务工会张贴抗日标语 1931 年 10 月 29 日，日本递信省邮务局长在致中国邮政总局的公函中称，中国寄日本之邮件，大多盖有各种抗日标语戳记，如“倭寇凶且毒，救国齐努力”；“努力救国，抗御倭寇”；“日本兽兵野心不死，侵占屠杀惨无公理”等。1933 年 4 月 24 日至 5 月 4 日，广州邮务工会印制抗日标语 5 万张，组织有关员工贴在邮件背面。国民党中央宣传部通电各省市、军队党部称：“所属一律暂缓在邮件上加盖抗日标戳。除经交通部特准者外，一切宣传口号戳记概不得在邮件上加盖，以免引起国际纠纷。”

捐献资金，资助抗战 1933年，全国邮工集成航空捐款29.2万余元，购买飞机，以抵抗侵略。1935年4月4日，由全国邮工捐金购买的“邮工号”飞机第一号至第四号，在南京飞机场举行命名典礼。1936年11月中旬，日军自察哈尔向绥远进攻。傅作义率所部奋起抗击，在百灵庙打败了日本侵略军。11月25日、12月21日，浙江及湖南长沙邮务工会全体会员捐薪一日，慰问绥远抗日爱国将士。

九一八事变后，东北邮政职工坚决反对日本帝国主义侵略，并发动了一系列反抗行动。

东北三省全体邮务员工发表停止东北一切邮务的《通告》 1932年4月1日，日本侵略势力强行接管东北邮政。5日，东北三省全体邮务员工发表停止东北一切邮务的《通告》致全国邮务职工总会，并经上海邮务工会转发全国。指出，日军控制下的“满洲国”开始接收东北邮政，而国民党领导下的邮政总局，竟然命令辽宁邮局与伪政权磋商接收条件，以委曲求全。沈阳、哈尔滨二局邮务长均为外国人，服从总局乱命，承认伪政权而与之磋商投降条件，丧权辱国，言之痛心！《通告》提出，职工等羞为傀儡政权服务，为中华民族之尊荣计，为个人之人格计，泣求邮务总会，督促邮政当局取消与伪政权磋商条件之乱命；万一伪政权强制接收，总局可命全体员工退出，引用国际邮政公约，停止东北三省邮务，以为封锁之计。《通告》呼吁邮政总局悬崖勒马，改变与日本侵略者及伪政权妥协的荒谬做法，以抵抗侵略者及伪政权的恶劣行为。

东北三省邮工撤退入关 经东北三省邮工强烈呼吁，邮政总局决定停办三省邮政。停办后，辽宁、吉黑两区邮务员工陆续撤回关内。辽宁区员工入关报到者1300余人，未入关者仅150余人；吉黑区员工入关报到者1200人，未入关者仅400余人。

撤退入关的东北邮电职工受到了北京、天津等地团体和民众的热情接待，天津市各机关及关系团体的代表举行会议商讨接待办法，天津市各业工会救国联合会承担了经费。8 月 7 日，入关的邮电职工已达 1500 余人。9 日，天津市各机关代表再次举行会议，决定以“天津市各界招待东北入关邮务员工委员会”名义向各界募捐。天津市邮务工会成立招待委员会。北平邮务工会派人到车站欢迎 700 多名撤入关内的东北爱国邮工，安排食宿，并派人慰问。入关的邮政职工经邮政总局批准，调上海、济南、北平各邮区安置，天津、北平、河北各局安置撤入关内的电信职工 459 人。

五、中国共产党领导的邮电工人运动

1927 年 4 月，以蒋介石为代表的国民党反动派背叛了革命，封闭工会，抓捕杀害工人领袖，迫害进步工人，使工人运动陷入了低潮。在严酷的白色恐怖下，中国共产党从血泊中站立起来，继续领导工人运动，肩负起开展工人运动的历史使命。

（一）对国民党统治区工人运动的领导

1. 中国共产党及全国总工会开展邮电工人运动的方针政策

蒋介石叛变后，中国共产党召开了八七紧急会议，通过了《最近职工运动议决案》，提出了新形势下开展工人运动的方向。指出：“职工运动中，以后要更加多注意产业工人，特别是铁路、海员、电报、水电、电话、邮政、运输、兵工厂等工人……他们不仅是我们的主要基础，并且在土地革命的阶段中，他们是打破封建势力及在城市中的大本营之伟大力量。”1928 年 9 月 27 日，中共中央就河南电报工人工作，发出了致河南省委的信，提出河南省委应着手进行电报工人的工作，并提出了具体的工作方法。

1929 年 2 月 14 日，中共中央发出《反对国民党进攻邮工》

的通知，揭露了国民党迫害邮政工人的种种暴行和剥削邮政工人的实质。该通知指出：“国民党将来更可以这种官僚势力来包办各种国家企业的御用工会，多一种对于工人压迫的力量。这……在全国工人运动与革命发展的前途上是一个非常严重的问题。……我们要动员全国国家企业工人起来反抗，特别是各地邮政工人。”5月17日，中共中央发出《关于邮务斗争问题给各省的指示信》，指出：“现在上海邮务斗争仍在继续发展，我们在其中有相当影响，……此斗争在上海有发展到星期日怠工甚至于罢工的可能，并影响到全国的邮务工会。务望各省接到此通知后即开始宣传鼓动的工作……”

1929年10月15日，全国总工会发出致顺直特派员的信，指出，顺直地区工会的工作中心除铁路外，还应以唐山矿山，天津、北京的邮电工人，唐山、天津纱厂工人为中心，为集中力量来建立这些中心工作。对于北平邮务与电车工人的斗争，应运用各种方法和力量去领导，建立红色工会的群众基础。12月19日，全国总工会再致电顺直特派员，指出，京、津邮政工人在全国也占很重要的地位。现在我们得悉改良派积极在邮务工人中活动，在上海，改良派已在群众中建立一种秘密组织，并听闻他们的计划是准备在上海召集全国会议，组织全国邮务总工会，请你们在京、津要注意这一问题。对北平邮务工人工作，应特别重视，要立刻在邮政工人中建立红色工会支部，才能树立我们在群众中的领导，才能推动这一红色工会支部来支援天津的工作。目前交通部对于全国邮务职工的压迫十分严重，有发展全国总斗争的现象，因此我们除了在各地建立红色工会支部，还要使这些红色工会支部互相发生关系。在相当时期内，全国总工会准备召集全国邮工会议，讨论全国邮工斗争问题以及恢复全国邮务总工会组织。

2. 领导邮电工人罢工的斗争

1928 年 10 月 12 日，上海邮政工人罢工失败后，全国总工会发表《告邮务工人》的宣言书，揭露了国民党反动派及其控制的黄色工会的本质，揭露了陆京士等邮务工会“领袖”偷天换日，牺牲 2500 名上海邮务工人的要求，违背 2500 名工人意志的行为，号召邮务工人“坚决反对他们出卖工人阶级的行动”。呼吁邮政工人：“你们的前途只有一条，就是……应该整齐你们的队伍，改组罢工委员会，肃清一切妥协分子和工贼，健全下层组织，监察上层领袖，实行二次罢工，以十万分的坚决，坚持十六条条件，不受任何的欺骗与威吓。只有这样，才能够得到光荣的胜利！”宣言书表示，中华全国总工会将号召全中国工人阶级以及全世界工人阶级援助邮务工人的斗争，直到最后的胜利。

1932 年 6 月 7 日，上海美商电话公司工人发动了反对资本家开除工人、加重工作和降低待遇的罢工。6 月 13 日，中华全国总工会发表《告电话罢工工友书》，鼓励工人坚决地与资本家斗争，“非但全上海的市政工友都在准备与你们共同斗争，中华全国总工会也要号召全上海全中国工人阶级起来援助你们。”《告电话罢工工友书》提醒罢工工人：“隐藏在你们罢工组织中间的取消派、黄色职工会的领袖，他们都是帝国主义、国民党、白俄、许也夫等破坏罢工的内奸，他们是异曲同工地破坏罢工。”《告工友书》呼吁工人：“把纠察队组织起来，武装起来，所有罢工工友加入纠察队，驱逐破坏罢工的白俄、许也夫、取消派、黄色领袖！”

3. 改善工会工作，把邮务工人引导到红色工会中来

1932 年 5 月 26 日，中华全国总工会就邮务工人罢工一事，致信全国各工会，指出邮务罢工是黄色工会领导，但是罢工的主要原因及罢工的动力是全国 3 万余名邮务工人特别是上海邮务工人。而邮务工人的中心要求不是黄色工会提出的“以邮养邮”“巩固邮基”，而是“反对限制升级”“反对取消二元津贴”“要求增加工资”“恢复失业工人工作”。但是黄色工会企图转移群众要求的视线，以领导罢工达到他们争权夺利、升官发财的目的。所以各地工会必须动员每个会员到邮务工人中去，接近他们、宣传他们、组织他们，用一切力量来推动当地邮务工人罢工，尤其是要推动各地邮务工人的红色工会会员。在这些活动中，建立红色小组，吸收同意红色工会主张、反对黄色工会策略的工人在小组周围，建立革命反对派。在行动上，要提出上海罢委完全封锁和拒绝工人阶级援助的错误，才能保障斗争不被黄色领袖出卖而取得最后胜利。

（二）中国共产党领导下的苏区工人运动

1927 年 4 月以后，由于以蒋介石为代表的国民党反动势力的彻底背叛，中国共产党独立扛起了民族民主革命的大旗，并建立了红色根据地。在红色根据地，党建立了自己的邮政和部分的电信系统。根据地的邮电工人队伍也随着邮电系统的建立而产生。在党的领导下，为组织工人开展革命斗争而成立邮政工会。

在苏区党和政府领导下，邮务工会积极健全组织，发动工人积极参加革命战争工作，切实执行竞赛工作和节省运动，推销经济建设公债，发展文化运动等，推动了中国邮电工人运动的开展。根据地的邮电工人也积极做好邮电工作，支援革命战争，为中国人民的解放作出了重大贡献。

1. 苏区邮电职工队伍和工会组织的产生

1927 年 10 月以后，为了反抗国民党反动派的统治，以毛泽东为代表的中国共产党人开始了建立根据地，武装夺取政权的斗争。随着根据地的建立，各地人民政权也开始了建立人民邮政的工作，并在困难条件下创办了电信事业。

1927 年 10 月至 1928 年 4 月，由毛泽东带领的红军，建立了以宁冈为中心的革命根据地，同时将国民党龙头市邮局接收改造为宁冈红色邮局，开始了苏区邮电建设。1931 年 11 月 20 日，赣东北苏区向中央报告，苏区已设立红色邮局，并在葛源设有电话局。1932 年 2 月 19 日，湘鄂西特委报告，已开办了湘鄂西红色邮政，各县有分局，各区有支局。该年 4 月 24 日，中共湘赣省委致信中央交通局，反映湘赣苏区已组织红色邮政，永新、莲花、萍乡、攸县、茶陵、崇安、安福等交通（通信）颇为便利。

1932 年以后，苏区中央政府在瑞金设立了中央电话局，以瑞金为中心，组成了瑞金到于都、长汀、会昌等地的有线电话网。

1935 年 5 月，陕北省苏维埃政府建立了陕北省苏维埃邮政总局，管辖延川、吴堡等 11 个县苏维埃邮局。10 月，陕甘省苏维埃政府建立，中宜、华池、新宁等 8 个县红色邮局随之而成立。

随着苏区邮政（包括电信）事业的建立和发展，苏区邮电工人队伍也逐步壮大。在人民政权领导下的邮电企业中开展工人运动，成为中国共产党开展工人工作的新任务。各级党组织积极推动邮局和工人建立工会，发挥工会组织工人投入革命事业、维护工人利益的作用。1930 年 2 月 24 日，中共闽西特委《关于工人运动决议案》提出：要纠正过去忽视工运工作的错误，要注意中心工会工作，“邮电、船夫、挑夫也极重要……必须以全力去建设工作基础”。1932 年 3 月 17 日的全国总工会苏区执行局报告称，“国有企业工人，现在中央苏区中央印刷局、兵工厂、邮政都组织工会，印刷局、邮局长都加入工会”。1932 年 10 月，湘赣省召集邮务工人代表大会，建立了湘赣省邮务分工会。1932 年 12 月 20 日，闽赣苏区召开福建省邮务工人代表大会，宣告成立福建省邮务职工会。

工会也加强了自身建设。1932 年 7 月 19 日，湘赣苏区职工会通过了《关于职工会任务的决议》，提出职工会的任务和工作是：（1）发动工人改造并扩大工会组织，“使工会真正成为斗争的群众的阶级工会”；（2）苏区工会要按照产业原则来组织，以产业组织为原则，有系统地组织雇农工会职员（店员，邮政电报、医院、政府机关以及其他各种机关学校职员工人等）。1934年4月，苏维埃政府作出《加入国家企业工会的规定》，规定各国家工厂里面的工人加入苏维埃国有企业工会。邮政工人即以县为单位，联合全县各局工人共同组织代表会，联合几县成立中心县的代表会。

1933年6月1日，福建、江西两省邮政局制定《开展革命竞赛条约》：提出健全工会工作制度，各局每半个月要召开一次工作人员会议，并加紧政治教育。同时还提出发展组织，培养干部等要求。1933年9月13日，江西全省邮务工会第三次主任联席会议提出，健全和发展邮务工会的组织。要求加强工会的领导，转变工作方式，发挥工人在邮政工作中的作用；将支部干事改为支部（工会）委员会，设宣传组织委员、文化教育委员、青工委员、社会经济委员；支委应经常讨论工作，并要经常去分局小组指示和巡视工作，每个月召集组长一次，检阅和布置工作；各支部每个月至少开两次委员会，各小组每个月至少要开三次小组会；积极发展会员。10月22日，江西省第三次县邮局长联席会议关于今后工作的决定，强调：邮务工会是邮局的基础，邮局经常与邮务工会研究工作，加强对邮务工会的领导，加强对邮局在战争中作用的教育与解释，发挥工人的积极性，“造成递信员在革命战争中如同飞机的速度”。

2. 苏区邮工和工会工作

支援革命战争　1932年12月20日，闽赣苏区召开福建省邮务工人代表大会，讨论参加革命战争工作。全体代表一致认为，只有积极参加革命战争，粉碎敌人的四次“围剿”，才能保障工人利益。会议提出，以百倍努力领导全省邮务工人为苏维埃政权而奋斗。

1933年6月1日，福建、江西两省邮政局制定《开展革命竞赛条约》，提出要提高工作速度与效率，特快信递员要为一日夜超过 180 里路而奋斗，要做到没有一件邮件存留。其中，还包括优待红军工作，如组织耕田队帮助红军家属种田，为红军送菜、募捐等。9 月 13 日，江西全省邮务工会第三次主任联席会议提出，迅速传递前后方一切军事消息，当好帮助革命战争的助手。

11 月 29 日，苏区邮政总局通知指出：邮局是交通机关，在革命战争中承担了部分重要的任务。各个职工应下最大的决心，努力加强邮局递送的速度，适应革命战争的需要。1934 年 4 月 11 日，苏区江西省邮政管理局邮务科通知：为配合红军迅速粉碎国民党的五次“围剿”，我们的邮政工作必须以飞快的速度传达军事与政治的消息，这些担子就在我们邮务工人的肩背上。

厉行节约、汇集资金　1932 年 6 月，湘赣省邮政管理局《第一次县局长联席会议决案》提出：各级邮局要节约费用，节省个人的一切开支，把省下来的钱供给红军；同时提出扩大发行革命战争公债的任务。

1933 年 1 月 15 日，江西全省邮务工会召集各县邮工支部（工会）长联席会议，讨论 1 月 25 日至 3 月 25 日的节约、募捐慰劳红军等工作。各县邮务工人都积极参加节省经济运动，减少伙食费，把所得工资拿出来用于战争费用和慰问红军。

该年 5 月 14 日，苏区无线电技术人员开展经济节省运动竞赛：瑞金无线电部门的技术人员最早开展经济节省运动，节省十分之一的津贴以支援革命战争。在瑞金无线电技术人员的带动下，有的地方节省六分之一，有的地方节省三分之一，最多的甚至超过半数而达到五分之三。福建一个邮务工人支部（工会）于 4 月底召开会员大会，有会员 27 人把 4 月节省的 28 元用来资助前方作战。

1933 年 6 月 1 日，福建、江西两省邮政局制定《开展革命竞赛条约》：开展节省运动，开展节约运动，为革命战争节省一分钱一粒米。1933 年 8 月，江西省邮务工会发起订立拥护全苏大会的革命竞赛条约，江西各县邮务工人积极募捐，全省共计募捐 188.66 元。特别是瑞金县邮务工人更积极地募捐，共计募捐 136.57 元。

1933 年 9 月 13 日，江西全省邮务工会第三次主任联席会议提出：为了粉碎国民党的第五次“围剿”，各级邮务工会应发动工人踊跃购买经济建设公债，积极加入各地合作社；应加紧经济动员，使每个工人以革命竞赛的精神自动节约。扩大和拥护红军，切实执行优待红军条例。

10 月 6 日，江西省邮务工会号召邮务工人热烈慰问红军。10 月 16 日，苏区第三次邮局长联席会议决定：为彻底粉碎敌人的五次“围剿”，实现中央政府的紧急动员令，动员一切力量为民族革命战争而奋斗。瑞金县邮局模范工人周成福，年已 50 岁，平时工作非常积极，夜晚递信需要两人，但他每次都一人去，而且速度比其他递信员快。他对经济动员尤其积极，将自己所有的工资都节省下来送交工会，支援保卫根据地的战争。

在国民党对苏区和红军进行五次“围剿”，尤其是用最残酷的手段对苏区进行经济封锁的时候，第三次苏区邮局长联席会议决议开展反贪污浪费的斗争，保证一分一厘为战争。

福建上杭县邮局的邮务工人首先提出不要工资的口号，苏区邮务总局和粤赣、江西、闽赣各省县全体邮务工人都一致要求免发工资。闽赣邮政管理局和建宁县局全体工人要求免发夏季服装，江西管理局、粤赣管理局等也几乎全体要求免发。各地邮务工人自带伙食或减少伙食费，节省经费，帮助革命战争。如上杭县邮局和 3 个分局工人，40 余人就节省了 240 余银圆。有些工人连每月 1 元的零用钱也节省下来。工人们还从各方面想方设法节省办公费用，如自制浆纸、复写纸，节省灯油，开辟菜园等，都显示着中央苏区邮务工人拥护革命战争的热情。1934 年 3 月 31

日，江西省邮务管理局召集工人大会，全体工人一致要求从 4 月起免发 4 个月的工资，每人除必需生活品外，其余全部交公。并决定全体工人自己耕耘菜园，到油盐便宜的地方采办油盐等。

保障职工权益，关心邮工生活 1932 年 4 月，中华苏维埃临时中央政府内务部发布《整理苏维埃邮政统一组织、统一办法》，对工人待遇、劳动保障等做了明确规定。12 月 20 日，闽赣苏区召开福建省邮务工人代表大会，讨论《劳动法》和订立集体劳动合同，制定集体合同条文。全体代表一致认为，只有积极参加革命战争，粉碎敌人的四次“围剿”，才能保障工人利益。

1933 年 6 月 1 日，福建、江西两省邮政局制定《开展革命竞赛条约》，其中包括开展文化教育工作的竞赛，如办墙报、组织工人读书识字，开办列宁室（工人活动中心）。9 月 13 日，江西全省邮务工会第三次主任联席会议提出，活跃邮工文化生活，提高职工文化水平；关心职工生活，完善集体合同，使工人生活得到进一步的改善。10 月 22 日，江西省第三次县邮局长联席会议强调，各县局必须加紧文化教育工作，县局建立列宁室，列宁室设立报组、识字组、读报组、政治理论组、体育组、娱乐组。同时强调各局在列宁室会议上开展思想斗争，检阅全局的工作，收集工友对工会的意见，以便供给大会的材料使工友生活更进一步地改善。

第三章
全民族抗日战争时期的邮电工人运动

抗日战争时期，邮电工人队伍继续发展。1937 年，包括邮务代办在内，全国邮务员工已达近 3.6 万人。1941 年，全国共有电信职工 12985 人。其中，有线电报职工 8740 人，无线电报职工 916 人，电话职工 3329 人。

1937 年 7 月 7 日，日本侵略者发动了全面侵华的卢沟桥事变，中华民族到了生死存亡的关头。邮电工人队伍作为产业工人的一支重要力量，积极参加抗日救亡运动，在抵御帝国主义侵略中作出了重要贡献。

一、抗日战争初期邮电工人的救亡运动

日本帝国主义的侵略把中华民族逼到了亡国灭种的边缘。为了保家卫国，中国邮电工人奋起救国，同侵略者展开了殊死的斗争。

（一）开展反对日本侵略的活动

在日本侵略军大举进犯的危急形势下，广大邮电工人在中国共产党领导下，开展了大规模的反侵略活动。

各地邮电工人抗日活动　东北沦陷后，日本侵略者又于 1935 年制造了“华北事变”，进一步加紧了对中国的侵略。为了抗日

救亡，北平学生掀起了“一二·九”运动。之后，抗日救亡运动在全国蓬勃兴起，上海也成立了各界救国会。上海国际电台的进步青年，在共青团支部的推动和组织下，成立了上海职业界救国会国际电台分会，在电台职工中进行了抗日救亡的宣传活动。如发动职工到江湾祭扫“一·二八”阵亡将士墓。1936 年夏，又发动抵制日货宣传。下半年，以电台报务员进益会和业务员同益会名义出版名为《国际电讯》的刊物，宣传抗日救亡。但因国民党图书杂志审查委员会不准出版，刊物停办。

1937 年 7 月 7 日，日本侵略者发动卢沟桥事变，拉开了全面侵华的序幕。在国破家亡的危急关头，各地邮政电信员工进一步掀起了抗日救亡活动。长沙邮工郑旦、沈鑫、蔡声硕等发起组织救国“十人团”和“清明社”读书会，先后邀请徐特立、沈钧儒、邹韬奋、范长江等到邮局作演讲，唤起邮工团结抗日，共救危亡。福建邮工成立闽邮剧社，编排历史剧《梅花岭》《弦高犒师》等，歌颂民族英雄，宣传爱国主义，同时开展爱国献金运动。中国劳动协会、全国邮务总工会于 11 日向前线抗日将士发出慰问电。9 日，长沙邮电员工致电驻卢沟桥的二十九军将士，呼吁“坚持抗战到底，谋求最后胜利，湖南邮电工人誓做坚强后盾”。1937 年 8 月，广东邮务协进会成立救亡工作团，下设宣传队、歌咏队、剧团，多次为空军、伤兵作慰问演出，并下乡进行抗日宣传活动。

1937 年 10 月，日本侵略军到达黄河北岸，中共开封邮局支部在中共开封市委职工部长于秀民的率领下，一方面进行军事训练，一方面到郊区宣传救亡运动，并与电话、面粉、铁路等工会组织的工人宣传队、运输队、慰劳队支援河防前线的抗日将士。开封邮务、电话、面粉等工会组织在中国共产党的领导下，成为开封救亡运动的主要力量。同月，上海邮局部分进步职工成立职业界救亡协会邮政组，出版壁报，举办演讲会，在邮政员工中开展抗日救亡的宣传教育活动。1938 年 5 月 13 日，长沙邮务工会组织“鸿社京剧组”，应长沙基督教青年会的邀请，举行义演，救济难胞。

邮电职工参与组织中国工人抗敌总会 1938 年 3 月，在全国邮务工会常务理事朱学范奔走推动下，各地工会负责人在武汉举行会议，发起成立中国工人抗敌总会。会议推选全国邮务总工会、中华海员工会、平汉铁路工会、中国劳动协会、上海市总工会等 18 个团体负责人为筹备委员。由于国民党当局的阻挠，中国工人抗敌总会的筹备工作于 5 月 2 日被迫停止。

（二）踊跃募捐慰问前线抗日将士

在民族危亡的时刻，邮电职工不仅积极参加各种抗敌爱国行动，还积极踊跃募捐慰问前线抗日将士。

1937 年 8 月，陕西邮务工会成立抗敌后援支会，所属歌咏队、宣传队深入农村开展抗日救亡宣传活动；邮政工人成立的邮工剧团于 12 月和次年春举办两次游艺募捐大会，演出大型话剧《春风秋雨》，共募到银圆 2000 余元，悉数交陕西省抗敌后援会，支援前线浴血奋战的将士。

10 月 2 日，南京邮务工会与江苏邮务职工会举行第一次理事联席会议，讨论决定，为声援淞沪抗日将士，各会员一律捐赠本月份薪金的 2%。10 月，长沙邮务工会组织全局邮工募捐棉背心，慰问前方战士，全局邮工共募捐棉背心数千件。11 月 12 日，汉口邮务工会会员募捐 1000 元慰劳前线抗敌将士。杭州市邮政工人发起两次捐献，除献出现金 2000 余元外，有些工人还献出了祖传的金银首饰等贵重物品。

1938 年秋，开封邮务工会撤到南阳后，在南阳举办义卖报纸活动，一方面宣传抗日，一方面为抗战捐款。年底，动员会员家属自制棉背心 1000 余件，慰问抗日军队。

1938 年 10 月 5 日，“长沙邮务工特务委员会”改组为“长沙邮政员工抗敌后援会”，成为以长沙邮务工会为主体的抗日救亡机构。10 月 11 日，后援会举行第一次常委会议，发动全局员工踊跃捐购寒衣，分送前方将士和各地难胞。月薪 30 元以下的捐一元，30 元至 50 元的捐两元，50 元至 100 元的捐月薪的 5%。

二、沦陷区邮电工人的生活状况和反抗斗争

卢沟桥事变后，日本侵略军大举进军，侵占了中国大片领土。敌占区人民陷入了水深火热之中。邮电职工的生活也极为悲惨。为了反抗侵略，守护自己的生存底线，邮电职工同侵略者展开了一系列斗争。

（一）沦陷区邮电工人的悲惨生活

1. 敌占区邮工的艰难处境

1937 年 10 月，乙等邮务员李荣斋到清苑邮局担任临时局长。进局后，见地上散落着一些军邮公文，担心被日军搜去，便将公文焚烧。不料还是被日军发现。日军立即把他逮捕，押往石家庄严刑拷打后将其枪杀。其后不久，信差赵万庆在投递信件时，因拒绝带路，被日军枪杀。邮差王林苏也因拒绝带路，惨遭剖腹。据统计，在日军统治的时期，北平邮局员工被迫害致死的共达 176 人。

1938 年初，北平邮局十三支局信差王占魁给一家旅店送信，几个查店的日本宪兵闯了进来，王占魁因手续没办完稍耽搁了一会儿，便指为“有意怠慢”，遭到毒打。另一信差杨广生在给日本宪兵队送信时，只因没向日本宪兵敬礼，就挨了好几个耳光，还被扣留了半天。女邮工刘惠珍到火车站送人，几个日本宪兵围住要看她的脚，刘惠珍不肯脱鞋，结果被日本宪兵打得血流

不止。

1943 年 5 月，驻北平日军到北平邮局十一支局存储 300 元，邮务佐白富荃复核无误后予以存入。不料第二天两名日本宪兵闯进支局，宣称昨天那 300 元中夹有一张日本天皇纪念币，要求立即交出。不容白富荃分说，立即将他押往日本宪兵队，并恐吓处死。储局员工听到白富荃身受酷刑后，担心以后祸及己身，纷纷呈文要求调动工作。日军当局恐怕储金业务受到影响，才不得不将被打得皮开肉绽的白富荃释放。

此后不久，邮政管理局大门外贴出了一条“打倒日本帝国主义”的标语，日伪当局如临大敌，急忙派宪兵和伪警察赶到邮局，强令邮政员工核对字迹。日本宪兵认为邮务员顾文茂的字有几笔与标语上相似，就把他抓了进去，另一邮工吴宝桢也被抓走。顾、吴二人被押到日本宪兵队，惨遭各种酷刑，后终因证据不足，才不得不释放他们。

在广东敌占区，顺德局长杜慕于被日本侵略军剖腹致死，邮工陈中立被推下河后溺死，失踪或被刺死的邮差不下十余人。

2. 敌占区邮工的艰苦生活

1940 年 10 月以后，北平物价飞涨，邮工能用于购买粮食的钱少得可怜，生活已到凄凉悲惨的地步。1943 年 3 月，日伪当局陆续配给邮工一些豆饼和白薯干，还把仓库中积存的一些杂粮掺入花生壳、豆壳、树皮、草根，磨成“混合面”配给邮工。有些“混合面”中掺有头发、牲口粪、死老鼠，臭得没法吃。一些邮工吃完“混合面”后，四肢无力，拉肚子，但却不敢声张，因为一声张，就有可能被认为感染霍乱，让日本宪兵投进石灰池内活活烧死。

1941 年 12 月，日本发动了太平洋战争，由于军费开支浩大，侵略者在敌占区实行了恶性通货膨胀政策，造成物价疯狂上涨。面对广大邮工的不满，邮政总局于 1944 年 10 月 19 日不得不宣布改订员工薪金。但薪金的增长远远跟不上物价的上涨。如上海，1945 年 6 月的物价指数为战前的 2.4 万余倍，7 月份为 4.8 万余倍，8 月份更达 9 万倍之巨。到 1945 年 1 月，北京邮局中下级员工每月薪金平均 500 多元，比 1940 年 9 月增加 4 倍多，而在这一时期（1940 年 5 月至 1945 年 1 月），大米价格上涨了 152 倍，面粉价格上涨了 104 倍，小米价格上涨了 183.3 倍，玉米面价格上涨了 150 倍，猪肉价格上涨了 133 倍，蔬菜价格上涨了 150 倍。据北京邮局当时统计，邮工五口之家“每月最低消费亦非七八千元莫办”。北京邮工的生活已陷入绝境。在生活的逼迫下，许多人下班后只好再去拉洋车、卖大碗茶或者卖苍蝇拍、煤油灯。许多邮工面对“全家受饥，日日枵腹”的惨状，纷纷呈请辞职。海淀邮局邮差宋占鳌呈文说：“差八口之家，子女幼小，全家生活赖差一人。值兹米珠薪桂，入不敷出，当卖皆空，无法再行维持，拟将家眷送回原籍，须请假半年，自愿放弃薪金。”通县邮局信差奚尧荫，因无力购买粮食，只好吃酒糟。一次家中断炊，小孩饿得哭叫不止。妻子不忍目睹此惨状，投井自杀，被邻人救起未死。奚尧荫上书邮务长巴立地说：“差在此生活状况下，所食酒糟尚不得饱”，请准假回籍“以维残生”。

（二）中国共产党领导邮工建立抗日民族统一战线的斗争

1938 年初，陕甘宁边区总工会劳动保护部部长廖似光等人到了武汉，周恩来向他们传达了党的决定，要求迅速把工人运动搞起来，掀起全面抗战的高潮。周恩来介绍了蒋管区存在的两种工会组织，一种是工人群众自己组织起来的、爱国的、倾向进步的工会组织；另一种是国民党官办的，以工贼把头为骨干、实际上由国民党特务控制、敌视共产党的黄色工会。周恩来指出，黄色工会中的会员，绝大多数是普通工人，其中有些工会职员为糊口而受雇，有些还是爱国人士，可以争取过来同我们合作。我们对这些工会，要警惕它们的上层人物、少数骨干；但我们一定要去做好它的下层工作，争取更多的工人群众，大家一起抗日救国。我们要支持进步势力，孤立反动势力，划清界限，使阶级阵线分明。

1942 年 1 月，中共中央书记处发出《关于处理邮务问题的指示》，主要包括：（1）中国邮务虽系国家企业，但并未成为纯粹的国民党国家机关。（2）邮务员工的政治文化水平较高，又由于民族危机严重威胁到邮务员工的生活，一般员工均有抗日要求。邮务员工的近代企业业务精神、工作纪律和国民党政府的官僚腐化、黑暗恶习相矛盾，他们自由主义的民主精神亦和国民党特务横行的独裁政治相矛盾，所以目前邮务员工中绝大多数是拥护抗日民主，甚至拥护民生改善的进步分子或中间分子。（3）党过去对邮务的注意和对于邮务员工的争取是不够的，这对于争取邮务员工，争取广大中间分子的工作是十分不利的。（4）争取邮务员工之办法是，充分保障邮务员工的各种权利及政治自由，给予工作之便利，并协助与保护之。

中共中央的正确方针为邮电工人争取民族解放和阶级解放，指明了正确路线。

（三）上海沦陷后的邮电工人运动

上海沦陷后，由国民党控制的邮务工会组织也发生了分化，一部分人投降了日本侵略势力和汉奸政权；一部分人站在国民党立场上主张抗日，但又摇摆不定；一部分人站在中国共产党和劳苦大众的立场上，坚决反对日本帝国主义的侵略。为适应这种形势，中国共产党领导了建立统一战线的斗争，并与广大邮电工人一起进行了坚决的反侵略斗争。

1. 在中国共产党领导下建立统一战线的斗争

在日本侵略势力的占领下，为了建立抗日统一战线，中共上海地下党组织采取斗争与团结相统一的办法，团结了大部分邮电职工。

抗战爆发不久后，中共上海地下组织恢复。1937 年 10 月，中共江苏省委成立，由省委工委领导上海邮局工人运动。邮局地下党重建，发展成为一个有百人以上的党组织。中共省工委负责人刘宁一主持建立了邮局抗战后第一个共产党支部。1938 年，又先后发展 50 多名职工入党，分别成立职员和信差两个支部，党员多的支局，有的单独设立支部。在抗日救亡的形势下，由于执行了中共中央正确的白区工作路线，邮局发展党员很快，到 1939 年，已超过百人。

邮局党支部建立后，又成立了党的外围组织，利用合法手段，更广泛地联系群众。在信差中开展了扩大互助社的活动，又在职员中推动成立“进社”，最后与互助社合并，将互助社扩展成为全局性的组织。互助社先后发展 400 多名职工入社，参加的人不仅有中下层职工，也有少数上层职员，具有广泛的群众性。互助社的宗旨是团结对敌，为群众谋福利，和邮局中其他帮派社团完全不同，主张反奸救国，表现出进步的性质；同时抵抗日本侵略者及其控制下的伪政权，维护敌占区邮政，不让敌伪插手接管，又愿和国民党控制的邮务工会合作，建立统一战线，共同对敌。因此邮务工会不能像过去对付进步组织那样，一手加以扼杀。邮局地下党为便于领导活动，经刘宁一指示，决定选派 5 名党员组成党团，专门和邮务工会打交道。因为要与邮务工会建立统一战线，合作“护邮”，互助社派代表同邮务工会谈判。邮务工会同意合作，却以解散互助社作为先决条件。于是，地下党组织决定让互助社的人到基层宣传抗日，酝酿改组工会小组，兴办福利事业，出版刊物，展开宣传攻势，扩大了党的影响，奠定了群众基础，使邮务工会的上层人物不得不加以重视。

当时上海邮局也面临被日军接管的危险，在全市人民抗日热情高涨的影响下，邮工内部也酝酿着“护邮”的强烈要求。在这一形势下，邮务工会上层人物也不得不与互助社达成协议，建立了工会与互助社合作的“护邮”“福利”两个委员会。“两委”的建立，不仅使党在邮局的活动得到了合法掩护，而且也在政治上冲破了国民党长期以来一统工会的局面。

邮局地下党组织在建立抗日民族统一战线的过程中，一方面团结邮务工会开展抗日斗争，另一方面还要同邮务工会破坏统一战线的行为进行斗争。1939 年前后，邮政当局几次颁发调令，邮务工会上层利用邮政总局调人之机，将互助社的一批骨干和积极分子列入内调人员名单，调往广西、贵州、湖南等内地国民党统治区，党组织开展了反调遣斗争。

2. 党领导下的上海邮电工人斗争

随着工人组织的发展和巩固，中共上海地下党组织及工人组织领导了反抗外来侵略和维持职工生活的斗争。

维护国家邮政主权的斗争　1938 年 5 月，日本侵略军占领上海已有半年，但位于公共租界和法租界内的海关、邮局仍没有落到日伪手里，因而发生了日伪政权企图接管海关、邮局，悬挂伪政府五色旗的事件。在中共地下党组织的领导下，上海邮工组成“护邮”运动促进会，开展了“护邮”斗争，5 月 7 日，发表了《上海职工“护邮”六大纲领》，包括拒绝接收、解决生计、统一领导、强化组织、制裁汉奸、扩大宣传等六项内容。由于邮务工会上层不合作，党领导的互助社撇开邮务工会，到基层酝酿成立“护邮”小组，加强对“护邮”的宣传，发动邮工群众自己起来“护邮”。邮工在互助社的领导下，严阵以待，反对接管，日伪指派接收的伪邮政司司长不得不暂时收敛，没与邮务工会合作的第一次“护邮”行动取得了胜利。

邮电工人争取提高最低生活待遇的斗争　1938 年 2 月，国民党军队已撤离到大后方，上海公共租界成为日本侵略者包围中的“孤岛”。邮政当局宣称业务亏损，决定将职工工资一律按8折发放。由于待遇高低悬殊，低工资的邮工难以维持生计。消息传来，全局职工尤其低薪差工大为震动。在党的领导下，由互助社出面展开了斗争，通过党团商议，提出生活费基数为40元，40元以下的，工资不打折扣，超过40元的，其超过部分打8折，这样既照顾了低工资的基本群众，也不过分影响高工资职员的利益。互助社起草《告同人书》，从总局向各支局散发。这种不通过邮务工会的做法遭到了工会反动分子的强烈反对。互助社积极分子不畏工会帮派头子的阻挠，打掉了他们的嚣张气焰，并迅速打开了局面。经过公开斗争，互助社声誉大振。各基层工会组织纷纷起来响应，督促工会进行交涉，结果使局方被迫同意接受互助社的合理建议。1943年初，上海电话公司的接线生又采取怠工的办法，迫使日本主管从5月份起调整了工资，并配给食糖，8月份开始，将每月一次发薪改为二次发薪。9月份开始，日方又增配食米。

1944年是日伪统治下最黑暗的时期，上海物价与1937年8月的相比，米价上涨800倍，面粉价上涨500倍，白糖价上涨500倍，肥皂价上涨1060倍，火柴价上涨2000倍，煤价上涨2800倍。邮工以微薄的工资应付日夜狂涨的物价，生活几乎陷入绝境。由于食不果腹，很多邮工面黄肌瘦，体质下降。职工迫不得已，自发地开展各种怠工斗争。先是1943年10月23日，总局工部间、挂号间的信差、邮役共200余人停止出班，拒绝投递。日伪当局一面想以提前发工资的办法加以平息；一面又由帮办发出局谕，内称“信差邮役200余人，擅离职守，严于告诫，倘有再犯，严行惩处，决不宽贷。”日伪和邮政当局的强压手段激起邮工的强烈愤慨。终于在1944年2月29日，爆发了抗战以来第一次大规模的全局性斗争。先是总局信差停止投递，很快波及邮局各个部门。中共地下党组织参加和领导了这次斗争，通过一哄而起的方法，不推代表，没有带头人，使敌人找不到打击的目标。由于邮政当局强调经济上的困难，坚持只能提前发薪和借支薪，罢工持续两天，暂时结束。

由于物价继续直线狂涨，5 月 22 日，又爆发了第二次大规模的邮工斗争。党组织积极支持和引导斗争，使斗争从慢工、怠工渐渐转为罢工，持续了 4 天之久。日伪当局感到事态严重，通知伪警察局特高课派便衣警察和特务破坏罢工，企图找出怠工、罢工带头人，终未得逞。在警探押送下，工人各自回到工作岗位，当警探离开后又继续停工。从 5 月 22 日一直到 6 月 1 日，交替复工和停工。日伪当局无计可施，被迫同意增加部分津贴。党引导职工接受要求，于 6 月 4 日适时结束了斗争。

在物价连续狂涨的情况下，挣得的“米贴”犹如杯水车薪，无济于事。因此接连出现各种形式的抗争。到 12 月 6 日，工人日子实在过不下去，忍无可忍，再也不怕警探来镇压，又爆发了第三次大规模邮工的斗争。在无法收拾局面的情况下，日伪当局只能被迫答应发给每个职工 3 升米，提前发放米贷金余款 2500 元。全局性的斗争虽然暂时停止，但随着经济状况的恶化，职工的零星、分散、此起彼伏的斗争仍接连不断地发生。日伪及邮政当局不得不尽可能接受邮工的基本要求，如发给实物、提前发放和借支工资等，以免危及日伪统治。

（四）沦陷区邮电职工的抗敌斗争

同上海邮电工人一样，全国沦陷区邮电职工也开展了坚决的抗敌斗争。

天津电话局职工的“抗交”活动 日军占领天津后，天津部分电话局被日军接管，由日伪政权成立“华北电报电话公司”管理。设在英租界的总局及在意租界的三、四分局，因涉及租界特权，日军不能武力接管。日伪政权多次试图接收，都遭到电话局员工的抵制。

1938 年 3 月，日本宪兵队逮捕一些三、四分局的职工，使电话局职工十分恐慌，有些工人离开了电话局，造成技术力量奇缺。电话局总工程师朱彭寿毅然采取措施，动员老工人推荐亲属、子女来局工作，成立短期训练班，补充缺额，使业务得以维持。英租界当局唯恐日本人控制租界电话，也暗中支持职工的“抗交”活动。

日军为达到接管电话局的目的，一再对英租界当局施加压力，甚至扬言要出动军队强行接管。英租界当局害怕事态扩大，提出由英、法、意三国派代表暂时代管的缓冲办法，得到日方的许可。1938 年 7 月，英、法、意三国从形式上接管了电话局，但电话局的“抗交”活动仍在坚持。在“抗交”活动中，坚持斗争的电话总局总工程师朱彭寿成了日本侵略者的眼中钉。不久日本宪兵队化装潜入英租界，在朱彭寿上班途中将其劫走，最后将其折磨而死。

日军对英租界当局不断施加压力。1940 年 9 月，英、法、意租界当局终于同日伪签订协定，将电话局管理权移交日方。职工们闻讯，集会包围了局长室，向英租界驻局代表表示抗议。要求“电话局与租界共存亡”。但由于英租界当局对日军的妥协，“抗交”斗争最后失败。

常熟邮务工会维护职工生活的斗争 1942 年 4 月 15 日，日伪统治地区发行伪储备银行新币，致使一般日用品价格猛涨。邮工生活本已十分困苦，但江苏邮政局规定所属各局对员工薪金应以新旧币各半支付，无形中降低了员工薪金。为此，常熟邮务工会强烈要求局方及江苏邮政管理局全数发给新币，以维持邮工生计。如因旧币需部分搭发，应按市价折合贴水，以免员工亏损。5 月 15 日，南京邮局职工进行怠工，迫使当局同意以新币八成、旧币二成的方式发给。

北京、张家口邮电工人反对日伪配给粮食的斗争 1943年底，因粮食供应困难，日伪当局将牲口都不能吃的发霉碎白薯干配给北京邮工食用。邮工吃了这种白薯干后，上吐下泻，浑身无力，向管理粮食配给的日籍职员提出改换粮食，被日籍职员拒绝。为了争取做人的权利，北京邮工发动了“拒干运动”，大家故意把信件错分、乱分，收取储金的职员也故意延误工时。日伪当局只好宣布停止配给发霉的碎白薯干。

同一时期，张家口电报电话局以赵占元、陈景田为首的30多个线路工人，因日伪配给粮食不足而展开斗争。迫使日本工头挨家挨户去找人，说只要上班就给粮食。罢工一天，取得胜利。

河北等地邮电职工反抗日本侵略者的斗争 1944年，面对日本侵略者的统治和严密监视，河北邮电职工采取了隐蔽、灵活的斗争方式，给日伪通信制造了许多障碍。施工人员故意损坏、消耗电信器材；机线人员故意制造故障，延迟电信的通达；报务人员设法延误、错发日伪官方电报。此外还采取各种怠工斗争形式，阻碍日伪通信顺畅。

北京邮局信差为争取生存罢工 1945年7月16日清晨，北京邮局全体信差宣布罢工，提出“各差及其眷属等已数日未食，堪堪垂毙”，要求局方先行“给予食物以解目前饥饿，并贷与充分购买相当数量生活必需品之款项以维生计”。局方恐事态扩大，不好收拾，只好配给职工少许杂粮，并答应转请伪华北邮政总局从速考虑救济。

三、国民党统治区邮务、电信工会发动的斗争

在国民党统治区，邮电工人一面积极参加抗日斗争，一面反对国民党政府的腐败，坚持维护工人生存的斗争。

（一）邮务工人的斗争

邮务工会要求维持生活的斗争 1939 年 6 月，广东高要、曲江、兴宁、梅县等邮局员工因物价飞涨，联合起来要求邮政当局发给相当于工资 40%的临时津贴。湖南、广西、云南、贵州、福建、浙江、江西等省的邮政员工也纷纷通电呼吁。全国邮务总工会据此向交通部提出交涉，临时津贴问题得到解决。

1941 年 5 月，由于物价继续上涨，且各地涨幅程度差异大，原定的战时临时生活补助已不能适应实际情况。全国邮务总工会与邮政总局交涉，修订了生活补助计算办法，改为按各地物价指数，规定不同的加给数，并调整了一等邮务员、邮务佐、差工的底薪计算基数。10 月，又调整了物价指数的最高限额，调整了邮务佐、差工的底薪计算基数；同时将战时临时生活补助费改名为战时膳宿补助费；对膳宿补助费的加给数也作了调整。

湖南邮工争取提高生活待遇的斗争 1940 年 7 月，湖南邮局差工联名要求提高底薪并按生活指数发给生活补助费，要求下级员工底薪不满百元的，按百元底薪增加 75%的生活补助费。听差、杂役、苦力同为邮局底层骨干，应同样提高他们的津贴，以昭公允。长沙邮务工会提出要从减少不合理开支入手，不要剥削员工薪俸。经全国邮务总工会交涉，总局从 1941 年 3 月 1 日起，按物价平均指数重新确定生活费补助标准，凡员工月薪不满 90 元、邮务佐不满 70 元、信差以下各级不满 50 元，一律核发补助费，低级员工生活稍得改善。

衡阳邮务工会维持职工生活的斗争 1942 年下半年，衡阳邮务工会要求局长倪全德、市长戈福懋，按市场实价上报生活指数，戈福懋坚决不同意。衡阳邮务工会以其无视邮工生计，派出代表请求湖南邮务工会向管理局交涉，将戈福懋调离衡阳，并通函全省各地工会请求声援。湖南邮政管理局迫于形势，将其调走，并同意按衡阳邮务工会调查的实际指数上报。

重庆邮工维持生活的斗争 1943年3月7日，重庆邮政员工因生活困难，罢工一天，江边邮船停靠。各基层单位都派出代表到总局请愿，要求改善生活。坚持至下午，当局答应了增发工资的要求。

浙江邮工维持生活的斗争 1943年6月，由于物价全面上涨，邮工生活越趋紧迫。浙江全省邮工纷纷上书，要求改善。邮政总局迫于压力，打算从1943年6月起，按市价编造食宿津贴指数，改变核发办法。但国民党政府交通部长坚决反对，群众不胜愤慨。9月中旬，物价又大幅波动，群情惶惶，经再度交涉，当局被迫同意自10月份起按市价对折计算，每月按标准自动提升。

1944年2月，浙江物价疯涨，各种日用必需品无不上涨一半或一倍以上。食宿津贴虽曾几度调整，但仍不足以维持邮工最低生活。浙江邮政管理局办事处员工蒋炳勋、施学诏、马迪生、金志刚等100余人，先后两次联名向办事处主任请愿，要求缓扣前借之款，并借支薪金一个月以维持生计，但邮政总局电复不准。邮工群情激愤，多次交涉，直到6月中旬，邮政总局才同意按3月至6月的指数和米价，借支两个月薪金。

湖南邮工维持生活的斗争 1943年冬，湖南各地物价猛涨，邮政员工生活非常困难，邵阳邮务工会发出快邮代电，提出停扣原有借薪、续借两个月薪金，按实际物价指数发薪或改发实物等四项要求。湖南邮务工会电呈全国邮务总工会及邮政总局，要求彻底取消指数限制，废除核定制度，在指数未解决前，每人每月发给救济费1000元。

四川邮工维持生活的斗争 1943年，四川省雅安、浦江、名山、大邑等10多个邮局的员工提出了以取消生活指数打对折为主要内容的待遇一律、享受一致、邮储（邮局和储汇局）平等三项要求，省内其他各局员工纷纷响应，并且提出了借支寒衣费、房租、两个月薪金、美金储蓄券、年奖等要求。邮政总局怕事态扩大，被迫借给员工两个月薪金。

（二）电信工人的斗争

电报工人改变低薪待遇的斗争 1939年1月22日，福州电报局员工向大后方各局、台发出通电，呼吁全国电信低薪人员为提高工资待遇开展请愿运动。重庆电信局低薪人员接到通电后，立即写呈文，征集签名，组织请愿，同时向全国各局、台发出响应福州电信职工呼吁的通电，要求一致行动。3月，在各局低薪人员纷纷响应下，电政当局同意将低薪人员的工资略作提高。

电信职工要求解除冻结工资法令，恢复加薪制度的斗争 1939年8月，由于物价飞涨，工资仍被冻结，电信职工离职改行现象日益普遍。昆明国际电台职工在共产党员吴邦彦的发动下，向全国各电信局、台发出通电，要求交通部立即解除冻结工资的法令，恢复加薪制度，建议推选重庆局、台组织全国电信低薪报务员请愿团，代表全国报务员就近向交通部交涉，并要求同时在昆明、成都、西安、衡阳、福州等局职工中发起签名运动，配合重庆，形成全国一致行动。重庆电信职工以“请愿总团”的名义，通电全国较大的52个局、台征求意见，得到一致拥护。请愿总团的呈文送到交通部以后，没有得到答复。9月16日，昆明电信职工开始成批请假；成都、西安电信职工轮流请假，衡阳电信职工随后响应，电报传递陷入不正常状态。18日，重庆请愿总团派出9名代表向交通部递交有1000多人签名的《请愿书》，与电政司举行谈判。20日，交通部以加急电报发出关于解除工资冻结、恢复加薪制度、实行梯级增薪办法的通知。请愿总团将上述通知转告各地后，各局台工作恢复正常。11月，国民党重庆警备司令部向全国发了一份密电，要求对“闹事”的报务员“相机处理”。昆明警备司令部逮捕了积极分子郁英。电台职工积极进行营救，终于将郁英保释。

电信职工要求实行公务员待遇的斗争 1943年，物价如脱缰之马飞速上涨，工薪人员无不叫苦连天。8月，国民党政府发布《提高公务员待遇办法》，而电信总局未予实行，因而激起全国电信职工的强烈不满，酝酿罢工的电报不断传出。湖南长沙电信局首先停止收受商报和私人电报，报务员章之浚自费拍发电报给蒋介石反映情况。电报引起湖南国民党当局一阵骚动，将章之浚软禁后释放。交通部感到如不解决员工生活困难问题，可能会出现更加严重的局面，被迫宣布在电信职工中实行公务员待遇办法。

（三）国民党对电信职工怠工斗争的防控和压迫

1943年8月30日至31日，国民党战时邮电检查所先后查获吉安、衡阳、长安等电报局全体员工以局务公电发出的通电，有鼓动全国电报局集体辞职、一致怠工等内容。战时邮电检查所“此类电报今后难免不继续发出，如果顺其肆意通行，鼓动风潮，影响前途，不堪设想。”交通部就此发出“训令”，称：“乃各该局员工仍有……肆意妄行，滥发通电，殊属不合，应由该总局转饬各管局严加制止，并查明为首人员议处，以维法纪。”

1943年8月，云南省曲靖、宣城、沾益、平彝（今富源）四个县的电信员工响应重庆等局员工要求增加薪金、改善生活的呼吁，联名打电报给交通部、电信总局，提出改善待遇等七项要求。国民党政府军事委员会接连饬令交通部追查此事的为首者。最后以撤销贵州镇远局局长褚炳荣的职务的方式解决了这次群众的自发斗争。

1944年1月20日，甘宁青电政管理局报房青年员工80余人联名签呈，要求局方将米贷金按市价发给，同时每人借支1万元以维持生活，遭局方拒绝。21日起，报房报务员及会计等陆续请假，逐步形成怠工。在局方威胁下，多数人被迫复工。事后，职工中有 2 人被开除，4 人停职，26 人降级，11 人记过。

1944 年 1 月，电信总局颁布关于发给米贷金的规定，30 岁以上发 1 石，25 岁至 30 岁发 8 斗，25 岁以下发 6 斗。这个规定遭到 30 岁以下青年员工的反对。28 日，昆明电信局有线报务员工开展了一次罢工斗争。罢工持续到 2 月 1 日，当局答应把米贷金差额部分按 8 折计算，作为青年米贷金。但罢工结束后，当局就以“鼓动风潮、掀起罢工”的罪名，将罢工积极分子张涵、宋振海、陈达臣等 7 人开除。

四、抗日根据地的邮电工人和工会运动

七七事变后，中国共产党实行正确的抗日民族统一战线政策，坚持全面抗战路线，开辟广大敌后战场和抗日根据地。在战争的艰苦条件下，一面同日本侵略者进行残酷的军事斗争，一面进行根据地建设，并在可能的条件下开办邮政事业，并培育了共产党领导下的邮政工人队伍。同时积极建立邮政工人组织，维护工人权益，带领邮政工人加入反对帝国主义侵略的斗争。

（一）根据地邮政的建立与工人队伍的产生

抗日根据地邮政的诞生 1937 年 8 月，八路军东渡黄河，开赴华北抗日前线。该年 10 月以后，115 师一部配合地方党组织，创建了晋察冀抗日根据地。是年冬，在阜平县创办了临时邮政，总局设在阜平县陈庄一带，建立了通往各县抗日政权所在地的邮路，并开辟了晋西北到延安及通往太行根据地的邮路。

太行区邮政的设立 1941 年 2 月，晋冀鲁豫边区太行区交通总局召开会议，确定战时通信向民邮发展，决定建立邮政业务，并要发展电话、水上交通，为完成全区民间交通网而斗争。3 月

21 日，太岳区交通（邮政）局举行成立大会，提出为密切各抗日根据地的政治、经济、文化联系，建立交通局，保证抗日根据地一切部队、机关、团体的公文、函件、命令的迅速传递；转递和经售抗日书报杂志；邮寄抗日人民群众的书信、包裹。

1941 年 12 月 23 日，太行区交通总局制定《边区交通工作建设计划（草案）》，提出："交通工作应当成为社会事业，……新中国需要有新兴邮政，而新兴邮政则应从现在建立开始。"1942 年 6 月，太行局各交通局开始发售邮票，正式办理民邮，实行邮资寄递，办理挂号、汇兑和包裹等业务。1942 年 10 月 16 日，《新华日报》报道，太行区交通局自 6 月份开办邮政，各机关及老百姓邮寄包裹、代购书报及汇兑等与日俱增，到 9 月份售出邮票 5000 余元。

1942 年 4 月 1 日，太行区交通总局本着互相发展业务，便利通信，互助合作的立场，确定与"中华邮政"的关系。次日，致函太行区内中华邮政县局局长，敦请合力互助，发展业务，共维联系。

山东战时邮局的设立　1942 年 2 月 7 日，山东战工会颁布在全省建立战时邮局的决定，山东战时邮政管理总局同时在沂水县境内宣布成立。其后的半年内，鲁南、鲁中、滨海、渤海、胶东等区的战时邮局相继成立。从 1942 年 6 月开始，山东战邮总局从党政机关的收发人员中抽调学员，开办了第一期战邮干部训练班，学习简单的邮政常识。各战略区的战邮管理机构，也相继开办了各种训练班，进行政治学习和业务技术训练，两年内共开办了 16 期，培训了 400 多名干部和交通员。

（二）根据地邮政工人的奉献

在抗日根据地，邮政工人为抗日邮政事业作出了突出贡献。

1940 年以后，抗日战争进入相持阶段，斗争十分艰苦。如山东，日寇到处设立碉堡、岗楼、封锁沟和封锁墙。到1943年上半年，山东的敌据点达3000个以上。在敌人严密的封锁下，山东战邮职工开辟了千百条冲不散、打不断的邮路，把敌人分割的滨海、鲁中、鲁南、渤海、胶东各行政区紧密地联系在一起。邮工们冒着枪林弹雨，穿行在敌人的封锁线和碉堡群之间，昼夜奔驰在1.7万里的邮路上，把党报及时送到敌后的广大军民手中。他们不仅传送机要文件、传送党报、护送干部，还经常活动在敌人占领的铁路沿线，配合地方武装，打击敌人，保护群众生产。

为了克服粮食、物资紧缺的情况，邮政工人开展了节约和生产运动。1943年4月13日，晋绥边区交通总站拟定节约办法，对节约粮食等事项作了规定。1944年2月，晋绥革命根据地响应党中央、毛主席号召的自己动手，丰衣足食，开展大生产运动。全区各级交通站开展了轰轰烈烈的大生产运动，开荒种地、纺纱织布。通过开展大生产运动，交通站种的菜除自给外，每天还有很大一部分可以上交政府，做到了自给有余，日用品也基本能达到自给。该年8月11日，太行区交通局发出《关于生产问题的指示》，指出为克服财政困难，紧缩开支，各局站应抽出人员从事生产工作，尽量利旧，不添新的物品，同时，成立生产委员会，定期研究计划、检查、总结生产工作。

晋西北边区交通总站陈金珠、郝金贵、张庆云、王三元、王宪德等5人，因努力工作被评为模范交通员。1943年5月，交通总站对他们进行了表彰，并发给了奖品。

1944年6月6日的《抗战日报》报道，晋察冀边区模范发行员白凤鸣在岢岚二区做发行报纸工作，积极发展订户。过去报纸都是机关订阅，他到岗以后，亲自发展20户老乡订报，每份报纸最少有5个固定读者，多的有9个。

1944年10月24日，《抗战日报》报道交通总站交通员雷文彬的模范事迹。报道说，他到总站任交通员后，工作、学习、生产都非常积极。他认识到交通工作是晋绥边区党政军民上下联系的“神经系统”，也是对敌斗争和生产建设中不可缺少的一项重要环节，因此他工作负责，不怕吃苦，每次都能提前完成任务。1944 年 12 月 7 日，在晋绥边区第四届群英大会上，他被评选为边区甲等模范工作者。

1945 年，山东战邮总局根据党中央的号召，在全省各局站广泛开展了创模运动。2 月 7 日至 17 日，在莒南县召开了第一次劳模代表大会，选出庞耀、葛春亭为战邮英雄，其余 32 名同志为战邮模范。该年 2 月，苏北抗日根据地苏中四分区召开群英会，交通系统评出二等模范工作者 1 人，三等模范工作者 6 人，并号召全区邮务职工向他们学习。

（三）边区工会组织的建立

抗日战争后期，形势渐趋好转，在中国共产党领导下，抗日根据地进行了邮电工会的组织工作。

1944 年春，晋西北在边区行署和总工会的帮助下，成立了晋西北邮务工会，并于 1945 年 4 月 26 日至 5 月 6 日，召开了晋西北邮工代表大会。大会期间，全体代表捐款 6400 元，慰问前方战士，希望早日消灭日寇。大会还通电全国邮工，呼吁改组一党专政的国民党政府和统帅部，为实现民主政治，争取抗战早日胜利而奋斗。

1945 年 5 月 10 日，太行区交通局职工会筹备委员会成立。山东战邮总局发出建立邮务工会的通知。山东各区积极建立基层工会组织，发展工会会员，会员人数达 2625 人。第一届代表大会于 1945 年 7 月召开，选举产生了山东省邮务职工抗日救国总会执委会，会议明确提出：“全省邮工团结起来，为支援抗日救国战争的胜利而英勇奋斗”。

第四章
解放战争时期的邮电工人运动

抗日战争的胜利，使人民看到了民族复兴和改善生活的希望。但是国民党政府继续执行反共、反人民的阶级压迫政策，并发动了侵犯解放区的内战，使广大人民再次陷入战争的苦海之中。在国民党政府严密控制下的邮电工人，也再一次陷入苦难中。为了生存，邮电职工不得不发起一次次抗争。而在中国共产党领导下的解放区，邮电职工的工作和生活则是另一番场景，他们以主人翁的姿态参与了人民解放事业。

一、国民党统治区邮电工人的斗争

由于国民党政府的腐败，国民经济严重衰退，人民陷入水深火热之中。邮电工人食不果腹，难以生存，不得不以怠工等方式，发起“反内战、反饥饿、反迫害”的斗争。

（一）开展怠工斗争

1946 年 2 月 18 日，南昌电信局员工以物价飞涨，收入难以维持生活为由，联名致电交通部与电信总局，提出：（1）应照邮局例，按物价指数增加夜班津贴；（2）保留米贷金；（3）按每月所得发 3 个月的“胜利金”；（4）年奖金按 1 个月发给；（5）按当地房租标准发给“房贴”。23 日，电信局全体职工开始罢工，南昌与全国各地来往商电全部停止，长途电话亦同时停止转接，南京电信局449名员工签名支持。

继南昌、上海电信职工实行总怠工后，怠工迅速扩展到全国21个地方。北平、天津、南京、杭州、广州、汉口、青岛、南昌、苏州、无锡、常州、芜湖、嘉兴、镇江、扬州以及四川、陕西等地，1946年2月21日中午12时起，全国电信职工均卷入怠工浪潮，使全国商电陷于停顿状态。

（二）要求合理待遇的斗争

1947年2月，国民党政府颁布《经济紧急措施方案》，宣布冻结生活指数。21日，全国邮务总工会同南京、上海、汉口邮务工会代表在南京举行临时紧急联席会议，商讨生活指数解冻问题。4月下旬，华北、东北各地邮务工会在北平召开联席会议，主要议题也是要求解冻生活指数。5月14日，全国邮务总工会和上海、南京、天津、北平、长春、锦州、浙江、新疆、河南、云南、陕西、台湾、汉口、青岛、南昌、安庆、芜湖等地邮务工会及储金局工会的代表齐集南京，举行紧急联席会议，确定了“指数解冻，按月调整”的原则。全体代表与邮政总局经过反复协商，于17日达成如下协议：（1）自5月份起指数解冻并按月调整；（2）每月指数以上月10日、20日、30日调查的数字为准，发给指数津贴；（3）发薪时间改为每月1日发放当月“米贴”，每月5日、20日分别发放上半月薪金和下半月薪金。但实际上按上月指数十足发给膳宿补助费只实行了1个月，到6月份就打9折，七八月份都打8折了。

全国14邮区代表赴南京争取邮工待遇 1948年11月初，由于物价成倍暴涨，各地邮工无法维持生活，纷纷要求借支薪金、米贷金，并解冻指数。上海、江苏、福建、浙江、湖南、西川、云南、贵州、东川、广东、安徽、广西、新疆、甘宁青等地邮务工会代表齐集南京。4日午前，代表与邮务工会全国联合会负责人在邮政总局进行了长达12小时的谈判。交涉过程中，代表拒绝进食。到晚上十点半开始达成协议：指数解冻按月调整，米贷金照市价发给，11月份薪金按上月指数75折发给。

（三）反裁员斗争

1946年9月，国民党对敌占区的“接收”已经结束。北平电信局奉交通部命令，开始所谓“紧缩机构”，裁减员工，致大批员工无辜被裁，陷于失业。被裁员工认为主管当局的裁员办法不合理，连日向各方呼吁奔走，请求局方收回成命。据《经世日报》的报道，9月5日，电信职工会举行记者招待会，被裁人员分别报告在电信局的供职经过，且均认为裁员办法不合理。此次裁员，仅是股长以下的职员与工人，至于分局长、科长，则地位十分坚固。

全国电信工会筹备委员会要求参加抗战工作人员免于遣散 1946年7月9日，全国电信工会筹备委员会致电南京交通部长及电信总局局长，提出电信员工随政府西迁，背井离乡，坚贞不二，谨守岗位，备历艰辛。原希望胜利之日重返家园，继续为电信事业之发展而努力，但政府“突有裁员遣散之议，致群情惶恐，人人自危，影响工作”。当时正值全国电信工会筹备委员会成立，全国电信代表齐聚重庆，经代表大会一致决议“凡曾参加抗战期间工作人员（包括事务员差役等）不得遣散”，希望电信当局改变初衷，对参加抗战工作人员免于遣散。

二、邮电工人组织新工会的斗争

抗日战争时期，受国民党控制的邮务工会参加了抗日斗争，但它的动摇性和维护国民党统治的行为，使其失去了广大邮工的拥护。因此，抗日战争胜利后，一些地区的邮电工人开始尝试建立新的邮电工人组织，并领导了反对国民党压迫的斗争。由于这些工会有斗争倾向，因此国民党也对这些工人组织采取了压制政策。

全国电信工会联合会的筹组 1945年9月23日，重庆电信局报房外省籍报务员召开第一次代表大会，成立内调同人联谊会。联谊会向交通部、电信总局、监察院等提出了凡内调的电信员工，殉职、因公致残、积劳病故及直系亲属在前后方亡故者，应给予优恤；抗战期间对电信事业有特殊贡献之同人应加以奖励等9项要求。当局一面借故拖延，一面扬言要“惩办肇事者”。10月21日，联谊会召开第二次代表会议，根据常务干事陈世德的建议，会议通过决议，将联谊会改为全国电信工会筹备委员会，简称全筹会。原联谊会的常务干事即成为全筹会的负责人。全筹会编辑出版《新电界》杂志，对各地电信员工组织工会的活动起了推动作用。

全国电信工会筹备委员会的成立 1946年春，重庆电信职工总会多次致电上海电信局国际电台，提出成立全国电信职工工会。3月6日，上海电信局国际电台就上海电信职工筹组工会致电电信总局，称现在正积极筹组上海电信职工会，暂定3月6日下午2时召开职工会成立大会。

全国电信工会联合会筹备委员会成立 经重庆电信职工会发起筹组全国总工会，各地电信工会纷纷响应，总局、政务电台及四川、陕西、云南、湖北、湖南、甘肃、武汉、北平、天津、贵州、西康、江苏、广东、山西、福建、湖南、山东、江西、宁夏、青海等22个单位均派代表到重庆，于6月15日召开全国临时代表大会，通过了组织章程，并宣布全国电信工会联合会筹备委员会成立。

国民党政府对电信工会的干涉与控制 1946年5月21日，

国民党政府社会部邀请交通部及电信总局代表会商，提出三项办法：（1）各区电信职工组织工会应呈请当地社会局行政机关核准后派员指导成立；（2）电信工会全国总的组织应由各地基层组织依法成立后再由社会部与交通部会商办理；（3）电信工会组成人员由交通部决定后通知社会部。

1946 年 9 月 4 日，社会、交通两部会商电信工会问题，由社会部组训司司长陆京士、交通部主任秘书莫衡牵头研究对付电信工人组织工会的问题。提出：（1）重庆全国电信工会联合会筹备委员会未经核准即擅自成立，不予承认，应命令停止活动；（2）电信工会全国性组织仍遵两部会商办法，俟各地基层组织成立后，再由两部会商办理；（3）重庆电信工会由电信总局与社会部组训司派人，会同重庆社会局缜密调查，必要时予以整饬；（4）社、交两部应注视渝方电信工会及联合会筹备委员会之活动，防范可能之事故；（5）凡非区管局及特等局所在地，在社、交两部未曾商定办法以前，不得筹组工会，其已自行组织者，制止其活动，同时由电信总局饬各电信机构遵照；（6）社、交两部互相同意，各以区管理局及特等局局长与当地之社会行政机关首长为其工会之指导员；（7）电信工会以办理职工福利为主，不得干预电信行政业务及人员之调动；（8）电信工会对于社、交两部及电信总局有所请求申诉时，由指导员分别层转，不得径自呈请；（9）社、交两部互相约定，对于未经核准成立之工会所发文电，概不核复，其经办事项亦不予承认。

1947 年 4 月 15 日，社会部请交通部邮电司派人会商电信工人组织问题，提出：在人民要求集会结社自由的情绪下，“有在政府指导之下组织工会之必要”。5 月 16 日，社会部、交通部会商电信工会组织问题，决定第一区至第八区电信管理局，南京、上海、北平、天津、武汉、重庆等特等电信局及国际电台（包括南京支台）、政务电台即分别派员指导组织工会。第九区电信管理局（即东北）及台湾、新疆等地暂缓组织。6 月 16 日，国民党政府交通部、社会部发表关于电信工会组织的训令，要求：（1）全国总电信工会应等各局区电信工会成立后再由交通部、社会部会商办理；（2）电信工会由交通部、社会部分派各区管理局管理人员及当地官员为指导员指导办理；（3）电信工会不得干预电信行政及人员之调动；（4）电信工会在筹备时期，对于交通、社会两部及电信总局有所请求或申诉，应由指导员分别层转，不得径自呈请；（5）所有各地区在筹组中或已成立之电信工会不合上述规定者，应即分别停止筹组或予以调整。

地方邮电工会的建立 1945 年 11 月 5 日，成都电信局工会成立，大部分抗日战争时期的积极分子被选为第一届执委。工会成立后，积极开展改善职工生活、团结教育职工等方面的活动。

1946 年 1 月 27 日，在全国电信工会筹备委员会的推动下，重庆电信职工会成立，到会代表 100 余人。月底，重庆电信职工会派代表与电信当局交涉，要求发给相当于一个月薪金的年奖。当局被迫答应按照底薪的 45 倍发给年奖，另外，每人再借给 7000 元。

1946 年 8 月，台湾邮工第一次代表大会在台北举行。共产党员陆象贤当选为台湾邮务工会理事长。工会提出台湾邮工“归班”问题，得到群众拥护。

1947 年 2 月 1 日，武汉电信工会成立。

1948 年 7 月 20 日，电信局召开会员代表大会，成立工会。

1948 年 6 月 18 日，台湾电信职工王纯盛等 30 人呈称：依据社会部交通部颁布之电信工会组织条例，发起筹组台湾省电信工会。7 月 20 日，电信总局电呈交通部，称交通部及社会部有台湾地区暂缓组织工会的训令，应暂缓进行筹组。

三、邮电职工的“护局”斗争

1948 年底，为了保护国家资产，为新中国成立和建设做准备，沈阳电信局、北京电信局、南京电信局、武汉电信局、长沙电信局、杭州邮局、上海电信局、重庆电信局的职工组建了“护局”队伍，通过各种形式开展了英勇的“护局”斗争。

沈阳电信局职工“护局”斗争 1948 年 11 月 2 日，沈阳解放前夕，沈阳电信局部分职工在中共沈阳市城工部领导下，同驻守在电信局内的国民党 53 军教导团的一个连进行枪战，迫使守军仓皇逃窜，保护了沈阳电信局。

北京电信局职工“护局”斗争 1948 年底，解放军包围北平，中共北平电信局地下党组织在陆禹的领导下开展了“护局”斗争。斗争开始后，地下党支部在宣传动员中，把革命利益与工人切身利益紧密地结合在一起，提出了“保护机器就是保住饭碗”的口号。经过宣传组织，他们建立了一支由地下党直接领导的秘密“护局”队伍。这支队伍遍及各科室，组织得非常严密，设立了正副队长、班长，并布置了值班、联络、巡逻、岗哨等多项任务，有明确的制度和严格的纪律。

南京电信局职工“护局”斗争 1949 年 2 月下旬，中共南京电信局地下党组织根据市工委指示，利用工会这一合法组织成立了安全委员会，开展“护局”斗争。他们组织共产党员分工负责、注意行政主管人员的动态，做团结争取工作，防止有问题的人乘机破坏和逃跑。同时编写重要电信器材清单，明确存放地点，以便重点保护。4 月 22 日，南京已听到隆隆的炮声，在中共地下党组织的领导下，各单位共产党员和积极分子立即行动起来，警卫组成员进入重点保护区域，日夜巡逻，并缴了门警的枪支。消防队、掩护组都坚守岗位，待命而动。报房、机房、电话房照常维持通信。在全局 1800 多名职工的共同努力下，通信中枢完整无损地回到了人民手里。

武汉电信局职工“护局”斗争 1949 年 4 月，中共武汉电信局地下党组织，发动群众选举产生了“应变委员会”，积极开展“护局”斗争。他们把周围的高压电网通上电，纠察队昼夜巡逻，准备好消防用具和救护用品，并把重要设备转移出去。当敌人强迫把设备运走时，职工就把几十吨报废的物资装箱发运。在应变委员会的领导下，电信局的资产设备完好无损。

长沙电信局职工“护局”斗争 1949 年 4 月 12 日，中共长沙电信局地下党支部组成“长沙电信员工应变委员会”，以“护局”保产。委员会设宣传、联络、调查、警卫、储运、财务、采购、救护等组，禁止设备外运，疏散或隐藏机器设备，控制营业收入。调查组将 747 名员工及家属共 2000 多人集中于中山、府后街等五处居住；储备了必需的食物及医药用品；为保护通信设备及员工生命财产安全，他们组成了一支 19 人的持枪警卫队，同时选定咸家湖何家大屋等三处地址，疏散或隐藏重要通信设备等共 600 多吨。此间，电信总局两次来电，要求将五部的重要设备分别调往国民党控制的重庆、桂林、南宁，电信三区管理局局长邓玉成亲自到局催运设备和催缴营业收入。7 月 14 日，国民党华中军政长官公署派人来局登记库存器材及机械设备，要求即日装箱运往桂林、衡阳，来不及运走的予以焚毁。应变委员会召开紧急会议，把 RCR 无线终端机及精密的收发讯机拆装成七大箱，于当天深夜运走并隐蔽起来。机务段、机务站职工买来毛竹、石灰，自己动手在载波室后面的宿舍筑起夹墙，将 16 架载波机隐藏在夹墙里。7 月 27 日，国民党警备司令部在长沙电信局中山路报话机房门外击毙了两名所谓的“抢劫犯”。一名国民党军官带兵冲入机房，叫着要将机房炸毁。威吓说，今天如不把机器运走，就要遭门外两人同样的下场。在紧急关头，地下党支部及应变委员会负责人巧妙应付，打发走了国民党军人。7 月 29 日，华中军政长官公署派兵督运器材。地下党支部与应变委员会紧急磋商，认为再拖延亦不可能，决定将原已装箱的废旧料以及多年未用的机件等凑成 160 箱装上火车。长沙电信局职工在中共地下党组织领导下，经过艰苦斗争，终于保住了电信局的重要设备。

杭州邮局职工“护局”斗争 1949 年 4 月，杭州邮局中共地下党组织根据市委“不疏散、不搬迁，坚持通信，保护财产档案，做好迎接解放的准备”的指示，展开了群众秘密宣传，动员职工坚持岗位，维护通信，防止破坏。杭州邮工为了防止敌人破坏，组成了一支有地下党员参加的，以投递员、驾驶员、警卫人员为主体的消防警卫队，昼夜巡逻，追回被国民党士兵开走的邮车，将汽油等重要物资和档案安全移藏。5 月 3 日，杭州解放，邮政通信没有中断一分一秒，所有票款、设备、档案未受任何损失。

中共杭州地下党组织得悉电信局局长等正准备逃往江山，当即指示电信局党支部迅速开展“护局”斗争，不让反动派将电信局拆迁和破坏。党支部成员秘密向群众进行宣传，并带动了几十名职工将长途台、载波室、自动室、电报房几个要害部门控制起来，并在全局加强巡逻。杭州电信局职工在临近解放的关键时刻进行“护局”斗争，保证了电信通信畅通，完整无损地保护了电信设备。

上海电信局职工“护局”斗争 1949 年 5 月，上海电信职工按照中共地下党组织的指示，以监督局、台营收支配情况、确保齐发“应变费”为理由，通过职工代表选举成立了名义上在工会领导下的“应变组织经济委员会”（电信局）和“公益会”（国际电台）。两个组织由工会信得过的人或工会负责人任主任，副主任和各组组长则都由共产党员和积极分子担任，利用公开合法的形式开展各种“护局”活动：储备粮食，组织职工进行救护，成立纠察队，日夜布岗值班，积极开展政策宣传，团结争取各级行政主管和工程技术人员，分化孤立反动分子。国际电台职工设法以执行交通部拆迁命令为由，把刘行收讯台、真如发讯台的设备抢运到市区，并假称电台已破坏，使电台设备完整地保存下来。

1949 年 5 月 24 日，国民党占领上海邮局大厦，中共地下党组织连夜动员 200 多名职工突击进驻大厦进行“护局”，并进行劝降工作，迫使敌人全部投降。驻守南翔电台的敌人要炸毁电台，一个老工人冒险破坏了总开关，使敌人无法通电爆破。国民党军队企图抢劫上海电信局的汽车逃跑，“护局”员工把轮胎气针拔去，最终将汽车留给了解放军。

重庆电信局职工“护局”斗争 1949 年 10 月，解放军进至川黔边界，国民党加紧了破坏工作。重庆电信局局长张骧弃职逃跑，副局长陈策祺只好主持局务。陈策祺出身无线电专业，对重庆电信事业的发展颇费过心血，不愿意电信事业被国民党破坏。在中共地下党组织的领导和帮助下，他下决心出面组织“护局”。11 月 20 日，陈策祺召集会议，宣布成立重庆电信局“应变委员会”。各区应变委员会分会在地下党的领导下，积极参加“护局”工作，将大型发讯机拆到防空洞内隐藏起来，调整班次，建立出入制度，防止坏人混入。在中共地下党组织领导下，工人积极分子和广大职工群众，勇敢忘我地工作，终于使电信局的财产、设备完好无损地回到了人民手里。

四、解放区的邮电工人运动

抗日战争胜利后，中国共产党领导下的解放区军民开始了完善民主政权、发展经济文化的工作，并继续进行邮电工人组织的建设工作。

但是，以蒋介石为首的国民党政府不顾人民疾苦，悍然发动了进攻解放区的内战，打断了解放区建设的进程。在新的战争形势面前，解放区邮政工人和邮电职工积极配合反对国民党进攻的革命战争，全力推动人民解放事业，在解放战争中作出了很大贡献。

（一）邮电工人组织逐步健全

1946 年 6 月 1 日，太行区邮政职工会在涉县索堡镇召开首届代表大会。会期 9 天，到会代表 50 名。大会总结了 6 年来全区邮政职工英勇机智，艰苦奋斗的光荣业绩；通过了成立太行邮政职工会的决议，审议通过了《太行邮政职工会章程》；选举了工会领导机构；研究了解决邮政职工生活困难问题。大会通过《太行区邮政职工会章程》，明确职工会的成立之宗旨为领导与组织全区邮政职工积极参加和平民主建设工作，为求阶级解放而奋斗；团结与教育全区邮政职工建设人民邮政事业；团结与提高全区邮政职工的经济、政治、文化利益。

1946 年 6 月 17 日至 24 日，华中解放区邮务总工会代表大会在清江召开，到会代表 72 名。大会以新旧邮工加强团结，提高效率为目的，通过了四项决议，并选出领导机构。大会发出《致中国劳动协会及全国邮务总工会电》以及《向全国同胞揭露国民党反动派惨杀解放区 3 名邮工的申诉电》。

1946 年 6 月 18 日，晋察冀边区邮务职工总会筹备委员会在张家口成立。

（二）邮电工人参与解放战争

1947 年 1 月 1 日，晋察冀边区邮政管理局和邮务职工总会筹备委员会分别发出关于开展为人民立功运动的指示和号召，要求邮政工作密切注意环境的变化，保持邮运的畅通，完成通信任务，在自卫战争中为人民立功。晋冀鲁豫边区太行邮政职工会向全区职工发出“贯彻企业化方针，加强工作，一切为了前线胜利”的号召。3月1日，晋绥边区邮务职工会筹备委员会向全区职工发出“动员起来，开展为人民立功运动”的号召。3月21日，太行邮政管理局与职工会联合发出《关于开展立功运动的指示》和《太行邮政员工立功办法》，指出时局已发展到新的关头，国民党军全面向解放区大举进攻，并进攻延安。中共中央号召要紧急动员起来，支援前线，保卫延安，保卫毛主席。我们要响应号召，迅速开展为民立功运动，争取爱国自卫战争的早日胜利。并提出了人人立功，处处立功，有功必奖的三原则以及各类人员立功条件和评功、记功、奖励办法。

1947年5月，晋察冀边区土改复查运动全面展开，边区邮政管理局和职工总会筹备委员会联合下发了《关于学习配合参加土改复查工作的通知》，号召全体职工做到加快各级领导机关的公文、信件传递，广泛传播农民翻身情况和斗争收获，健全乡村投递工作，发挥报纸的指导作用，组织开展读报、讲报活动，鼓舞农民进行翻身斗争。在新解放区各邮局迅速开展订报工作，针对自己的家庭情况，劝导家属积极斗争，每个职工都要以实际行动考验自己。

（三）解放区邮电工人的待遇

自抗日根据地建立起，根据地党政机关和军队都实行最低标准的供给制度，而对邮政职工则实行工资制度，在较低程度上满足了工人生活需要。但由于战争的耗费和经济条件的限制，有时不得不实行供给制。在实行供给制的时候，也实行与党政机关和军队同样的待遇。1947年3月26日，晋绥边区行政公署颁布《关于取消邮工工资制度，实行供给制的决定》，提出：为使邮政工作适应目前的战争情况，并根据边区生产供给会议的精神，特决定对邮局实行统一领导，分散管理，分散供给的方针。6月17日，边区行署对邮局供给等问题，再次发出命令，决定邮局干部之一切供给按本年度政府干部的供给标准规定。邮工的鞋子全年规定为布鞋 5 双，邮工之粮食可按地方军战士一样供给，每人每日小米 1 斤 8 两（在防旱备荒之际，每人每日暂按 1 斤 4 两供给）。菜金按本年度地方军供给标准发给，夜班邮工每人每月增发半个月的粮食菜金，邮工之其他一切供给（以服装、医药、津贴等）均按本年度地方军战士的供给标准规定。

第五章
新中国成立初期的邮电工人运动

中华人民共和国成立后，在中国共产党领导下，邮电工人建立了新的工会组织，以国家和企业主人的身份积极参加新民主主义社会建设，努力恢复和发展邮电事业，为新中国的发展作出了贡献。

在中国共产党和人民政府的领导下，各级邮电工会作为邮电工人的代表，废除旧社会压迫工人的各种制度，组织工人参加建设新中国的劳动竞赛，保护职工权益，兴办福利事业，在邮电工人运动史上掀开了全新的一页。

一、中国邮电工会第一次全国代表大会的召开和工会组织的建立

1949 年下半年，解放战争已取得决定性胜利，全国大部分地区已经解放。在这种形势下，建立全新的国家政权和工人组织已迫在眉睫。根据中共中央的决定，中华全国总工会开始建立邮政、电信工会的筹备工作。

1949 年 10 月 1 日，中华人民共和国成立。随着筹备工作的完成，1950 年 3 月，中国邮政工会筹备委员会、中国电信工会筹备委员会联合召开第一次中国邮电工会代表大会，选举产生了中国邮电工会第一届全国委员会。

中国邮电工会第一届全国委员会成立后，立即统一全国邮政、电信工会组织，建立工作制度，厘清工作关系，为开展新中国成立后的工人运动奠定了基础。

（一）全国邮政、电信工会筹备工作

1949 年，全国电信职工已达 4.3 万人，邮政职工达 5 万余人。为了组织邮电工人参加国家政权和民主主义社会建设，在中共中央领导、全国总工会的主持下，进行了邮电工会筹备工作。

全国邮电工人工作座谈会 1949 年 7 月 23 日至 8 月 16 日，全国总工会在北平召开工会工作会议，提出在一年中，要将全国工人阶级基本上组织起来，邮电、海员、铁路都要成立全国性的总工会。9 月，在全国总工会的指导下，召开了全国邮电工人工作座谈会。参加会议的有邮政工人、电信工人、新区工人、老区工人。会议共召开 11 天，对工会组织、工资福利及人事问题形成了统一意见，要求把全国邮电工人组织起来，发挥组织力量，在中国共产党领导下，搞好人民邮政电信事业，为人民大众服务。会议推选出 37 名邮政工会筹备委员会委员及 7 名常务委员；推选出 20 名全国电信总工会筹备委员会委员和 7 名常务委员。

邮政、电信工会筹备工作 全国邮电工会工作座谈会结束后，邮政、电信两个筹备委员会开始了积极的筹备工作。邮政工会筹备委员会召开了各大行政区工会工作会议和 22 次常委扩大会议，通过这些会议，领导全国各邮区的工会建设工作，为建立全国性邮政、电信工会做了准备。

1949 年 12 月底，华北、华中、华东、西北 4 个区先后举行电信工会工作会议，并分别建立了华中、华东 2 个办事处及西北总分会筹备委员会。全国电信工会有会员 25660 人，占全国电信职工的 60%。到 1950 年 2 月，邮政系统已成立了华东、华中、西北、西南 4 个大行政区办事处，和上海、江苏、北京、天津等

25 个邮区委员会，以及江西、广东、广西和新疆 4 个邮区筹备委员会，已组织起来的职工有 4 万余人，约占全国邮政职工总数的 80%。到 1950 年，全国电信职工已有 31094 人为正式工会会员，占职工总数的 62.7%。

（二）中国邮电工会第一次全国代表大会

1950 年 3 月 17 日至 26 日，在北京召开了中国邮电工会第一次全国代表大会。

在开幕式上，全国总工会副主席、邮政工会筹备委员会主任朱学范致开幕词。他指出：中国邮电职工曾和全国工人阶级一道，在反帝、反封建、反官僚资本主义的旗帜下，不断地进行英勇坚决的斗争。中华人民共和国的邮电事业是社会主义性质的国有企业，邮电工人是企业的主人，是为自己的利益和全国人民的利益而劳动。成立中国邮政工会和中国电信工会，通过这种组织形式，使全国邮电职工队伍成为更有组织、更有纪律的战斗力量，对新中国邮电建设事业将有更大的贡献。工会必须组织工人、教育工人、鼓励工人，提高工人阶级的政治、文化、技术水平，发扬工人阶级的主人翁责任感和劳动热忱，使每个工人成为生产中的战士。

全国总工会副主席李立三代表中华全国总工会讲话。他指出：召开邮电工人代表大会和组织工会，是很多优秀分子的牺牲换来的。我们今天取得了政权，要建设社会主义和共产主义，责任更加重大。我们要把我们的国家搞好，把我们的农业国变为工业国，还要经过非常艰苦的斗争。

中国邮政工会筹备委员会副主任李景韩、中国电信工会筹备委员会主任刘寅，分别代表邮政、电信两个工会筹备委员会做了工作报告。报告介绍了筹备工作的情况，阐述了建立工会的必要性，同时提出了工会面临的工作任务：（1）工会的中心工作是发展生产。学会管理企业，为人民邮政的建设和发展准备条件。有计划地召开职工代表会议，参加企业管理，组织劳动竞赛，发挥职工的工作热情，自觉地遵守劳动纪律，并培养工人管理企业的能力；改造一切不合理的组织与制度，把官僚资本主义的企业改造成新民主主义企业。（2）加强工会工作，健全工会基层组织，在未建立工会的地方积极建立工会，发扬民主，倾听群众的意见与呼声，在中国共产党和毛主席的旗帜下，形成全国工人阶级的大团结。（3）加强职工教育工作，提高老区职工的文化与业务水平。对新区职工进行系统的政治教育，以提高其政治认识和思想觉悟。（4）关怀职工的日常生活，同一切漠视职工利益的官僚资本主义行为进行斗争。进一步研究、发展、推广大城市的团结互助，举办各种福利事业，制定解决职工困难的办法，并研究如何照顾处在广大乡村中的工人职员，以减轻他们的困难。为了保证职工的正常利益与搞好生产，工会与管理部门订立了集体合同。

中华全国总工会副主席刘宁一在会上作了《关于邮电工会统一组织》的报告。

大会通过了《关于统一全国邮政工会与电信工会领导机构的决议》，全体代表一致认为，全国总工会关于统一中国邮政工会与中国电信工会组织的决定是正确的，全体代表一致决议将中国邮政工会与中国电信工会合并，建立中国邮电工会。

大会通过了《关于保证完成 1950 年邮政电信生产任务的决议》，全体代表一致认为，保证完成 1950 年全国邮政电信事业的生产任务，是该年中国邮电工会的中心工作。为了完成这一任务，各地邮电工会必须动员、组织、教育全体邮电职工，以国家主人翁态度发挥生产积极性和创造性，克服一切困难，为完成 1950 年全国邮政电信事业的生产任务而奋斗。

大会还通过了《中国邮电工会章程》，确定中国邮电工会是全国邮电工人与职员群众自愿结合的群众组织，旨在保护邮电工人、职员群众的利益，教育并组织全国邮电工人、职员群众，积极恢复与发展人民邮电事业，巩固工人阶级领导的人民政权，并以国际主义精神教育邮电工人、职员群众，保卫世界持久和平。《中国邮电工会章程》对邮电工会的组织、权利、义务、工作制度等做了明确规定。

大会选举产生了中国邮电工会全国领导机构，选出中国邮电工会全国委员会委员 60 名（为台湾留空额 1 名）、候补委员 15 名、常务委员 19 名；经费审查委员会委员 9 名。

（三）建立大区工作机构，统一工会组织，协调工作关系

1950 年 4 月 12 日，中国邮电工会全国委员会发出《关于成立中国邮电工会全国委员会各办事处的通知》，为执行中国邮政电信工会第一次全国会员代表大会《关于统一全国邮政工会与电信工会领导机构的决议》，加强对各地邮政、电信工会工作的统一领导，常务委员会决议：将原中华全国邮政总工会筹备委员会及原中华全国电信总工会筹备委员会所设立各办事处撤销，正式成立中国邮电工会全国委员会各地区办事处，负责统一领导各个地区邮政、电信工会工作。

1950 年 5 月 10 日，中国邮电工会全国委员会发出《关于加强工会工作报告制度给各办事处及各区委员会的指示》，强调：（1）凡有关工运方针政策及有关工人、职工群众生活等重要问题的措施，各级工会组织必须事先向上级工会组织请示报告。（2）各区委员会，每月须向全国委员会作一次综合性的书面报告，包括群众生产工作问题；企业管理民主化的情况及问题；订立集体合同的情况及问题；生产竞赛、合理化建议、创造新纪录及发明创造等问题；关于业务学习与技术学习的情况及存在问题。（3）工会组织问题，如所属工会组织情况及问题；会员发展情况及问题；各级工会组织的干部情况及问题；基层组织的活动

情况及问题。（4）职工文化教育问题及一般文娱活动情况及存在的问题。（5）劳动保护、劳动保险与福利事业问题，工人工资及生活问题。同时强调报告女工、青工生活与工作中的特殊问题。

1950年7月，中国邮电工会全国委员会发出《关于逐步统一各区委员会组织给各办事处、各邮区、电信局委员会的指示》，提出：为有效地促进中国邮电职工的团结，争取早日达到各区委员会的组织统一，以便迅速恢复和发展人民邮电事业，决定：（1）尚未分别成立邮区、电信区筹备委员会之地区，责成邮政、电信管理局所在地工会着手建立统一的邮电区委员会的筹备委员会，不必分别建立。（2）邮电一方已成立区筹备委员会，未成立之一方应尽快成立筹备委员会，成立后可联合办公。（3）已经分别成立邮区电信区筹备委员会之地区，两个筹备委员会联合办公，待条件成熟时，召开全区邮电会员代表大会成立统一的邮电区委员会。（4）邮、电之一方已成立区委员会，而另一方尚未进行或正在进行筹备者，须加强筹备工作，从速建立区委员会。（5）已经分别成立邮区电信区委员会的地区，两个区委员会联合办公。

1950年11月16日，中国邮电工会全国委员会发出《关于本会所属各级组织与地方工会组织的领导关系问题的通知》，明确了各级邮电、电信工会与地方工会的领导关系。

1950年12月23日，中国邮电工会全国委员会发出《关于逐步统一基层组织的指示》，提出：（1）凡已经统一或联合办公的区委员会和区筹备委员会，不论行政机构是否已经统一，应有步骤有计划地进行统一所属各基层组织的工作。（2）区委员会或区筹备委员会进行统一所属各基层组织工作时应注意：邮电双方凡已分别成立基层组织者，应即着手统一改选，不必等候工会的改选期；双方一方已成立基层组织，另一方尚在筹备成立基层组织者，双方应先紧密联系，待条件成熟，应即统一选举基层组织；

邮电双方均在筹备或尚未开始筹备成立基层组织者，双方应即进行联合筹备。待条件成熟，应即统一选举基层组织。

1951 年春，浙江邮电工会同浙江邮电管理局因工资支付问题发生争论，且久久不能解决。全国总工会认识到这是关系工会工作全局的政、工关系问题，同时牵涉到工会与地方的关系，及邮电工会如何接受党的领导的问题。经过批评和自我批评，明确了行政与工会关系的原则就是“共同商量”。工会与行政工作的目的只有一个，就是完成共同的任务。1951 年 9 月 26 日，中国邮电工会全国委员会代主席李景韩发表讲话，明确中国共产党是工人阶级的政党，是工人阶级的先锋队，工会是工人阶级自愿结合的群众性的组织。党和工会组织都是为了阶级斗争。邮电工人是工人阶级的一部分，必须从工人阶级的整体观点出发，接受中国共产党的领导。

（四）工会组织的发展

1951 年 8 月，邮电工会召开了第三次全国委员会扩大会议，提出了“以政治为基础、以生产为中心、搞好小组、巩固基层”的工作方针。该年，全国邮电工人已基本组织起来，全国邮电职工 11.37 万人，已发展会员 10.18 万人，占职工总数的 89.5%，各地区委员会、基层委员会、组织员指导小组也都已建立起来。

二、职工权益保障

随着全国的解放和中华人民共和国的成立，工人阶级真正成了国家和企业的主人，邮电工人投入恢复和发展邮电事业的伟大事业中。新的社会制度为职工的政治权利、人身权利及劳动权利提供了保障。为了改变旧制度下邮电职工深受压迫的状况，建立新制度下的职工权益保障制度，中国共产党及工会作出了巨大努力。

（一）政治权利保障

新中国成立后，中国共产党领导下的邮政工会组织，首先开展政治教育，以普遍提高邮政职工的政治觉悟。各区委员会都开办了学习班，并利用各种集会，进行了宣传教育。华东、华北、西北三大区及旅大、内蒙古自治区两地电信工会共举办职工政治学习班 19 个。邮政工人在支前劳军、购买胜利折实公债等运动中，以主人翁姿态发挥了带头骨干作用。在建立人民政权的过程中，邮电、电信工会组织派代表参加了政治协商会议和各级人民政府的各界代表会议。1949 年 11 月，中国电信总工会筹备委员会派出代表，出席了亚澳工会代表大会和亚洲妇女会议。

（二）人身权利保障与民主改革

新中国成立后，为了废除封建主义和资本官僚主义压迫工人的制度，人民政府实行了民主改革。

自大清邮政设立起，邮政工人入职，都要请殷实铺户作保。国民党统治时期，中华邮政继承了这种保证制度，并又增加了保证金制度。如在恶性通货膨胀的情况下，司机、机匠在未觅得无限保以前，必须交 5 万元现金保。但一部分高级职员可以免保，职员可为工人担保，但工人不能为职员承保。这种制度实际上是一种对人身权利的侵害。1950 年 5 月 23 日，中国邮电工会全国委员会发出《关于废止中华邮政保证制度的指示》，指出：由于人民革命的胜利，邮政企业已成为人民自己的企业，邮政工人已成为人民邮政企业的主人，这种统治和剥削工人的官僚制度，绝不能在人民邮政企业中继续存在下去。为此，特建议邮政总局明令宣布废除。各级工会应对工人、职员进行宣传教育，详细说明这个变革的意义与精神。要组织群众讨论，尤其要联系职工身受官僚统治制度的痛苦经验，借此提高全体职工的阶级觉悟，树立工人的主人翁精神，自觉地为办好人民企业，与一切危害邮政事业的行为作斗争。

在大清邮政和中华邮政时期，为防止真正的走私和所谓的“走私”，甚至为了打击工人的反抗行为，都建立了对工人的人身和所携物品进行搜查的制度。为了保障职工的人身权利，1950年6月，中国邮电工会全国委员会发出《关于取消检查走私中搜身办法的指示》，指出在过去，反动统治者曾采取各式各样欺压、侮辱工人的办法，今天，工人阶级已成为国家社会的领导阶级，决不能允许一切轻视、欺压和侮辱工人的野蛮办法继续存在。

（三）集体合同的签订

为配合国家经济建设，办好人民邮电事业，保护职工利益，邮政、电信工会全国筹备委员会从1949年11月开始了集体合同的研究，并组织工作组深入群众，发动群众参加讨论。1950年，中国邮电工会全国委员会经过研究，拟出了《邮电企业集体合同纲要（草案）》，包括合同期间的生产任务；合同期间行政保证事项；合同期间工会保证事项；工资与奖励事项；职工的受雇与解雇；职工劳动纪律事项；完成合同规定的生产任务时，行政负责解决集体福利事业及文化教育设施。

实行签订集体合同制度，从整体上维护了职工的劳动权益，调动了职工生产积极性、主动性和创造性，增强职工的主人翁意识，实现了职工个人利益、整体利益与社会主义企业利益的有机统一。

（四）劳动报酬保障与工资改革

新中国成立前，邮电工人的工资情况极其复杂，中国共产党领导下的根据地、日伪统治区、国民党统治区的邮电工人工资各有不同。因历史原因，各地解放后，职工实际工资水平不平衡，邮政行业和电信行业的工资差别也很大。特别是老解放区的邮电职工，由于支援解放战争，实行供给制或低薪制，工资远低于其他地方的邮电职工。中华人民共和国成立后，国家开始调整不同行业、不同地区间的工资差别，并尽量保证职工生活，由于邮电行业的工资高于铁路、煤矿行业的工资，1950 年，邮电行业的工资进行了部分调整。但邮电行业调整后的工资水平仍高于其他行业。

随着国民经济的恢复和好转，邮电企业生产也有了恢复和发展，初步扭转了企业的亏损状况，职工思想觉悟有了提高，全国邮电企业进行工资改革具备了条件。根据中共中央指示，在中央人民政府统一领导下，以大行政区为主，全国邮电企业先后进行了工资改革。改革的内容主要是废除国民党遗留下来的工资制度，并在增加工资和减资面不大的前提下，贯彻按劳付酬，照顾现实的原则，通过工资改革初步改变了邮电行业的工资制度。

通过工资改革，将全国不统一的工资制度改为四个不同地区的工资制度，并制定了五类工资标准，解决了物价高低差额的问题，还在边远地区和气候恶劣地区发放边疆津贴、林区津贴、瘴区津贴等。同时，缩小了不同职级间的工资差别。根据新的制度，对需要降低工资的部分职工采取了保留工资的办法，照顾了他们的利益。

工资改革解决了历史上遗留下来的不合理状况，这是邮电工人工资制度的一大进步：（1）废除了官僚资本主义企业遗留下来的工资制度，扭转了由于旧中国长期处于半封建半殖民地状态所造成的轻重倒置、工资等级多、工资制度混乱等状况。根据按劳付酬的原则，建立了新的全国趋于统一的工资制度，提高了职工的积极性。如甘宁青邮局，经工资改革，有 100 名邮递员和邮助员都按工作改变了职名，并增加了工资，职工生产积极性显著提高。（2）由于提高工资与改革相结合，使全国各大区、各省市间工资水平极不平衡状况有了较大的改变，邮政与电信差别突出的情况也有了较大改善。（3）提高了职工生活水平与阶级觉悟。相比1949年，全国邮电职工的平均工资在1950年增长0.99%、1951年增长10.44%、1952年增长22.88%。西南地区的邮电职工，1952年工资比解放初期增长49%。在职工思想上初步树立了按劳付酬的观点，使职工体会到发展生产是工人阶级最大、最根本的利益，因而普遍提高了工作积极性和学习技术的热情。

（五）保障女职工权益

1951年11月，中国邮电工会全国委员会发出《关于加强女工工作的指示》，指出工会女工工作的任务是动员女工参加生产竞赛，提高女工觉悟，解决女工参加生产中的困难，工会各部门对女工工作应予必要的重视。要求各工会建立女工科，帮助基层组织建立健全女工委员会组织及工作制度。同时注意发现生产中的女工积极分子，给予培养教育，吸收一定数量的女工参加各种组织。

三、参加政治运动

中华人民共和国成立后，邮电工人积极参加反对敌人侵略和破坏的斗争，为巩固新生的人民政权、建设新民主主义社会作出了贡献。

（一）参加抗美援朝运动

1950年6月，美国卷入朝鲜内战，将战火烧到了鸭绿江边，直接威胁到中国的安全。为了反对美帝国主义的侵略行为，中国人民发起了抗美援朝运动。

爱国主义教育 为开展抗美援朝运动，各级工会在邮电职工中开展了广泛的爱国主义教育。通过时事报告、学习文件、批判恐美及崇美思想，组织职工及其家属等控诉美、日帝国主义和蒋介石反动派的罪恶，树立爱国观念。如北京电信局在10个基层工会作时事报告37次，听众人数达到职工总数的94%；267个工会小组，有243个进行了小组回忆和控诉。有8个基层组织召开控诉大会115次，使绝大多数职工接受了抗美援朝爱国主义教育。

开展抗美援朝行动 提高了觉悟的邮电职工积极支持中国人民志愿军的军事行动，同时协助人民政府开展反特对敌斗争。在美帝国主义的飞机对中国东北边境实施轰炸的时候，安东（今丹东）电报电话局职工坚守岗位，克服一切困难，保证了通信任务的完成。1950年11月20日，中国邮电工会全国委员会给安东报话局工会委员会和有关职工发出表扬函，表彰了他们不怕牺牲、勇于奉献的爱国主义行动。

邮电职工普遍参加反对美帝国主义重新武装日本的大游行，上海邮局发行处1个科的36个职工，在接受抗美援朝爱国主义教育后，有33人参加了上海工人反对美帝武装日本的示威游行活动。

订立爱国公约 邮电职工积极订立爱国公约，并把爱国热忱具体表现在生产上面，学习马恒昌小组先进生产经验，开展爱国主义生产竞赛。

据1951年8月6日中国邮电工会全国委员会给全国总工会的报告，当时全国已有80%的邮电职工订立了爱国公约。爱国公约对健全和巩固工会小组工作，保证爱国主义劳动竞赛的深入与经常化起了很大的作用。

捐助抗美援朝战争 为了支援志愿军打击美帝国主义，全国邮电职工自愿捐献约100万元，用于购买飞机。1951年6月21日，北京市邮电职工大会提出折合400万斤至450万斤米的增产计划；北京电信局话务处工会，在职工代表大会上一致通过了1951年增产节约7.2万元的奋斗计划，将节约增产收入支援抗美援朝战争。张家口电信局自动室小组提出改装机械回路的合理化建议，节约中断端台一台及百门磁石台一台，把所得奖金捐献给抗美援朝运动。

（二）参加镇压反革命运动

1950年10月10日，中共中央发出《关于镇压反革命活动的指示》，要求各级党委执行“镇压与宽大相结合”的政策，对反革命分子加以处理。

为了响应中共中央的号召，1951年4月，中国邮电工会全国委员会发出关于认真学习《惩治反革命条例》的通知，协助人民政府镇压反革命，指出：自中央人民政府颁布《惩治反革命条例》以来，先后在各地邮电企业中依法逮捕了一批罪大恶极的反革命分子，使抗美援朝和爱国主义劳动竞赛随之深入。但一些干部对特务匪帮的危害性与坚决镇压反革命运动的重要性认识不足，某些工会干部思想中存在严重轻敌，疏忽大意的情况。因此，应注意组织和领导职工认真学习《惩治反革命条例》，并帮助各地人民政府，把潜伏在邮电企业中的反革命分子全部检举出来：（1）各级组织必须重视，将抗美援朝和劳动竞赛运动与除奸反特斗争结合起来。必须使每一个职工都能深刻认识特务匪徒的危害性和镇压反革命的重要性。（2）最好采取回忆或控诉的形式，使职工群众用自己亲身遭受的痛苦和亲眼看到的迫害事实，来控诉美、日帝国主义、国民党反动派、特务匪徒的各种暴行与压迫人民邮电企业的罪恶，以激发工人职员群众对反革命分子的深刻仇恨和高度的爱国热情，协助人民政府检举反革命分子。（3）必须检查太平观念和麻痹现象，建立或健全保密公约工作制度，特别是长途台、中继机和邮件封发部门，要警惕反革命分子窃取机密和传递投寄反动物件。（4）要注意反革命分子的破坏活动，号召职工提高警惕，保卫邮电企业的安全，防止特务破坏。

（三）参加“三反”“五反”运动

新中国成立初，一些不法资本家和受资本主义思想严重腐蚀的人进行大量违法活动。在资产阶级的腐蚀和影响下，政府机关里的贪污、浪费、官僚主义现象严重滋长。为了清除这些腐蚀国家基础的恶劣行为，1951 年底到 1952 年 10 月，国家在党政机关工作人员中开展了“反贪污、反浪费、反官僚主义”，并在私营工商业者中开展了“反行贿、反偷税漏税、反盗骗国家财产、反偷工减料、反盗窃国家经济情报”（简称“三反”“五反”）的斗争。

为了开展“三反”“五反”运动，1950 年 8 月 23 日，中国邮电工会全国委员会发出《关于在邮电企业中反对贪污、腐化、走私、舞弊的决定》，指出新中国成立后，各地邮电企业中还继续存在不少贪污、腐化、走私、舞弊的事件。根据邮政总局的统计，1 月至 3 月，发现违反法纪者 136 起，玩忽职守者 108 起，贪污腐化者 95 起，挪用公款及其他 133 起，因此而受处分者 550 人。这种现象还继续存在的原因，一方面是由于工会组织对教育工人、职员树立主人翁的劳动态度还做得不够；另一方面也由于少数地区大量吸收新人，难免个别破坏分子混入工人队伍，他们从旧社会带来的劣根性，一时还未能彻底消除。同时，各级工会必须针对贪污、腐化、走私等情况加强宣传教育，开展群众性的监督检查，彻底肃清违法乱纪、损害企业利益，同时也是破坏工人阶级根本利益的可耻行为。为使教育与纪律相结合，应经过民主讨论，建立或健全工作制度，以防止贪污、腐化、走私和舞弊等事件发生。要把教育和组织职工树立新的劳动态度、自觉遵守劳动纪律的工作作为经常性工作，应结合生产竞赛，把反对贪污、腐化、走私、舞弊等行为作为竞赛条件之一。

四、增产节约与劳动竞赛

1949 年，随着全国的逐步解放，人民政权也面临长期战争和社会动荡带来的严重经济困难。为了巩固新生的人民政权，中国共产党开始从增产和节约两个方面入手开展经济工作，以保证国民经济的正常发展。解放的邮电工人也在工会领导下，开展了以增产节约为中心的劳动竞赛。

（一）劳动竞赛

在邮电、电信工会筹备委员会成立后的 6 个月中，各地邮电职工以主人翁姿态发挥了骨干带头作用。在国家财政困难的情况下，为了支援解放战争、减轻人民负担，大部分邮政职工自觉地降低了工资。

1950 年 3 月，全国工会代表大会提出了“面向生产”的口号，并在抗美援朝时期提出开展爱国主义劳动竞赛。从 1950 年 5 月到 8 月，全国各地有 25 个省、区、市委员会开展了劳动竞赛；参加竞赛的邮电职工在 4 万人以上。1950 年 10 月，邮电工会召开了第二次全国委员会扩大会议，提出了推广联系合同、推行负责制、开展合理化建议等改进生产工作的办法。该年，电信业务收入超额完成 104%，邮政业务收入超额完成 107.6%。1951 年 1 月，又开展了“向马恒昌小组学习和向马恒昌小组应战”的劳动竞赛。为了使生产竞赛经常化，邮电工会号召全国邮电职工学习马恒昌小组经验，响应马恒昌小组挑战，并要求各级工会干部深入基层，帮助吸取马恒昌小组的经验，制订好竞赛公约或小组、个人计划，经常研究改进工作方法与生产技术以及搞好小组团结互助等工作。

1951 年 7 月 13 日，中国邮电工会全国委员会发出《关于开展生产竞赛的指示》，指出组织生产竞赛是工会工作中心环节，要逐渐发展业务，消灭差错、降低成本。通过职工的互相鼓励，深入实施管理民主化，自觉遵守新的劳动纪律；同时让先进生产工作者帮助周围的职工学习高效的操作方法，培养良好的劳动态度，使各部门生产工作密切配合。全体邮电职工以高度的热情开展抗美援朝、保家卫国的爱国主义生产竞赛。

1951 年冬，中国邮电工会全国委员会抽调 38 个基层工会主席开办了训练班，专门研究和总结了基层工会怎样竞赛的问题，又召集北京、天津邮电 4 个区的工会主席，汇报了开展增产节约运动的准备情况，并派人到锦州区参加会员代表大会，了解开展竞赛运动中遇到的情况。

1952 年 7 月，中国邮电工会全国委员会组成工作组，深入天津电信局长途台，总结出郭秀云操作法，并召开全国会议进行推广。7 月 2 日至 6 日，召开工会工作会议，研究邮电企业开展增产节约竞赛运动的问题，起草了《关于在邮电企业中开展爱国增产节约竞赛运动的联合指示》。

1952 年 11 月，参加竞赛的职工和基层组织的数量都在 85%以上。竞赛成绩显著，如察哈尔的电报差错率由竞赛前的 0.12%降低到 0.016%；天津长途电话速度超额完成计划指标的 39%；天津邮局收发组的差错率由 7 月的 0.075%降低到 9 月的 0.029%。沈阳市话接通率提高到 90%。

（二）开展合理化建议活动

1950 年 3 月，中国邮电工会全国委员会作出《关于提倡及开展合理化建议运动的决议》。为充分发挥邮电职工的创造性和积极性，以提高劳动效率，决议各地工会组织应普遍开展发明、创造、技术业务改进、合理化建议运动；各地工会基层委员会应将合理化建议委员会设为专门机构，使这一工作能够顺利地开展。同时，制定了《合理化建议实施纲要（草案）》，要求由工会委员会推选主要干部，并吸收熟悉生产的职工代表及在业务方面有丰富经验的优秀技术人员、工程师等组成合理化建议委员会。

1951 年 7 月 13 日，中国邮电工会全国委员会发出《关于开展生产竞赛的指示》，指出要发挥群众的积极性和创造性，推动合理化建议。天津邮局函件（平信）封发部门原分“接收”与“封发”两个组。在 1950 年的生产竞赛中，职工展开了“互助突击运动”，打破了开拆、分拣、封发等界限，根据赶班、投递的需要，有秩序地进行互助，初步形成了交叉作业法，并合理地组织工序。自 1951 年起，天津邮局解决了函件积压问题。

（三）纠正竞赛中的偏向

在劳动竞赛中，由于某些领导干部在工作中有追求生产指标的单纯任务观点，在业务经营中片面追求收入。11 月 29 日，《邮电工人报》刊发社论，要求肃清资本主义经营思想，纠正竞赛中的偏向。要从对国家、人民负责着眼来衡量自己是否完成任务，而不应单纯从完成生产数字和盈利上着眼；应该以提高质量为中心环节。邮电企业的各级行政、工会组织应在当地党委领导下，深入发动邮电职工群众，对发生的偏向进行彻底的检查，从思想上深刻认识偏向的严重性和危害性，检查错误发生的原因，提出纠正的具体办法，彻底肃清单纯任务观点和资本主义经营思想，把增产节约竞赛引向正常健康的道路。

五、劳动保护

1949 年末，中国邮电工会全国委员会在筹备期间，就注意研究劳保条例，并与邮电部、邮政总局共同建立了研究劳保工作的委员会。各地已建立的邮电、电信工会为了提高女邮工的地位，保护女邮工的特殊权益，建立了女工科。

1951 年，中国邮电工会全国委员会配合邮电部，制定了《职工工作保护品使用暂行办法（草案）》，部分地解决了工人劳保用品、伙食津贴问题，并在东北地区规定了对有害健康的工作岗位的保健津贴等。

1952 年 12 月，中国邮电工会全国委员会发表《加强劳动保护工作，贯彻安全生产的方针》，指出：执行人民政府的劳动保护政策，贯彻安全生产的方针是人民邮电企业的行政、工会干部应负的责任，是全心全意依靠工人阶级发展生产的必要条件和具体表现。自爱国增产节约竞赛运动开展以来，各地行政、工会组织在劳保方面做了不少工作，工人的劳动条件得到了一定的改善，工人的健康状况也已有所改善。

通过爱国卫生运动的开展，各级行政、工会组织对安全卫生工作较为重视。大部分省、市邮电局在秋、冬两季进行了安全卫生大检查，改善了安全卫生设备，解决了不少安全卫生问题。在管理和发放保护用品的工作上，部分省、市局根据邮电部颁发的《劳动保护用品使用暂行办法》，置办了职工迫切需要的保护用品。如江苏区共添置工作服 650 件，保护用品、保护工具共 1299 件。安徽区共添置工作服 280 件，保护用品 1373 件。

六、职工生活保障与职工福利

中华人民共和国成立初期，在人民政府的支持下，各级邮电工会积极做好职工生活保障工作，并尽最大可能举办福利事业，使邮电职工的工作、生活初步实现了安定、幸福。1951 年 1 月至 1952 年 10 月，仅邮电工会全国委员会就支出经费约 407 万元，用于保障职工生活和开展职工福利事业。

（一）职工生活保障

邮电工会从保障职工收入开始，积极解决职工的各种困难，保障职工的日常生活。

实行合理的劳动报酬 为工资的统一与合理，中国邮政工会筹备委员会与邮电部工资处、邮政总局、北京邮政工会、北京邮政管理局共同成立了工资研究委员会。通过工会的积极参与，在电信还未完全恢复，营收还不敷开支的情况下，人民政府尽最大力量来维持邮电职工生活，电信职工工薪相当于解放军军人的2.25倍，使邮电工人的工资收入和家庭生活得到了全面保障。

1950年底至1951年9月，中国邮电工会全国委员会积极协助企业行政，在调整工资工作上尽了极大的努力。在西南、东北、西北三个大行政区和华北大部分地区的职工，以及全国的供给制人员，都适当地增加了工资，增资人数总共占全国邮电职工的50%。1952年，全国邮电职工的工资比1949年增加22.88%，初步改善了职工生活，逐步改进了过去邮电部门的不合理工资制度，对生产发展起了重大作用。

实施邮电职工疾病伤残补助办法 1950年初，在第一次全国邮政会议上，全国邮电工会筹备委员会提出并通过了关于医药补助费、丧葬补助金及抚恤金的决定。1950年7月，在国家经济和邮电企业经营开始好转的情况下，经中国邮电工会全国委员会争取和中央政府批准，在邮电企业营业收入中提取3%作为职工保险金，主要是提供疾病伤残补助，以解决职工困难。1950年8月18日，邮电部、中国邮电工会全国委员会公布《全国邮电职工疾病伤残补助试行办法》，确定在全国劳动保险条例颁布前，为照顾邮电职工生、老、病、死、伤、残之困难，而制定此办法。

办法的主要内容是：（1）对工人与职员的死、伤、残、病、老、生育儿女均有适当照顾。因公负伤的，行政负担全部医疗费，照发原工资；因公残疾，完全丧失劳动力而退职的，每月付给原工资的55%至70%的抚恤金；因公死亡的，行政负担丧葬费，并按其供养亲属之多少每月发给原工资25%至50%的遗属抚恤金；非因公负伤或生病，免费在指定医院治疗，并发给工资补助金或救济金；非因公残疾丧失劳动力而退职的，每月付给原工资25%至40%的救济金；职工供养亲属患病免费诊治，药费酌减；职工死亡，可得丧葬补助金及原工资3个月至7个月的遗属救济金；供养亲属死亡，可得丧葬补助金；老年职工在职或退职的，可得10% 至60%的补助金；女职工及男职工之妻生育时，可得平均工资的5%的补助金，女职工生育前后给假45天，工资照发。（2）补助金经费完全由企业行政即国家负担，职工不出分文，这与资本主义国家完全或大部由工人工资中扣除的办法完全不同。（3）在生产中有突出贡献的特等劳动英雄或特等功臣，及转入邮电企业工作之特等战斗英雄，因其对国家贡献较大，得享受优异待遇，以鼓励和提高工人、职员群众的积极性和进步性，使劳保工作和生产竞赛工作密切结合。

贯彻国家劳动保险条例　1951年2月26日，政务院颁发《中华人民共和国劳动保险条例》。3月17日，邮电部、中国邮电工会全国委员会发出《关于实施劳动保险条例应注意事项的联合通知》；7月6日，公布试行《中国邮电工会劳动保险委员会组织条例（草案）》，规定：中国邮电工会各区委员会、各基层委员会均设劳动保险委员会、组织员，工会小组设劳动保险干事。委员会依照劳动保险实施细则的规定，研究工人、职员遭受的每次伤、残、死亡事故的性质，确定为因公或非因公并决定残疾补助金额。同时发出通知，要求各级组织于7月底前按照草案规定建立劳动保险委员会或劳动保险干事。

1952年12月，中国邮电工会全国委员会发表《加强劳动保护工作，贯彻安全生产的方针》，指出：劳动保险方面共有 13128 人享受 50 余亿元的补助费，连同 1950 年 8 月至 1951 年 12 月计算共支出补助费 110 余万元，享受总人数共 46426 人。

使用会员困难补助费解决会员生活困难 1952 年 11 月 19 日，中国邮电工会全国委员会发出《关于大力使用会员困难补助费解决会员群众生活困难的通知》，指出：目前，会员的特殊困难，特别是患慢性病会员的生活困难没有得到解决，对会员的困难补助办法限制又太多，补助金额很小，因而无法解决实际问题。为了改变这种情况，《通知》提出：（1）各地工会会员困难补助费积存较多的，可作一次通盘考虑，适当解决一下目前存在的困难问题。必须深入调查研究，掌握会员困难情况，谁最困难，应不应该补助，补助多少等，由工会小组提出意见，最后由基层委员会批准。务必做到群众满意，解决会员群众中真正的生活困难，从而激发群众的生产情绪。（2）主动关心会员群众的生活困难，使会员困难补助费变为工会组织解决会员生活困难与巩固群众基础的有力武器之一。（3）为充实会员困难补助费，更多地为会员群众解决困难问题，本会所属各地基层组织截至 1925 年 9 月底以前结存的工作费，除留必要的费用外，可全部拨允给会员困难补助费。以后各基层组织所有依照预算从会费中结余的工作费，亦可酌情拨充。个别省区如因基层组织工作费结余过少，会员困难补助费不敷应用时，那么也可在区工会工作费结余中，提出一部分充作会员困难补助费。

（二）职工福利

在新的邮电工会建立和发展的过程中，工会一直把组织举办职工福利事业作为自身的重要职责。在工会筹备和建立阶段，就开始积极做好职工福利工作。在政府和邮电管理部门的支持下，经过工会和职工的积极努力，到 1952 年 12 月，随着全国生产的恢复与发展及国家财经情况的根本好转，全国邮电职工的劳保福利有了进一步的改善。

合作组织与家属生产 在全国邮政工会筹备期间，华北、华东、东北、西北 4 个区的电信工会共成立了 36 个供销合作社、两个生产合作社；华北及东北等区工会还组织部分家属进行生产。

职工医疗卫生与职工疗养 在全国邮政工会筹备期间，有自办诊疗所 18 处，委托医院 15 所。1951 年，中国邮电工会全国委员会使用劳动保险金分别在北京、南京、济南、庐山、兰州和重庆筹办了 6 个疗养院，设有床位 460 张；又分别在北戴河、青岛和西湖风景区开办了 3 个休养所，设有床位 158 张。截至 1952 年上半年，入各院、所疗养的慢性病工人和职员共 237 人；休养的包括老工人和女工在内的劳模和优秀工作者 390 人。至 10 月，东北地区开办业余疗养所 4 处，设有床位 117 张，关内的业余疗养所也开始筹备。

1952 年充实和增设医疗机构 75 处；7 月 1 日起，职工医药待遇提高，将限制的贵重药品由 57 种缩减为 40 种，并规定其中常用的 24 种的费用由行政负担一半，接生费用及中药费用的规定也较前有所改善。

1952 年 12 月，中国邮电工会全国委员会发表《加强劳动保护工作，贯彻安全生产的方针》，称北京、南京、庐山、济南、重庆、兰州、长春等地的 7 个疗养院及莫干山夏季疗养所共开放床位 463 张，接收慢性病工人、职员 733 人疗养；杭州、青岛、海滨等地的 3 个休养所共开放床位 158 张，接收劳模、优秀工作者 871 人休养。

为了防治邮电工人易患的结核病，1952 年，中国邮电工会全国委员会在全国邮电系统大力推广牛奶站和营养食堂，该年 1 月至 10 月，工人、职员 8407 人享受了营养补助。

其他福利工作 1951年，建立了13个哺乳室和充实了7个托儿所，解决了部分女职工困难。1952年，截至10月底，各地增设了托儿所8个，哺乳室30个，连同1951年成立的共有托儿所15个，哺乳室43个，解决了近1000名孩子的入所或哺乳问题。

1952年，邮电系统拨出经费1100余万元，兴建职工宿舍10万平方米，解决了部分职工的宿舍问题；浴室、食堂等数量也有所增加。

七、职工文化教育与文化建设

1949年下半年，随着全国各地的陆续解放，邮政、电信工会全国筹备委员会及各地邮政、电信工会把邮电职工的政治文化教育，以及宣传工作作为一项重要任务。特别是在旧制度造成职工文化水平极低的情况下，邮电工会把扫除文盲、提高职工思想水平，作为恢复和发展人民邮电事业的重要手段，使职工文化水平在短时期内得到了明显提高。

在进行职工文化教育的同时，各级邮电工会还积极兴办文化事业，为职工提供文化生活条件，为邮电职工提供了学、娱结合的文化家园。

（一）加强邮电职工的政治文化教育

政治文化教育 1950年3月，中国邮电工会全国委员会作出《关于加强职工政治文化教育工作的决议》，提出：为了完成人民邮电事业的恢复与建设任务，必须把全国邮电职工的政治、文化与业务、技术水平，从现有基础上提高一步。（1）在东北、华北、华东等地区已进行过政治启蒙教育，而业务技术要求较高的局处，应以提高职工的业务、技术水平为主；在文化水准低的局处，则应重视文化学习。而对新解放地区及比较老的地区尚未进行过政治启蒙教育者，应采用有效办法，进行政治启蒙教育，然后再转到业务、技术教育。（2）职工的业务、技术学习应与当前全国邮电恢复和建设任务相结合。在必要与可能的条件下，各地可试办脱离生产的职工业务、技术轮训班或不脱离生产的职工业务、技术研究班。（3）职工教育应以唯物史观为中心，针对职工群众中普遍存在的问题，给予初步的马列主义的阶级教育。（4）对于职工群众中间的文盲及高小文化以下程度者，必须组织他们进行文化学习，提高其文化水平。各地工会可依具体情况组织文化学习班、工人夜校、工人识字班等，争取在1年到2年之内基本扫除现有邮电工人的文盲，把他们的文化水平提高到高小文化程度。

1951年3月12日，邮电部，中国邮电工会全国委员会发出《加强工农干部文化学习的通知》，提出：为适应邮电建设的需要，必须提高一般职工的文化水平，培养他们成为新的知识分子。特别是老区工农干部，由于在长期战争环境中很少得到系统文化教育的机会，以致部分人的文化业务水平不能适应需要，因此必须给予学习文化的机会。根据中央人民政府政务院1950年6月4日《开展职工业余教育的指示》及12月14日发布的《关于举办工农速成中学和工农干部文化补习学校的指示》，邮电部、中国邮电工会全国委员会提出：凡能抽出人员送往工农速成中学或工农干部文化补习学校学习的，应尽可能地安排；有相当数量老区人员的省级局，可设法开办工农干部文化补习学校；华东各省局可按照工农速成中学入学条件，再抽调一部分工农干部，送入南京邮电学校学习。凡短期内无法抽出专门学习时间者，应加强在职文化补习。各级工会应关心工农干部的文化学习，并应普遍举办业余文化补习班，动员工农干部参加。

1951年，全国邮电系统有职工业余学校75所、文化班105

个，家属文化班 53 个，参加学习的职工 1.3 万人。

1952 年 4 月 30 日，中国邮电工会全国委员会推广了太原电信局开办业余学校的经验，提出在以后的 3 年里，应该在邮电企业中完成扫除文盲的政治任务。

1952 年 12 月 12 日，邮电部、中国邮电工会全国委员会发出《关于推行速成识字法、扫除职工中文盲的联合通知》，明确：扫除文盲是培养邮电企业建设人才、办好人民邮电事业的必要条件，也是文盲、半文盲职工的迫切要求。全国规模的扫盲运动高潮即将到来，各地邮电企业行政和工会组织应紧紧地抓住这一有利时机，有计划、有步骤地推行“速成识字法”以扫除邮电职工中的文盲。通知对扫除文盲的方法、举办脱产或业余速成识字班的师资、经费问题，做了规定。

职工文化团体及设施 电信工会全国委员会在筹备时期，就把宣传群众、开展职工文化活动作为重要工作内容，当时各地电信工会已建立图书阅览室 55 所，还建立了一定数量的俱乐部、文工团、话剧团、秧歌队、腰鼓队、歌咏团等。

1950 年 3 月，中国邮电工会全国委员会做出《关于加强职工政治文化教育工作的决议》，提出：为改进和提高职工群众的文化生活，各地较大工会组织应根据群众需要和可能条件，建立或健全职工俱乐部。俱乐部可设娱乐室、图书室、阅报室、会议室、礼堂等；在俱乐部的领导下，可组织剧团、歌咏队、秧歌队、腰鼓队、文艺组、舞蹈组、美术组、广播组、体育组等；此外，可定期或不定期组织工会、政治、技术、文艺、音乐、卫生等方面的讲演会、座谈会、晚会等。

1951 年，邮电系统已建立俱乐部 200 个，图书馆 375 个，并成立了 6 个电影放映队。

（二）开展文化宣传工作

1949 年，邮政工会在筹备期间先后出版了《中国邮工》月刊和《中国邮工副刊》。通过这些刊物，教育组织全体邮工交流工作经验，并推动各地的文教工作。1950 年 3 月，中国邮电工会全国委员会发布《关于加强职工政治文化教育工作的决议》，提出：各地工会可按需要和可能，组织职工群众的通信工作，建立黑板报、编写壁报、出版小报，使其成为联系群众、提高工人文化、开展工会工作的有力工具，反映职工生产、学习、生活情况，进行对会员的表扬和批评。

1950 年 4 月 18 日，中国邮电工会全国委员会制定了关于出版《邮电工人》报纸的计划，决定由文教部出版以全国邮电职工为对象的报纸。1950 年 11 月 18 日，又决定《邮电工人》报社直接由常委会领导。7 月 13 日，全国委员会发出《关于各区委员会出版报纸的指示》，指出：工会出版的报纸是联系群众、开展工作的有力武器，在推动工会工作、开展生产运动、提高工人群众政治文化水平等方面已起了一定作用。指示各地工会报纸要以“密切联系群众，指导和推动工作，做到大家看，大家办”为办报基本方针。报纸内容应以生产工作为中心，报道工会领导生产运动的经验教训，宣传推广先进的工作方法，表扬生产中的模范事迹和人物，开展批评与自我批评，反映工人、职工群众工作、学习、生活等情况。

该年 8 月 23 日，中国邮电工会全国委员会发出《关于在生产竞赛运动中进行宣传鼓动工作的指示》，要求以生产为中心，进行宣传鼓动工作，使宣传鼓动工作为搞好生产服务。

第六章
工业化开始和过渡时期的邮电工人运动

中华人民共和国成立初期，政府投入了大量的资金，迅速地完成了邮电通信网的恢复工作，并且有了新的发展。从 1952 年开始，随着国家发展国民经济第一个五年计划的实行，邮电进入全面建设阶段。到 1955 年底为止，长途电信线路比 1949 年增加了一倍多，建成了以首都为中心的全国通信网，并与 43 个国家建立了直接通信联系。市内电话容量比 1949 年增加了一倍多；在 11 个较大城市增装了自动电话。邮电机构和邮路长度分别都比 1949 年增加了一倍多。1950 年至 1951 年，协助地方政府架设乡村电话线路 24 万多公里。1956 年，80%的乡已由邮递人员直接投递邮件，83%的区和县的乡都通了电话。

一、中国邮电工会第二次全国代表大会的召开和工会组织的加强

自全国邮电工会第一次全国会员代表大会以来，中国邮电工人在中国共产党领导下，贯彻中国邮电工会第一次全国会员代表大会的决议，高度地发挥生产积极性和创造性，克服各种困难，完成了国家通信任务，在支持抗美援朝、配合土地改革以及其他各项通信工作中，创造了辉煌的成绩。

在优先发展交通邮电的政策下，邮电事业全面恢复并取得巨大发展。全国邮电职工人数由召开第一次邮电工会全国会员代表大会时的 106957 人，增加到 1952 年的 129859 人；会员人数由 67805 人，发展到 119111 人，占邮电职工总数的 91.7%。全国邮电工会已建立 38 个省、市委员会，964 个基层委员会。

（一）中国邮电工会第二次全国代表大会的召开

1953 年 3 月，第一届中国邮电工会全国委员会已到届期，在全国政治、经济形势出现巨大变化的情况下，中国邮电工会召开了第二次全国代表大会。会议内容为贯彻全国总工会党组扩大会议和中国工会七大决议，贯彻执行第一个五年计划，确定邮电工会在国家建设时期的方针和任务，正确解决工会与工人阶级先锋队的关系等问题。

中国邮电工会代主席李景韩代表第二届邮电工会全国委员会，作了《为适应国家建设和人民通信需要而斗争的工作报告》。他总结了第二届邮电工会全国委员会任期内邮电事业的发展成就和邮电工人队伍的巨大变化，分析了邮电工会工作和邮电工人运动面临的形势。

《报告》提出了第一个五年计划时期邮电工会工作的主要任务：在中国共产党领导下，联系并教育邮电职工群众，进一步提高全国邮电职工的觉悟程度和组织程度，积极地完成邮电生产计划和建设计划，确保国家通信机密，提高邮电工作质量，提高劳动生产率和降低企业成本，以适应国家的国防、政权、经济、文化建设和人民通信的需要，在发展生产的基础上，逐步地改善邮电职工的物质生活与文化生活。

《报告》对以提高质量为主、开展劳动竞赛作了工作安排。指出必须在邮电职工中广泛深入地开展共产主义教育，进行邮电企业性质、任务及服务方针的教育，使广大邮电职工明确自己的责任，认识确保提高邮电工作质量的重要意义，自觉地为确保提高邮电工作质量而斗争，自觉地改善服务态度、巩固劳动纪律。结合群众的日常生活，进行思想政治教育，使职工认识到提高生产和提高生活的密切关系，以及国家利益和个人利益的一致性。

大会根据邮电工会必须执行《中华人民共和国工会章程》的情况，同意第一届全国委员会提出的关于取消《中国邮电工会章程》的建议，还通过了向世界工联产业部——邮电工人工会国际的致敬电。

大会选举了以 49 名委员（其中保留台湾空额 1 名）和 15 名候补委员所组成的中国邮电工会第二届全国委员会。在二届一次全体委员会议上选出主席团成员 10 名。

（二）邮电工会组织的加强

为了适应国家建设的需要，发动和带领邮电职工积极开展生产和革命斗争，邮电工会进一步加强了组织建设和制度建设。

1. 加强基层工会建设

1952 年底和 1953 年 3 月，全国总工会连续两次召开工会基层工作会议，推广五三工厂加强工会工作的经验，1953 年 4 月，中国邮电工会全国委员会召开会议，交流基层工会工作经验。中国邮电工会全国委员会主席作《关于加强邮电工会县镇基层工会工作的报告》，要求：围绕劳动竞赛，继续加强工会的思想建设，整顿健全工会组织；建立和健全民主工作制度。

1956 年，中国邮电工会全国委员会在 1956—1957 年两年规划中，提出了整顿工会组织的任务。9 月 3 日，中国邮电工会全国委员会发出《关于推广太原邮电局工会加强工会建设、全面开展工会工作的经验的通知》，要求全国各基层组织普遍推广太原邮电局工会加强工会建设、全面开展工会工作的经验，以切实改进工会领导作风，改进工作方法，密切联系群众，充分发挥工会组织作用；同时明确，太原邮电局工会工作经验的主要内容是群众路线的工作方法。他们注意了解和掌握群众的情绪和要求，依靠积极分子充分发扬民主。因此，必须明确学习太原邮电局工会工作经验的主要对象应是工会的领导干部。推广太原邮电局工会工作经验，必须同工作紧密结合，针对本单位工作中存在的问题，采用边学边用边改的方法，把太原邮电局工会工作经验的基本精神贯穿到日常工作中去。为了推动县局工会工作，全国委员会总结和推广了衡水等九个县局工会工作经验，为县局基层工会组织开展工作树立了榜样。

2. 加强组织建设

1953 年 1 月 6 日，中国邮电工会全国委员会发出《关于调整脱产人员编制规定的通知》，对各级工会组织脱产人员编制做了一次调整，按职工人数多寡和所属基层单位分散程度，决定了脱产人员编制。该年 9 月，根据全国总工会党组关于精简机关人员的要求，中国邮电工会全国委员会分党组召开会议，进行研究讨论。确定从机关人员中减少 12 人，充实下层生产单位，或动员回农村参加生产。1954 年 2 月 20 日，中国邮电工会全国委员会发出《关于调整脱产人员的通知》，决定在 1953 年脱产人员编制的基础上再进行一次调整。

3. 加强制度建设

中国邮电工会全国委员会分党组制定了《关于进一步贯彻集体领导的几点意见》，提出：（1）明确分党组的具体任务，建立与健全分党组制度。包括健全党组会议制度，加强内部的批评与自我批评，及时克服工作中的缺点，增强党内团结。（2）有关邮电工会全国性的指示、决定等文件，召开全国委员会会议等均应经主席团会议讨论通过。（3）自 1954 年 6 月起，建立主席团集体办公会议制度。

1955 年 8 月 20 日，中国邮电工会第二届第四次全体会议，作出《关于进一步发扬民主、联系群众、关心职工物质文化生活的决议》，要求工会从两方面来加强工作：（1）进一步发扬民主，健全工会的民主生活。定期召开会员大会或代表大会，工会委员会和经费审查委员会必须按期进行改选；工作中的重大问题和财务收支情况必须在大会上向群众报告，听取群众的批评，接受群众的监督。工会委员会必须实行集体领导和分工负责的制度，使事事有人负责。加强工会小组工作，健全民主生活。切实关心群众的生产工作和物质、文化生活，开展批评和自我批评，把群众团结在党的周围。进一步发挥积极分子的作用，通过他们去联系群众。要通过各种形式的生动教育，不断提高群众的觉悟程度，取得群众的信任和支持。（2）进一步主动地关怀职工的物质、文化生活。在发展生产的基础上，逐步地但积极地改善职工的劳动条件和物质、文化生活。切实开展预防病伤工作，消灭工伤事故，降低职工疾病率。必须开展群众性的劳动保护工作，开展群众性的体育运动和爱国卫生运动。建立工会工资工作机构，开展工会工资工作，根据"按劳付酬"的社会主义原则，逐步建立合理的工资制度。切实地活跃俱乐部工作，认真组织职工文化、技术、业务学习，加强时事政策宣传和生产技术宣传，普遍深入地开展文艺体育活动。

1956 年 1 月，中国邮电工会全国委员会作出《关于加强省、区、市委员会工作的决定》，明确：省、区、市委员会是邮电工会组织系统中的中间环节，在密切工会组织与群众的联系方面居于重要地位。为了完成省、区、市委员会的任务，必须健全其组织机构。（1）应根据基层工作的要求，减少层次，实行专业分工，取消现设部、科、室的组织形式，而在主席、副主席之下设指导员若干人。其主要任务是向基层传达上级工会的决议、指示，深入基层检查执行情况，给基层以实际帮助；帮助常委会了解情况，及时提出相关工作的报告和改进意见。（2）为加强较大城市基层联合活动的组织领导，在相关省委员会内部另设指导员若干人，负责督促检查市内基层工作，按照地方工会统一布置，组织市内联合性活动。（3）根据工作需要组织各种工作委员会。工作委员会由省、区、市委员会的常委会领导，在指导员主持下，进行日常工作。工作委员会的主要任务是吸收群众意见，研究相关的专业问题，提出改进措施，并指导基层相关部门的工作。

此外，为更多地给予分散内地的基层单位以实际指导和帮助，省、区委员会还可以在管理局经常到基层工作的技术、业务人员和专区督察人员中聘请不脱产的指导员，利用他们出差执行行政任务之便，检查基层工会工作，给予指导和帮助，并向常委会作报告。

省、区、市委员会应切实贯彻“面向生产，面向群众，面向基层”的方针，加强调查研究，采取措施指导和帮助基层改进工作，克服官僚主义和文牍主义作风。必须发挥集体领导作用，加强工作的计划性，加强对基层工作的检查，有计划地召开指导性的会议，大力培训工会干部和积极分子。

4. 加强工会干部的培训

1954 年，18 个省、市委员会、内蒙古自治区委员会以及东北区委员会共举办了 34 期工会干部训练班，有 1287 名基层工会干部参加。通过学习，工会干部提高了对工会工作的认识，明确了工会工作的根本思想。

1956 年 4 月，中国邮电工会全国委员会发出《制订两年干部工作规划和七年干部训练规划的通函》，明确：根据中华全国总工会关于加强工会干部训练工作的决定，准备在七年内将各级工会的专职干部基本轮训一遍。省、区、市委员会正、副主席，省辖市委员会主席，500 人以上基层工会正副主席以及工会中相当以上职务的干部，由全国总工会干部学校普通班轮训；省、区、市委员会主任指导员，省辖市委员会（重庆）指导员、主要干事、办事处主任、主要干事，大基层工会专职委员，一般基层工会专职主席，大车间的专职工会主席，以及工会中相当以上职务的干部，由全国总工会干部学校各个分校普通班轮训。训练时间均为一年。

二、坚持以生产为中心，开展学先进、赶先进的社会主义劳动竞赛

1953 年，国家开始执行第一个五年计划，我国进入有计划的大规模经济建设时期。为了顺利完成国家经济计划，在中国共产党领导下，邮电工会高度发挥工人的经济建设主力军作用，将劳动竞赛与新技术相结合，突出技术革新对于经济发展的重要作用，加强对劳动竞赛的组织领导，总结推广先进生产经验，大力激发广大职工群众的劳动热情，明显推动了社会主义劳动竞赛的开展。

（一）加强对劳动竞赛的组织领导

在社会主义劳动竞赛中，中国邮电工会各级组织积极发挥工人阶级组织者的作用，调动广大职工群众的积极性，引导职工发挥工人阶级主力军作用，对劳动竞赛的开展发挥了重要的引导和推动作用。

1953 年 9 月，中共中央提出“增加生产，增加收入，厉行节约，紧缩开支，超额完成国家计划”的号召。9 月 15 日，全国总工会发布了《关于进一步开展增产节约劳动竞赛保证全面地完成国家生产计划的紧急通知》。9 月 17 日，中国邮电工会全国委员会要求邮电工会的各级组织必须在党的领导下，认真组织职工学习，使每个职工在思想上明确认识：完成第一个五年计划头一年

的工作，对于中国建设事业和国内外影响，都具有极其重大的意义。邮电工会各级组织应迅速有组织地深入动员职工群众，积极响应全国总工会的号召，为确保国家通信机密，为提高邮电工作质量、提高劳动生产率、发挥现有通信设备的潜在力量，降低企业成本而努力，为适应国家建设和逐步满足人民的通信需要、实现国家工业化和逐步过渡到社会主义社会而斗争。

1954 年 4 月，邮电部、中国邮电工会全国委员会发出《关于进一步开展劳动竞赛，贯彻 1954 年中心工作的联合指示》，提出，“建立责任制，严密要害”是 1954 年邮电企业的中心工作，进一步开展劳动竞赛是完成 1954 年任务的可靠保证。工会组织必须在党的领导下，进行深入细致的思想政治工作和实际宣传工作，要结合总路线教育、加强劳动纪律教育和保密教育，奠定完成中心工作和进一步开展劳动竞赛的思想政治基础。工会组织应深入发动群众，揭发管理工作中的无人负责的现象，组织群众开展合理化建议，推广先进生产经验。同时将建立责任制的措施订入竞赛保证条件；对已建立起来的责任制，应该通过劳动竞赛加以贯彻和巩固。充分运用生产会议的形式，广泛地吸引群众参加企业管理，集中群众智慧，解决管理的问题。必须重视生产技术的革新与劳动组织的改进，改善邮电企业的技术基础，不断提高邮电服务水平。

各地邮电工会组织根据中国邮电工会全国委员会这一要求，协同企业管理部门进行了建立责任制的工作。9 月 3 日，中国邮电工会全国委员会发出《关于加强工会工作协助行政建立责任制的指示》，要求工会组织进行深入的思想政治工作，特别要加强劳动纪律的教育，并吸引广大群众参加企业管理，协同行政加强对劳动竞赛的领导。

1955 年 8 月 20 日，中国邮电工会第二届第四次全体会议作出《关于进一步加强对劳动竞赛的组织领导的决议》，加强对劳动竞赛的组织领导。

1955年10月27日，中国邮电工会全国委员会发表《关于在开展劳动竞赛保证完成和超额完成五年计划中必须认真贯彻中央厉行节约的方针的指示》，提出各级工会必须采用多种形式，对广大职工进行深入的节约教育，使全体职工明确了解厉行节约的意义。为贯彻厉行节约的精神，在劳动竞赛中必须吸引群众积极参加企业管理，发挥工会组织的监督作用。

1956年2月7日，邮电部、中国邮电工会全国委员会发出《关于认真领导社会主义竞赛，保证提前并超额完成第一个五年计划的联合通知》，指出全国社会主义的高潮使邮电职工受到极大的鼓舞，表现出极大的社会主义积极性和劳动热忱。面对职工日益高涨的社会主义积极性，要求各级领导干部应深入群众，接触实际，积极地站在职工群众前面，抓紧组织和引导，做到提前并超额完成五年计划。

支持局际社会主义劳动竞赛　1956年1月28日至2月4日，中国邮电工会全国委员会召开第二届委员会第五次全体（扩大）会议。会议根据中华全国总工会第七届执行委员会第四次全体会议精神，讨论并通过《中国邮电工会全国委员会1956—1957年工作规划》；同时作出《关于支持北京邮局职工倡议，开展局际和同工种竞赛，保证四年半完成五年计划的决议》，认为全国邮电职工的高涨的社会主义劳动热情，是提前和超额完成第一个五年计划的可靠保证，我们全力支持北京邮局职工的倡议，并号召全国邮电职工积极参加社会主义劳动竞赛，坚决保证四年半完成并争取提前完成五年计划。

（二）总结推广先进生产技术、先进经验

1953年以后，劳动竞赛已由转变劳动者对于工作的态度、树立主人翁精神，转向了与技术改革相结合，突出技术革新对于经

济发展的重要作用的阶段。在这种形势下，邮电工会开始将总结推广先进生产技术、先进经验作为推动劳动竞赛发展的新方向，推广了邮电行业产生的一系列新操作法、新技术和新经验，推动了邮电生产的发展和服务质量的提高。

推广“郭秀云操作法” 1952 年，天津长途电信台共青团员郭秀云，电话平均混合处理时间为 58.8 秒，成为当时全国最高纪录保持者，比一般话务员快 150 秒。邮电部和中国邮电工会全国委员会总结了她的操作经验，命名她的长途电话接续操作法为“郭秀云操作法”。1952 年 10 月，中国邮电工会全国委员会召开会议，在全国 20 个大城市电信局开始推广“郭秀云操作法”。会议要求学习郭秀云为人民服务的精神，提高话务员的技术水平，改进工作质量，便利用户。“郭秀云操作法”的推广促进了邮电企业服务质量的提高。根据八个局的反映，推广“郭秀云操作法”后，电路有效利用率平均提高了 11%，其中最多的提高了 20%。1953 年 3 月，《邮电工人》报发表社论：《巩固成绩，克服缺点，把郭秀云操作法推广工作提高一步》。“郭秀云操作法”先后在 138 个城市予以推广，其中 20 个大城市的电话平均混合处理时间缩短一倍，电路有效利用率提高了 19.54%。

推广沈阳电信局机械股工作法 1953 年 7 月，邮电部、中国邮电工会全国委员会联合召开会议，推广沈阳电信局机械股工作法。8 月 3 日，邮电部、中国邮电工会全国委员会发出《关于推广沈阳电信局机械股工作法的联合指示》，要求各级邮电局、工会领导干部必须抓住推广先进经验这一重要环节，提高邮电工作质量，满足国家和人民的需求，并提高邮电职工为人民服务的思想水平，把邮电企业的经营与管理提高一步。特别是市内电话部门，必须抓紧推广沈阳电信局机械股工作法，解决市内电话接通率低、障碍多的问题；同时要求此次出席推广会议的 23 个单位的自动市电局，立即拟订出推广计划，展开有计划有步骤地推广工作。1954 年，在 29 个城市的自动局推广沈阳电信局机械股工作法，11 个较小城市的自动局也都主动学习。

推广京津邮件投递工作经验 1953 年 4 月，邮电部、中国邮电工会全国委员会总结了北京、天津两地邮局投递工作的操作经验，认为这些经验都是提高投递质量的有效方法，也是投递工作应当努力的方向，因而在全国推广。1953 年第 4 期《人民邮电》月刊及第 52 期《中国邮电工人》都发表了《京津邮件投递工作经验》。5 月 16 日，邮电部、中国邮电工会全国委员会发出《关于推广京津邮件投递工作经验的联合指示》，指出：投递工作是函件报刊传递过程主要部分之一，也是保证函件报刊准确、迅速地到达国家机关和人民手里的最后一关。各局行政、工会组织必须组织投递部门职工学习，深入研究讨论，结合各局具体情况，灵活运用，创造经验，予以充实或修正。8 月，有九个省市委员会将推广京津邮件投递工作经验列入工作计划，陕西、江西、安徽、山东、东北地区等地行政、工会都派工作组深入基层推广。各地学习了京津邮件投递工作经验，大幅缩短了邮件的处理、投递时间。京津邮件投递工作经验的推广也改进了劳动组织，改变了投递部门管理上的混乱现象，建立了一些可行的制度。

推广许兴柱长途线路维护法 许兴柱是辽宁绥中邮电局的线务员、包线组组长，他文化程度不高，但却怀着对新中国通信事业的热爱，针对当时的长途线路情况，提出了有计划、有规律整体维护的建议。他改变坐等障碍的习惯，主动地预防障碍，发挥包线组的集体力量，在日常维护工作中积极耐心地对农民进行爱护线路的宣传，又能处处照顾农民的利益。通过他的付出，大大延长了杆、线的使用寿命，降低了长途线路的故障率，创造了连续 2 年 6 个月未出障碍的纪录。1954 年 5 月 3 日至 13 日，中国邮电工会全国委员会召开会议，推广许兴柱长途线路维护法。

推广朱素珍的共电式市话值机经验和刘起贞的选线经验

1954 年 5 月 22 日至 6 月 24 日，邮电部、中国邮电工会全国委员会市话话务经验推广组在佳木斯、苏州、保定三个传播点，通过开办先进经验学校的形式，传播了朱素珍的共电式市话值机经验和刘起贞的选线经验。朱素珍，苏州电信局市内电话值机员，她的“人工共电市话话务员操作法”，创造了每小时接线 705 次的优异成绩，赶上了当时苏联一等话务员的先进水平。通过推广，大部分城市电话局掌握了朱素珍和刘起贞的先进操作方法，扭转了市话工作中长期普遍存在的电话不通或接通太慢的情况。

推广长途线路集中预配循环立杆施工法 1955 年 2 月 5 日，邮电部、中国邮电工会全国委员会发出《关于推广长途线路集中予配循环立杆施工法的联合指示》，解决了施工分散和计划不周的问题，克服了自然条件的影响，提高了劳动生产率。这个经验综合了东北工程总队与中南第四工程队两个单位的先进经验，显著提高了劳动生产率和降低了成本。除此以外，还有一些经验在各省市推广。

1956 年，中国邮电工会全国委员会推行天津邮局分拣科平常函件分发工作经验；2 月 19 日，又在天津邮局开办先进经验学校，召集全国 21 个大枢纽邮局的分拣部门前往学习。

1956 年 7 月 10 日，邮电部、中国邮电工会全国委员会发出《关于推广先进经验的联合通知》，在全国先进生产者代表会议和全国邮电先进生产者代表会议之后，邮电部门的先进生产运动逐步深入，职工群众学习先进经验的情绪普遍高涨。邮电部各专业总局已将全国邮电先进生产者代表会议交流的先进经验综合整理为 106 件。同时，部、会已派出七个经验推广组，分别到全国各地举办先进经验学校，参加学习的有 25 个省、自治区（市）的电报、长话、市话值机员、分拣员、线务员以及无线电发讯台值机技术员等 400 余人。浙江、甘肃等省将在省内总结的 20 多种经验刊印成册，并在省内推广。辽宁 34 个基层工会总结了 52 种先进经验，浙江有 23 个基层组织推广了 28 种先进经验。《通知》要求制订好推广先进经验的全面规划，保证推广工作有计划、有步骤地开展。

（三）开展社会主义劳动竞赛

1953 年以后，随着第一个五年计划的实行，中国邮电事业进入快速发展阶段。为了完成生产任务，在中国共产党领导下，邮电开展了新一轮大规模的劳动竞赛。

劳动竞赛的普遍开展 1952 年底和 1953 年 3 月，全国总工会连续两次召开工会基层工作会议，推广五三工厂经验。各地邮电工会响应中共中央增产节约的号召，普遍开展了以提高质量为中心的劳动竞赛。以提高邮电工作质量、降低企业成本为中心，鼓励职工开展劳动竞赛。该年 4 月，中国邮电工会全国委员会召开会议，大会做了《关于加强邮电工会县镇基层工会工作的报告》，要求做好基层工会工作，把劳动竞赛向前推进一步。全国开展劳动竞赛的邮电职工，在中等以上城市达到了 80%，在县、镇基层邮局中达到了 30%。

1954 年，邮电职工的劳动竞赛结合开展技术革新运动，推进了合理化建议工作的开展。据 22 个省不完全统计，1954 年邮电企业里价值比较大的技术革新事迹有 154 件。1954 年 4 月 13 日，《关于加强思想政治教育，提高邮电职工社会主义觉悟的报告》提出要继续开展爱国主义的劳动竞赛，提高邮电工作质量和为人民服务的水平，努力节约，爱护国家财产，为完成社会主义建设和社会主义改造的事业而斗争。

1955 年的劳动竞赛，以增产节约为中心，在职工进行生产竞赛的同时，大力提倡节约竞赛，使劳动竞赛有了更全面的内容。8 月 20 日，中国邮电工会第二届第四次全体会议作出《关于进一步加强对劳动竞赛的组织领导的决议》，进一步加强了竞赛的组织领导工作。

社会主义建设高潮下的劳动竞赛 1956年，在社会主义建设高潮的鼓舞下，全国邮电职工的社会主义积极性空前高涨。该年1月，北京邮局职工提出了开展局际竞赛、保证4年半完成5年计划的倡议，各地邮电企业积极响应。到1956年3月底，全国参加省（自治区）局际竞赛的已有24个省（自治区）管理局，达到了100%；参加全产业二等邮电局以上的局际竞赛的已经达到95%；参加省（自治区）内的局际竞赛的企业单位，在绝大部分省、市中，已经达到90%以上。在局际竞赛的强烈推动下，局内的生产科室、支局竞赛和专业人员竞赛也已经普遍开展起来。邮电职工的社会主义竞赛已经形成了新的高潮。

竞赛的群众性空前广泛。不仅是各类直接生产人员进行忘我的劳动，广大管理人员、工程技术人员、职能人员也都积极行动起来。领导干部深入现场，了解和帮助职工解决生产活动中的问题和困难；工程技术人员都踊跃地提出合理化建议，帮助工人攻克生产中的薄弱环节。北京市无线电管理处三台在两个月中提出的208项合理化建议，有125项是工程技术人员提出的；青岛市话局在工程技术人员的指导下，消灭了自动机械“终结器重复障碍”。

合理化建议大批涌现，在数量和质量上都有显著提高。北京市邮局、电报局、长途电话局、市话局和无线电管理处等五个单位的职工在不到三个月的时间里，共提出了1418项合理化建议，并采纳了712项。辽宁省39个基层局提出1254项合理化建议，比上年全年超出724项。许多合理化建议都是针对生产中长期存在的问题提出的。

学习先进经验，提高技术、业务水平，争取做一个先进生产者，已成为广大职工的强烈愿望和自觉的行动。上海电信局电报处200多名国际报务职工为了适应业务需要，自动组织起来学习俄语、英语和法语。吉林省延吉邮电局为了改进投递工作，选派代表到敦化邮电局学习和观摩投递工作经验，回局后把投递内部处理时限由原来的 30 分钟缩短到 19 分钟。沈阳市话局二分局机务室有 28 个职工签订了 14 个互助互学合同，占该室总人数的 43%。

邮电先进生产者队伍的扩大与贡献 在广大职工群众不断地学习先进经验、提高技术业务水平的基础上，邮电先进生产者的队伍不断扩大。全国各省（自治区）、市在 1956 年第一季度内共评选出约 3500 名先进生产者，加上各个基层单位评选出来的先进生产者，人数在 1 万人以上。成千上万的先进生产者和先进工作者，在邮电生产、建设工作中起着骨干作用和带头作用。1956 年 4 月，邮电部长朱学范在全国邮电先进生产者表彰大会上，报告了一批先进生产者的事迹。

在邮政分发、邮运和投递方面，北京市邮局分拣局胡宗显，每小时分拣邮件 2392 件，连续 312 天分拣 366 万件未出任何差错。武汉市邮局分拣员李翰楷，创造了 14 次分拣 10 万件无差错的纪录。山东济南邮电局分拣员刘福增，每小时分拣 3000 件，分拣 180 万件，未出任何差错。太原邮电局火车押运员石书亭，在 3 年内押运邮件 13.5 万袋（套），从未发生任何差错或事故。河北省怀来县邮电局接车员胡延龄，7 年未发生漏接、漏发差错。新疆维吾尔自治区汽车驾驶员马高吾牙（哈萨克族），在风雪山路、翻浆地带行车 4.6 万公里，两年内没有发生事故。

北京市邮局女投递员罗淑珍，投出邮件 72 万余件，连续 31 个月未出任何差错。她还带动了投递小组的同志，提高了投递质量。天津市邮局郊区投递员姚濯新风雨无阻，3 年内从未出差错，农民说他是“铁模范”。甘肃省宁朔县邮电局马福才，出色完成了乡邮任务，每班行走 80 里，贯穿 19 个乡，连续 5 年没有任何差错。在农业合作化运动中，他提出了改善邮路的建议，使中沟乡农业社提前7小时收到报刊和邮件。浙江省杭州市投递员赵渭正，连续22个月投递邮件26.6万件，未出差错。广东省兴宁县邮电局投递员王道情，连续21个月投递邮件42万件，未出差错。青海省乐都县邮电局乡邮员俞宗民，在山区投递邮件，克服各种困难，总是把信件按时送到。

在接通长途电话方面，继郭秀云之后又出现了不少先进人物。长沙电信局长途台班长萧骥，负责5条电路，每小时接通21个长途电话，而且帮助全台缩短了处理时间。天津市长途报话局话务员周宏，在管4条电路的情况下，电路有效利用率仍达到67%。山西省太谷邮电局电话小组，超额完成了1955年长途电话交换量计划；全组1955年电话平均应答时间、接线次数都超过部定指标；1年内还访问了120个用户，根据用户的意见和建议，改进了服务工作。

四川省成都电信局自动机报务员杨德荣，1年内收发电报101万字无差错。武汉市长途报话局杨伟良创造了键盘做孔操作法，3年零4个月做孔134万余字，只出了8个差错。该操作法推广后，做报差错率下降了69%。山东省青岛局人工机报务员高祥田，2年零3个月收发电报80万字，没有出任何差错。济南市邮电局电报投递员金延文，在6年8个月中，投送电报6.3万余份，没有出任何差错；投送行程16万公里，没有发生行车事故。

天津市长途报话局机务站职工陈典衡，始终如一地钻研生产的关键问题，改进了十多种设备和工具。在他的带动下，机务站职工提出了很多合理化建议，使机械障碍减少，维护质量明显提高。山西省太原市邮电局技术员祁东亚为了使测试线路障碍的时间缩短，设计了“脉冲测试仪”，采用后，使每次的测试时间缩短到5分钟，比部定时限缩短了三分之二。

在长途线路维护方面，继许兴柱之后又出现了不少先进人物。江苏省徐州长途线路中心站机务员蒋步阶，创造了4年零4

个月没有障碍的纪录。新疆维吾尔自治区乌鲁木齐长途线路中心站职工吴朝智，在戈壁沙漠的艰苦环境中，创造了连续 4 年没有障碍的纪录。

在市内电话方面，江苏省苏州邮电局话务班长朱素珍，两年中从未发生重线差错，并将应答时间缩短到 3.56 秒，繁忙时每小时最高接线次数达到 593 次，都超过规定指标 20%。河南省新乡邮电局话务员陈清梅，掌握了磁石式市内电话的特点，应答时间缩短到 3.67 秒，繁忙时每小时接线次数达到 351 次；陈清梅工作方法在河南推广，使郑州、开封等邮政局不少话务员的工作质量得到提高，全省有 6 个话务员超过规定指标。吉林省延吉市邮电局话务员崔喆淑，应答时间缩短到 3.5 秒，繁忙时每小时接线次数达到 423 次，而且提出一人值两台机，在繁忙时每小时由 8 人改为 5 人值机的建议，节省了劳动力。

自动市内电话维护方面的“沈阳电信局机械股工作法”，使机械障碍次数逐年减少；在设备实装率提高的情况下，保证了较高的接通率。

江苏省南京市市内电话局技术员邢剑凌，设计了选组器改终接器，创造了自动电话交换机的“凸轮簧片并位法”，使接通率由 40%提高到 70%，实装率达到 90%；解决了市话设备不足的关键问题，光在南京一地，就可以为国家节约 36 万元。河南省安阳邮电局市内电话线务员侯成堂，总结机、线规律，分类定出不同周期进行检修，使全局 40 多部用户话机的障碍数量由 55 件减为 12 件，1955 年的障碍数量比 1954 年降低了 30%。

在无线电信方面，北京市无线电管理处值班长薛恩文，建立了一套完整的值机操作法，使全台因事故阻断的时间和次数逐年减少。上海市电信局收讯台工程师杨朝津，为保证工程的质量和进度，在 1956 年建设鱼骨式天线工程中，提供了重要的设计原理。

在基本建设方面，长途线路“集中预配、循环立杆”快速施工法的推广，使架线由每天 4.5 公里提高到 7 公里，每公里节约成本 70 元。此法的倡议人张起运又研究了另外两种立杆法，对改进线路施工，都起到了一定作用。

（四）全国先进生产者、先进集体代表会议的召开

中国共产党七届六中全会以后，全国掀起社会主义建设高潮。为了总结竞赛经验，开展更大规模的社会主义竞赛，1956 年 4 月 20 日至 27 日，邮电部、中国邮电工会全国委员会联合召开全国先进生产者、先进集体代表会议。参加会议的代表中有 489 名先进生产者，其中有 23 个先进单位的代表。包括邮电部门的生产、基本建设和附属企业的生产人员、工程技术人员和科学研究人员，行政管理人员和工会工作者，还有邮电部门所属的事业单位的服务人员以及农业合作社的邮递员、工矿发行站人员和模范家属等。苏联邮电部门特派先进生产者代表团参加了会议。

大会的任务和目的是检阅邮电职工在社会主义竞赛中的成就，交流和推广先进经验，进一步开展邮电部门的先进生产者运动，继续把社会主义竞赛推向新的高潮。

会上，《进一步做好邮电工作，更好地为国家的社会主义建设服务的报告》详细介绍了先进生产者的事迹，提出了邮电企业及其职工队伍在社会主义建设和完成第一个五年计划中的任务。指出，为了完成任务，必须贯彻中共中央提出的“多、快、好、省”的方针，动员全体职工，积极做好本岗位的工作。要求全体邮电职工发挥社会主义建设积极性，尽最大努力做好工作，在最短时间内实现国家对邮电的要求；同时在邮电企业的社会主义竞赛中，作出了工作安排，提出所有邮电先进生产者和先进工作者，应在社会主义竞赛中发挥骨干作用、带头作用和桥梁作用，团结、带动全体职工，进一步做好邮电工作，更好地为国家的社

会主义建设服务。会议检阅了邮电工作的成就，交流了 157 种先进经验。

与会的先进生产者、先进工作者、先进集体代表发表了《告全国邮电职工书》，提出，中国正处在社会主义革命的高潮中，全国人民正在为建设一个繁荣富强的伟大的社会主义国家而忘我劳动。全体邮电职工，要坚决贯彻邮电部和邮电工会全国委员会报告中指出的，保证做到诚恳、和蔼、周到地为用户服务；不断提高工作效率和工作质量。要发挥集体主义精神，加强社会主义劳动协作，使邮电通信工作在国家社会主义建设中发挥更大的作用。

三、劳动保护与工资工作

在由新民主主义社会向社会主义社会过渡的过程中，社会交替时期的矛盾和问题不断出现。在人民政权的领导下，作为邮电工人利益代表和政府联系职工桥梁的邮电工会，积极保护职工劳动健康和工资权益，协助政府和管理部门做好劳动保护和工资工作，鼓励职工为人民国家而劳动，既维护了职工利益，也为推动国家邮电建设作出了贡献。

（一）普通劳动保护

由新民主主义社会向社会主义社会过渡时期的劳动保护工作主要是围绕保护职工身体健康而开展的。由于邮电工人中最易发生的疾病是肺结核病，故邮电工会把加强职工营养、防止结核病的发生作为劳动保护的重要方面。1953 年 4 月 25 日，中国邮电工会全国委员会劳保部发布《中国邮电工会营养食堂试行办法通则》，明确：为保护工人、职员的身体健康，减少疾病的发生与发展，提高工人、职员的生产积极性与创造性，在较大的基层委员会开办营养食堂。凡邮电企业享受劳动保险的工人、职员，且在本企业工龄满 1 年，身体衰弱或有轻微疾病、经过短期增加营养即可恢复健康，并具有下列条件之一者，均有权享受营养食堂的膳食补助。

（1）生产工作或工会工作的积极分子；（2）因公负伤初愈，新近恢复工作者；（3）曾在艰苦环境中坚持革命工作，因而健康受损害者；（4）工龄较长工作积极的老工人、老职员；（5）产后身体尚未复原的女工人、女职员；（6）患有慢性疾病现仍坚持工作的（传染性疾病患者享受时应严格注意碗筷用具等消毒）劳动模范、优秀工作者及转入企业工作的战斗英雄有优先享受权并不受工龄限制。营养食堂的经费，由基层委员会按期编制预算，送区、市委员会初步审查后报全国委员会审核并划拨经费。

为了加强劳动保护，1956 年 1 月 2 日，邮电部、中国邮电工会全国委员会发出《关于在邮电企业中签订劳动保护协议书的联合指示》，明确提出，基层企业行政和工会组织签订劳动保护协议书是改善劳动条件、建立劳动保护秩序、保护职工身心健康的重要手段。《指示》要求基层企业必须签订劳动保护协议书，改善劳动条件，着重解决职工要求迫切、对职工安全健康有危害的主要问题。同时，对于群众需要解决的一般性劳动保护问题也应注意解决。

为了做好劳动保护工作，《指示》要求各单位行政和工会必须做到：（1）组织干部学习有关文件，进一步明确安全为了生产，生产必须安全的思想，消除那些“怕麻烦”“怕群众提出问题太多”“邮电企业劳动保护问题不大”“有计划措施就用不着再订协议书”等思想障碍，了解签订劳动保护协议书的意义、作用和具体做法。（2）协议书草案必须经过群众讨论，并根据群众意见加以修正。协议书签订后，工会必须组织群众对协议书的执行进行有效的监督和协助。（3）通过签订和贯彻执行劳动保护协议书，企业行政应进一步加强劳动保护职责，工会基层组织必须建立和健全劳动保护工作机构，即建立工会劳动保护工作委员会（委员）和工会小组的劳动保护检查员。

1956 年 8 月 15 日，邮电部、中国邮电工会全国委员会发布《关于颁发解决邮电职工生活中困难问题的规定和办法》，颁布了解决邮电职工生活中困难的六项规定。

（二）女工劳动保护

1953 年底，邮电行业仅有女职工 16361 人。随着人民民主制度的巩固和社会主义制度的建立，妇女地位进一步提高，女职工数量明显增加。到 1956 年上半年，邮电行业的女职工人数已发展到 22800 人。

在人民民主制度和社会主义制度下，女职工的作用明显增强。在 1953 年至 1956 年的三年中，全国邮电行业有 1000 多名女职工被评为劳动模范和先进工作者；1956 年出席全国先进生产者代表会议的有 31 名女职工，占全体代表的 20.9%。各地邮电工会专职干部中有女干部 100 多人，占全体专职干部的 15%。各地邮电工会积极分子中，有女职工 6500 多人，占工会积极分子的 12%。

为了保护女工权益，各地邮电工会积极贯彻党和政府保护女工的政策法令，关怀和解决女工的特殊问题。协助行政积极贯彻保护女工的法令规定，北京、上海邮局，贵州、山东管理局，上海、西安电信局等都制定了保护女工的规定。协助行政研究改进了有关保护女工的劳动条件，如设立卫生室、卫生箱、女工休息室，改进女工浴室、厕所等。由于条件的限制和存有歧视女工的观念，当时在保护女工方面仍存不足，如对在怀孕、哺乳及月经期间的女工照顾不够等。为了保护女工权益，中国邮电工会全国委员会女工部提出：解决托儿问题，要求工会监督行政，在财力允许的条件下举办或扩充托儿机构，改进托儿所制度，以解决女工工作的后顾之忧，同时改善女工工作场所的卫生条件。

（三）工资工作

作为职工利益的代表者和政府联系职工的桥梁，邮电工会积极参与工资改革与协商，向政府和管理部门提出建议，在保护职工利益、协调劳动关系、推动职工参加国家邮电建设等方面，做了大量工作。

调查研究工资问题 为了保护职工利益，中国邮电工会全国委员会生产部对邮电行业职工的工资问题进行了专门调查。调查发现，当时邮电企业工资中存在的主要是平均主义、轻重倒置、同工不同酬的问题。造成问题的主要原因是：（1）工资等级制度不适应邮电企业的生产特点，管理人员，职员、技术人员与直接生产人员不加区分的工资等级制度，造成每个工种工资等级过多。全国有四种工资等级制度，各地相同工种等级和工资都不相同。（2）工资标准不合理，没有根据邮电企业所在地区条件而有所不同。（3）没有技术等级标准，在确定职工工资等级时，没有衡量职工的技术业务能力，只是根据个人或单位主观尺度来确定职工工资等级。（4）没有建立起正规的升级制度。由于一部分地区解放前入局的职工比解放后入局的职工工资高，形成了不合理的差别，由于保留工资的存在，造成了一部分工资标准的不合理。

围绕按劳付酬原则这一目标，中国邮电工会全国委员会生产部提出：（1）建立统一的、适合邮电企业特点的工资等级制度，在全国邮电直接生产人员中统一实行独立工资制，在全国邮电企业的领导人员、工程技术人员和职员中统一实行职务工资。（2）除根据中央统一规定将工资分改为货币，另外加物价津贴，并根据各企业所在地区的政治、经济、文化条件的重要情况将全国划为三类地区。（3）制定统一的技术等级标准，建立升级制度。

处理保留工资问题 中华人民共和国成立初期，对职工工资制度进行了统一和平衡的改革，为了不出现工资降低的情况，对部分工资过高的职工还施行了保留工资的办法。当时全国有保留工资的邮电职工共计 2.1 万人左右，约占全国邮电职工总人数的 13%。平均保留工资数额约占全国平均基本工资的 27%。保留工资的职工大多数是直接生产人员，如上海电信局和武汉邮局占 60%左右，上海邮局则占 80%左右。

1954 年下半年起，一些邮电管理局和邮局、电信局都接到地方财委关于处理保留工资的指示，部分地方邮电局开始处理保留工资问题。1955 年 1 月，中国邮电工会全国委员会分党组与邮电部共同形成工作组，对青岛邮电局处理保留工资的情况进行了调查。青岛邮电局保留工资的问题在全国邮电企业中是突出的，保留工资的职工共 584 人，占全局职工总数的 66.7%；保留工资数额占全局基本工资总额的 31.3%。在邮政与电信职工中，电信职工的保留工资问题特别突出，其平均工资收入较邮政职工高 48%。

经过调查，中国邮电工会全国委员会分党组认为取消保留工资的方针是正确的，必要的。但邮电职工的保留工资集中在少数地区，一次全部取消会导致职工生活变化过大，确有实际困难；职工难免产生抵触情绪，对生产不利。为慎重起见，中国邮电工会全国委员会分党组建议：（1）保留工资应逐步取消，处理保留工资问题应在省或大市党委领导下统一进行，不应由各县自行处理；（2）应结合调整工资，建立合理的工资等级制度，逐步取消保留工资，使职工从实际生活中认识到取消保留工资是为了使工资制度走向合理，体会到国家利益和个人利益的一致性；（3）处理保留工资的同时，应考虑实行工龄津贴；（4）随着保留工资的逐步取消，应积极改进奖励工作。

参与工资改革 1955 年 8 月 31 日，国务院发布《关于国家机关工作人员全部实行工资制和改行货币工资制的命令》，明确推行全面工资改革。12 月，全国总工会召开了第一次全国工资工作会议，明确指出："无论从搞好生产或关心职工群众的利益出发，工会组织都必须做工资工作，如果我们不认真做好工资工作，就不可能把广大职工群众团结在党的周围，去搞好生产和其他各种工作。"

为了研究如何更好地开展邮电工会工资工作的问题，1956 年 4 月，中国邮电工会全国委员会邀请 11 个省、市工会代表召开座谈会。6 月底召开了第一次工资会议，确定了邮电工资改革的一些原则性问题，初步确定了新工资方案。各省、市于 8 月、9 月先后召开省一级的工资会议，贯彻到基层。其后，根据职工来信和基层发现的问题，又进行了一次复查。通过改革，全国 90%以上的邮电职工都增加了工资，职工的平均工资提高 14%。邮电企业的工资制度有了一定的改进，技术等级标准开始建立起来，对于职工的技术业务文化学习起到了积极的推动作用。

四、开展职工教育和文化体育活动

1953 年，中共中央提出了党在过渡时期的总路线，大规模的社会主义建设开始启动。在新的建设形势下，加强职工教育，鼓励职工以全新的面貌参加社会主义建设，成为邮电工会工作的新课题。在中国共产党领导和邮电管理部门的配合下，邮电工会开展了新一轮职工思想文化教育，并积极开展职工体育活动，为邮电职工文化建设开启了一个新起点。

（一）加强思想政治教育

1953 年 9 月 25 日，中共中央正式向全国公布党在过渡时期的总路线，要在一个相当长的时期内，逐步实现国家的社会主义工业化，并逐步实现国家对农业、手工业和资本主义工商业的社会主义改造。过渡时期总路线的教育随即召开。1954 年 4 月 13 日，中国邮电工会全国委员会副主席向明华作了《关于加强思想政治教育，提高邮电职工社会主义觉悟的报告》，《报告》指出：随着国家建设事业的发展，邮电通信任务更加繁重。为了保证完成这个任务，必须在党的领导下，加强对职工的思想政治教育，不断提高邮电职工社会主义的觉悟。其中包括：（1）加强集体主义的教育，增强职工之间的团结，使职工明确认识个人利益必须服从国家利益、目前利益服从长远利益。（2）全面宣传总路线，使邮电职工懂得发展邮电事业的重要。（3）发扬工人阶级艰苦奋斗的革命传统，防止资产阶级思想侵蚀。（4）加强维护政府法令、爱护国家财产的教育，对贪污盗窃等破坏国家利益和人民利益的罪恶行为作坚决斗争。

（二）职工文化教育

为了帮助职工提高文化水平，各邮电工会广泛动员职工参加业余文化学习，广大邮电职工中出现了学习文化的热潮。根据 1956 年第三季的统计，职工参加业余文化学习的已达 7 万人以上。扫盲工作取得了一定成绩，根据 23 个省市 1956 年上半年的统计，职工中的文盲已由 1954 年的 2.6 万人减少到 8400 人，由占这些省市邮电职工人数的 16%下降到 4.8%。

（三）组织群众性文艺、体育活动

1955 年 3 月 4 日，邮电部、中国邮电工会全国委员会发出《关于参加 1955 年全国第一届职工体育运动大会选拔邮电职工体育运动代表队的联合通知》，为了交流开展体育运动的经验，提高劳动技术水平，进一步推动邮电企业职工体育运动的开展，特决定选拔全国邮电职工体育运动代表队，参加 1955 年 10 月在北京举行的第一届职工体育运动大会。

1955年8月，邮电部和中国邮电工会全国委员会在山东省济南市举行全国邮电工人足球、篮球、排球代表队选拔大会，要求通过这次大会，把毛主席“发展体育运动，增强人民体质”的指示切实贯彻到全体邮电职工中，使全体职工具有强健的体魄，从而提高劳动效率，保证完成邮电生产计划，为完成国民经济第一个五年计划和完成国家在过渡时期的总任务而奋斗。

通过各级邮电工会的努力，邮电职工的文艺、体育活动有了显著的进展。据24个省、自治区、直辖市统计，各种球队共有4113个。江苏邮电局的成本清打破了5000米男子自行车全国纪录；北京邮电局李淑琴在全国射击比赛中，获得“二级射击手”称号；在全国水上运动会上，邮电代表队取得了第8名的好成绩。群众性体育运动的开展对改善职工健康状况，增强职工体质，提高生产与学习效率，培养新的道德品质等都起了积极作用，并且丰富了职工业余文化生活。基层工会组织职工，进行多种多样的文艺活动。工会的俱乐室、图书馆也进行了整顿。邮电体育协会的各级组织陆续建立起来，基层体育活动空前活跃。

五、保障职工生活，为职工谋福利

1953年以后，邮电工会继续坚持保障职工生活和为职工谋福利的方针，坚持贯彻劳动保险条例，积极办好福利事业，使职工生活得到了基本保障。1956年8月15日，邮电部、中国邮电工会全国委员会发布《关于颁发解决邮电职工生活中困难问题的规定和办法》，颁布了解决邮电职工生活中困难的六项规定。明确行政与工会应共同研究，密切合作，切实解决职工生活中的困难问题，以提高职工群众的生产积极性和创造性，保证完成和争取超额完成国家计划。

（一）贯彻实施《中华人民共和国劳动保险条例》

1953 年 1 月 26 日，政务院颁布了重新修订的《中华人民共和国劳动保险条例》（以下简称《劳动保险条例》）及其实施细则。6 月 29 日，邮电部、中国邮电工会全国委员会发出《关于贯彻修改后的劳动保险条例及实施细则有关事项的联合通知》，对《劳动保险条例》及其实施细则做了说明。

为了贯彻实施《劳动保险条例》，中国邮电工会全国委员会还对一些具体问题做了调查和处理。1951 年全国实施《劳动保险条例》时，上海电话公司与其他 6 个外商公用事业单位，因其职工的养老金（即退职金）待遇高于劳动保险，所以没有实施《劳动保险条例》。当时如果废除退职金制度，也会使外国资本家占了便宜。故上海市政工会提出，在外商企业中的职工，有 10 年以内本企业工龄的职工实行劳动保险，10 年以上的仍按外商企业的旧制度结算退职金。上海电话公司工会组织划归邮电工会上海市委员会领导后，邮电工会上海市委员会分党组认为由于 1953 年《劳动保险条例》修正后，劳动保险待遇有所提高，企业性质已有了根本改变，在一个企业中，同时实行两种新旧制度是不合理的，因此和中共上海市邮电党委分别提出了几个不同的处理方案。中国邮电工会全国委员会调查后，认为上海电话公司在实行劳动保险的同时，应取消不合理的退职金制度，并决定按中共上海市邮电党委意见处理。4 月 10 日，全国总工会党组批示，同意中国邮电工会全国委员会分党组《关于上海电话公司实施劳动保险和结算退职金问题向全国总工会党组的报告》。

（二）办好职工医疗、疗养、休养机构和营养食堂

1953 年以后，中国邮电工会全国委员会继续坚持办好职工福利的方针。为了规范福利机构，1953 年 4 月，中国邮电工会全

国委员会劳保部制定了《中国邮电工会休养所试行办法通则（草案）》；1954 年 3 月，又制定了《中国邮电工会疗养院试行办法通则（草案）》，并公布了《各地举办的牛奶站和营养食堂的情况和改进意见》。

（三）办好托幼等福利事业

1955 年 1 月，中国邮电工会全国委员会女工部对邮电企业的托儿所、哺乳室工作进行了调查，并向全国委员会提交了《邮电企业托儿所哺乳室工作总结报告》，指出，邮电企业的托儿所、哺乳室随着国家的经济建设，在发展生产的基础上逐步增加。截至 1954 年 11 月，共有托儿所 49 处，较 1949 年增加了 15 倍；收托儿童 2275 人。哺乳室 76 处，并在大部分规模较大的托儿所和哺乳室中都建立了健康检查、预防接种、营养调配等制度。

（四）改善邮电职工的居住条件

中华人民共和国成立后，邮电部门积极解决职工居住问题，几年时间里投资建设职工宿舍 38 万余平方米。但由于职工数量的迅速增加，远不能满足职工的需要。为了解决职工住房困难，邮电部、中国邮电工会全国委员会对职工住房问题进行了调查，调查显示，全国邮电职工急需住房的有 14780 户，占全国职工总数的 7.9%，需建筑 40 万余平方米，共需款 1600 万余元。1956 年 8 月 15 日，邮电部、中国邮电工会全国委员会发布《关于解决邮电职工生活中困难问题的规定和办法》，颁布了解决邮电职工生活中困难的六项规定。其中之一是《关于解决职工迫切需要解决的住宅办法的原则规定》。同时颁布《关于解决职工迫切需要解决的住宅问题的方案》，利用企业财政潜力，并发挥一切积极因素，建设了 40 万余平方米的职工住房。

（五）做好职工困难补助工作

过渡时期，邮电工会与邮电管理部门一直重视困难职工的救济、补助工作。凡是家庭总收入不能维持供养亲属最低生活的，全国总工会应给予定期补助。如果定期补助的职工发生临时困难，比如患病无力偿还、发生意外或灾害等，仍可按全国总工会关于职工困难补助办法的规定给予临时补助。

第七章
全面开展社会主义建设和“大跃进”时期的邮电工人运动

1957 年，国内外形势发生了巨大变化，在完成社会主义改造的前提下，中国进入了社会主义建设的新阶段。发展国民经济的第一个五年计划顺利完成，为实现国民经济的快速增长和工业化奠定了初步基础。在这种形势下，中国共产党领导全国人民开始了更大规模的社会主义建设。

一、中国邮电工会第三次全国代表大会的召开和工会建设

1957 年，中国邮电工会第二届全国委员会的届期已进入第 4 个年头。在过去 3 年多的时间里，国家的形势和邮电事业都发生了巨大变化。在新的形势下，中国邮电工会召开了第三次全国代表大会，对新时期的工会工作和工人运动作了新的部署。在中国共产党的领导下，中国邮电工会建设和工人运动进入了一个新发展时期。

(一) 邮电事业的发展

随着邮电事业的发展，邮电职工的队伍不断地扩大。1957 年，全国邮电职工数量已达到 25 万人左右，比国民经济恢复时期结束时增加了 80% 以上。邮电工会组织也逐步地壮大，据

1956年9月的统计，全国邮电工会拥有会员19.6万人，比1952年底增加60%以上。全国共有2486个基层工会组织，拥有工会工作积极分子6万多人。在广大邮电职工的努力下，到1956年底，自办邮电局所、长途电信线路、市内电话容量的五年基本建设计划都已经超额完成。第一个五年计划中规定的邮电总收入计划和上缴利润计划都提前完成。

（二）大会的召开

1957年3月25日至30日，中国邮电工会第三次全国代表大会在北京召开。大会的指导方针是“肯定成绩，总结经验，抓住主要问题，明确今后的任务”。中国邮电工会全国委员会主席李景韩代表第二届全国委员会作工作报告，总结了第二届中国邮电工会全国委员会的工作，指出第二次全国代表大会以来，邮电工会各级组织在党和上级工会的领导下，在教育和团结邮电职工、组织领导社会主义竞赛、改善邮电职工的物质文化生活以及加强工会建设方面，都取得了巨大的成就；同时明确了新时期邮电工会的工作任务，指出为了调动邮电企业中的一切积极因素，完成第一个五年计划，迎接和完成第二个五年计划，邮电工会各级组织必须贯彻党中央增产节约的方针，更广泛更深入地开展社会主义竞赛和先进生产者运动，加强思想政治工作，进一步提高邮电职工的觉悟和组织能力；有步骤地推行职工代表大会的制度，实行群众监督，改进企业的民主管理；在发展生产的基础上，经常地关怀和实事求是地改善邮电职工的劳动条件和物质文化生活；加强工会建设，健全工会内部的民主生活，更密切地联系群众。

大会通过了《关于在邮电企业中开展增产节约运动的决议》，提出全国邮电职工热烈响应党中央增产节约的号召，积极地投入先进生产者运动；邮电职工开展增产节约运动的方向应该是改善服务，提高质量；发挥现有设备、人力、物力的作用；爱护国家资财，缩减非生产开支，防止铺张浪费。同时强调，继续深入地开展社会主义竞赛和先进生产者运动，是实现增产节约的基本方法，各级行政和工会组织，必须继续加强对社会主义竞赛和先进生产者运动的组织领导，在邮电职工中牢固树立艰苦奋斗、勤俭建国、勤俭办企业、勤俭持家的风尚；并号召全体邮电职工，为满足社会主义建设对邮电通信工作的需要，更圆满地完成第一个五年计划、迎接和保证完成第二个五年计划而奋斗。

大会选举产生了中国邮电工会领导机构。选举委员 49 名（台湾保留空额 1 名）、候补委员 17 名。邮电工会第三届委员会第一次会议选举产生主席团委员 13 人。

（三）工会建设

中国邮电工会第三次全国代表大会召开后一年间，全国掀起了“大跃进”运动，随着邮电事业的大规模扩张，特别是人民公社一级邮局的大量增设，邮电职工队伍迅速扩大，到 1960 年，已经达到 40 万人左右。职工队伍的迅速扩张和邮电建设的发展，对邮电工会建设提出了十分急迫的要求。

1957 年 3 月 6 日，中国邮电工会全国委员会再次发出《关于进一步推广太原邮电局工会工作经验的指示》，要求全国邮电工会进一步学习太原邮电局工会的工作经验，进一步推进基层工会建设。

中国邮电工会第三次全国代表大会的工作报告指出：健全工会内部的民主生活，进一步密切工会与群众的联系。为了进一步密切工会组织与广大群众的联系，全面地开展工会工作，应继续加强基层组织特别是县级基层组织的建设工作，及时总结和广泛地交流工会各工作委员会和工会小组的工作经验。

1957 年 11 月 15 日至 23 日，中国邮电工会全国委员会召开了第二次全体会议。会议主要是贯彻全国总工会党组扩大会议精神，讨论了有关工会工作的几个根本性的思想问题。会议还总结了邮电企业中推行职工代表大会试点工作的经验，研究了工会组织如何通过整风运动进一步依靠群众改进工作作风问题。会议内容主要涉及：关于通过整风运动在邮电工会干部中进一步端正政治方向、提高思想水平问题；关于坚持工会工作以生产为中心的方针问题；关于发挥工会共产主义学校的作用问题；关于正确对待职工生活问题；关于工会必须在党的领导下进行工作的问题。

组织建设 1957 年 4 月 17 日，中国邮电工会全国委员会发出《对邮电工会组织领导上几个具体问题意见的通知》，明确了对邮电工会组织的意见。其中包括：

（1）省辖自治州一级的工会组织建设问题。为了密切配合企业，适应民族地区的特点，在设有自治州邮电管理机构的地方，可设立邮电工会的州办事处或工作委员会作为省委员会的派出机构。该类机构在省委员会和地方自治州工会联合会领导下，指导和帮助基层工作，反映群众要求，并会同企业行政解决群众生产生活上的有关问题。自治州邮电局所辖县局较少，州内职工人数不多的，也可不另设专门机构，州内各基层组织由省委员会直接领导。

（2）长途线路中心站的工会组织问题。长途线路中心站是独立生产单位，以站为单位建立基层组织是符合生产需要和群众要求的。但由于中心站职工异常分散，站工会在履行基层职责上受到一定的限制，需要在某些方面依靠线务员驻在局工会的帮助。因此，站工会和线务员驻在局工会对线务员必须实行双重领导，在日常工作上加强联系，互相协作。同时还对长途线路中心站工会和驻在局工会各自的职责、任务做了明确。

（3）邮电企业附属的工厂、医院、学校等基层工会的领导问题。邮电企业附属的工厂、医院、学校等单位的工会组织，按产业原则应该组织在邮电系统中，但为了加强对他们的业务领导，还可使他们同时接受相关产业（如医务、教育等）的市级工会组织在业务上的指导和帮助，并分别参加相关产业举办的某些活动。

（4）省、自治区、市委员会内部机构的设置问题。省、自治区、市委员会的内部机构设置应以有利于开展工作和密切与基层的联系为原则。鉴于干部名额有限，性质相近的业务可以互相兼办，互相研究，但各项业务必须有人负责。

制度建设　在中国邮电工会第三次全国代表大会上，中国邮电工会全国委员会主席李景韩在工作报告中提出：工会各级组织必须按时召开职工大会或代表大会，报告工会工作；认真开展批评和自我批评，把工会工作置于群众监督之下。工会委员会应坚持集体领导的原则，定期举行全体会议，召开职工代表大会或职工大会，讨论工作计划和工作总结、财务预算和决算以及其他重大问题。工会干部和积极分子应密切联系群众，努力克服官僚主义、命令主义的作风。

（四）工会体制调整

1958 年 3 月，中共中央在成都召开工作会议，作出了改变工会体制的决定，规定“工会以同级党委领导为主，同时受上级工会领导，省、地级工会以地方工会领导为主，产业工会领导为辅”的原则。4 月 12 日，中国邮电工会全国委员会分党组提出了《关于调整邮电工会体制的初步方案》，建议中国邮电工会全国委员会仍继续保留，并根据中央规定，缩小全国委员会的职权范围，改变工作方法，突出抓产业全国性的工作，加强调查研究，以适应体制变更后工作的需要。

工作任务　中国邮电工会全国委员会集中力量抓生产；检查、促进劳保福利、工会建设、宣传教育、女工家属等工作，并向地方工会及有关方面反映情况。根据任务，全国委员会将原系统管理的财务工作、劳动保险基金、集体事业及工会统计的管理权限交给地方工会。

工作方法 中国邮电工会全国委员会调查研究，解决产业全国性的问题；总结交流邮电产业性的先进经验；组织工作组检查督促，反映情况；创造经验、树立榜样。

全国委员会机关组织机构调整 中国邮电工会全国委员会撤销原设的9个部和1个科，成立办公室（包括机关财务、总务、秘书、国际联络等工作任务），并根据工作需要，设立群众生产、群众生活、工会建设等3个研究室。此外，停办《中国邮电工人》报，改出不定期工会内部刊物。中国邮电体协全国理事会保留名义，不设编制。1958年9月，《中国邮电工人》报划归邮电部。10月，根据中华全国总工会八届二次执行委员会决议，将由中国邮电工会全国委员会系统管理的劳动保险工作、集体事业管理工作和财务工作移交各省、自治区、直辖市地方工会联合会。

1958年5月，中国邮电工会全国委员会制定了《中国邮电工会全国委员会机关工作方法16条（草案）》，提出机关经常工作主要是调查研究、督促检查、总结推广先进经验，并进行国际联络活动；根本的工作方法就是要用思想政治工作去统率一切，通过抓住生产去带动一切；从促进生产发展出发，抓住政策性、普遍性、决定性的问题，研究出解决问题的办法。

二、社会主义劳动竞赛

1957年，邮电系统继续开展以增产节约为中心的社会主义劳动竞赛，在广大职工的积极劳动下，邮电事业获得了新的发展。

（一）群众性劳动竞赛

1957年2月15日，中国邮电工会全国委员会发出《关于贯彻第六次全国邮电工作会议决议几项工作的通知》，指出1957年是第一个五年计划的最后一年，邮电工会的主要任务是响应中共中央增产节约的号召，继续组织邮电工人，更广泛更深入地开展先进生产者运动。在1956年工作的基础上，继续组织局际竞赛和局内竞赛。

1957年3月25日，中国邮电工会全国委员会主席李景韩在邮电工会第三次代表大会上的报告提出，要贯彻党中央增产节约的方针，更深入地开展社会主义竞赛和先进生产者运动。继续总结推广先进经验，发展群众性的技术互助活动；改进对局际竞赛的领导，把县局竞赛向前推进一步；认真地把技术职能人员的竞赛开展起来。

1957年7月，邮电部、中国邮电工会全国委员会发出《关于在邮电企业中进一步开展增产节约运动的联合指示》，提出整风和社会主义教育运动，已经在邮电企业内普遍开展起来，我们必须充分认识当前的形势，把群众高涨的政治热情，及时地引导到生产方面来，使整风和社会主义教育运动与增产节约运动密切结合。

1956年开始，北京市邮政局、北京市邮政局工会同苏联莫斯科市邮局开展了友谊劳动竞赛。1958年1月29日，北京市邮政局、北京市邮政局工会致电莫斯科市邮局、莫斯科市邮局工会及邮局全体职工：自从和你们开展社会主义友谊竞赛以来，给了我们很大的鼓舞，并使我们有机会直接向你们学习了不少宝贵经验，大大推动了我们的工作。1957年我局生产财务计划完成了105%，节约计划完成了221%，本埠发行的报纸和市内信函等的时限均已达到了竞赛保证条件的要求，邮件漏交换与1956年12月比较减少了75.76%，电报差错减少43.48%。

在新一年开始之际，北京市邮政局、北京市邮政局工会希望和莫斯科市邮政局继续进行友谊竞赛，竞赛保证条件包括：（1）

改善和扩大服务，超额完成生产、财务计划；（2）消灭事故，提高质量；（3）除继续保证按中国邮电部规定的时限完成投送外，还要做到从莫斯科航运北京的直接订阅报纸和主要机关信函当天投送；（4）保证节省业务费用开支6%（100万元）；（5）大力开展合理化建议工作；（6）不发生重大的工伤事故，保证安全生产。

1958年初，北京东四支局提出要争取成为东城区"收入最多、质量最好、效率最高、开支最少的支局"。其后掀起了一股以改善服务为中心环节的比先进、比干劲的热潮。抓住改善服务这一中心环节，从职工思想上解决了"为谁劳动、为谁服务"的问题，主动热情地为用户服务，帮助用户克服使用邮电业务的困难。发扬集体主义精神，在加强协作的基础上，精简营业人员23%，同时延长营业时间5小时。报纸投送时间提前了1小时。东四邮电支局的热情服务得到了广大用户的赞扬。

1958年4月5日，《工人日报》发表社论，称北京市邮局东四支局服务经验的出现，标志着邮电部门在改进服务的工作上，已走上了一个新的阶段。他们处处为人民的方便，千方百计地改善服务工作。这些转变看来都很平凡，但在邮电部门却是一件移风易俗的大事。如果每一位邮电职工同志都像东四支局的职工同志们那样，树立起"人人为我，我为人人"的共产主义主动态度，改进自己的服务工作，并以此为重点，推动其他各项工作，就会使邮电事业的面貌焕然一新。

（二）"大跃进"中的劳动竞赛

"大跃进"初期，由于职工高涨的劳动热情，1958年的邮电通信工作取得了一定的成果。1958年电报、长途电话、报刊发行，比1957年翻一番还多。增加的长途电话电路比1957年增加了1倍。架设的长途线路相当于1957年的8.7倍，县内电话线路比 1957 年的总数增加 65%。全国 97.8%的人民公社通了电话。为了适应全面“大跃进”和便利群众，全国新增设 1.7 万处邮电局所，邮路增加 60 多万公里。所有邮件和报刊的传递速度都比过去加快了。

1959 年 3 月，邮电部召开第八次全国邮电工作会议。会议的主题是继续大搞群众运动，实现“更大的跃进”。

推广四川省邮电系统“一条龙”大协作竞赛经验 四川省邮电部门根据“电信以长途通信为纲、邮政以报纸发行为纲”的要求，把以局、站、班组为单位组织竞赛的办法改为按电路和邮路组织竞赛的办法。在电信方面，把电路两端及经转局的报务、话务人员组成“一条龙”电路竞赛小组；在邮政方面，按邮路组织“一条龙”竞赛小组，由沿线各局接车员、押车员及邮运汽车驾驶员参加，展开“龙”与“龙”间的竞赛。另外还组织专区与专区及以重庆和成都两邮电局为中心的“协作区”，开展“大面积丰收”的竞赛；改变过去由局、站、班组单独制订竞赛指标的办法为“一条龙”小组制定共同竞赛指标的办法。通过“一条龙”的竞赛形式和提出共同的竞赛指标，把以往提高通信质量、提高通信速度由电路、邮路的单方负责制改变为双方集体负责制，工作中的个人负责制改变为“一条龙”竞赛小组的集体负责制，促使各级邮电局加强通信组织管理，把各个工种的工作紧密衔接起来，保证“一条龙”通信任务的完成。“一条龙”大协作竞赛，讲求协作，促进了人与人之间、局与局之间的大协作，出现了“把困难留给自己，把方便带给别人”的新风尚。这种协作和竞赛确实对提高邮电行业的劳动生产率和服务质量起到了一定作用。

以技术革新为中心，以提高通信质量和提高劳动生产率为目的的“一条龙”大协作竞赛在邮电系统迅速展开，1959 年 4 月 6 日至 15 日，邮电部在成都召开推广“一条龙”大协作竞赛经验交流会。会议研究了在全国范围内开展“一条龙”大协作竞赛的问题，提出组织三种竞赛组织方式，并初步制定了统一的竞赛指标。

全国邮电职工“一条龙”大协作竞赛电话广播大会 1959年4月15日，邮电部、中国邮电工会全国委员会联合召开全国邮电职工“一条龙”大协作竞赛电话广播大会。

大会的目的是要在全国邮电系统开展一项轰轰烈烈的竞赛运动，完成1959年的邮电通信和建设任务。要求全国20多万名邮电职工大搞群众运动，开展以技术革命和技术革新为中心、以提高通信质量和劳动生产率为目的的“一条龙”大协作竞赛，争取更大的胜利；同时提出加强党的领导，树立全国“一盘棋”思想，鼓足干劲，力争上游，把群众的劳动热情引导到技术革命和技术革新的道路上。国家主要领导人肯定了1958年邮电职工的工作，提出了1959年的任务。要求尽可能地挖掘已有设备潜力来提高通信能力，提高电路的利用率和劳动生产率；在需要和可能的条件下继续制造一些通信设备；所有邮电职工都要注意提高业务技术水平；要继续改善邮电服务工作和服务态度，以适应广大人民群众对邮电通信的需要。

全国自动电话技术革新和大搞群众运动现场会 1959年5月27日至6月10日，中国邮电工会全国委员会协同邮电部，在黑龙江省哈尔滨市召开全国自动电话技术革新和大搞群众运动现场会。出席会议的有22个省、区，市的邮电管理局和市内自动电话局的领导干部、工程技术人员和工人等100余人。会议以哈尔滨市话局的经验为主，介绍了大搞群众运动的经验。包括通过思想政治工作推动一切工作；围绕生产关键，不断组织生产高潮；通过“两参”（干部参加劳动、职工参加管理）、“三结合”（领导干部、技术人员、工人三结合）的方式发现问题、解决问题等。

会议交流了这一年多全国自动电话部门涌现出来的 27 种技术革新经验，集中全国的市内电话专家和优秀工程技术人员，组成了专题小组，经过逐项研究，最后确定有 11 种可以普遍推广。会议还解决了开展全国市话部门局际竞赛的问题，决定开展全国省会所在地和 4000 门以上自动电话交换机市话局的局际竞赛。

全国群英大会及邮电系统经验交流会议　1959 年 10 月 26 日至 11 月 8 日，中共中央、国务院在北京召开全国工业、交通运输、基本建设、财贸方面社会主义建设先进集体和先进生产者代表会议（时称群英会）。邮电方面参加全国群英会的有先进集体代表 50 人，先进生产者代表 81 人。会议期间，作为大会的一个组成部分，邮电部和中国邮电工会全国委员会召集与会代表召开邮电系统经验交流会议。交流会举办了 23 个中小型的技术表演、座谈会和报告会，12 名代表作了系统的技术表演，还举办了 4 场较大的报告会。参加全国群英大会的邮电系统先进集体和先进生产者代表向全国邮电职工发出倡议：（1）坚决在党的领导下，做邮电通信战线上的闯将，当好党的英雄通信兵；（2）继续发扬集体主义精神，广泛深入地掀起学先进、比先进、赶先进、帮后进的热潮；（3）大搞技术革新和技术革命，学习先进经验，提高业务技术水平，充分发挥设备潜力，提高通信效率和劳动生产率，为尽快在全国范围内建立一个四通八达的邮电通信网而奋勇前进；（4）不断提高通信质量，大力改善服务工作，贯彻增产节约的精神，进一步开展“一条龙”大协作竞赛和其他各种形式的红旗竞赛运动，创造长时期优质高速传递邮电的新纪录；（5）加快邮电网路建设，加强农村邮电通信和设备维护工作；积极发展邮电工业生产；继续贯彻电信以长途通信为纲，邮政以报纸发行为纲的方针，带动邮电工作全面跃进。

长途话务、长途线路和自动市话机械维护先进经验推广交流会议　1959 年 12 月 29 日至 1960 年 1 月 7 日，邮电部、中国邮电工会全国委员会分别在北京、天津联合召开全国长途话务、长途线路维护及市内自动电话机械维护先进经验推广交流会议，全国 27 个省、自治区、直辖市的 132 名代表出席了会议。会议共交流长途话务、自动市话机械维护、长途线路维护等方面的先进经验共 219 项。长途话务方面，推广了上海长途电话局话务员田丽娟的操作经验。会议还介绍了天津局、北京局、石家庄局、成都局、大同局的先进操作法，以及长话方面组织“一条龙”竞赛等经验。自动市话机械维护方面，交流推广了沈阳市话二分局和哈尔滨、上海、北京等局的经验。

全国邮电技术表演比赛 为了开展技术革新和技术革命，1959 年 9 月开始，邮电企业在职工中发起了技术业务大练兵活动，并广泛组织技术表演比赛。1960 年 1 月，中共中央提出开展以机械化、半机械化为中心的技术革新和技术革命运动。响应这个号召，3 月 20 日至 31 日，邮电部与中国邮电工会全国委员会联合召开全国邮电技术表演比赛大会。出席大会的有 31 个省、自治区、直辖市的代表团和基建、工业系统的两个代表团，还有西藏自治区邮局参观团，共 630 多人。大会按工种举行技术表演比赛，同时举办技术革新和技术革命成就展览会。大会共交流了 880 多项先进经验，展出了 2500 多件展品。

邮政技术革新技术革命上海现场会议 1960 年春，上海市邮电企业开展了以“四化”为中心的技术革新、技术革命运动，全市 95%以上的邮电职工都加入了运动。据中国邮电工会全国委员会向全国总工会书记处的汇报称，3 个月时间，全市实现、推广和投入生产的革新建议 19366 件，其中重大革新 826 项。

三、建立民主管理制度

进入社会主义建设阶段后，中国共产党及人民政府开始进行在国家企业中建立民主管理制度的尝试，并进一步加强劳动保护和职工权益、生活保障。

（一）参与企业民主管理

1956 年 9 月，中国共产党第八次全国代表大会提出，要在企业职工代表会议的基础上，建立职工代表大会制度，标志着非制度化的企业职工代表会议参与企业管理，转向制度化的职工代表大会民主管理。根据这一要求，1957 年 2 月 15 日，中国邮电工会全国委员会发出《关于贯彻第六次全国邮电工作会议决议几项工作的通知》，提出在地方党委领导下，有步骤地开展职工代表大会工作，使职工能够通过代表大会（或全体大会）切实参加企业管理，以改进企业管理的面貌。

在中国工会第三次全国代表大会上，工作报告提出：要开展职工代表大会的工作，在企业中充分地发扬民主，贯彻执行党的群众路线，倾听群众的批评和建议，克服工作中的缺点，不断改进企业管理工作，充分开展自下而上的批评，发挥群众监督作用。报告要求推广太原市邮电局工会组织群众监督、管理企业的经验，在党的领导下，向职工群众深入宣传企业民主管理的重要意义，组织职工选好代表并加强工会小组工作。

1957 年 4 月，中共中央发布文件，提出扩大企业内部民主、试行职工代表大会制度。邮电部及其基层邮电管理机构、中国邮电工会全国委员会和各级邮电工会积极进行试点工作。到该年 11 月，邮电系统中已有 23 个省、自治区、直辖市和一个工程总队在 103 个不同类型的企业中进行了试点。建立了职工代表大会制度的单位，扩大了企业内部民主，揭露和解决了企业内部的某些矛盾，改进了企业的领导作风，密切了领导和群众的联系，加强了职工之间的团结，改进了企业管理，推动了生产。

（二）劳动保护工作

1957 年 8 月，中国工会第三次全国代表大会上的工作报告，提出了当时工会劳动保护方面的任务：（1）工会应该监督和协助企业修订和贯彻安全技术规程，建立健全安全教育制度；对于伤亡事故应该严肃处理，从中吸取教训。（2）逐步解决工时公休问题。协助邮电部制订邮电职工工时公休条例，协助企业通过调整劳动组织等办法，改善职工的工时公休状况。（3）协助企业广泛开展以防痨为重点的防病工作，继续提高疗养院的工作质量，适当整顿并改进牛奶站、营养食堂的工作，加强卫生宣传，以便更好地防治疾病。

9 月 28 日，中国邮电工会全国委员会发出《关于在增产节约运动中加强群众劳动保护工作的通知》，指出目前全国邮电职工正响应党开展增产节约的号召，积极地投入先进生产者运动。但在劳动保护方面，有些单位对生产安全缺乏足够注意，工伤事故仍有发生。各级工会组织必须广泛宣传党的八届二中全会所指示的“无论增产和节约都必须保证质量和注意安全”的精神，教育领导生产的干部，使其认识到安全和生产不是对立的，在管生产的同时，必须负责职工群众的安全和健康，以及劳动条件的改善。各级工会必须把加强群众劳动保护和整风、社会主义教育结合起来。职工在整风中提出的有关劳动保护方面的意见，必须认真研究处理。工会应总结和交流安全工作的经验，应针对企业中安全生产的关键问题，号召群众检查并提出具体的安全技术措施。各级工会组织必须加强对劳动保护工作的领导，继续建立和健全劳动保护组织机构，推行行之有效的群众监督制度，为在发展生产的基础上，逐步改善职工的劳动条件，保护职工的安全和健康而努力。

（三）完善工资制度

1956 年工资改革后，完善工资制度、实现合理分配仍是工会工作的一部分。1957 年 2 月 2 日，中国邮电工会全国委员会工资部对邮电行业的工资情况进行了调查，提出《当前群众工资工作中存在的主要问题和对今后工资工作的意见》，认为其后一个时期内工会工资工作的主要任务是把群众工资工作开展起来，并向前推进一步；发挥群众监督作用，反对违反工资法令的现象。具体措施是改进奖励工作，协助企业制订适合本单位具体情况的奖励办法。其中急需解决的是生产人员奖励，特别是机务员、线务员、报务员、话务员、营业员（邮政和电信）、乡邮员、投递员、分拣员、押运员、发行员的奖励。工会组织应该逐步学会检查企业工资基金使用情况，经常听取群众的意见和申诉，检查工资政策法令的执行情况。

1958 年 5 月，中国邮电工会全国委员会继续对邮电企业的工资情况进行调查，提出了职工工资存在的问题，并向全国总工会做了汇报。汇报提出，当时由于情况的变化，职工工资有六个方面的问题需要解决：（1）经过开展劳动竞赛，企业管理改革和技术革新当中涌现出大批技术进步的“多面手”和有一定贡献的先进人物，但由于工资几年未调整，职工的工资标准已不合理。1956 年入局的 4 万余名职工，仍实行最低工资，需要升级的较多。（2）保留工资。1956 年工资改革已经取消了一部分，到 1957 年底仍有 13478 人保留工资，相当于总人数的 6.64%。（3）1956 年的工资改革。当时根据中央决定，领导干部增资受到限制。有些县局局长的工资比本局一些业务较好的人员低了不少，需要适当调整。（4）企业根据生产需要，调动了很多人的工作，但仍执行 1956 年评定的工资标准，形成了同工种人员工资不平衡的矛盾。（5）1957 年 4 月各地机要通信局（科）的人员并入邮电企业，仅县以上就有 8000 多人，其后部分地区又把县以下机要人员一并拨交邮电企业，这些人员原来执行国家机关的工资标准较低。（6）1956 年的工资改革，为了避免某些地区的工资水平增加过猛，当时在包括 17 个省市的全部或部分地区采取“两步走”办法。这些“两步走”的地区，只“走了一步”，工资水平相差 3.2%。

针对上述问题，中国邮电工会全国委员会提出了调整工资的意见：（1）对生产建设有突出成绩而工资较低的先进职工，给予升级，适当增加工资；（2）保留工资随工资改革逐步取消；（3）县邮电局改行新的分配制度较早，对老工人一般不应降低其工资水平，而对工资低的人员，应略增一点；（4）通过一次性奖励部分解决工资不平衡问题。

根据工会意见，邮电行业对工资、奖金问题做了个别调整。1958 年 1 月，国务院有关办公室研究交通、运输、邮电部门的特殊待遇问题，并提出进行调整的要求。邮电部认为乡邮员、邮运员等外勤人员的膳食补助津贴（伙食补助），邮递员、邮运员等工种的制服和部分工种的工作服以及在生产工人中实行的夜班津贴、值夜津贴等应予取消。中国邮电工会全国委员会经过调查，认为这些都属于生产需要，又有较久的历史，是否应该取消应当进一步做些调查研究、慎重处理，以免影响生产和职工生活。1958 年 2 月 4 日，中国邮电工会全国委员会分党组向全国总工会党组提交《关于邮电外勤人员的伙食补贴和邮电职工工作服问题的报告》，在调查研究的基础上，针对不同情况，对值夜班职工的夜餐费问题、邮电职工的工作服问题、外勤人员膳食补助办法提出了具体意见。经过工会建议，职工的部分待遇得到保留。

（四）职工生活保障

1957 年 2 月 15 日，中国邮电工会全国委员会发出《关于贯彻第六次全国邮电工作会议决议几项工作的通知》，指出各级工会组织应实事求是地关心和解决职工的生活困难问题，在增产节约运动中，应注意防止不重视职工生活福利的现象。在中国邮电工会第三次全国代表大会上，进一步提出：经常关怀和改善邮电职工的物质文化生活。采用多种多样的方法，帮助职工解决生活中的困难，继续有计划地解决职工居住问题和女职工托儿问题，改进困难补助、互助储金工作。通过工会组织的努力，邮电职工生活水平、福利待遇得到了进一步提高。

四、职工教育与文化体育工作

邮电工会重视职工的思想政治和文化教育。特别是在大搞群众运动的形势下，职工的政治动员成为工会的主要职责，同时，邮电工会还把开展文艺、体育活动作为自己的职责之一。在工会的组织下，职工教育和文化体育活动出现了蓬勃发展的局面。

（一）职工思想政治教育

职工思想政治教育一直是邮电工会工作的基本课题。1957 年 2 月 15 日，中国邮电工会全国委员会发出《关于贯彻第六次全国邮电工作会议决议几项工作的通知》，提出进一步加强思想政治教育，注意调查了解职工的思想状况，采取各种形式进行教育，以提高邮电工人社会主义觉悟。

1957 年 8 月，中国邮电工会全国委员会的工作报告提出，工会组织应对职工群众进行全面的共产主义教育。思想政治教育的主要内容应该是：（1）进行阶级教育，使职工认识到工人阶级是最有觉悟、最有组织、最有纪律的阶级；认识社会主义和共产主义社会的伟大前途和工人阶级在社会主义建设中负有重大责任。（2）进行艰苦奋斗、勤俭建国、勤俭办企业和勤俭持家的教育，在职工中提倡和发扬艰苦朴素、勤劳勇敢的优良作风。（3）进行劳动和劳动纪律的教育，启发他们热爱劳动，在劳动中发挥高度积极性和创造性；使职工认识到社会主义的劳动纪律是自觉的纪律，遵守劳动纪律是建设社会主义所必需的，是工人阶级的神圣义务。（4）进行工人阶级内部团结、工农联盟和民族团结的教育。使职工了解，团结是力量的源泉，是取得胜利的保证；努力加强老职工同新职工，生产人员同技术人员，先进职工同一般职工，这一部门、单位的职工同那一部门、单位的职工之间的团结。教育他们互相学习，互相帮助。（5）进行民主和集中关系的教育。使职工认识到自己是企业的主人，必须树立主人翁的责任感，发扬生产上的积极性和创造性，积极地参加企业管理，敢于对企业中一切不良现象做坚决斗争，同时在生产中又自觉地服从指挥、遵守纪律，以便良好地完成生产任务。（6）进行邮电企业性质、任务、特点的教育。使职工认识到邮电事业在社会主义建设中的重大作用，安心邮电工作。要教育他们热爱企业、热爱工作、养成专业精神，积极地学习文化、技术、业务。参加政治生活，不断地提高工作质量和服务水平，为社会主义建设事业作出更多的贡献。同时要求工会组织，必须系统地调查和分析职工群众在各个时期的思想情况，针对职工的具体思想问题，有的放矢地进行政治教育；注意从团结和爱护出发，进行正面教育；启发职工进行自我教育。

（二）职工文化教育

社会主义建设初期，邮电职工业余教育工作取得了很大成绩，职工的文化水平有很大提高。1960 年全国有邮电职工 40 万人，其中文盲、半文盲占 1.5%；小学文化水平的占 46.7%；初中文化水平的占 40%；高中文化水平的占 10%；大专文化水平的占 1.8%。根据 23 个省、自治区、直辖市的统计，截至 1960

年 1 月 15 日，有 574 个单位扫除了文盲。据黑龙江、福建、北京等 12 个省、自治区、直辖市的统计，已参加业余文化学习的职工有 95272 人，占应入学职工的 65.65%。据 14 个省、自治区、直辖市的统计，各级邮电局、所自办各类职工业余学校 614 所。各省、自治区、直辖市都建立了函授教育机构，全国共有函授辅导站 110 个，基本上形成了一个全国性的函授网；参加函授学习的人数由 1956 年的 182 人增至 5101 人。

1960 年 3 月 7 日至 18 日，中国邮电工会全国委员会会同邮电部召开了全国邮电职工业余教育工作会议。会议检查了邮电行业职工业余教育的发展情况，总结了各地不同类型、不同方式组织职工业余教育的 100 多种经验，制定了开展职工业余教育的规划。1960 年 5 月中旬到 6 月中旬，中国邮电工会全国委员会会同邮电部，对四川、陕西、广东、湖南等 4 个省的邮电职工业余教育发展情况进行了调查。针对职工业余教育中存在的问题，提出抓好三项工作：（1）大抓办学，组织应入学的青壮年职工全部入学。抓住分支机构职工和分散流动工作人员这个薄弱环节。（2）狠抓扫盲。尽量把分散的文盲、半文盲按地区成批集中，短期脱产突击，把扫盲工作作为一项战斗任务来完成。（3）积极开展教学改革，广泛试验，同时抓几个重点进行深入研究，及时交流经验。

（三）职工体育工作

进入社会主义建设阶段后，邮电系统的职工体育工作得到了较快发展。1957 年 3 月邮电工会成立了全国邮电体育协会理事会；基层体育协会由 1956 年的 377 个增加到了 1957 年的 514 个；体协会员由 1956 年的 29651 人增加到了 1957 年的 39650 人。

第八章 国民经济调整时期的邮电工人运动

为了贯彻党中央的“八字方针”，邮电部党组决定加强企业管理、建立和健全企业管理制度，特别是责任制度。

一、国民经济调整时期的工会建设

（一）省、自治区、直辖市邮电工会的调整变化

1961年，随着中共中央方针的调整，邮电工会的体制问题再次提上日程。1961年6月17日，中国邮电工会全国委员会分党组向全国总工会党组提交《关于邮电工会组织问题的请示报告》，提出：鉴于邮电企业机构分散，邮电职工分散活动较多，而邮电生产工作又要求高度集中统一，并认为省、自治区、直辖市一级保留邮电工会的名义，配备适当数量的干部，作为省、自治区、直辖市总工会的一个工作部门，经常对邮电基层工会，进行一些调查研究、反映情况、总结交流经验的工作，对工作是有好处的。为了便利工作，这个部门除应在省、自治区、直辖市总工会的直接领导下进行工作外，还可同时接受省、自治区、直辖市邮电管理局党组（党委）的领导。

（二）改进中国邮电工会全国委员会机关及省、自治区、直辖市的邮电工会工作

1964 年 7 月 20 日，中国邮电工会全国委员会作出了《贯彻中共中央工作会议精神，促进机关革命化、群众化的若干问题》的决定，提出在学习解放军、学习大庆经验的基础上，贯彻中央工作会议精神，改进机关工作，促使机关革命化和群众化。主张根据党提出的政治任务、中心工作，结合邮电产业实际情况，以群众生产工作为中心，面向基层，抓典型，进行调查研究，反映情况，总结交流经验，研究解决一些具有产业特点的重要问题，发挥党的助手和共产主义学校作用。

1966 年 3 月 18 日至 4 月 20 日，邮电部召开第十六次全国邮电工作会议和第二次全国邮电政治工作会议，邮电工会作为一个分组参加会议。会议期间，工会分组单独召开会议，提出全国委员会和省、自治区、直辖市委员会的根本任务是组织好产业大军，活跃群众工作，发挥群众监督作用，积极向党反映情况，起好渠道作用。围绕这个目标，中国邮电工会全国委员会提出：（1）要把组织职工放在工会工作的首位，把组织群众与思想工作紧密结合起来，促进职工队伍的思想革命化。（2）抓好“五好”运动。抓好典型，推广经验，深入基层，面对面地帮助和指导基层单位的“比学赶帮超”活动，推动“五好”运动不断地深入发展。（3）积极参加“四清”运动，整顿工会组织，组织好阶级队伍，建立和健全职工代表大会制度。

二、贯彻调整国民经济“八字方针”和“工业七十条”

1961 年 1 月，中国共产党八届九中全会通过了国民经济“调整、巩固、充实、提高”的“八字方针”。为了规范工业发展，

该年 9 月，中共中央又颁发了《国营工业企业工作条例（草案）》（简称“工业七十条”）。邮电企业和广大职工积极贯彻这一系列方针政策，加强工会工作和企业民主管理，较快扭转了企业生产的混乱局面，使邮电事业转入了正常发展。

（一）贯彻“工业七十条”

1961 年，经过整风运动，邮电系统的干部作风有了改进，干群关系较前密切了，生产秩序有所改进。但企业管理上还存在不少问题，主要是：党委领导下的局长负责制没有很好地贯彻，生产行政指挥系统还不健全，各项制度也没有真正健立起来，工会和共青团的组织作用发挥得不够。根据中共中央调整国民经济的方针政策，邮电管理部门和各级邮电工会开始了建立企业正常生产、工作秩序的工作。

帮助邮电企业试行《国营工业企业工作条例》。根据中共中央关于讨论和试行《国营工业企业工作条例》的指示，1962 年 1 月 24 日，邮电部和中国邮电工会全国委员会派出工作组到西安，与陕西省邮电局工作组一起，具体研究帮助试行工作。主要是：（1）加强党委领导和贯彻党委领导下的局长负责制。按照“工业七十条”的规定，在检查总结工作的基础上，经过党委会反复讨论，制定了《关于加强党委领导的几项规定（草案）》，确定党委重点抓好方针政策、企业重大问题和思想政治工作，不能包办行政管理工作。明确了必须由党委讨论和决定的 8 项工作内容。（2）建立健全以局长为首的生产行政指挥系统，加强企业管理。改革了组织机构不合理，管理层次多的旧管理体制。建立了各级行政管理责任制和生产岗位责任制。为保证行政管理工作有秩序地进行，提高工作效率，制定了行政会议制度。（3）研究推行“五定、五保”，改进了奖励办法。

经过 3 个多月的工作，建立健全了各种责任制，试行了“小定、小保”方案，改进了奖励办法，加强了工会和共青团的工作，解决了职工生活福利方面的一些问题，调动了职工的生产积极性。主要效果表现在：（1）加强了党的领导，发挥了行政、工会和共青团的组织作用。党委开始重视调查研究和管大事、要事。生产科党支部开始加强思想政治工作，发挥了对生产行政工作的保证监督作用。以局长为首的生产行政指挥系统健全起来，职能科室的作用得到发挥。工会和共青团各级组织进一步明确了工作任务，健全了工作制度，工作活跃了起来。（2）生产秩序逐步正常。由于各种责任制度的建立，职工分工明确，责任心加强，无人负责现象大大减少。（3）职工的精神面貌发生了显著变化，生产积极性进一步提高。“工业七十条”的试行促进了邮电生产经营的正规化，保证了邮电事业的正常发展；同时肯定了钻研业务技术工作，消除了技术人员的思想顾虑；正确地规定了企业工资管理、奖励和职工福利制度，使干部职工受到很大的鼓舞，职工生产积极性进一步调动起来。（4）通信质量显著提高。1961 年 12 月相比 9 月，全局 31 项质量指标中有 20 项得到了提高，企业管理面貌明显改观。

1962 年 3 月，邮电部、中国邮电工会全国委员会工作组对陕西省乾县邮电局试行“工业七十条”情况做了调查总结。

1961 年 11 月至 1962 年 2 月，乾县邮电局进行了“工业七十条”的试点工作。通过学习、对照，揭露出企业存在的问题，其中包括：（1）统一的生产指挥系统没有形成，生产和人员调度、资金和资产的收缴管理没有认真掌握，发生过质量事故；（2）生产岗位责任制度不够严密，发生问题责任不明，工作制度没有认真执行，设备质量差，影响电话通畅；（3）职工的工时和公休问题没有彻底解决，领导占用业余时间过多，没有经常组织技术、业务学习；（4）职工参加企业管理的制度没有建立起来，工会、共青团的作用未能充分发挥。

针对上述情况，乾县邮电局从建立和健全责任制入手，提出要解决的 9 项课题和 23 个具体问题。9 项课题即责任制度、计划管理、技术业务管理、经济管理、劳动管理、农村邮电的组织与管理、工资奖励和生活福利、工会和共青团工作、党的工作。按照这些课题，广泛发动群众，上下结合，建立和健全了各级行政管理人员的 9 种责任制度、19 种各类生产人员岗位责任制度，消除生产和管理上的无人负责现象。为了保证责任制度的全面贯彻，经过讨论、测算，进一步制定了县局对上、对下的 5 种“定、保”方案。

为了使责任制度和“定、保”方案在各个生产环节落实扎根，又着重整顿了技术业务管理、经济管理、劳动管理和农村邮电管理工作：（1）加强技术、业务管理，制定并贯彻了 12 种基本操作规程和工作简则，消除了因生产脱节和操作不当造成的差错、稽延。（2）开展经济活动分析，加强经济管理，组织全局经济活动分析会议，解决经济活动的问题。（3）加强劳动管理，制定了《定员管理暂行办法》，固定了机构、人员，为正常开展工作创造了条件。确定定员时，相应解决了职工关心的工时、公休和业余时间的安排问题，还固定了技术、业务学习时间，组织了正常的技术、业务学习。

在试点以后，邮电部、中国邮电工会全国委员会在全国邮电行业进行了全面推行“工业七十条”的工作。通过全面贯彻“工业七十条”，邮电行业的生产面貌、企业管理、职工生活发生了明显变化。

（二）加强工会工作

陕西省西安市邮电局在贯彻“工业七十条”的过程中，加强了工会工作，健全了职工代表大会制度。一方面，工会组织干部深入学习“工业七十条”，总结过去工作，明确工会工作任务和工作方法，制定了《基层工会工作条例（草案）》和《职工代表大会工作条例（草案）》，加强了工会思想建设和组织建设；另一方面，发挥工会组织作用，发动职工积极学习和贯彻“工业七十条”，搞好生产，加强企业管理，并协同行政修订改进奖励办法，研究解决职工生活福利方面的迫切问题，进一步调动了职工积极性，推动了生产。

1962 年 4 月，中国邮电工会全国委员会总结了西安市邮电局工会结合贯彻“工业七十条”，整顿和加强工会工作的经验。

西安市邮电局工会通过学习“工业七十条”，总结了工会工作的经验教训，找出工会工作的主要问题是：（1）不能积极发挥工会的组织作用，了解和及时反映群众的意见和要求少。（2）工会组织不健全，基层委员会没有形成领导核心和集体领导。1959 年以后，全局 38 个部门委员会没有及时改选和补选，人员长期空置；基层工会的各个工作委员会不健全，很多工会小组没有干事。（3）工会的民主制度不健全。

认识到工会工作存在的问题和学习了“工业七十条”以后，西安市邮电局工会调整、健全了工会组织机构，充实、整顿积极分子队伍。根据具体情况，取消了二级工会，减少了层次；把一些原由基层工会承担的专业行政事务，划归行政有关部门管理；补选了 70% 的部门委员，充实健全了部门委员会；加强了基层工会工作委员会，较大的部门委员会也建立了必要的工作委员会。根据“必须加强工会工作”的要求，合理调整了工会积极分子队伍。

在贯彻“工业七十条”中，工会主要做好有关贯彻“工业七十条”的宣传工作；及时向党反映职工的思想情况，在党组织领导下，加强思想政治工作；协同企业行政及时解决职工最关心的生活福利问题；配合实行“定、保”和贯彻责任制，协同行政改进奖励办法，加强竞赛的组织领导。通过这些工作，基层工会工作也得到改进和加强，如普查职工生活困难情况，进并行补助、救济；整顿和加强互助储金会的工作；改进奖励办法、加强竞赛的组织领导等。同时，在试点单位建立健全了各种必要的工作制度，如建立健全检查和总结工作制度，部门委员会的集体领导制度，各工作委员会委员、小组长以及小组干事的工作职责等；总结部门工会做好小组工作的五点经验。

（三）加强企业民主管理

为了落实国民经济调整的“八字方针”，1961 年 1 月，邮电部、中国邮电工会全国委员会派出工作组，对哈尔滨市邮电局实行“两参一改三结合”的情况进行了调查。

1958 年，哈尔滨市邮电局开始推行“两参一改三结合”制度。实行国民经济调整后，经过改进，干部参加劳动实现了经常化、制度化，70%以上的职工参加了班组管理，并建立了一套工作制度，进一步提高了班组管理水平。把提高通信质量作为一条红线，贯穿在“两参一改三结合”的整个过程中，使企业劳动关系不断得到调整，进一步调动了各方面的积极因素，实现了邮电工作的持续发展。其经验主要如下：

加强党员的核心作用，党、政、工、团全部参加企业管理。班组配备了党员组长，并以生产班组为单位，新建了 33 个党小组，从组织上加强了党的领导力量。随后建立了以党小组组长或党员组长为主的“四长”（党、政、工、团的组长）集体领导制度，全面抓生产、抓思想、抓学习、抓生活，扩大了小组的管理内容，进一步活跃了班组的民主生活。

适应邮电通信的特点，把班组民主管理扩大到“一条龙”的民主管理。为使“一条龙”竞赛的效果从制度上进一步得到保证，哈尔滨邮电局加强了民主管理，进一步加强了全线内外的协作，大大提高了邮件发运的效能。在电信“一条龙”竞赛和管理中，从单纯的竞赛发展到电路的整治，打破了局、段的界限，形成了共产主义协作的风气。

专业管理和群众管理紧密结合。局、生产科的专业管理人员和班组工管员按业务系统上下对口，串联成几条管理线。专业管理人员定期深入生产第一线，召开专业会研究问题、交流经验，指导群众管理，形成专业管理与职工民主管理的紧密结合。

干部参加劳动和指挥生产密切结合。各级领导干部参加劳动，做到了经常化、制度化。生产科领导干部创造了轮流跟班劳动的方式，即生产科 24 小时都有科长值班指挥生产，党支部书记、科长一边跟班劳动，一边及时研究和解决生产的关键问题，哪里有问题，干部就出现在哪里。电报科科长针对公电逾限的问题，昼夜轮班参加公电组跟班劳动，与公电员一道研究改进处理手续，使公电处理手续由 8 道减为 3 道。跟班劳动的办法进一步密切了干群关系，由于及时了解情况，处理问题不过夜，对保证提高通信质量起了显著作用。

深入开展竞赛，把贯彻“两参一改三结合”与竞赛密切结合起来。在各级党组织领导下，各单位针对生产关键，开展了多种形式的短途赛，一个生产关键解决了，便把解决的办法形成制度，纳入班组管理，紧接着又开展另一关键赛。

推广哈尔滨市邮电局实行“两参一改三结合”制度的经验，对加强邮电企业的民主管理起到了一定的作用。

河南省西峡县邮电局召开职工代表大会，讨论企业存在的主要问题和职工迫切需要解决的问题。1961 年第二季度，他们根据职工群众的意见，针对当时存在的管理工作混乱、通信质量不高、生产岗位责任不明、交接手续不清和监督检查制度流于形式等突出问题，确定以建立和健全各项业务规模制度为职工代表大会的中心议题；第三季度，又根据当时的情况，确定以进一步贯彻已经建立的各种规章制度，合理调整农村服务网点，质量良好地完成通信任务，支援农业生产为大会的中心议题。同时，每次大会还解决职工代表提出的生活问题、领导作风问题等。因为大会讨论的问题都与职工生产、生活、思想有密切关系，大大地激发了职工群众的生产积极性，推动了生产工作不断前进。

在 1961 年第三季度召开的职工代表大会上，该局经过职工代表的充分讨论，共提出了各方面意见 104 条，当场解决了 93% 以上。有的情况比较复杂，不容易处理，也依靠群众，交给代表讨论解决。对于部分区局机线员少、工作量大、要求增员的问题，经过代表讨论，根据实际情况进行了调整，使问题得到了解决。

三、做好基层工作，推动生产发展

在国民经济调整过程中，中国邮电工会全国委员会和各级邮电工会继续把推广先进班组经验、开展社会主义劳动竞赛和技术革新，作为推动社会主义建设的着力点，在国民经济调整中，充分发挥了工人阶级组织者的作用。

（一）调查总结班组工作经验

1961 年以后，根据国民经济调整的“八字方针”和“工业七十条”，中国邮电工会全国委员会和有关省级邮电工会调查总结各地先进班组的经验，积极向全国邮电行业推广，对邮电事业的发展起到了助推作用。

总结上海江苏路市话分局电缆班工作经验 上海江苏路市话分局电缆班贯彻以预防为主的方针，推行气压维护先进技术，加强预检预修，扭转了过去“被障碍牵着鼻子跑”的被动局面，掌握了消灭障碍的主动权，创造了连续 620 天无严重障碍的优异成绩。其经验是：（1）依靠工会骨干，摸清工人思想，根据不同对象、不同思想问题，采取不同的方法，做深入细致的思想工作。（2）把生产责任制的根扎到群众中去。这个小组依靠群众建立了以生产责任制为中心的班组管理制度，克服了班组管理的混乱现象，同时还通过开展小组竞赛，使这些制度在群众中扎根。（3）针对生产关键不断革新技术，把技术革新纳入了作业计划。1959年以后，这个小组共实现58个革新项目，投产使用的有41项（其中重大的有14项），占革新项目的70%。（4）不断提高技术水平，根据老工人少、新工人多，技术力量薄弱的情况，一直坚持技术学习。

总结推广上海市邮政投递班班组工作经验　1963年1月，中国邮电工会全国委员会与上海市邮电工会总结推广了上海市邮政投递班班组工作经验。这些经验是：（1）自觉执行党的方针政策，不断提高思想觉悟；善于抓活的思想教育，搞好班内团结。（2）树立热爱投递工作和为用户服务的思想，把稳妥地投出一封信、一张报，看作对党、对人民尽到一份责任；充分发挥先进生产者作用，开展“比学赶帮”竞赛。（3）建立班长管理责任制和投递员生产岗位责任制，健全监督检查制度，保证投递工作正常有序进行；建立登记统计和质量分析制度，采取预防措施，防止事故发生。

总结推广上海市四个邮政营业组（处）班组工作经验　1963年3月，中国邮电工会全国委员会与上海市邮电工会总结了上海市四个邮政营业组（处）班组工作的经验，包括：（1）树立先进的服务思想。坚持经常的政治时事学习，使职工群众在明确形势、任务、政策的基础上，联系党的中心任务、本职工作和思想实际，明确工作方向和应承担的责任。向营业人员，特别是向新工人进行邮电工作性质、任务、特点的教育，表扬组内先进人物和老工人勤勤恳恳、爱局如家的先进思想作风，培养做好工作的光荣感和事业心，教育营业人员全心全意为用户服务。（2）大抓活的思想教育，深入细致地做好思想工作，发扬先进，充分调动职工群众的生产积极性。（3）坚持质量第一，合理组织劳动，认真贯彻业务规章制度，质量良好的为用户服务。

（二）开展“五好”企业、“五好”职工竞赛

1963年以后，全国邮电部门有不少单位开展了“五好”竞赛，调动了广大职工的积极性，促进了企业管理工作的改进。1964年3月8日，邮电部、中国邮电工会全国委员会发出《关于邮电企业开展“五好”企业、“五好”职工竞赛的指示》，强调了班组是开展“五好”竞赛的基础，明确了“五好”竞赛的评比、奖励办法及组织领导。“五好”竞赛既是一项生产运动，也是一项政治运动，运动的深入开展对不断提高企业管理水平、培养又红又专的职工队伍将起重要作用。邮电企业的“五好”竞赛在企业党委（总支或支部）统一领导下进行，政治工作机构负责经常的组织管理工作，工会、共青团以及各级管理部门都要充分发挥各自的组织作用，分工协作，密切配合。同时还明确了“五好”企业和“五好”职工的标准和具体内容。

（三）开展技术革新运动

1965年2月17日，邮电部召开电话会议，部署技术革新和技术革命工作，要求充分发扬自力更生革命精神，开展技术革新和技术革命运动，迎接生产新高潮。

会议认为，国民经济已经全面好转，工农业生产高潮正在形成，邮电业务量将有较大的增长。必须充分调动职工积极性，大搞技术革新和技术革命，增强通信能力。会议提出技术革新和技术革命的总方向是：以阶级斗争为纲，以生产为中心，在不断加强思想政治工作的基础上，紧密结合生产需要，积极开展科学试验，迅速改变技术落后面貌，适应形势发展对邮电通信的需

要，同时强调技术革新和技术革命必须放手发动群众，大搞群众运动，密切结合生产实际需要，解决生产关键问题。认为科研单位、生产试验室和职工群众必须密切结合起来；认为领导干部、技术人员和职工三结合是贯彻群众路线行之有效的形式。会议要求把技术革新和技术革命活动跟大练基本功结合起来，革新项目的推广使用，应当和“比学赶帮”竞赛结合起来；树立不断革命思想，革新成功一批，就要抓紧巩固、推广、提高一批。会议提倡学习上海市邮电管理局的经验，在革新中“坚持研究试验，坚持使用维护，坚持改进提高，坚持宣传推广”，使革新成果不断得到发展和提高。最后提出，应认真总结几年来的经验教训，使大家认识过去哪些做对了、哪些做错了，哪些是方向、哪些不是方向，以提高认识，掌握客观规律，增强自觉性，减少盲目性，使技术革新和技术革命运动持续健康地开展起来。

四、加强思想政治工作

在国民经济调整中，邮电工会继续保持党的政治工作传统，围绕党的中心工作，积极加强邮电工作的政治引导和职工思想工作，对发展邮电生产和提高职工思想觉悟起到了积极作用。

河南省邮电系统学雷锋活动 1963 年，全国掀起学雷锋的高潮。1963 年 6 月 20 日，中国邮电工会全国委员会向全国邮电系统推介了河南省邮电系统学雷锋的情况。

河南省各县、市邮电局开展学习雷锋的教育活动，通过学习，职工的精神面貌发生了显著变化。广大职工学习雷锋全心全意为人民服务的精神，积极为用户办好事，改善服务质量。各局职工在“学雷锋，看行动，增产节约打先锋，当个雷锋式的通信兵”的口号鼓舞下，本着“一厘钱”“一分钟”的精神，从“一”做起，积极投入增产节约劳动竞赛，为提高通信质量，增加收入而努力。许昌市邮电局长话、市话班都分别开展了“一秒钟”竞赛活动，互相找差距，开展“比学赶帮”，改进操作技术。从“一”做起，促进了三项质量指标的全面提高。西峡县邮电局贯彻“一厘钱”精神，广泛开展了“十个一”（即节约1张纸、1页单册、1支铅笔、1个信封、1寸铁丝、1个瓷头、1个零件、1分钟、1度电和1两油、1根木杆）的节约活动。

上海市邮电部门先进班组思想工作经验 1963年冬，上海市邮电局总结了61个先进班组做好思想工作的经验。这些经验是：以毛泽东思想为指针，坚持政治时事学习制度；树立好风气，争当“五好”班组；抓活的思想，摸清思想规律，把思想工作做在前面；加强班组工作的思想政治指导；关心职工生活，做好三代人的工作；健全班组制度，定期开好班组民主生活会；加强班组骨干和积极分子的培养。

沈阳市内电话局组织职工学习毛主席著作 1963年，沈阳市内电话局开始组织职工学习毛主席著作。两年时间，学习小组由4个发展到53个；参加学习的人数由几十人发展到500多人，占全局职工总数的90%以上；涌现出学习积极分子44名，优秀学习小组13个。

通过学习，提高了职工的生产积极性，改变了通信设备面貌。1962年初，由于机线设备常年失修，通信质量低，通信事故不断发生。通过学习，职工革命精神大振，经过9个多月的奋战，整治了174项机械、线路、电力设备，解决不安全问题15万处。经过1年多苦战，从根本上改变了机线设备的面貌，使通信质量有了显著提高。

汉中邮电局工会突出活跃群众工作 1964年以后，汉中邮电局工会在活动中，主要抓了四项工作：加强教育。工会发动职工“忆三史、写三史、讲三史”（革命史、局史、家史），请“三老”（老红军、老干部、老工人）作报告。1965年，请《红岩》中小萝卜头的姐姐宋振平为职工作了“读红岩，忆家史”的报告，座谈讨论中，有 150 多人提出要继承革命先烈遗志，革命一辈子，学一辈子毛主席著作。投递组有职工认为干外勤工资低、工作苦，不安心工作。工会帮助小组进行了一次忆苦思甜活动后，群众的阶级觉悟迅速提高，一致表示学好毛主席著作，当一辈子邮递员。

宣传英雄人物，树立学习标兵，用“活榜样”引导职工在“用”字上下功夫。工会积极宣传英雄模范人物，并组织群众学习，使职工有高的思想觉悟，并能创造出不平凡的事迹。

与此同时，还注意树立本企业的“活榜样”，如全省邮电系统的“五好”职工张儒、一年投递邮件 12.4 万多件，没出差错的投递组长张忠轩。工会及时总结这些模范的先进事迹和先进经验，反复向全体职工进行宣传，引导大家对照检查。

工会重视小组思想工作，帮助小组建立思想工作制度，做到“三个落实”：思想落实，教育群众树立人人做思想工作的观念；制度落实，小组骨干坚持每周一次思想分析会议制度，工会小组坚持半个月一次生活会议制度；责任落实，对发现的思想问题，由骨干按照具体情况，组织群众分工负责，帮助解决。由于坚持做到了“三落实”，全局形成了一个互相关心、互相谈心、互相交心和互相鼓励、互相帮助、互相批评的新风气，推动了各项工作的开展。

五、加强安全生产，搞好劳动保护，解决职工生活问题

随着国民经济的调整，职工劳动保护和职工生活保障被提上了日程。

（一）安全生产和劳动保护工作

1961 年以后，各级邮电企业和工会认真贯彻执行“八字方针”，加强了对安全生产的领导。如 1961 年 1 月，邮电部、中国邮电工会全国委员会工作组，在介绍、推广哈尔滨邮电局民主管理的经验时，也提出该局职工劳逸结合不好，函件科没有休息日，职工在局时间长达 12 小时等问题。因而要求在班组管理中，应该根据生产实际情况，不断地改进操作方法和生产秩序，适时地调整劳动组织，保证职工休息时间。其后该局抓紧了安全生产的教育和管理工作，生产安全得到加强。

由于加强了劳动保护，1962 年成为 1958 年以后全国邮电行业死亡事故最少的一年。该年，除轻伤事故略有增加外，因公伤亡事故和 1961 年比较下降 40%，重伤事故下降 31.7%。

调查解决上海市话局服务台劳动条件问题 1962 年 7 月，中国邮电工会全国委员会派人到上海调查了上海市内电话局服务台职工的劳动保护情况。

上海市内电话局服务台是为用户查找电话号码、预报气象、报告时间的综合服务单位。该台经过开展“比学赶帮”竞赛，推广先进生产经验，坚持技术、业务学习，劳动生产率和工作质量都有显著提高。1962 年与 1957 年相比，查号业务量增加 70%以上，而人员减少 12%，相当于一个人做过去一个半人的工作。电话应答和处理时限缩短，差错减少，服务态度不断改善，在 1959 年、1961 年曾先后被评为上海市的先进单位。但是，由于劳动条件存在严重问题，患病职工逐渐增多，出勤率逐渐降低。1960 年以后，该台缺勤率经常在 16%以上，职工因病缺勤占缺勤总数的 85%以上。

调查后，中国邮电工会全国委员会将了解到的情况和建议向上海市邮电管理局及上海市总工会做了通报。并提出建议：为了改善职工的劳动条件，除建议上海市内电话局采取技术措施，改进机器设备和操作方法，合理调整劳动组织和工作时间，降低过高的指标要求，以及帮助职工安排家务外，还提出，由上海市总工会转报上海市委、市政府，改革不合理的业务项目，减少职工过重的业务压力。

重视雨季和高温季节安全生产和劳动保护 1963年6月4日，邮电部、中国邮电工会全国委员会发出《关于做好1963年雨季高温季节安全生产工作的联合通知》。根据历年伤亡事故多发生在雨季暑期的情况，要求做好雨季安全生产和防暑降温工作，保证完成通信任务和生产任务，防止发生事故，维护广大职工的身体健康。同时列举了往年雨季、暑期发生生产安全事故的情况，要求认真进行雨季安全生产和防暑降温的准备工作，切实做到防患于事故发生之前。加强对电气设备的安全管理和检修工作，抓紧经常的安全教育工作，克服麻痹思想。还应注意，合理安排工作时间，做到劳逸结合。加强对职工宿舍和食堂的管理，做好夏季卫生工作，保证职工吃好、睡好、休息好。同时还应组织医疗卫生人员深入车间现场加强巡回医疗和检查工作，并注意调整露天作业人员的作息时间和采取防晒等措施。

（二）解决职工工资和生活问题

1961年10月21日，陕西省邮电工会对石泉、临潼地区邮电职工的工资、奖励状况进行了调查，指出近年来的工资和奖励工作，特别是奖励工作对提高职工的生产积极性，促进邮电事业的迅速发展起了一定作用，但也存在着问题。主要有以下四项问题：

一是工资考核制度不健全，部分职工工资偏低。二是由于经济困难口粮标准降低，不少副食价格提高，职工生活费用普遍增加。三是地区工资标准划分出现不合理现象。四是奖励工作没有很好地发挥物质鼓励作用。

根据调查情况，工会提出了以下四项改进意见：

一是建立定期工资考核制度。建议根据按劳付酬的精神，对工种改变，所任职务繁重、工作一贯表现好的职工，尤其是工资显著低的职工，结合年度考核，每年进行一次重点调整。

二是多方面解决职工生活困难问题。大抓农副业生产，办好食堂是当前搞好职工生活的重要环节，同时对生活困难的职工，从实际出发，采取补助的办法。

三是重新划分本省工资地区。由于物价和生活水平有逐渐一致的趋势，地区工资差距也不应过大，应不断进行检查，及时调整。

四是加强奖励工作，更好地发挥物质刺激生产的作用。

解决职工生活困难 1961 年 11 月，中国邮电工会全国委员会就唐山地区邮电职工家属还乡的问题，实事求是地向中共邮电部党组做了报告。

1962 年 9 月 6 日，中国邮电工会全国委员会就邮电企业职工生活困难情况，向全国总工会党组及邮电部党组写出报告，详细介绍了职工生活的困难情况及困难原因，提出了解决职工生活困难的建议：一是积极进行救济工作；二是在企业精减职工基本结束后，适当调整一些人员的工资；三是适当恢复某些津贴制度和福利待遇，解决外勤人员制服问题；四是在职工生活困难的情况下，建议各地不再降低已有的福利待遇标准。通过多种方式促使职工在国家经济困难的情况下稳定生产情绪，妥善安排生活，渡过困难。同时，通过《邮电动态》，向全国介绍了河南省商丘县邮电局组织职工和家属进行生产自救的经验，为保障职工生活，提高职工生产积极性提供了可借鉴范例。

第九章
“文化大革命”时期的邮电工会和邮电工人运动

“文化大革命”时期，邮电事业的发展受到了严重影响。在严峻的形势下，中共中央采取措施，维护邮电秩序。广大邮电工人在中国共产党领导下，仍然坚持生产活动，维护了邮电通信的运行，满足了人民对邮电通信的基本需要。

一、邮电工人的无私奉献

1973 年至 1976 年，四川省甘孜藏族自治州、辽宁省海城县、河北省唐山市先后发生了强烈地震，造成邮电通信设施的严重破坏和职工伤亡。在严重的灾难面前，邮电工人表现出了高度的组织性和纪律性，表现出了大公无私、勇于牺牲的共产主义精神，为抗震救灾作出了巨大贡献。

（一）四川炉霍地震中，邮电职工抢险救灾保通信

1973 年 2 月 6 日，四川省甘孜藏族自治州炉霍县发生 7.9 级地震。地震使炉霍至道孚等地的长途通信线路倒杆断线几十处，自治州首府康定至炉霍等 7 县的电报电话通信全部阻断。炉霍县邮、电两局房屋全部倒塌，职工和家属死亡 11 人，重伤 6 人。甘孜县邮、电两局也有部分房屋倒塌，机房裂缝成为危房。

地震发生后，炉霍局的职工不顾危险，积极抢救埋在倒塌房屋下的人员和通信设备。线务员陈元忠经历无数险阻，终于在凌晨1点到达距震中30公里的达仁维护巡房，找到了尚能通康定的电话，向州领导机关报告了震中受灾的情况。其他职工一面进行伤员救治工作；一面抢修机线、搭盖帐篷、安装设备、架设电台、设法恢复通信。2月8日9时，抢通了同康定的无线联络，11时抢通了炉霍至康定的有线电路，19时半抢通了炉霍至甘孜的有线电路。9日，邮、电两局同时开始对外营业。

得到灾区消息后，甘孜州电信局连夜组织40多名报话机线人员和3车抢险物资，迅速向灾区进发。到灾区后，全体人员立即同炉霍局职工一起，紧张地投入恢复通信的各项工作。新龙、甘孜、道孚电信局和州电信局通信二连的机线人员和有关职工也冒着生命危险，忍饥受寒，夜以继日地奋战，至2月11日全部抢通了266杆程公里的长途线路和185杆程公里的农村电话线路。邮电职工不畏艰险、不怕牺牲、雷厉风行、服从指挥，出色地完成了抢险救灾的通信任务。

（二）辽宁邮电职工抗震救灾

1975年2月4日19时36分，辽宁省海城、营口地区发生了7.3级强烈地震。

地震前，根据地震预报，海城、营口县和盘锦地区的邮电职工将各县、区抗震救灾的紧急电话汇接完毕。营口市虎庄邮电支局话务员吴春霞得知当晚有地震的消息后，连夜从住地返回支局。其他各地邮电职工也以“灾情就是命令”，自发地从四面八方向支局集中。4日当晚，仅沈阳市长途电信局各地赶回的职工就达170多人，有的公出归来刚下火车就直奔支局。

地震发生时，值班话务员和机务员不顾个人安危，坚守在机台前，一面查找障碍、恢复电源，一面摸黑把一个个灾情电话传送出去。海城县鹰落堡邮电支局局长杨文志在紧急关头把值班的女话务员护送出去，自己冒着生命危险坚守在交换机前。海城县邮电局老话务员王守兰家的住房被震塌，家里只剩4个孩子，但她毅然走了5里多路，赶到局内参加抗震。

营口县邮电局的11名话务员眼看着墙壁倾斜、天棚下落，仍坚守岗位，直至机房完全损坏才转移出去。地震刚过，余震频频发生，他们又冲进话房，在损坏的机台上逐条寻找电路，终于打通了营口市的电话。

当地震造成供电中断时，盘锦邮电局市内电话动力班班长张希岷不顾个人安危，冲进柴油机房，开动了机器，保证了机房的电力供应。市话电缆班班长李森林的父母都住在重灾区，领导和同志们几次劝他回家看一下，他说："我现在的任务就是保证通信畅通无阻。"

辽宁全省各地邮电职工积极投入抗震救灾工作，先后派出抢修队或送去救灾物资支援灾区，恢复通信。沈阳市长途电信局组成20余人的抢修队连夜赶到海城，投入救灾斗争，经过10余小时的奋战，把海城邮电局的主要通信设备移至地震棚内，恢复了通信。当夜到达海城的鞍山市邮电局抢修队，逐杆逐档查线60公里，排除了障碍。抚顺、辽阳、营口和复县等市县邮电局都派出人员和物资去海城、营口等重灾区支援救灾抢险，为迅速恢复灾区邮电通信作出了应有的贡献。

（三）四川松潘地震中，邮电职工抢险救灾保通信

1976年8月16日，四川省松潘、平武一带发生7.2级强烈地震；22日至23日，又先后发生6.7级和7.2级强震；至9月30日，先后发生余震5531次。多次强震，连续大雨，使震区140多条沟谷山体崩塌。在松潘、平武、南坪、茂汶这4个县内，172杆程公里的长途线路，82杆程公里的农村电话线路被毁坏，

7849平方米的局房和宿舍变成危房。

四川省局和有关10个市、地、州局从6月开始就根据地震预报进行了一系列防震救灾准备工作。地震发生后，全省15个市、地、州邮电局成立了抗震救灾小分队。阿坝、绵阳、南充等市，州邮电局和茂汶、红原、黑水等县邮电局派出抢修队和电台协助搞好灾区通信，在巨大的地震灾害面前保证了电信的通畅。

松潘县邮电局局长、共产党员袁玉龙在地震发生后立即带领职工抢修线路，当晚就恢复了松潘的对外通信联络。在他准备出发去抢修松潘至震中的线路时，传来了他儿子在抢险时光荣牺牲的消息。面对沉重的打击，他没有流泪和后退，毅然奔赴震中抢修线路。

平武县邮电局党支部书记王文秀在强震不断的情况下，带领职工抢修机线，坚守岗位。职工一致表示“宁可坚守岗位死，不可中断通信半分钟”。位于震中的水晶支局8名职工反复多次抢通被地震破坏的线路，用木板为总机遮雨，站在水里坚持接电话，受到中央慰问团的称赞。乡邮员、省级劳动模范陈正富冒着山体滑坡和泥石流的危险，坚持及时传递上级指示，鼓舞灾区藏民，帮助县委了解震区灾情。在严酷的震灾面前，邮电职工真正体现了一方有难、八方支援的无私精神。

（四）唐山大地震中的邮电职工

1976年7月28日，河北省唐山市发生地震，人民生命财产损失惨重。

通信设施遭到严重破坏　全地区邮电房屋倒塌面积共75700平方米、震裂面积有2.1万平方米，占全部房屋的84.3%。其中唐山市邮电局倒塌房屋面积共40591平方米，仅有郊外载波机务站和无线发信台的房屋未被震塌。丰南县邮电局震毁房屋面积共4412平方米，通信设备全被砸毁。市内长途通信大楼倒塌，长途通信设备全被砸毁；市话通信楼倒塌，2400门自动电话交换机被砸坏，市话线路全被震断；邮政楼倒塌，邮政设施毁坏。全局有通信设备347台，被砸毁291台；68辆邮运机动车，被砸毁55辆；全区850杆程公里长途通信线路，被损坏了70%。

邮电职工伤亡惨重 唐山市邮电局有职工1248人，震亡257人，占职工总数的20.6%，重伤114人。唐山地区各县（区）邮电职工2100人，死亡20人，重伤37人，其中丰南局职工死亡17人，占全局职工数的0.8%，重伤26人。

唐山载波机务站最先与中央、省建立联系 大地震发生后，通信设施全被震毁，无法与外界沟通消息。位于唐山市外16公里的载波机务站（简称郊外站）震灾较轻，地震时，正在值班的3名机务员和从宿舍赶来的6位同志及时启动备用发动机，恢复了干线电路供电。他们接通了干线电缆，听到天津和秦皇岛机务站呼叫唐山的一片喊声，但听不到唐山市内的应答信号。他们利用内部业务电路与北京机务站联系，向首都机务站报告了郊外站地震情况和电路阻断情况。但是，唐山市内究竟是什么状况，灾情如何，他们当时也搞不清楚。早晨6点，郊外站党支部委员史俊海和其他8人共同商定，"只要我们人还在，就要坚守岗位，想办法让电话沟通。但先要把市内情况了解清楚"。当即派职工曹然泉骑车去市里打探，只见一片废墟，局址已无从辨认。站里又派出两个人去市里了解情况，仍然没有音信。

市区边缘的唐山地区长途电信服务站，住房全被震塌，站长冯志发，技术员王绍营、杜聪哲和工人齐宝才等拿起维修工具，冒着余震危险赶往市西郊的长途线路终端杆进行检查测试，证实几百公里的长途通信线路全被震断。查线归来，正遇到郊外站赶奔市内查看灾情的人员，双方互通情况后，认为必须想办法打通从郊外站到市内的电话，商定由冯志发等开车去郊外站，3个人留在原长途通信楼前的地下电缆"人孔"，从进局电缆中找办法。

冯志发在郊外站打通邮电部值班室电话，向部里汇报了唐山地震的严重情况，然后又向国务院值班室作了汇报。郊外站的职工也向河北省邮电管理局作了汇报。上午 9 点，国务院通过北京长途电信局了解唐山的情况，并叫其马上找市委领导汇报。10 点左右，唐山市革命委员会和市武装部负责同志到了郊外站，向中央汇报了灾情。

冯志发等与留在市内的 3 个职工利用各种技术手段，于 10 点左右抢通了一条从市内长途电信楼地下电缆“人孔”到郊外站的临时电话。电话抢通后，中共唐山地委曲副主任利用这部电话，经郊外站代传，向国务院和国家地震局进行了汇报。中午 12 点，他们抢通了丰润电话，下午 6 点，抢通了迁西电话，当晚 9 点 40 分又抢通了抚宁、迁安、丰南 3 个县电话，供地委指挥抗震救灾使用。“人孔”周围成了抗震救灾的临时指挥中心。

7 月 28 日中午，河北省邮电管理局派出工作人员搭乘飞机到达唐山机场，下午 1 点 20 分与省会无线中心台工作人员联通，抗震救灾指挥部设在飞机场，电台成为通信联络的枢纽。辽宁省邮电管理局的部分支援队伍也在当天中午到达唐山，晚上就抢通了从机场到郊外站的电路，保证了指挥部与中央、省的通信联系。

抗震救灾中的唐山邮电职工　地震中，唐山地区 15 个县、市、区邮电局值班人员都坚守岗位。地震时，震灾破坏最严重的唐山市邮电的值班人员无一人离守，因而有不少人英勇殉职。丰南、滦南、迁西、遵化、抚宁 5 个县局共有职工 464 人，震后半小时就有 437 人奔赴工作岗位。

丰润县新军屯邮电支局话务员刘彩霞，婆母和女儿在地震中去世，她也受了伤。但她顾不得掩埋亲人，一直在话房坚持工作。唐山局长途话务员王淑华，母亲和一个弟弟在地震中去世，她自己也被水泥板压了 5 个小时才抢救出来。脱险后，她不顾死伤的亲人，拐着腿向邮电局走去。平时从家到邮电局只有 10 分钟的路程，这次她走了两个小时。在长途通信楼前地下电缆“人孔”旁的周泽兰副局长看到她，说：“这是唯一一条电话线，你就守在这里值机吧。”下午 3 点，秦皇岛局支援队伍带来了 1 部电话小交换机，接通了电路，她冒着大雨席地守机。王淑华是大地震后第一个带伤值机的话务员。

唐山市邮电局市话科副科长徐振亚，地震时正在办公室值班。他的爱人和孩子就住在同院另一座楼里，相距不过 200 米，地震发生后，他不是先去抢救自己的亲人，而是积极组织抢救值班的职工。当他得知爱人和孩子遇难后，顾不得去掩埋亲人的尸体，而是率领职工又去抢修通信线路。

郊外站职工张肖山，地震时在值夜班，当天下午被派到市里配合线务站的同志在原长途通信楼前架设电话，接通后，又去抢救埋在废墟里的同事，夜里又配合天津支援分队安装开通 12 路载波机，直到 29 日上午才回家。得知父亲和姐姐已经遇难后心里非常难过。想到亲人已去世，无法挽救，只安置了下母亲，他就又回站工作了。

地震发生时，投递科函件分拣员巩惠敏正在值班。楼房即将倒塌时，她不顾个人危险，奋力抢救邮件，这时余震发生，楼房倒塌，已无法出去。这时她听到另一个值班分拣员的呼救声，就迎着呼喊声爬过去。房屋继续塌陷，把她紧紧压住。前来营救的解放军找到她时，她还忍着剧痛，把散落在身边的信件和电报送出洞口，就连散落在地上的 23 张邮票也都捡起送出来。她说：“这都是人民的信件，请交给同志们赶快投送出去，千万不能丢失”。经过 55 个小时的紧张救援，终于把巩惠敏救了出来，但因其流血过多，抢救无效，献出了年轻的生命。

各地邮电职工支援抗震救灾 唐山大地震震动了全国，各地邮电部门立即组织队伍、准备救援器材和设备，从四面八方，昼夜兼程，奔赴唐山。

全国9个省、自治区、直辖市和河北省8个地区及部属、省属邮电部门的支援队伍，从震灾发生的当天起陆续到达灾区。辽宁省的支援队伍在辽宁省邮电管理局领导的率领下，乘飞机于28日最先到达。天津长途电信局的支援小分队携带通信设备于28日夜赶到灾区，紧跟着是北京长途电信局，北京市电信局、邮局，天津邮局，山东、上海、山西、陕西、内蒙古等省、自治区、直辖市邮电管理局，邮电部第一工程公司、物资部门、研究院，河北省电信工程大队、省线务站的抢修队伍也陆续到达。北京邮电学院大批师生也来参加抢救工作。北京、上海邮电医院派出医务人员医治伤员。河北省内8个地区的邮电局的支援人员昼夜兼程赶到唐山，邢台地区邮电局由党委书记和局长带队，携带锅炉炊具和支援受灾职工的食品等连夜赶到唐山。来自四面八方的支援人员组成了一支拥有1200人、128辆汽车、18辆战备通信车，大批通信设备和抢修器材的宏大抢险队伍。7月29日，邮电部和河北省邮电管理局领导到唐山，当即将这支宏大的支援队伍，分别组成抢救、抢修两支队伍，并迅速投入了抢修通信机线设备、抢救受灾职工、清理财物的工作。市区房屋倒塌，杆路阻断，地下电缆的“人孔”被压盖，给恢复通信造成极大的困难。无技术资料，他们就凭经验想办法，不分昼夜连续奋战，迅速恢复了通信。经过多方努力，受灾职工被救脱险，死难职工得到掩埋，公共财物得到清理。

抢修队伍采取许多临时技术措施，进一步开通了一些长途电路。7月29日晨7点20分，他们开通了通往天津、北京、石家庄、沈阳的电话电路和到北京、石家庄的电传、电报电路；架通了到抗震救灾指挥部的专线，安装了交换机，陆续开通了抗震救灾所需要的长途专线。7月29日和30日，开通了到北京、天津的报刊航空运输线。8月2日，唐山市到各县的长途线路都已抢通，还增开了到各县的14条无线电路。8月8日机要通信恢复。8月10日增开了唐山到北京、石家庄的传真电路。至31日，唐山全区县到支局、公社的农话线路均已恢复通话。8月27日唐山到各县的电报电路全部恢复，31日开通了到北京、天津两条自办汽车邮路和到各县的邮路。唐山市区、郊区原有营业点25处，到8月底恢复了15处，市内投递线恢复了71个，对全市的人民公社、大队、街道办事处、居民委员会以及工矿企业、机关、学校、部队等单位都进行了投递。全区除唐山市、丰南县包裹和电报汇款业务未恢复外，其他各局均恢复到震前水平。

二、贯彻中共中央关于恢复工会组织的精神

1973年，中共中央发出《关于整顿、建立、健全工会组织的通知》，开始恢复工会组织。根据中央的指示精神，一些地方的邮电部门开始召开工会会员代表大会，恢复被"文化大革命"破坏的邮电工会组织。

（一）北京市电信局、北京长途电信局召开会员代表大会

北京市电信局工会成立　1973年5月9日至12日，北京市电信局召开第一次工会代表大会，出席会议正式代表261名，邀请退休职工、家属和军队干部代表24名。

会上全体代表学习了毛主席有关工人运动的指示和中共中央九届二中全会以后的重要文件，听取了工会筹备小组的筹备工作情况报告。会议向全局各级工会组织和职工发出倡议：深入开展工业学大庆的群众运动，掀起群众性的增产节约运动；对职工进行路线教育、阶级教育、形势教育、革命传统教育和共产主义道德品质的教育。会议提出：要关心群众生活，搞好劳动保护，确保安全生产，做好妇女和家属工作。要大力宣传和做好晚婚晚育

计划生育的工作。积极开展职工业余文艺体育活动，办好业余教育，引导职工为革命刻苦学习文化、技术和业务知识。大会经过民主协商，选举产生了北京市电信局工会第一届委员会。

北京长途电信局工会恢复 北京长途电信局于 1973 年 3 月成立工会筹备小组，开始对原有工会会员进行登记核实工作。经过登记，全局共有 2653 名会员恢复了工会组织生活。6 月 4 日至 6 日召开第五次工会代表会议，出席正式代表 258 人，列席人员 58 人，特邀代表 11 人。会议选举了北京长途电信局工会第五届工会委员会委员，通过了向全局职工的倡议书。

（二）四川省邮电工会组织的整顿建设工作

1973 年 5 月 1 日，四川省电信局向其直属单位发出《以批林整风为纲，建立健全工会组织的通知》，明确由政治部组织科抓工会整顿健全工作；要求各单位组成 5 至 7 人的工会筹备小组，由党委书记任组长，切实抓好工会的整顿健全工作。省邮政局也发出相同通知。同年 9 月，省邮政、电信两局合并，恢复省邮电管理局，由省邮电管理局政治部群工处继续抓机关和直属单位的工会整建工作。工会的整顿健全，使四川邮电工人运动的混乱局面有所好转，许多基层工会组织恢复了正常工作，并开展了一些有利生产、有利职工生活的活动。

第十章
伟大历史转折时期的邮电工人运动

1976 年 10 月，中央政治局执行党和人民的意志，毅然粉碎了“四人帮”，结束了“文化大革命”。中共十一届三中全会以后，党的工作重心的转移和“四化”建设的大好形势、邮电工会组织的恢复，为邮电产业工人参与新时期社会主义建设创造了前提条件。在新的历史条件下，重新建立的邮电工会积极贯彻中共十一届三中全会精神，团结动员广大邮电职工，积极开展为“四化”立功的运动，极大地焕发了广大邮电职工的劳动热情。广大邮电职工发扬社会主义主人翁精神，积极投身社会主义现代化建设和改革开放，在历史转折时期作出了重要贡献。

一、恢复各级邮电工会组织

1978 年 4 月和 10 月，全国总工会八届七次执委会议和中国工会第九次全国代表大会分别召开，标志着工会工作开始全面恢复。在这种形势下，邮电工会的恢复工作也提上了日程。

（一）中国邮电工会全国委员会的恢复

全国工会第九次全国代表大会闭幕后，邮电部领导对贯彻会议精神，落实《中国工会章程》关于整顿和建设产业工会的规定表示积极支持。1978年10月27日，邮电部有关领导到全国总工会，协商恢复邮电工会组织、尽快开展邮电工会工作的问题。10月28日，就成立筹备小组问题进行了具体研究，一致同意，由双方共同组成筹备小组，由邮电部副部长朱春和任组长，徐欣、马芳青、杨道新为副组长。筹备小组的任务是贯彻全国工会第九次全国代表大会精神，提出整顿邮电工会的工作计划；根据整顿工作的需要，提出邮电工会建制方案，在条件具备时，召开邮电工会第三届执行委员会扩大会议。

12月2日，全国邮电工会筹备小组举行第一次会议，就整顿和恢复邮电工会的问题进行了讨论，建议省、自治区、直辖市邮电管理局党组帮助省邮电工会进行整顿，开展工作；加强组织建设，把适合做工会工作的原工会干部调回工会。经过全国总工会和邮电部的努力，1979年初，中国邮电工会全国委员会的人员配备有了眉目，工作机构初步建立。

1980年7月3日，中共全国总工会党组做出关于建立中国邮电工会全国委员会分党组的决定，决定由鲁文任分党组书记，徐欣、杨道新、张恩全、黄宗照、闫淳等5人为成员。中国邮电工会全国委员会在分党组领导下开展工作。

（二）恢复各级邮电工会组织

在中国邮电工会全国委员会筹备小组成立后，立即展开恢复各级邮电工会的工作。恢复工作首先面临的就是如何认识邮电产业工会的历史作用和建立邮电产业工会的必要性。在提高认识的基础上，全国各地开始了邮电工会的恢复工作。

肯定各级邮电工会的作用 1979年4月，在中国邮电工会全国委员会、全国邮电工会工作会议上作了关于邮电产业工会的历史评价问题的报告。提出邮电工会从建立的时候，就坚持以生产为中心，教育组织广大邮电职工开展劳动竞赛，提高邮电通信质量，保证完成和超额完成邮电生产任务。工会密切配合行政，大力总结和推广了不少重要的先进经验。这些先进经验的推广，不仅提高了邮电通信质量和工作效率，还严密了管理制度。竞赛中涌现的大批劳动模范、先进生产者和先进集体，一直在邮电通信工作中发挥着骨干、带头和桥梁作用。工会在关心和改善职工生活上也做了大量工作。各地邮电工会组织还为企业培养和输送了大批干部，并且树立了太原邮电局工会积极开展工会工作的好典型。同时还提出在邮电系统建立和恢复产业工会是合乎客观需要的。它符合整个邮电通信的生产特点，便于统一组织群众竞赛活动；适应邮电统一管理体制，便于研究解决邮电产业的特殊性问题；邮电产业工会有较好的工作基础，在职工中有一定的声望，恢复产业工会将有利于团结和动员群众，促进邮电产业的发展。

全国邮电工会工作会议　1979 年 4 月中旬，全国邮电工会工作会议召开。会议肯定了邮电工会 17 年的工作成绩。在分清是非的基础上，着重讨论了各级邮电工会认真贯彻中央关于国民经济“调整、改革、整顿、提高”的方针，开展增产节约运动，为加速实现通信现代化而奋斗的问题。并且根据各地到会人员的反映，重点研究了恢复邮电产业工会的中间环节——省、自治区、直辖市一级邮电工会的问题。

根据工会的产业与地区相结合的组织领导原则，与邮电管理体制的调整，以及邮电工会的历史经验，会议提出，应尽快恢复各级邮电工会的活动，以适应通信现代化的需要。最为迫切的就是要使中国邮电工会各省、自治区、市委员会在同级党委（党组）和各地总工会领导下，尽快地恢复起来，开展活动。

1979 年 5 月 31 日，中国邮电工会全国委员会向全国总工会书记处提交《关于全国邮电工会工作会议的报告》，提出：根据全国总工会九届二次常委扩大会议和十七次全国邮电工作会议的精神，各级邮电工会组织都要认真地贯彻执行“调整、改革、整顿、提高”的方针，一面搞好工会本身的整顿和建设，一面积极地开展工作，努力为实现通信现代化作出贡献。处在通信建设第一线的广大基层邮电工会必须抓好的工作是围绕邮电部门的任务，针对职工的思想状况，做好深入细致的思想政治工作，发展安定团结的大好形势。要以搞好通信工作为中心，广泛深入地组织劳动竞赛，开展增产节约运动，通过挖潜、革新、改造，增加通信能力，提高通信质量，改善通信服务，加强企业管理。同时，要办好职工的业余技术文化教育，积极建立和健全职工代表大会制度，主动关心和做好改善职工的物质文化生活等工作。

在各级党委、政府支持下，在邮电部门和中国邮电工会全国委员会的努力下，到1980年6月，省级邮电工会机构基本恢复。福建、青海、贵州、黑龙江、四川、湖南、江苏等省召开了全省邮电工会会员代表大会，选举产生了新的工会委员会。全国邮电近3000个独立核算的基层邮电单位，已经建立工会组织的占98.3%。

邮电工会邮电部直属工会的建立 1981年，邮电部在京直属企事业单位达18个，包括部机关共有职工8000余人，其中已正式成立工会的有10个单位，正在筹备的有5个单位。由于这些单位的党政关系直属邮电部，邮电部没有统一的工会组织，这些单位的基层工会缺乏产业工会的具体领导，群众宣传、生活福利、职工教育、文化体育等工作的开展也受到了影响。1981年4月28日，中国邮电工会全国委员会向中共邮电部党组建议，成立中国邮电工会邮电部直属委员会（简称邮电部直属工会），统一领导邮电部在京的直属企事业工会组织。

（三）邮电工会建设

随着中国邮电工会全国委员会筹备小组建立和各级邮电工会的恢复，加强工会建设、适应新形势下工会工作的需要成为首要任务。

组织建设 1980年2月28日，中国邮电工会全国委员会筹备小组向邮电部党组提交《关于省、自治区、市邮电工会干部配备问题的请示报告》，提出1979年4月全国邮电工会工作会议以后，邮电工会省、自治区、市委员会均已恢复并开展工作。但在恢复和健全组织中，也存在干部配备不足的问题，希望尽快将省、自治区、市邮电工会的干部配备好，以利于恢复和加强邮电工会工作。3月，邮电部党组批转了这个报告。

1980年10月17日，中共邮电部党组再次转发中国邮电工会全国委员会分党组《关于解决邮电工会省、自治区、直辖市委员会领导干部问题的建议》，提出按照工会的组织原则，省、自治区、直辖市邮电工会的领导成员，应由同级工会会员代表大会民主选举产生。要认真遵照中共中央逐步实现领导人员年轻化和知识化、专业化的要求，选出真正为群众拥护的、热心工会工作的干部担任工会的主席、副主席。

1980年12月，中国邮电工会全国委员会分党组向邮电部党组提出《根据少而精的原则充实各省、自治区、市邮电工会干部的建议》，提出了工会干部数量不适应工作需要的问题，建议根据少而精的原则和实际工作需要，充实各省、自治区、市一级邮电工会的干部。邮电部党组批转了中国邮电工会全国委员会分党组的建议，要求各邮电管理局党组（党委）认真抓好这项工作，参照“文化大革命”前省、自治区、直辖市邮电工会的编制人数，尽快把工会干部配齐、配好。到1982年，全国共建立邮电工会组织3100多个，共有专职干部2700多人，实现了组织健全。

1982年5月22日，中共邮电工会全国委员会分党组就全国委员会机构设置和人员编制问题向中共全国总工会党组提交报告，提出根据第一类产业工会工作应适当加强的精神，中国邮电工会全国委员会的组织机构应该是三部一室，即组织宣传部、生产部、生活部、办公室。干部编制 20 人。按照工会章程，在全国工会第十次代表大会后，召开全国邮电工会第四次代表大会，民主选举产生中国邮电工会全国委员会。

制度建设 1982 年 8 月，中国邮电工会全国委员会分党组制订了《邮电工会全国委员会的职责范围》，确定中国邮电工会全国委员会的主要任务是在全国总工会党组、书记处和邮电部党组的领导下，根据邮电部门的实际情况，贯彻执行党和国家的有关方针、政策、指示，并根据《中国工会章程》规定的“产业和地区相结合”的组织领导原则和全国总工会规定，协同各地方总工会对全国各地的邮电工会组织加强领导工作。

推广南充地区邮电局加强工会建设的经验 1980 年 4 月 7 日至 14 日，中国邮电工会全国委员会在四川省南充市召开现场会议，推广南充地区邮电局加强工会建设的经验。南充地区邮电局全心全意依靠工人阶级，充分发挥工会的组织作用，及时地整顿了工会组织，经过民主选举，充实了工会的领导班子，健全了工会组织。局工会在团结教育职工群众，发动群众开展社会主义劳动竞赛，把本局办成“大庆式”企业，把全地区邮电局办成“大庆式”企业的过程中，发挥了积极的作用。

二、邮电工会工作重心的转移

中共十一届三中全会，提出了把党的工作重心转移到社会主义建设上来的重大决策。工会组织恢复后，积极适应党的工作重心的转移，把组织和动员邮电职工积极参加社会主义建设作为首要任务。广大邮电职工在中国共产党领导和工会组织下，发扬主人翁精神，积极参与新的社会主义劳动竞赛，为邮电事业的新发展作出了贡献。

（一）广泛开展群众生产活动

当国家进入新的历史时期，随着改革、开放、搞活的方针在全国各方面工作贯彻执行，邮电供需矛盾暴露得比较突出：通信能力严重不足，装备陈旧、技术落后、服务网点少等。1979 年 5 月，邮电部根据中共中央提出的“调整、改革、整顿、提高”的方针，制定了《邮电部三年调整规划纲要》，针对邮电行业存在的问题，确定了三年调整的四大指标。

为了实现三年调整时期的生产目标，1979 年 5 月 22 日，邮电部、中国邮电工会全国委员会发出《关于开展增产节约运动的通知》，提出根据中共十一届三中全会决定，邮电工作要把工作重点转移到以通信为中心，实现通信现代化，更好地为社会主义现代化建设服务上来。邮电部门的各级行政和工会都要在同级党委的领导下，带领全体职工，同心同德，群策群力，积极投入增产节约运动，在运动中发挥自己的聪明才智，为迅速改变邮电通信落后面貌，完成三年调整任务，加快实现邮电通信现代化作出贡献。

为了实现邮电事业的超前发展，邮电职工在各级中共党组织和邮电管理部门的领导下，在各级邮电工会的组织下，开展了广泛的生产劳动竞赛，推动了邮电产业的快速发展，显著提高了邮电产业的服务质量。

（二）开展多工种“一条龙”竞赛

“四人帮”被粉碎后，“一条龙”竞赛又被大力支持和提倡。1978 年 7 月，邮政总局转发了上海报邮“一条龙”协作竞赛经验，各省（区）很快就有所行动。省（区）管理局或省会所在地邮局主动提出开展“一条龙”竞赛的建议。经过紧张准备，于 1978 年 11 月签订了竞赛协议书。其他各省（区）都加强了内部工作，为开展竞赛准备了条件。

1979 年，邮电工会恢复工作，邮电部和中国邮电工会全国委员会接连发出关于竞赛的文件，提出了一系列关于各种“龙”赛的组织办法，使“一条龙”电路和邮路竞赛在新的基础上迅速发展。据当时全国 30 个省会市邮电局（包括重庆局）统计，1979 年和 1978 年相比，长话总交换量增加 12.93%，逾限率降低 15.36%，退号率降低 27.89%；电报总交换量增加 7.8%，发报逾限率降低 66.24%，服务差错率降低 38.24%。邮政差错率大幅减少，押运差错率减少了 56%，转运差错率减少了 64%。为了把中央和各地的党报及早送到读者手中，各省会市邮局不仅在内部组织了“龙”赛，还开展报邮“一条龙”竞赛，彻底扭转了报纸投送不定时的混乱现象。有 26 个省会市邮电局做到早报早投，读者一上班就能看到当天报纸；省报当天到县的比重也显著提高，《河南日报》由 66%上升到 93%，《辽宁日报》由 35.5% 上升到 81.3% 。

随着竞赛的开展，“一条龙”劳动竞赛已普及邮电通信的各个方面。邮政在全国范围组织起报邮“一条龙”、铁道干线邮路“一条龙”竞赛；长途电信在全国范围组织起长途电话电路、电报电路、长话载波、电报载波、长途线路、微波、报纸传真、会议电话、国际电台、卫星地面站等 10 种“龙”赛。参加各种“龙”赛的直接生产人员约 14 万人。1979 年，仅长话、电报、载话、载报四项省际电路的“龙”赛，就有 130 条被评为先进电路，受到全国产业一级表扬和奖励。

1980 年 2 月 5 日，邮电部、中国邮电工会全国委员会颁发了《铁道干线邮路一条龙竞赛试行办法》。1981 年 5 月 18 日颁发了《一条龙电路竞赛组织办法》，要求做好竞赛活动的组织和思想政治工作，树标兵、选模范，表扬好人好事，总结推广先进经验，推动社会主义劳动竞赛不断向前发展。

（三）推广南充邮电局创建“大庆式”企业的经验

为了贯彻“调整、改革、整顿、提高”的方针，1980 年 4 月 7 日至 14 日，中国邮电工会全国委员会在四川省南充市召开现场会议，推广南充地区邮电局和工会创建“大庆式”企业的工作经验。

南充市邮电局按照中共中央的各项方针政策，肃清极左思潮带来的危害，工作成效十分显著。1978 年底，全区 20 项通信质量指标全部刷新历史最高纪录。1979 年，18 项通信质量指标又全部超过了 1978 年，其中 17 项名列全省前三名；邮电收入增长 7%，上缴利润增长 17%，邮电通信能力相应增长，服务水平不断提高。1978 年南充地区邮电局被四川省革委会命名为全地区“大庆式”企业，成为全国邮电系统第一个地区级“大庆式”企业；1979 年，全区 12 个邮电局全部建成“大庆式”企业，实现了“满堂红”。

同时，在全区树立 12 名标兵和 10 面红旗（班组），用先进的榜样教育全体职工，选模范、树标兵，把职工的注意力引到同心同德搞“四化”的伟大目标上来。他们迅速落实了干部和工程技术人员政策，调动了一切积极因素，形成了全局安定团结的局面。1979 年地区邮电局涌现先进生产者 225 名，先进集体 13 个。

他们全面建立了岗位责任制，建立健全了原始记录、监督检查制度，制定了各种定额以及定包奖惩办法，解决了责任不明、好坏不分、“吃大锅饭”的现象。同时，又在全局建立了 3 个管理指挥系统，将通信生产和各项经济活动纳入了正常运行轨道。根据邮电通信的特点，组织了 10 条专业管理线。他们把保证通信质量当作“牛鼻子”，在全区职工中深入地进行全面质量管理教育，树立了“质量第一”的思想，并以“小指标百分赛”和通信“一条龙”等群众所喜爱的形式，广泛深入地开展社会主义劳动竞赛，使管理制度的贯彻执行有了广泛的群众基础。

（四）先进工作者和劳动模范工作

“文化大革命”期间，一大批劳动模范受到了迫害。为了保护劳动模范的权益，承认劳动模范在社会主义建设的作用，1978年以后，各级邮电管理部门和邮电工会为劳动模范落实政策，恢复他们的名誉。在党的工作重心转移后，为了发挥劳动模范的带头和示范作用，鼓励职工为社会主义邮电事业发展作贡献，各级邮电工会加强了劳动模范和先进工作者的工作。

落实劳模政策　1978 年，天津市邮电管理局党委责成工会和有关部门成立专门班子，进行老劳模、老工人落实政策工作。14名受迫害的老劳模全部平反，恢复名誉；29 名在职的和 7 名已退休的老劳模，全部重新颁发了市委、市革命委员会授予的“劳模荣誉纪念状”。

1979 年 4 月 1 日，第十七次全国邮电工作会议提出，在“文化大革命”中受打击的著名劳动模范、先进人物和典型单位对邮电事业是有贡献的，要继续发挥他们的积极作用。邮电部经向有关省、自治区、直辖市邮电管理局调查研究，决定为全国邮电部门知名的劳动模范、“文化大革命”中受诬陷打击的许兴柱、郭秀云、侯德原，以及全国学大庆标兵田凤林等恢复名誉，对他们的事迹和贡献，重新予以肯定。

推选表彰劳动模范　1980 年，为了准备全国劳动模范大会的召开，各省、自治区、市邮电部门陆续上报了材料。为了充分发挥这些材料的作用，1981 年 3 月至 4 月，中国邮电工会全国委员会编写了一批反映劳模事迹的材料，陆续在《人民邮电》报上宣传。

中国邮电工会全国委员会提出，要把劳模工作作为工会的一项经常的重要任务，要求各级工会组织扎扎实实地做好劳模工作，把劳模工作与开展竞赛、为“四化”立功活动结合起来，与“五讲四美”活动结合起来。敢于树立先进，发扬正气，以先进人物的思想和行动教育后进职工。要认真总结和推广他们的先进经验，对先进人物要爱护、培养，注意发挥他们的作用。

优秀投递员评选表彰活动 1982 年 3 月，在“全民文明礼貌月”活动中，各地邮电部门在党委、政府以及有关部门和广大群众的大力支持下，普遍开展了评选优秀投递员的活动。1982 年 5 月 3 日，邮电部发布《关于授予隗有民等同志“优秀投递员”称号的决定》，决定授予隗有民等 104 人“优秀投递员”称号。全国广大邮政投递人员和全体邮电职工都要学习他们热爱党、热爱社会主义、热爱人民群众、热爱本职工作的高度主人翁责任感；学习他们钻研业务技术，苦练基本功，高质量、高效率完成通信任务的服务本领；学习他们几年、几十年如一日，艰苦奋斗，不怕困难，勤勤恳恳为人民服务的工作态度和工作作风，迅速地在全国邮电部门掀起学先进、赶先进的热潮，加强物质文明和精神文明建设，把“五讲四美”活动深入持久地开展下去，使邮电通信服务工作更好地适应“四化”建设的需要。

全国优秀投递员表彰大会 1982 年 6 月 3 日，邮电部召开全国优秀投递员表彰大会，中共中央领导人接见了与会人员。参加会议的全体代表发出致全国投递员的倡议书，倡议：（1）发扬邮电工人光荣传统，努力学习马列主义、毛泽东思想，提高政治觉悟，热爱党、热爱社会主义祖国、热爱人民、热爱邮政投递工作；遵纪守法，自觉抵制资产阶级的腐蚀，同一切不良倾向做斗争；人人争当献身邮电事业的模范，做名副其实的传播社会主义精神文明的前哨兵。（2）树立全心全意为人民服务的思想，想人民所想，急群众所急，不畏艰险，不怕麻烦，千方百计地做好投递工作，让人民满意，让人民放心。（3）刻苦钻研业务技术，自觉遵守《投递员守则》，认真执行规章制度和操作规程，迅速、准确、安全地投递每一件邮件、每一份报刊，努力提高投递质量。（4）积极参加“五讲四美”活动，服务主动热情，耐心宣传解释邮政、报刊发行业务，在确保通信质量的前提下，积极为群众办好事，努力实现“文明生产，礼貌待人，方便用户，维护信誉”的要求。

三、推行企业民主管理

在党的工作重心转移的历史转折时期，各级邮电工会，一面积极动员和组织职工参加社会主义劳动竞赛，一面建立、完善以职工代表大会为基本形式的企业民主管理制度，通过组织职工参与企业管理，实施群众监督，促进企业决策民主，推动了邮电事业的和谐发展。

（一）民主选举企业基层管理干部

1979 年 7 月，中国邮电工会全国委员会工作组对云南邮电摩托车厂民主选举班组长和车间主任的情况进行了调查。该年 4 月，云南邮电摩托车厂进行了民主选举班组长和车间主任的试点。民主选举后，车间生产均出现新的局面。当选的干部对工作认真负责，推动了生产发展。调查组认为云南邮电摩托车厂民主选举班组长和车间主任的办法好，并就此向邮电部党组写了报告。

1980 年 4 月 7 日至 14 日，中国邮电工会全国委员会在四川省南充市召开现场会议，推广南充地区邮电局实行企业民主管理的经验。其中包括恢复班组民主管理和民主选举班组长和生产科、站长的经验。1981 年 8 月 4 日，邮电部、中国邮电工会全国委员会发出《关于普遍建立、健全职工代表大会制度的通知》，要求已经实行民主选举班组长、车间主任的单位，要总结经验，巩固提高。尚未实行民主选举的单位，要积极创造条件，有步骤地进行。有条件的企业，经上级主管机关批准，也可进行民主选举局（厂）长的试点。同时要求企业党委、行政、工会密切配合把这项工作搞好，为以后全面开展企业领导制度改革准备条件。

（二）推行职工代表大会制度

在 1979 年和 1980 年的第十七次和第十八次全国邮电工作会议期间，邮电部和中国邮电工会全国委员会都曾明确要求各地邮电企业，结合整顿工作，积极地推行职工代表大会制度。其后，各地邮电工会积极推行职工代表大会制度和企业民主管理试点。据不完全统计，到 1980 年 8 月，召开职工代表大会的企业已占总数的 30%，对激发职工的主人翁责任感、推动增产节约运动、密切领导和群众的关系、解决职工生活问题起到了积极作用。

推广南充地区邮电局实行职工代表大会制度的经验 1980 年 4 月 7 日至 14 日，中国邮电工会全国委员会在四川省南充市召开现场会议，推广南充地区邮电局实行企业民主管理的经验。南充地区邮电局在整顿企业的过程中，重新建立了党委领导下的职工代表大会制度。通过经常组织职工参与审议、监督、管理企业的大事，加强了企业民主管理。

1979 年至 1980 年，邮电局召开了三次职工代表大会，不仅讨论了各个时期提高通信质量、增产节约的奋斗目标和财务收支计划，还先后通过了职工代表大会条例、生产奖励办法、宿舍分配方案和福利费使用的意见。职工代表大会闭会期间，还在工会的主持下，建立了由职工代表和积极分子组成的经济管理、干部评议、合理化建议、生活福利等五个管理小组，在日常活动中发挥群众的监督作用。

普遍推行职工代表大会制度 1980 年 12 月 3 日，邮电部、中国邮电工会全国委员会发出《关于在全国邮电企业实行职工代表大会制度的通知》，提出除少数边远的民族地区需根据具体情况自行安排外，全国各邮电企业都要按照第十八次全国邮电工作会议的部署，继续学习四川省南充地区邮电局的经验，在企业党委领导下，把职工代表大会制度建立健全起来。已实行职工代表大会制度的企业，应该进一步发扬民主，真正使职工群众当家做主。凡属企业的生产、管理和职工生活方面的重大问题以及企业基金、奖励基金、福利费、劳动保护和安全措施费等的使用方案，都应交职工代表大会讨论和决定。基层工会委员会是职工代表大会的工作机构，对企业开好职工代表大会负有重要责任，要善于抓典型，及时总结和交流经验，把职工代表大会开好，充分发挥它应有的作用。截至 1981 年 6 月底，已有 47.5%的企业召开了职工代表大会，并积累了一些经验。

1981 年 8 月 4 日，邮电部、中国邮电工会全国委员会发出《关于普遍建立、健全职工代表大会制度的通知》，帮助尚未建立职工代表大会制度的企业，有准备地、切实地把这项制度建立起来。经过两年工作，到 1981 年 9 月，建立职工代表大会制度的邮电企业已占企业总数的 51.5%。推行职工代表大会制度取得了明显效果。

四、开展“五讲四美”和文化活动

在组织职工积极投入社会主义建设的同时，新恢复的邮电工会还积极进行职工思想文明建设，提倡文明服务，加强企业文化建设，为建设社会主义文明作出了贡献。

（一）开展“五讲四美”活动

1980 年，中共中央领导明确指出，要在思想、政治和社会风气上来一个“五讲”。以此为契机，邮电工会在职工中开展了以

"五讲四美"为内容的文明建设活动。

北京市邮电部门"五讲四美"经验交流会 1980年8月4日，中国邮电工会全国委员会会同邮电部，召开了北京市邮电部门"五讲四美"经验交流会。各级邮电干部和职工800余人参加了会议。北京邮电局颐和园分局、市内电话八十七分局、北京长途台和长途电话局动力科等四个单位介绍了经验。

四个单位把"五讲四美"作为建设社会主义精神文明的重要内容和思想政治工作的突破口，紧紧抓住不放，积累了很好的经验。一是从邮电通信企业的特点出发，特别强调首都邮电企业在社会主义精神文明建设中处于国际国内"橱窗"的重要地位，强调"五讲四美"和"为人民服务、对人民负责"的一致性，努力做到真正"为人民服务、对人民负责"。二是与开展劳动竞赛相结合，扎扎实实地落实"五讲四美"的要求。长途台话务员首先把实现语言美作为重点，改进服务工作。长途台记录台、查询台努力使用户"着急而来、满意而去"，开展了"消灭禁用语服务满分赛"。颐和园邮电局通过改进服务，处处以方便用户作为竞赛重点，热情地受理邮电业务，积极帮助用户解决困难。投递组克服困难，采取定点投递等办法，解决了《北京晚报》不能投递到户的问题。三是与"学雷锋、树新风"活动相结合，把青年工人作为开展"五讲四美"活动的重点。市内电话八十七分局正确分析了青年工人在"文化大革命"中受到的影响和在"四化"建设中的主力军地位，努力把青年工人吸引到"学雷锋、树新风"和"五讲四美"活动中来，改变了青年工人的思想面貌。四是领导干部以身作则，带头实现"五讲四美"，带头实行文明礼貌要求。

沪、杭、宁等地邮电部门开展"五讲四美"活动 1981年2月15日，全国总工会、全国妇联等9个团体联合发出《关于开展文明礼貌活动的倡议》。一个多月时间，浙江、江苏两省200

多个邮电基层单位开展“五讲四美”活动的已占一半以上；上海市区 25 个邮电基层单位，有 20 个开展了“五讲四美”活动。不少单位恢复了党、政、工、团领导干部讲政治课的传统，结合四项基本原则教育、爱国主义教育、形势教育、传统教育、革命人生观教育，举办“五讲四美”专题讲座。有的单位运用树典型、学先进、帮后进、促转化的思想工作方法，不断把活动推向深入。班组和个人普遍响应倡议，订立公约、守则和保证条件。职工表示：“要用语言美、行为美、环境美，让用户看到邮电职工的心灵美”，“要以自己的文明礼貌行为影响社会，为建设精神文明作贡献”。

动员邮电职工积极参加“全民文明礼貌月”活动 1982 年 2 月 27 日，邮电部、中国邮电工会全国委员会发出《关于动员邮电职工积极参加“全民文明礼貌月”活动的通知》，提出：“五讲四美”活动是建设社会主义精神文明的一个重要组成部分，“全民文明礼貌月”活动是推动“五讲四美”活动的持续开展、倡导社会主义精神文明的一个实际步骤和措施。各地邮电部门行政和工会组织要动员广大干部职工积极参加。要对干部职工集中进行一次以文明礼貌为中心内容的思想教育，使大家认识建设社会主义精神文明的战略意义，并结合进行为用户服务、对用户负责的教育、职业道德教育和“迅速、准确、安全、方便”服务方针的教育。可根据具体情况，开展“假如我是一个用户”的讨论，组织修订职工守则，活跃学雷锋为用户义务服务的青年服务队等活动。要把“全民文明礼貌月”活动与加强企业管理、整顿企业结合起来，与开展劳动竞赛结合起来。

（二）职工文艺作品评奖、展览活动

1981 年 3 月 19 日，邮电部、中国邮电工会全国委员会发出《关于开展全国邮电职工美术、摄影、书法作品评奖、展览活

动的通知》，为推动邮电职工业余文艺创作活动，建设社会主义精神文明，决定联合举办全国邮电职工美术、摄影、书法作品评奖活动，同时举办优秀作品展览。活动得到广大职工群众的热烈响应。

各省、区、市邮电局共报送作品 1244 件，经过筛选，共展出作品 429 件。展出的作品突出讴歌了邮电职工为人民服务、为“四化”献身的精神风貌，描绘了祖国的秀丽河山和美好的自然风光，具有较强的吸引力。

五、关心职工物质文化生活

受“文化大革命”的影响，职工的生活保障问题积累得很多。关心职工的物质文化生活是工会的重要任务。这一时期，邮电工会除交流长春 513 厂、南充邮电局等一些典型单位的经验，办好食堂、托儿所、幼儿园、图书室、游艺室、互助会以及关心退休人员外，提出住房“自建公助”。全国委员会还重点推广了吉林、黑龙江等省邮电部门解决职工子女就业的经验，解决了数万名待业青年的就业问题。

推广南充地区邮电局关心职工生活的经验　1980 年 4 月 7 日至 14 日，中国邮电工会全国委员会在四川省南充市召开现场会议，推广南充地区邮电局关心职工生活的经验。

四川省南充地区邮电局，在狠抓企业整顿、实现重点转移的过程中，十分关心职工的生活。经过三年的努力，诸如职工子女就业，三代同居一室，医药费开支大，幼儿入托，职工洗澡、理发、夜餐等生活方面的实际问题都得到了解决。由于开展了疾病预防工作，保障了职工身体健康，使全局出勤率保持在 97% 以上。这个局党、政、工、团同心协力，一手抓生产，一手抓生活，减少了职工后顾之忧，推动了邮电事业的发展。

推行“自建公助”，解决职工住房问题 1979年至1980年，全国邮电部门共建成职工住宅面积100.1万平方米，相当于以往10年的面积总和，职工住房紧张的矛盾得到了一定的缓解，但住房仍是职工生活中的一个突出问题。为了解决这个问题，1980年，吉林省邮电管理局和省邮电工会，在积极组织统一兴建职工宿舍的同时，从企业基金中提取30万元帮助600户县及县以下邮电分支机构职工开展“自建公助”住房工作；山西省也提取20万元，帮助350户邮电职工自建住房。福建省着重解决城市邮电职工“自建公助”住房问题。据吉林、山西、福建等10个省市统计，共拨款271万元，批准建房490户。自建公助具有投资少、造价低、工期短、见效快的特点，因而深受职工群众欢迎，解除了职工缺房的困难，鼓舞了职工的生产积极性。

1981年5月，邮电部和中国邮电工会全国委员会在吉林省长春市召开职工住宅“自建公助”经验交流会，介绍了各地解决职工住房的经验，对如何贯彻“两条腿走路”方针，加速解决职工住房困难的问题进行了深入讨论。会议为进一步搞好“自建公助”住房的试点工作提出意见，要求解放思想，安排好职工生活。

邮电部和中国邮电工会全国委员会提出，两条腿走路，因地制宜，各种形式并举，加快住宅建设。包括自筹自建、自建公助、公建民助、集资统建、公助买房。对职工个人建房，只要资金、材料来源正当，符合城市规划，均可积极组织进行。

1981年，全国18个省市邮电系统采取了“自建公助”的做法，企业拨款资助400万元，一年竣工面积有30多万平方米，解决了6000户职工的住房需求。1982年，邮电部和中国邮电工会全国委员会又在长沙召开分片会进一步推广，使推行“自建公助”的省市增加到22个。两年时间里，企业共拨出公助资金800万元，到1982年底，竣工面积近70万平方米，解决了1.3万户职工住房困难，相当于全国邮电部门三年公建职工住宅竣工面积的 1/3。

解决唐山地震后职工住房问题 在严重的灾害面前，唐山市的邮电干部、职工没有被吓倒。他们在艰难的情况下，积极投身邮电通信的恢复工作。1980 年，唐山市邮电局的业务收入增加到 398 万元，比 1976 年翻了一番；上缴利润增加到 191.9 万元，比 1976 年增长了 16 倍。地震后的五年时间里，唐山地区所属县局用房恢复较快，但震中唐山市邮电部门无论通信用房还是职工住房建设进展都十分迟缓，情况相当严重，需要采取有力措施，尽快改变。市局生产和办公用房都是震后建起来的简易房，冬季透风，夏天闷热，影响了生产，也有碍职工健康。还有 3/4 的邮电职工仍住在防震棚里。

1981 年 6 月上旬，邮电部副部长赵志刚、邮电工会全国委员会分党组书记鲁文，会同河北省邮电管理局人员，对唐山市及唐山地区部分县邮电通信用房和职工住房震后的恢复情况做了调查。根据调查，调查组向邮电部党组提出建议，由邮电部和省邮电管理局下决心自筹资金，在地方政府帮助下，解决职工住房问题。

第十一章

开创社会主义建设新局面时期的邮电工人运动

1982年9月，中国共产党第十二次全国代表大会把邮电通信列为中国经济发展的战略重点之一。

在全面开展经济建设、开创社会主义建设新局面的大形势下，各级邮电工会在健全工会组织的同时，积极发动职工，开展社会主义劳动竞赛，积极参与企业民主管理，为开创邮电事业发展的新局面走出了关键的一步；广大邮电职工积极投身新时期社会主义建设，为完成第六个五年计划和为第七个五年计划开好局作出了贡献。经过十年的奋斗，提前完成了邮电发展的第一步战略目标。特别是“七五”期间，邮电通信得到更快的发展。邮电固定资产原值、邮电业务量、业务收入，年均分别增长15%、29%和30%以上。

在开创经济建设新局面的同时，各级邮电工会还注意加强职工队伍建设，关心职工生活，保证了邮电事业的正常发展。

一、工会建设与中国邮电工会第四次全国代表大会的召开

中共第十二次代表大会后，加强邮电通信建设成为促进国民经济发展的战略重点之一。形势要求邮电产业工会进一步发挥作用，教育、团结全国邮电职工，振奋精神，艰苦奋斗，去完成这

一光荣任务。根据迅速发展的形势，初步恢复的邮电工会进一步加强了自身建设，并于 1985 年 8 月召开了第四次全国会员代表大会。

（一）工会建设

在邮电事业面临繁重发展任务的形势下，新恢复起来的邮电工会，一方面积极参加和推动新时期的邮电建设，一方面加强自身建设，使邮电工会在组织上、思想上和制度上都前进了一步。

加强组织建设 根据形势的要求，1982 年 12 月 28 日，中国邮电工会全国委员会向全国总工会书记处提交《认真贯彻产业与地区相结合的原则，充分发挥邮电产业工会的作用的报告》。为了加强和改进对基层邮电工会的领导，开创工会工作的新局面，建设一支有理想、有道德、有文化、守纪律的邮电职工队伍，适应邮电事业发展的需要，邮电工会必须进一步落实产业与地区相结合的原则，充分调动地方总工会和产业工会的积极性，真正把广大基层的群众工作活跃起来。同时，要求进一步明确邮电产业工会的领导关系，加强省一级邮电工会建设，促进不够健全的省、区、市邮电工会健全机构、充实编制、加强干部配备。中国邮电工会全国委员会的机构、编制也要加以调整、充实。

1983 年 1 月 20 日，邮电部、中国邮电工会全国委员会明确了各省、区、市邮电工会的编制人数，要求各省、区、市邮电工会在管理局党委（党组）领导下，按照邮电部党组的要求，尽快地把干部配齐配好。1984 年 2 月 13 日，中国邮电工会全国委员会、邮电部政治部就省级及以下邮电工会干部配备问题进行了研究、协商。

整党工作 1983 年 10 月，中共十二届二中全会通过《关于整党的决定》。11 月，中国邮电工会全国委员会开始整党。经过学习、对照检查、整改，到 1984 年 1 月，参加整党的党员全部进行了登记。由于全体党员都能以严肃认真的态度对待整党工作，整党工作收到了预期效果。

通过整党工作，统一了思想，增强了同党中央保持高度一致的自觉性和坚定性，增强了为人民服务的意识。本着向党交心的精神，对思想认识进行了检查，找到了差距，明确了方向，认识到必须努力学习党的方针政策，才能和党中央在思想上、组织上保持高度一致。进一步端正了业务指导思想，针对薄弱环节下了功夫。

为进一步巩固和发展整党工作的成果，中国邮电工会全国委员会提出：一是要继续加强思想建设，抓好学习，深入调查研究，确定全局观点、改革观点和实践观点，真正做到一切从邮电产业的实际情况出发，正确全面地贯彻党的方针，在思想上、政治上和党中央始终保持高度一致；二是加强思想政治工作，继续进行党的基本知识的教育，尤其是“三项基本要求”、党员的义务和权利以及党员干部条件的教育，正确进行批评和自我批评，加强组织纪律性，抵制各种不正之风；三是进一步搞好机关建设，实行目标管理，明确责任，讲求工作效率。

整顿基层组织、建设“职工之家” 1984 年 3 月，全国总工会召开组织工作会议，研究了整顿工会基层组织、建设“职工之家”问题。5 月 9 日，中国邮电工会全国委员会发出《关于整顿工会基层组织、开展建设“职工之家”活动的几点意见》，要求在三年内把邮电基层工会组织的整顿建设搞好，把 3100 多个基层邮电工会建设成为标准的“职工之家”。10 月 25 日，在省、区、市邮电工会工作经验交流会议上，中国邮电工会全国委员会又专门对基层邮电工会的整顿和建设“职工之家”的工作进行了部署。1986 年 10 月，中国邮电工会全国委员会在山西省吕梁地区召开全国邮电地（市）工会工作座谈会，讨论了全国委员会提出的《邮电工会基层组织先进“职工之家”标准》。

加强省级邮电工会建设 1984年10月23日至29日，中国邮电工会全国委员会在辽宁大连召开省、区、市邮电工会工作经验交流会，交流省、区、市邮电工会开展工作和加强自身建设的经验，研究进一步发挥省、区、市邮电工会的作用，加强邮电基层工会的整顿和建设。会议推广了辽宁、上海、吉林等省市和山西省太原市邮电工会加强工会建设的经验。

通过交流工会在改革中做好群众工作的经验，进一步提高了对搞好基层工会整顿和建设的认识。会议在充分交流经验的基础上，广泛吸收各地意见和建议，形成了《关于加强省、自治区、直辖市邮电工会建设的几点意见》，为加速把基层工会建设成为“职工之家”，开创邮电工会工作的新局面，促进邮电事业的发展，大力加强省、区、市邮电工会的建设提供了支撑。同时还明确了省、区、市邮电工会的基本职责、机构设置、工作任务、工作制度，以及考核、奖惩制度。

会议制度和委员联系制度 1985年9月，中国邮电工会全国委员会为了加强集体领导、健全民主制度，作出建立全国委员会会议制度的规定；为了密切全国委员会与委员间的联系，及时吸收委员的意见和建议，又作出建立委员联系制度的规定，明确全国委员会机关与委员间应经常保持工作上的联系。全国委员会可以就某些问题向委员调查或要求提供所需要的情况；委员也可以向全国委员会询问某些问题或要求提供必要的资料。委员要随时向全国委员会反映群众的呼声、意见和要求，反映企业和工会工作中带倾向性的问题，并对全国委员会的工作提出批评和建议。

加强地（市）邮电工会建设 1986年10月6日至11日，中国邮电工会全国委员会在山西省吕梁地区召开全国邮电地（市）工会工作座谈会。会议交流了24项工作经验，就进一步理顺邮电产业工会基层组织隶属关系统一了认识。会议讨论了全国委员会提出的《关于地区（州、盟、市）邮电工会组织建设的意见》

《理顺邮电部直属单位工会组织领导关系的意见》等征求意见稿。

会议重点介绍了山西省吕梁地区邮电工会加强工会建设、做好工会工作的经验。他们大胆创新，在会员中直接选举工会主席，职工民主选举局长，职工代表大会与工会机构相统一等方面作出了有益探索。同时，紧紧围绕企业通信生产和各个时期的中心工作，从参与重大决策到组织全区竞赛，发挥了重要作用。他们经常深入基层，积极为基层搞好服务，注重抓好干部和基础建设，发挥积极领导作用，真正为工会工作打开了局面。通过吕梁地区邮电工会经验的推广，为加强地（市）邮电工会建设提供了一个优秀范例。

随着邮电产业工会的恢复、建设、发展以及邮电部门行政体制的调整、完善，各省、自治区、直辖市邮电工会相继在地区（市、盟、州）建立了相应的邮电工会机构，如办事处、工作委员会、工会委员会等。截至 1986 年，全国的省级邮电工会机构有 286 个，已成为全国邮电产业工会组织体系中的一个重要环节。

邮电工会组织体制　邮电行业实行部门和地方双重领导、以部门领导为主的体制，邮电工会则实行以地方工会领导为主，同时接受产业工会领导的组织体制。1988 年，中国工会第十一次全国代表大会确定了“产业工会的组织领导体制应与国家的经济管理体制和行政体制相适应”的原则。根据这一原则和各地邮电工会反映的情况，中国邮电工会全国委员会向全国总工会书记处报送了《关于理顺邮电工会组织领导体制若干问题的意见》。1990 年 4 月，全国总工会书记处下发了《关于加强全国产业工会建设的若干问题的意见》，明确规定邮电工会实行系统领导为主，同时接受地方总工会领导的组织体制。全国委员会形成了《关于理顺邮电工会组织体制和健全全国委员会的实施方案》。经报全国总工会书记处讨论，得到原则同意。

1990 年 8 月 7 日，中国邮电工会在新疆乌鲁木齐召开第四届九次常委（扩大）会议，讨论、审议《关于理顺邮电工会组织体制和健全全国委员会的实施方案（征求意见稿）》。1991 年 1 月 18 日，全国总工会批复同意《关于邮电工会理顺组织体制和健全全国委员会实施方案》，明确邮电工会组织与邮电管理体系对应设置，其中地、市局一级设邮电工会工作委员会或办事处作为省邮电工会的派出机构。按照全国总工会确定的原则，邮电工会实行以邮电产业工会领导为主，同时接受地方工会领导的体制。

（二）第四次邮电工会全国代表大会的召开

随着邮电通信事业的迅速发展，邮电职工队伍空前壮大，到 1985 年，全国邮电职工已达 93 万人。全国 3000 多个邮电基层单位已普遍建立了工会组织，92%的邮电职工参加了工会，形成了一支强大的群众工作队伍。在全体邮电工人、工程技术人员、管理人员的共同努力下，邮电通信建设取得重大成就。1985 年 8 月 21 日至 26 日，中国邮电工会第四次全国代表大会在北京召开。这次会议，是 1957 年召开第三次邮电工会全国代表大会后的第一次全国代表会议，也是邮电工会恢复后的第一次全国代表会议。会议的主题是总结历史经验，特别是邮电工会恢复后的经验，研究如何团结带领全国邮电职工为到 20 世纪末实现邮电通信能力和业务量“翻三番”的战略目标而努力奋斗。

全国总工会副主席陈俊生向大会致辞，肯定了邮电工会为邮电通信事业的发展，为广大邮电职工服务做得大量切实有效的工作。要求各级邮电工会在改革中进一步发挥工会组织的积极作用，关心全局，投入中心，发扬特色，担负起工会组织在新的历史时期应尽的责任。

中国邮电工会全国委员会代主席罗淑珍向大会作了工作报告。报告总结了邮电工会恢复以后的工作和经验，提出了新时期邮电工会工作面临的任务。报告要求各级邮电工会动员广大邮电职工，投身改革，促进改革，为完成邮电“七五”计划做积极贡献。

大会选举产生中国邮电工会第四届全国委员会委员 51 人、候补委员 14 人。中国邮电工会第四届一次全体委员会会议选举产生常务委员 11 人，选举罗淑珍为全国委员会主席，刘庚业为副主席。

二、新时期劳动竞赛

在中国共产党提出全面开创社会主义现代化建设新局面的形势下，全国邮电工会积极开展群众性生产活动，表彰先进、鼓励后进，推动职工开展劳动竞赛；进一步深入开展“双增双节”运动以及合理化建议与技术革新活动，推动了邮电事业的迅速发展。广大邮电职工继续发扬战斗传统，积极开展新形势下的劳动竞赛，学先进、赶先进，为顺利完成第六个五年计划和第七个五年计划创造了新的业绩。

（一）推动群众生产工作，全面开展劳动竞赛

1982 年以后，加快邮电产业的发展，适应国民经济对邮电通信的需要已成为重要的任务。在紧迫的形势面前，邮电工会和广大邮电职工继续发扬“一条龙”竞赛和学先进、赶先进的精神，通过积极开展劳动竞赛，实现了邮电产业的全面发展。

全面开展劳动竞赛，努力完成第六个五年计划 为完成第六个五年计划，全国邮电职工继续开展“一条龙”竞赛、同工种竞赛以及针对通信薄弱环节和关键问题的各种短程赛、攻关赛。结合“五讲四美三热爱”活动，广泛开展创“文明营业厅”“文明单位”“文明车（站）”等活动，促进了邮电服务质量的改善。

推行经济责任制以后，竞赛活动又有了新的发展。结合邮电企业的经济体制改革和技术改造，群众性的合理化建议和技术革新、技术协作活动蓬勃发展。有些基层工会以“假如我是一个用户”“假如我是局长”为题，发动职工为改善邮电服务、提高通信质量、搞好企业的经济体制改革献计献策，并收到明显效果。

在劳动竞赛中，全国邮电系统共涌现出省部级一级劳动模范 750 名，先进集体 323 个，省邮电一级先进生产（工作）者 15537 名，先进集体 4965 个。1985 年，邮电部门有 17 人荣获五一劳动奖章，有 52 人获得“边陲优秀儿女”奖章。

开展学、赶先进竞赛活动　1982 年 5 月，邮电部、中国邮电工会全国委员会召开全国邮政优秀投递员表彰会议，在全国邮电职工中树立了刘福明、阿克拉莫、赵吉祥、禹正秋、余永才、邵来发等一批优秀投递员榜样。

1982 年 9 月 20 日至 26 日，为进一步推动邮电部门学、赶先进竞赛活动广泛深入开展，中国邮电工会全国委员会在哈尔滨召开了华北、东北邮电企业学先进、赶先进工作经验交流会议。会议交流了哈尔滨市邮局、天津长途线务站、北京长途电话局以及吉林省邮电管理局等十几个单位的先进经验。

推动群众生产工作　1984 年，中国邮电工会全国委员会召开了 17 个省市邮电工会生产部长座谈会。从 7 月份开始，全国委员会先后到辽宁、湖北、浙江等地做了专题调查，并接连在大连、杭州、北京召开 3 个生产部长座谈会，组织部分省、市工会生产部的干部参观全国技术革新和技术协作成果展览会，推动群众生产工作。在庆祝新中国成立 35 周年期间，全国委员会会同邮电部联合对在两个文明建设中作出突出贡献的 10 名领导干部、科技人员和职工进行通报表彰，其目的在于推动各地群众生产工作更加活跃。

“为边陲优秀儿女挂奖章”活动　1984 年 12 月，中国邮电工会全国委员会、邮电部政治部开展了“为边陲优秀儿女挂奖章”活动。通过活动，推选出了一批立志祖国边疆、海疆邮电建设，不畏艰险，常年战斗在极艰苦的环境中，为发展边陲邮电事业作出了优异成绩和突出贡献的优秀青年。其中，有工作在中苏边境，冒严寒，肩扛百斤邮件破冰蹚水过河，七年行程8000多里，投递邮件530多万件无差错的黑龙江省东兴县邮电局乡邮员鲁坤；有扎根川西雪山，冒风雪严寒苦战八年，连续102个月保证通信无障碍的四川省甘孜线务站藏族包线员安秋；有以海岛为家，被海岛军民誉为“西沙鸿雁”的西沙群岛邮电局局长符耀坚；有在中越边境自卫反击战中不顾个人安危，为确保作战通信畅通立功的云南省麻栗坡县邮电局副局长冯再明和广西防城县东兴支局长黄智章等。

全国邮电工会群众生产工作调查研究座谈会　1985年3月，中国邮电工会全国委员会召开全国邮电工会群众生产工作调查研究座谈会。会议提出，把改善服务、提高质量、增加经济效益和加速建设、尽快扩大通信能力作为群众生产工作坚定不移的奋斗目标。坚持开展竞赛活动，通过组织全员竞赛，推动邮电事业不断发展。

全国干线邮路文明转运站、文明邮车（船）竞赛　为了加快邮件运输和流转，1985年，邮电部对邮政体制进行了改革，成立了邮电部邮政运输局，实现了全国邮政运输网的统一管理。根据新的体制，1985年3月，中国邮电工会全国委员会、邮电部邮政总局颁发《全国干线邮路文明转运站、文明邮车（船）竞赛试行办法》，确定通过开展创文明转运站、文明邮车（船）竞赛活动，搞好文明生产，加强科学管理和配合协作，建立良好的邮政运输秩序，提高邮件运输和装卸质量。根据竞赛要求，全国180个邮政转运站和115对邮政车（船）的干部群众积极参加竞赛，使邮运秩序有了明显改善。哈尔滨市邮局邮件转运站通过创建文明转运站活动，狠抓劳动管理改革，改变了“工作集体干、产量混着算、分配大锅饭”现象，以劳动定额为突破口，制定了合理的定额标准，调动了广大职工的积极性，提高了劳动生产率。十年里，北京—乌鲁木齐69/70次车押运班在进京的38趟车中一直处于后进地位，通过创建文明站车活动，则从一个后进单位转变成了先进单位。

通过一年多的竞赛活动，有20个先进单位分别获得“全国干线文明转运站”“文明邮车”光荣称号，各大区还评选出区内的竞赛优胜单位38个。

（二）表彰邮电劳动模范和先进集体

为了推动邮电行业社会主义劳动竞赛的开展，发动广大邮电职工积极为新时期邮电事业发展作出贡献，邮电部和中国邮电工会全国委员会分别在1985年和1991年召开全国邮电劳动模范和先进集体表彰大会，对在第六个五年计划和第七个五年计划期间作出突出贡献的劳动模范和先进集体进行了表彰。

全国邮电劳动模范和先进集体表彰大会 随着邮电事业发展，邮电战线的先进队伍不断发展壮大，到1985年，全国邮电系统涌现出省级、省邮电系统劳动模范和先进生产（工作）者达1.5万余人，先进集体5000余个。

为了进一步动员全国邮电职工更加广泛、深入、持久地开展学先进、赶先进的社会主义劳动竞赛，邮电部、中国邮电工会全国委员会决定授予贾德坦等209名职工“全国邮电劳动模范”称号；授予于云程等28名职工“全国邮电特等劳动模范”称号；授予徐州邮电局长途电话科等70个集体“全国邮电先进集体”称号；授予哈尔滨市邮政局等15个单位“全国邮电先进企业”称号。

1985年12月11日，邮电部和中国邮电工会全国委员会召开邮电劳动模范和先进集体表彰大会。邮电部、中国邮电工会全国委员会号召全国邮电职工向劳动模范和先进集体、先进企业学习，掀起学先进、赶先进的竞赛热潮，用实际行动搞好邮电通信服务，加快邮电通信建设，不断提高劳动生产率，为实现邮电通信能力和业务量“翻三番”建功立业。

参加全国邮电劳动模范和先进集体表彰会的全体代表向全国邮电职工发出倡议书，倡议树立共产主义远大理想，发扬邮电职工队伍的优良传统，搞好本职工作，发展邮电事业，脚踏实地为祖国的“四化”建设出力。发扬一心为公、先人后己的精神，自觉抵制腐朽没落思想的侵蚀，坚持“人民邮电为人民”的宗旨，热爱邮电事业，忠于本职工作，信守职业道德，遵守通信纪律。刻苦学习科学文化知识，开展学先进、赶先进的社会主义劳动竞赛，争做有理想、有道德、有文化、有纪律的开拓者，为全面实现“七五”邮电发展目标而奋斗。

表彰邮电劳动模范和先进集体、先进企业 “七五”期间，全国邮电职工团结拼搏，艰苦奋斗，开创了邮电工作的新局面。在加快邮电事业发展的过程中，涌现出了一大批模范人物和先进集体、先进企业。

为激励全国邮电职工奋发向上、积极进取为邮电通信发展作出新贡献，1991 年 4 月 23 日，邮电部和中国邮电工会全国委员会决定授予北京市南区邮电局等 32 个单位“全国邮电先进企业”称号；授予北京邮政干线运输局北京—青岛 239/240 次邮车等 72 个单位“全国邮电先进集体”称号；授予周廷富等 31 人“全国邮电特等劳动模范”称号；授予廉更明等 223 人“全国邮电劳动模范”称号。

邮电部、中国邮电工会全国委员会号召全国职工向劳动模范和先进集体、先进企业学习，掀起学先进、赶先进的社会主义劳动热潮，让劳动模范、先进集体、先进企业的好思想、好经验、好作风在全国邮电部门发扬光大。

（三）开展群众性的“比学赶帮”活动

在社会主义劳动竞赛中，邮电工会积极开展群众性的“比学赶帮”活动，推动邮电服务不断发展。

开展“学吉林、创建先进长话科室、争当王秀梅式话务员”活动 1987年8月，中国邮电工会全国委员会和邮电部电信总局在吉林市联合召开“长话管理和职业道德建设现场会”，总结推广吉林市邮电局长话科“加强职业道德建设，苦练基本功，不断加强和改进管理工作，为社会提供优质服务”的经验和王秀梅的值机经验。之后，在全国广泛开展了“学吉林、创建先进长话科室、争当王秀梅式话务员”的活动。

活动中，各省（区）、市邮电管理局、邮电工会密切配合，认真组织学习吉林长话科和王秀梅的先进经验。上海电信局市郊台采用多种形式，激发和调动职工的积极性，搞好优质服务；河南开封邮电局长话科采用灵活多样的方式开展教育；还有一些局将教育与制订职业道德规范相结合，大练基本功和广泛开展技术业务表演赛，促进了话务人员业务水平和操作技能的提高。

全国长话工种通过“学吉林、创建先进长话科室，争当王秀梅式话务员”活动，促进了长话通信管理水平和人员素质的提高，促进了各项管理制度的完善和职业道德的建设，推动了长话通信服务质量的提高。活动中，涌现出一批先进集体和先进个人，全国共评选出吉林优秀长话科室12个，先进长话科室17个，王秀梅式话务员30名。

评选优秀转运员、押运员、分拣员和推选先进邮政转运、押运、分拣集体活动 为动员全国邮政职工立足本职，奋发努力，优质高效地完成通信任务，1987年12月至1988年6月，邮电部在全国邮政系统广泛开展评选优秀转运员、押运员、分拣员和推选先进邮政转运、押运、分拣集体的活动。经过评比选拔，评选出了一大批优秀“三员”和先进班组。经邮电部、中国邮电工会全国委员会评选办公室审核，决定授予徐长元等 53 人“全国优秀邮政转运员”称号；授予林功铭等 42 人“全国优秀邮政押运员”称号；授予邢凤珍等 58 人“全国优秀邮政分拣员”称号；授予北京邮政干线局吕鸿久接发组等 25 个单位“全国邮政先进转运集体”称号；授予湖南省长沙市邮政局押运科长京 1/2 次押运班等 16 个单位“全国邮政先进押运集体”称号；授予上海市邮政局封发一局国际邮件交换站大组等 9 个单位“全国邮政先进分拣集体”称号。

1988 年 11 月 16 日，邮电部、中国邮电工会全国委员会召开电话表彰大会，号召全国邮电职工学习优秀转运员、押运员、分拣员和先进集体模范遵守通信纪律的工作态度，学习他们埋头苦干，甘做无名英雄的优秀品质，为全面贯彻落实党的十三届三中全会精神，开创邮电工作的新局面作出新贡献。

学习邮电系统全国劳动模范和先进工作者 国庆 40 周年之际，中共中央、国务院召开全国劳动模范和先进工作者表彰大会，邮电系统余国印等 49 人受到国务院表彰。1989 年 10 月 17 日，邮电部、中国邮电工会全国委员会发出《关于组织邮电职工向邮电系统全国劳模和先进工作者学习的通知》，号召全国邮电职工学习他们热爱党、热爱祖国、热爱社会主义，自觉为“实现‘四化’、振兴中华”而奋斗的坚定信念；学习他们热爱邮电事业，忠于本职工作，出色地完成各项通信任务的主人翁责任感；学习他们忘我工作、无私奉献的高尚品质；学习他们勇于拼搏、勇于进取的开拓精神；学习他们刻苦钻研业务技术、自强不息、精益求精的工作态度。

（四）深入开展“双增双节”运动

1987 年初，在邮电部和中国邮电工会全国委员会的组织下，邮电系统广大职工开展了更加广泛深入的增产节约、增收节支运动。各省、区、市邮电工会普遍召开会议，传达第二十四次全国邮电工作会议和邮电工会四届三次常委扩大会议精神，结合各地实际情况，对开展“双增双节”运动作了具体部署。不少省、区、市邮电局和工会根据实际，组织开展了多种形式的群众活动。

各基层邮电工会都把开展“双增双节”运动作为中心任务来抓，采用多种形式对职工进行宣传发动，开展群众性的“学、罢、查、挖、订”（学习文件，弄懂“双增双节”的重要意义，罢铺张浪费现象，查通信生产、经营管理、资金利用的漏洞，挖掘企业内部的潜力，订出具体改进措施）活动。

工会召开座谈会、议政会、论证会、献计会、成果发布会，组织劳模、先进生产者、管理干部、工程技术人员、老工人、退休工人为企业“双增双节”出谋划策。许多工会发动职工开展“我为‘双增双节’献一计”活动，并把开展合理化建议作为“双增双节”的重要措施。不少基层通过职工代表大会讨论，突破了原定的指标，提出了许多实现“双增双节”的积极措施。根据各自的需要，围绕“双增双节”目标开展了多种形式的竞赛，如“文明窗口”“十佳营业员”“创纪录”“拣宝”竞赛等；还开展了“清仓查库、修旧利废”活动和节约一张纸、一度电、一个铅块等“从一做起”活动。

随着“双增双节”活动的开展，全国邮电业务收入和经济效益明显增长。职工千方百计为企业查漏洞、修旧利废、挖掘潜力。广东省各级邮电工会协同企业行政，层层落实企业经营责任制和“双增双节”方案，5 个月时间，全省企业收入 246.3 万元，比上年同期增长 36.32%。

“双增双节”运动使社会主义劳动竞赛出现了一个新局面。竞赛不仅有传统的形式，也出现许多新的形式，使竞赛具有了广泛性和群众性。陕西省邮电工会提出 1987 年全省超收 350 万元税前利润的奋斗目标，为达到目标，动员全省职工开展最佳经济效益、创优质服务、产品达标赛，到 5 月底累计完成超收 261.7 万元，达到全年目标的 80%。

其后，各地邮电工会继续深入动员广大邮电职工，以高度主人翁责任感投入“双增双节”运动，为发展邮电事业作出了贡献。为了表彰先进，促进各地邮电工会将“双增双节”运动继续引向深入，1990 年 10 月，中国邮电工会全国委员会决定授予北京市邮政局南区邮电局工会等 106 个单位为“双增双节组织工作优秀单位”光荣称号。中国邮电工会全国委员会希望各地邮电工会继续动员和组织广大职工发扬艰苦奋斗、改革创新、无私奉献的精神，把“双增双节”运动提高到一个新的水平，为实现邮电通信业务总量“翻三番”的宏伟目标、搞好两个文明建设作出更大贡献。

（五）合理化建议和技术革新活动

在国民经济发展迫切需要邮电事业大发展的形势下，邮电工会和广大邮电职工积极响应中国共产党的号召，大力开展合理化建议和技术革新，提高技术和业务水平，为提高通信质量和服务水平，提高经济效益提供了前提条件。

1985 年 3 月的全国邮电工会群众生产工作调查研究座谈会强调，在改革时期，要大力加强群众性合理化建议和技术革新、技术协作活动。许多省市邮电部门都开始加强群众性合理化建议和技术革新、技术协作。

1985 年 4 月 30 日，出席五一劳动奖章颁奖仪式的全体代表向全国职工发出了广泛开展合理化建议和技术革新活动的倡议。为了积极响应倡议，1985 年 6 月 26 日，邮电部、中国邮电工会全国委员会发出《关于深入持久地开展合理化建议和技术革新活动的通知》，要求全国邮电职工积极行动起来，树立远大理想，发扬主人翁精神，广泛、持久地开展合理化建议和技术革新活动，以推进邮电改革的发展和技术进步，适应经济发展对通信的需要。

1986 年 10 月，为了贯彻落实国务院发布的《合理化建议和技术改进奖励条例》，推动全国邮电部门合理化建议活动广泛深入开展，中国邮电工会全国委员会和邮电部科技司在成都召开了合理化建议活动经验交流会。1987 年 1 月 20 日，邮电部、中国邮电工会全国委员会联合印发了《全国邮电部门合理化建议和技术改进奖励条例实施细则（试行）》。不少省、区、市邮电工会和行政机关密切配合，开展“我为‘双增双节’献一计”活动，推动了“双增双节”活动的开展。据福建、黑龙江、辽宁、湖北、上海、江苏、河南、湖南等 8 个省、市的统计，1987 年 1 月至 5 月，职工提出合理化建议 26250 条，其中采纳 8151 条，创经济效益 977.94 万元。

按照中央书记处对邮电部门提出的“一手抓基础设施建设，一手抓改革和职工队伍建设”的基本指导思想，1986 年 4 月，邮电部和中国邮电工会全国委员会发布《关于开展职工岗位技术业务训练及组织汇报表演活动的通知》，组织职工开展岗位技术业务训练。活动历时 8 个月，分为三个阶段。第一阶段，要求通信企业一线职工都要投入岗位训练活动中，使这项活动具有广泛的群众性和较强的针对性。邮电系统中的通信企业职工，约有 56 万人参加了基层的全面训练，占通信企业职工的 85%。通过训练，职工的技术水平明显提高。第二阶段，选择“职工人数多，人工操作为主，通信生产较薄弱，具有可比性、便于表演”的通信生产的 11 个工种，下达给各省进行考核选拔。全国 30 个省级通信企业都进行了省级汇报表演比赛，比赛项目大大超过了部定项目，最多的达 50 项，参赛的省级选手共约 5300 人，据 12 个省、区统计，共有 185 人次刷新 13 个项目的优秀标准。第三阶段，举行全国邮电职工技术业务训练汇报表演赛。各省选拔推荐选手 180 人参加了比赛，有 7 项比赛打破了纪录。党和国家领导人对邮电职工熟练的操作技术给予了高度评价。

此次表演赛表彰了 46 名获得名次的选手和 12 名技术表演选手，向 16 个“全国邮电职工岗位技术业务训练先进集体”颁发了奖状，对 9 个先进集体进行了表扬。参赛选手向全国邮电职工发出了《发扬主人翁精神，刻苦钻研技术业务，为“四化”建功立业的倡议书》。

为进一步推动邮政系统的合理化建议活动，充分调动广大邮政职工的积极性和创造性，为加速邮政通信发展献计出力，1990 年 5 月 15 日，中国邮电工会全国委员会和邮电部科技司在上海联合召开邮政部门合理化建议技术革新活动经验现场交流会。主要是学习、推广上海市邮政部门开展合理化建议活动的经验；总结、交流各地区、各单位开展合理化建议活动的情况；研究、探讨进一步推进邮政部门合理化建议活动的措施。同时还要充分发挥劳动模范、先进人物，革新能手，技术协会积极分子的骨干、桥梁作用，通过广泛发动，推动职工合理化建议再提高一步。要围绕邮电部门经济效益和社会效益协调发展的原则，不断拓宽合理化建议活动范围，推动它向深层次、高质量方向发展。

经过多方共同努力，职工合理化建议和技术革新活动在广度和深度上都有了新的发展。1987 年至 1990 年，全国邮电职工共提出合理化建议 33 万多条，采纳并实施 9.7 万条，创经济效益 4.5 亿元。上海邮电系统开展合理化建议活动，创造经济效益 1.86 亿元，占总经济效益的近 40%。上海市邮局在不影响电报时效的前提下，提出并实施“邮政信班兼投电报”的建议，在37个支局推行后，取得了32万元的经济效益。该局邮政科田泽金提出了水陆邮件“按船期封发总包”的建议，一年为国家节约外汇支出9.8万金法郎。

1986年至1990年，全国邮电部门提出合理化建议51万余条，实施17万余条，取得经济效益7.6亿元。

1990年12月20日，邮电部和中国邮电工会全国委员会召开全国邮电系统合理化建议和技术革新活动总结表彰电话会议，总结表彰全国邮电部门合理化建议和技术革新的先进集体和先进个人。

1990年12月29日，邮电部、中国邮电工会全国委员会作出《关于表彰全国邮电部门合理化建议和技术革新活动先进集体、先进个人的决定》，对上海市邮电管理局等49个单位、刘维民等95人分别授予“全国邮电部门合理化建议和技术革新活动先进集体”“全国邮电部门合理化建议和技术革新活动先进个人”荣誉称号。

经过全国邮电职工的艰苦努力，“七五”期间，全国邮电固定资产原值、业务量、业务收入年均分别增长15%、20%和30%以上，提前超额实现了邮电翻三番的第一步战略目标，初步缓解了邮电通信严重落后、普遍紧张的状况。

三、企业民主管理与工会参政议政

在开创社会主义建设新局面的过程中，如何确立职工在企业中的主人翁地位，发挥职工、工会对企业进行民主管理的作用，成为一个重要课题。根据中共中央的指示，各级邮电单位和工会推行职工代表大会制度，加强企业民主管理，积极参政议政，为推动邮电事业建设和建立新形势下的企业管理制度提供了助力。

（一）推行职工代表大会制度，加强企业民主管理

邮电工会一恢复，就把推行职工代表大会制度作为工作重点。《国营工业企业职工代表大会暂行条例》颁布后，中国邮电工会全国委员会进一步加强了在邮电企业推行职工代表大会制度的工作。

西北五省、区邮电企业民主管理座谈会 1982 年 10 月 30 日至 11 月 5 日，为了总结交流邮电企业实施《国营工业企业职工代表大会暂行条例》的经验，中国邮电工会全国委员会在西安召开了西北五省、区邮电企业民主管理座谈会。会议表明，截至 1982 年 10 月，西北五省（区）推行职工代表大会制度的邮电企业已增至 82%。职工代表大会制度的普遍建立对调动广大职工当家做主的积极性，保证完成国家计划，改善企业的经营管理，提高经济效益，处理好国家、企业、个人三者的利益关系都起到了积极作用。

会议交流了陕西大荔县邮电局、甘肃邮政机械厂、银川邮政局、西宁邮政局、新疆石河子邮电局等 10 多个基层工会的经验。山东临沂地区邮电局工会介绍了在企业整顿中发挥职工代表大会作用的经验。

会议认为，要把企业民主管理工作向前推进一步，要按照《国营工业企业职工代表大会暂行条例》的规定，不断提高职工代表大会的质量，保证职工代表大会行使其应有的民主权利。会议确定，着重抓好几项工作：一是进一步提高企业领导干部的认识，增强依靠职工群众办企业、认真实行职工代表大会制度的自觉性。二是全面实施职工代表大会职权，尤其注意行使对干部的监督权。企业民主管理要解决的中心问题，就是职工群众要真正当家做主。三是建立和健全必要的民主程序，使职工的民主权利得到组织上和制度上的保障。四是要在企业整顿中发挥职工代表

大会的作用，不断完善职工代表大会制度。必须依靠广大职工群众，认真贯彻群众路线，充分发挥职工代表大会的作用，使企业整顿具有广泛的群众基础。

进一步提高职工代表大会水平，加强企业民主管理 1985年8月21日，中国邮电工会全国委员会代主席罗淑珍，在中国邮电工会第四届全国委员会上的工作报告中提出：邮电部门的职工代表大会制度，应在基本普及的基础上，着重提高质量，真正发挥组织和动员职工参加企业民主管理的作用。经济体制改革时期，要将职工代表大会的重点放在审议企业的重大决策上，充分调动广大职工主人翁的主动性和创造性，为改善经营管理、促进技术进步、提高经济效益发挥作用。职工代表大会还要充分履行监督权，定期评议领导干部，还可根据主管部门的部署，民主推荐或民主选举企业的领导干部。

职工代表大会制度的贯彻执行和企业民主管理 据1987年中国邮电工会全国委员会对16个单位的调查，1986年后，16个局的职工代表大会共审议企业重大决策228项，其中属于通信生产、经营管理、规章制度等方面的有169项，占总项目的74%；属于关系职工切身利益的生活福利方面的有59项，占总项目的26%。1986年至1987年，全国74%的邮电企业能够定期评议企业领导干部。

建立民主协商对话制度 1989年，天津市邮电局与邮电工会制定了《邮电系统民主协商对话暂行办法》，提出在全面实行局长（厂长、经理）负责制中，要把经营者的管理权限同广大邮电职工的主人翁地位相结合，建立职工与局长（厂长、经理）民主协商对话制度，疏通渠道、广开言路，创造团结和谐的民主政治环境，促进企业发展。

对话根据党和政府的方针、政策，企业的中心工作以及职工群众关心的重大问题，确定对话范围和中心，从市邮电管理局领导到分、支局领导，与工会、职工或职工代表进行直接或分层次民主对话，广泛征集职工意见，了解职工意愿。同时规定民主对话会由各级工会主持，职工代表提出的意见，局长要认真回答。能解决的问题，当场拍板；一时解决不了的问题，应说明情况，解释明白。

职工民主管理达标创优活动 1989 年 3 月 25 日，河南省邮电管理局、省邮电工会发出《关于开展职工民主管理达标创优活动的通知》，提出在推行局长负责制过程中，为保证职工主人翁地位、强化企业民主管理，推动《企业法》和《全民所有制工业企业职工代表大会条例》的贯彻、落实，决定在全省邮电系统开展职工民主管理达标、创优秀企业活动。同时明确了开展职工民主管理达标创优活动的标准、达标创优评选办法，成立了河南省邮电部门职工民主管理优秀企业评选委员会。其中，企业职工民主管理合格的标准，一是对职工代表大会召开、代表构成、职权范围、各专门小组及其职权、工作程序等有明确规定；二是职工代表由职工直接选举产生；三是按规定召开企业职工代表大会，通过职工大会、职工代表组或者其他形式，职工直接参加了民主管理；四是企业管理委员会组织健全；五是职工代表大会职权得到落实；六是职工代表大会通过的决议、决定和方案，都能认真贯彻执行。

民主选举县级邮电局局长 1989 年底，陕西省汉中地区首批实行局长负责制的洋县、城固、略阳、勉县、留坝 5 个县的邮电局，局长任期届满，进入换届阶段。地区局工会在换届工作中积极配合党政部门，充分尊重民意，使职工能按自己的意愿推荐、选举信得过的经营者，从而使基层民主管理工作得到了实实在在的落实，为企业增强了新的向心力和凝聚力。

民主选举中，由地区局工会、人事、审计负责人和县局职工代表组成民主选举工作小组，召集职工进行公开选举。换届选举区分不同情况，既有民主选举，也有民主推荐。经过严格的民主程序，使职工体会到选举是充分尊重民意的，也使选举产生的新班子达到职工满意，从而激发职工主人翁责任感，将企业建成了同心同德、团结一致、充满活力的利益共同体。

政、工联席会议 1989 年 12 月 30 日，辽宁省邮电局和省邮电工会就如何全心全意依靠工人阶级，加强企业民主管理问题举行了联席会议。会议分析了辽宁省邮电企业民主管理的状况，就如何全心全意依靠工人阶级办好企业进行了讨论，一致认为，在治理整顿和深化改革的新形势下，通过联席会议，共同分析民主管理形势，研究解决存在的问题，对提高邮电企业民主管理有重要意义。

会议认为，全心全意依靠工人阶级，就要充分尊重职工在企业的主人翁地位，保护职工的合法权益，调动职工的积极性和创造性，扩大职工对党政工作的监督，提高职工的思想政治觉悟和科学文化水平。

会议确定，完善民主评议干部工作，为职工选择企业领导者创造条件。继续坚持民主评议干部制度，对企业领导人进行面对面、背靠背的民主评议，征求职工代表意见。对两次评议信任票不足 60%的企业领导干部，经职工代表大会建议，由上级行政主管部门研究决定调离或就地免职。要逐步创造条件，使职工有权选择企业领导人。

（二）工会参政议政

1985 年 6 月 21 日，邮电部、中国邮电工会全国委员会发出《关于进一步发挥邮电部门各级工会参政议政作用的暂行规定》，指出工会是工人阶级的群众组织，是职工群众的重要代表者。工会参与企业管理，参政议政，是办好企业、事业的需要，也是党赋予工会的一项重要任务。工会代表职工参政议政，有利于更多地了解职工群众的意见和要求，使各项决策更加符合实际，具有更坚实的群众基础，更易于变为广大职工的自觉行动。各级邮电行政和工会组织要提高对工会参政议政重要意义的认识，在建设社会主义物质文明和精神文明中，切实发挥工会的重要作用。同时要求，各级邮电行政主管部门研究讨论全面工作部署、重大方针政策以及邮电通信中长期发展计划、年度计划时，应有同级工会参加，并听取工会意见；凡制定涉及职工劳动权益的各种重要规定和重大改革方案，应吸收工会参加；各级邮电行政主管部门在研究涉及职工切身利益的重大问题时，同级邮电工会应参与决策，并参加相应的领导机构；在加强职工队伍建设和组织劳动竞赛等各种群众性活动，以及表彰本系统的劳动模范先进集体、先进个人等活动时，行政和工会要共同组织，并建立领导机构。

为进一步发挥各级邮电工会参政议政的作用，中国邮电工会全国委员会于 1986 年 6 月 25 日至 6 月 30 日在西安召开了中国邮电工会全国委员会四届二次委员会议。会议听取了发挥邮电工会参政议政作用的报告，交流了省和基层邮电工会参政议政的工作经验。

会议经过讨论认为，各级邮电工会参政议政是办好企业、发展邮电事业的客观需要，是维护职工合法权益的必要途径，是社会主义条件下工会的基本职责。同时明确职工代表大会是工会参政议政的主要渠道，但不是唯一渠道。在贯彻职工代表大会制度，充分发挥它作为企业民主管理权力机构的作用的同时，要疏通工会委员会日常参政议政的渠道，使行政进行重大决策时，经常能听到工会的声音。

会议指出，工会参政议政的优势在于能代表群众、组织群众。工会必须深切了解群众，善于集中群众的智慧，积极反映群众的呼声和要求。会上介绍了天津市邮电工会组织民主议政会的经验和上海市邮电工会召开市级职工代表大会的经验。这些经验的共同特点是围绕通信中心，针对各个时期企业管理上需要解决的问题，提出课题，发动大家献计献策，集思广益，找出解决问题的最佳方案，供企业行政选用。

四、职工思想政治教育与职工文化建设

随着改革开放和社会主义建设新局面的开创，邮电职工队伍的思想和文化建设也进入一个新的阶段。在中国共产党领导下，邮电行业各级工会把提高职工的思想政治水平和文化技术水平作为加强职工队伍建设的着力点，加强思想政治和文化教育，搞好职工文化建设，反对落后思想意识的侵蚀，为新时期职工队伍建设打下了基础。

（一）思想政治教育

在开创社会主义建设新局面的形势下，各级邮电工会贯彻中共中央的指示，继续加强职工思想政治教育，通过开展读书活动，以多种形式加强了职工思想政治工作。

做好思想政治工作 1982 年 8 月，中国邮电工会全国委员会在六省市对邮电职工队伍状况进行了调查，了解了各工种、各层次的职工和工程技术人员的思想政治情况，提出了要解决的主要问题。各省市也进行了相应调查，为加强职工思想政治工作创造了条件。中国邮电工会全国委员会还同邮电部召开了优秀投递员表彰会，大张旗鼓地宣扬优秀员工的模范事迹和先进思想，通过树标兵，推广先进经验，广泛开展学先进、赶先进活动，鼓舞了邮电职工的政治热情，增强了职工的责任感。

开展职工读书活动 1984 年 7 月 10 日至 14 日，中国邮电工会华东协作区第五次会议在福州举行。会议着重交流了开展读书活动、加强思想政治工作、提高职工两个素质、搞好精神文明建

设的经验，探讨了如何进一步继续把职工读书活动引向纵深的做法。会议要求：（1）工会要在各级党委领导下，密切配合行政、共青团，发挥自己的优势，进一步做好职工读书的宣传发动和组织引导，搞好普及工作，把读书活动办成职工的“第二课堂”。（2）坚持学以致用，达到提高觉悟、提高技能的目的。要把读书活动和建设文明班组紧密结合起来，把邮电办成两个文明的“窗口”。（3）工会要充分发挥自己的优势，运用俱乐部、图书室、业余学校等阵地为职工读书服务；依靠积极分子力量，制订活动计划，总结交流经验，做好检查评比表彰工作，为读书活动的发展，作出积极贡献。

1985 年，全国有 78.8% 的基层组织开展了振兴中华职工读书活动，26% 的职工参加了活动，并涌现出一批先进人物。

贯彻执行中央书记处提高职工素质的指示 1984 年 12 月 13 日，中央书记处会议听取了邮电部党组关于通过整党端正业务指导思想的汇报，指示要提高职工素质、改善服务质量，要加强对职工进行职业道德教育和“人民邮电为人民”的思想教育，同时还要防止在经济体制改革中产生新的不正之风。

1985 年 8 月 21 日，中国邮电工会第四届全国委员会上的工作报告提出各地邮电工会，结合邮电职工的特点，不断加强职工思想政治工作，通过开展“五讲四美三热爱”活动，在职工中树立“文明生产、礼貌待人、方便群众、维护信誉”的道德风尚。各级邮电工会要注意把思想政治工作做到通信生产过程中去，结合质量大检查和日常通信中发生的问题，对职工进行职业道德、通信纪律和法制教育，树立“人民邮电为人民”的思想。

同时，新时期邮电工会的任务之一是努力提高职工的思想政治素质和文化、技术业务素质，不断加强邮电职工队伍的建设。首先要加强职工的思想政治教育，要把爱国主义、集体主义、社会主义和共产主义教育和理想教育融会起来，使广大邮电职工不仅具有远大的理想抱负、高度的思想觉悟，而且具有为从事邮电通信事业的光荣感、责任感和自豪感，抵制封建主义、资本主义的种种腐朽没落的思想侵蚀和“一切向钱看”的不良影响。要把纪律教育和邮电通信的职业道德、职业责任和职业纪律教育以及法制教育结合起来进行，使广大职工不仅树立牢固的法制观念、纪律观念，而且树立牢固的“人民邮电为人民”的思想和“用户第一，信誉至上”的思想。

要继续开展“五讲四美三热爱”活动，把在这一活动中出现的“创文明单位”的经验推广开来；思想政治教育的成果要落实到广大邮电单位和职工自觉争创“文明单位”“先进集体”“劳动模范”的实际行动上来。工会还必须协同有关部门有计划地搞好青年职工的政治轮训，结合理想纪律教育集中地进行一次“三史”教育和邮电性质、任务的教育，提高他们的思想觉悟。要把“振兴中华”职工读书活动广泛深入地开展下去，引导职工结合邮电通信业务和本职工作，结合改革，开展读书活动。

开展端正局风活动　1986 年 2 月 24 日，中央书记处听取了邮电部党组《关于邮电部门为精神文明建设服务的汇报》，作了指示。3 月 14 日，邮电部召开电话会议，传达了中央书记处的指示，并宣布了邮电部党组的决定：在全国邮电部门开展一次以整顿队伍、打击违法犯罪活动为重点的端正局风活动。中国邮电工会全国委员会认为，邮电部党组的部署反映了人民群众对改善邮电服务的强烈要求，也反映了全国邮电职工的愿望。3 月 21 日，中国邮电工会全国委员会发出《关于积极配合行政开展端正局风活动的通知》。指出邮电部门广大干部职工，在为两个文明建设服务中，取得了显著的成绩。但应该看到，邮电工作还不适应形势发展的需要，除了通信能力不足，还有企业管理不善；有的领导干部官僚主义严重，甚至有渎职行为；职工队伍政治素质和业务素质不高，少数职工玩忽职守。这些问题，既反映了企业行政工作中的问题，也在一定程度上反映了工会工作存在的弱点。中国邮电工会全国委员会要求，各级邮电工会必须认真贯彻党中央的指示和邮电部党组的决定，积极配合行政，开展好端正局风活动。工会要进行广泛的调查研究，旗帜鲜明地支持行政，坚决打击违法犯罪分子、撤换严重渎职的领导干部。与此同时，还应及时发现工作开展较好的单位和个人，尤其是敢于坚持原则、勇于向不良现象进行斗争的先进典型和质量高、服务好的先进单位及个人，要及时总结、表扬、奖励和宣传推广。工会要充分发挥群众组织的优势，积极主动地协同行政，务必使中共中央关于“争取在两三年内使邮电队伍的政治素质和业务素质有明显的提高”的指示得到落实。

（二）推广建立“工人之家”的经验，加强职工文化工作

在加强思想政治工作的同时，各级邮电工会还要注意加强职工文化工作，树立共产主义道德意识，提高职工的凝聚力和创造力，激励职工发挥主人翁作用，为邮电事业发展作出贡献。

推广巩县邮电局建立“工人之家”的经验 中共十一届三中全会后，经济的发展促进了邮电业务的迅速发展，巩县邮电局的经营也出现了快速增长。在业务发展的同时，也出现了通信能力，特别是人员素质不适应发展要求的问题。面对这一情况，工会从群众工作的特点和职工的实际情况出发，开始从活跃职工业余文化生活寻找突破口，对职工进行共产主义、社会主义和为人民服务、提高职业道德的教育，以充分调动职工的积极性，为完成邮电通信任务提供保证。

巩县邮电局和工会通过创办“工人之家”，丰富了职工思想政治教育的内容，改善了职工的文化生活，增进了职工的身心健康，促进了企业各项任务的完成。该局工会也因此连续被评为地、县先进基层工会，受到中国工会第十次代表大会的表彰。在

全国总工会召开的文化宫、俱乐部工作会议上，巩县邮电局“工人之家”被评为先进单位。继巩县邮电局创办“工人之家”之后，河南省积极推广巩县邮电局的经验，在一年的时间内，有32个县局建立“工人之家”，占全省县局的1/4。

1984年2月28日至3月12日，中国邮电工会全国委员会在河南省组织现场学习活动，推广巩县邮电局创办“工人之家”的经验。与会人员参观了巩县邮电局的“工人之家”，听取了巩县邮电局党支部、工会的经验介绍和河南省邮电工会在全省推广“工人之家”的经验介绍。巩县邮电局“工人之家”的兴办，为活跃职工的文化生活，加强精神文明建设找到了一条门路，具有普遍意义。

1984年4月9日，中国邮电工会全国委员会、邮电部政治部发出《关于在全国邮电企业推广巩县邮电局“工人之家”经验，发展群众文化事业的通知》，提出建设像巩县邮电局“工人之家”这样的群众文化事业是提高邮电职工思想政治素质和科学文化素质、满足职工业余文化生活、促进邮电企业两个文明建设的需要，是广大基层单位不可缺少的一项基础工作和基本建设。全国所有邮电企业的党、政、工、团组织都有责任把这项事业建设好、管理好、运用好。工会和政治部门要在党委领导和行政支持下，积极主动地筹划和组织这项工作，把管理和活动搞好，充分发挥它的“学校和乐园”的作用。

群众文化工作经验交流会 1985年3月下旬，中国邮电工会全国委员会同邮电部政治部在杭州召开全国邮电部门群众文化工作经验交流会。会议总结了推广巩县邮电局建设“工人之家”的经验，汇报了发展群众文化工作的情况，讨论了《邮电职工俱乐部工作试行条例》，并表彰了31个群众文化工作先进单位。

颁发《邮电部门职工俱乐部试行工作条例》 为了加强邮电部门的群众文化工作，充分发挥职工俱乐部在建设社会主义精神文明和发展邮电通信事业中的作用，1985 年 7 月 1 日，中国邮电工会全国委员会、邮电部政治部颁发了《邮电部门职工俱乐部试行工作条例》，明确职工俱乐部是群众文化阵地，其任务是以马列主义、毛泽东思想为指导，坚持党的四项基本原则，把建设以共产主义思想为核心的社会主义精神文明作为自己的主要任务。要通过各种活动，提高广大职工及其家属的精神境界和共产主义觉悟，培植共产主义的理想、信念、道德和情操，增强职工搞好邮电通信的积极性和创造性。要使职工群众在劳动、工作之余，得到有益身心健康的文化娱乐。

（三）开展职工队伍状况调查，提高职工思想政治素质

1986 年 3 月至 4 月，中国邮电工会全国委员会根据全国总工会统一部署，到武汉市邮局进行了职工队伍调查。同期有四川、河北、天津、北京、吉林、黑龙江、上海、福建、新疆、云南等 10 个省、区、市邮电工会也进行了重点调查。

调查发现，邮电职工队伍比较年轻，35 岁以下青年职工占 65.1%。“六五”期间入职人员占职工总数的 37.2%，其中邮政职工子女约占 55%。一线职工中，党员比重较小，分布在生产一线的党员只占总职工人数的 8.18%。调查情况表明，邮电职工积极拥护党的方针政策，拥护改革，具有积极向上精神，队伍的主流是好的。62.59%的职工把实现共产主义、实现“四化”、使祖国强大作为自己的最高理想，62.59%的职工对争取党风和社会风气好转有信心和充满信心。但邮电职工队伍中也存在不少问题。部分职工政治素质不高，有的青年职工热衷于追求生活上的满足，少许职工把钱作为个人选择工作、完成任务的唯一依据，职业道德观念淡薄，缺乏积极性。

根据调查数据，中国邮电工会全国委员会提出，一是要坚持落实中央书记处关于“两手抓”的指示，一手抓基础设施建设，

一手抓改革和职工队伍建设。要造就有理想、有道德、有文化、有纪律的邮电职工队伍；二是要把培养青年职工作为职工队伍建设的重点；三是要把提高职工的政治素质摆在首位。邮电是以提供社会效益为主的企业，职工积极性的发挥、服务的改善、职业道德和纪律的维系在很大程度上需要思想政治工作引领，提高职工政治素养。通过积极的思想政治教育，广大邮电职工的思想觉悟明显提高。1988 年浙江、广西、云南、湖南等 17 个省、区分别遭受暴雨、洪水、台风、地震等自然灾害袭击，各地邮电设施遭到严重破坏，很多邮电干部、职工为确保通信畅通，置个人安危和家庭于不顾，冒着危险紧急抢修线路，为抗灾抢险作出重要贡献。云南发生地震后，震区邮电职工坚守岗位，保证了通信畅通。

（四）提高职工文化、技术水平，培养新时期职工队伍

面对新时期的邮电建设，邮电工会针对职工队伍不适应邮电事业发展的状况，积极抓好职工文化教育，努力提高职工技术水平。特别是密切关注落后地区职工队伍的变化，对解决“老、少、边、贫”地区的技术骨干和少数民族人才培养问题提出了多项建议。

紧抓职工文化教育，提高职工技术水平 由于历史原因，基层邮电职工队伍的文化水平普遍较低。1986 年，根据中国邮电工会全国委员会的调查，邮电职工中，初中和小学文化程度的人数占 49%，大中专毕业生占 4.40%。此外，技术等级偏低，1 级至 4 级工占职工总数的 65.81%，工程技术人员只有 31 人，占职工总数的 0.76%。

根据中共中央、国务院的指示，为了提高职工文化技术水平，各基层邮电单位普遍开展了“双补”活动，有些职工攻读函授、夜大、电大，用科学文化知识武装自己。群众性的技术练兵、

技术表演等活动也广泛开展。

1985 年，在第四届邮电工会全国代表大会上，全国委员会的工作报告提出：各级工会必须动员和组织职工学科学、学技术、学文化、学管理，通过各种在职教育、业余教育的途径，造就大批有用之才。要支持职工学习科学文化知识的愿望，鼓励他们结合本职工作进行学习，为职工学习深造创造条件。

解决“老、少、边、贫”地区技术骨干和少数民族人才培养问题 1982 年以后，中国邮电工会全国委员会不断对“老、少、边、贫”地区的专业技术队伍进行调查，发现这些地区的邮电单位普遍存在技术骨干外流、人才缺乏的现象。云南西双版纳州局的 831 名职工中只有两名大专生，思茅区 2220 名职工中只有 15 名大专生。1960 年分配至青海省邮电系统的几十名大学生，留下的已很少；1970 年分配的 50 多名大学生，留下的不足 1/3，加速“老、少、边、贫”地区技术骨干和少数民族人才培养，已是当务之急。

根据这些情况，中国邮电工会全国委员会建议，一是内地邮电院校适当增加“老、少、边、贫”地区招生名额，定向培养，毕业后仍回原省（区）工作；二是增加“老、少、边、贫”省（区）的教育经费拨款，扩建省级邮电教育基地，增设少数民族班，充实师资或组织内地邮电院校和兄弟局对口支援，加速当地人才培养；三是加强在职青年工人的专业培训和技术骨干的培养。

五、解决职工生活问题

随着工作逐步走上正轨，邮电工会在积极抓好新历史条件下的职工队伍建设和开展社会主义竞赛的同时，不忘关心职工生活，一方面解决职工生活的普遍性问题，另一方面注重解决基层和条件艰苦地区职工工作环境和生活问题，加强职工扶贫和退休职工服务工作，使职工生活得到了保障。

（一）解决职工生活的普遍性问题

在社会主义建设新时期，中国邮电工会全国委员会同邮电部一手抓生产、一手抓生活，多次召开会议，研究制定措施，总结交流经验，以解决邮电职工住房紧缺、职工子女就业、劳动保险以及各项集体福利事业等方面的问题。从邮电单位分散、1/3 的职工分布在农村乡镇这些实际情况出发，采用“自建公助”职工住房的办法，取得了较好效果。“六五”期间共新建职工住房面积 470 多万平方米，改善了职工居住条件。为解决职工子女就业，企业单位普遍兴办了劳动服务公司，使近 4 万名邮电职工待业子女得到安置。此外，有 3 万名职工的幼儿在企业自办的托幼园（所）中入托。随着产业和地方休疗院所的恢复和扩建，每年有 1 万多名邮电职工享受休养和疗养。

随着通信生产的发展和经济状况的改善，邮电职工生活水平也有明显的提高。各单位的生产、生活条件和集体福利设施也有了不同程度的改善。1984 年同 1983 年相比，全国职工的人均工资水平提高了 16.3%，而邮电职工的人均工资水平提高了 28.29%。

（二）解决基层和条件艰苦地区职工工作环境和生活问题

在发展邮电事业的过程中，各级邮电行政部门和工会组织都为改善职工生活做了大量的工作。80 多万名邮电职工的生活水平得到了不断的提高。不仅增加了工资收入，在居住条件、子女就业和职工密集单位的集体福利设施方面有了比较明显的改善。但由于邮电工作点多面广、地点分散，职工工作环境和生活也有明显差异。为了保障基层和条件艰苦地区的职工生活，邮电工会全国委员会和各级邮电工会把基层和条件艰苦地区职工工作环境和生活问题作为一个重点，积极改善这些地方职工的工资环境，保障这些地方职工的基本生活。

召开职工生活工作会议 1984年6月4日至9日，邮电部召开职工生活工作会议，会议的重点是研究分散单位的职工生活问题。会议期间，有18个基层单位的代表和辽宁、福建、天津等省、市邮电工会代表介绍了经验。代表还讨论了邮电部提出的两项规定征求意见稿。中国邮电工会全国委员会代主席罗淑珍作了报告，提出扎扎实实地狠抓3年，使分散单位的职工生活有较大改善。包括：（1）分批限期解决职工的“吃、喝、拉、撒、睡”之类日常基本生活问题，保证职工生活安定；（2）结合推广巩县邮电局“工人之家”的经验，使职工文化生活逐步获得明显改善，丰富职工精神生活；（3）通过多种渠道，广开门路，使安置职工子女就业和解决夫妻长期分居等方面的工作取得较大进展，减少职工后顾之忧。同时还提出保障职工福利，维护职工合法权益，为职工说话、办事，为职工“排难解愁”是建成“职工之家”考核验收的标准之一。各级邮电工会和工会干部要积极协同企业行政，搞好职工生活工作，争创“职工之家”，争做“职工之友”；帮助解决职工住房、子女就业、集体福利事业、女工特殊保护和退休职工的生活问题。

制定落实《农村邮电分散单位职工生活工作三年规划》 根据全国邮电职工生活工作会议的要求，各地邮电部门结合当地实际情况，分别制定了《农村邮电分散单位职工生活工作三年规划》。1987年，《三年规划》所定的目标已经基本实现，农村邮电分散单位（包括长线巡房、微波郊外站）职工的基本生活条件和工作条件得到了较大改善。

基本生活设施逐步配套，分散单位职工的吃饭难、喝水难、上厕所难的状况有了明显改变。《三年规划》实施前，农村邮电支局、所自办小食堂少，大多数职工“上班忙生产，下班忙做饭”；吃水靠村镇公用水井，上厕所要走街串巷，有很多生活困难。在实施《三年规划》的过程中，各地邮电部门和工会把解决基本生活设施放在首位，因地制宜、因陋就简、先易后难、自己动手，逐步实现了农村邮电支局所的基本生活设施配套。据统计，在全国3万多个农村支局、所中，人数在5人以上的有1.8万个，至1986年底，这些单位自办小食堂的有8000个，自有水井或自来水的有21859个；建起小厕所的有20634个。人数在5人以下的办食堂有困难、搭伙也不方便的邮电所也配备了炊具，为职工做饭提供了方便。各地普遍解决了小伙食补贴问题，雇请炊事员的工资和搭伙的管理费有了出处。据11个省、区的统计，农村支局、所的职工基本上是1人1间宿舍，高于县以上城市单身职工的住房水平。为了改善职工生活条件，不少地方把建好小菜园作为规划内容之一。

邮电分支机构和分散单位的职工文化生活也得到了明显改善。据统计，在1.9万个职工5人以上的分支机构中，有60%配备了电视机；8000个长途线路巡房中，有60%配备了收音机；有17%的支局、所有流动图书。辽宁省在1127个5人以上的农村支局、所中配备电视机的占90%。不少农村支局、所建立了小活动室，为职工的业余文化学习和文体活动提供了条件，初步改变了农村邮电职工业余文化生活单调、枯燥的状况。

至1986年底，长线巡房已有53%的职工家属搬入同住，每个巡房大多订有1至2份报纸，61%的巡房配备了收音机，24%的巡房能够阅览流动图书。67%的高山微波站在城镇建了生活基地。

解决停产半停产企业职工生活问题 1989年第四季度开始的经济滑坡，对邮电工业产生了一定影响。由于市场的冲击，一些工厂遇到困难，1990年，28个部属厂有5个出现亏损，个别工厂出现停产、半停产情况。1989年8月，由于市场疲软，生产小电话交换机的上海邮电设备五厂停产，400多名职工待工。上海邮电管理局、邮电工会给予多方扶持，使问题有所缓解。邮电部属5个亏损厂共有职工2.5万余人，占部属工业职工总数的11.6%。由于各级党政工组织千方百计调剂资金、疏通渠道、安排待工人员，保证职工生活，使亏损厂职工的生活困难得到了缓解。

（三）解决“老、少、边、贫”地区职工生活待遇问题

1982年以后的几年中，中国邮电工会全国委员会先后派人到甘肃定西、宁夏西海固等贫困地区，西藏、青海、四川高原牧区，云南的山区和边防战区，湖北黄冈、江西井冈山等老革命根据地，对“老、少、边、贫”地区的邮电职工生活问题进行了调查。

通过调查发现，一是“老、少、边、贫”地区经济不发达，邮电业务量小，加上地广人稀、交通不便，通信生产成本高，经济效益低，大部分企业长期存在政策性亏损。宁夏固原地区6个县邮局，一半收不抵支；四川甘孜、阿坝、凉山3个自治州邮局每年亏损100多万元；青海全省邮局收支相差1000多万元，1/3的农村支局、所每月业务收入不足100元。青海省果洛州花石峡县邮局1985年业务收入2.1万元，支出12.7万元。由于企业穷，基本的生产、生活条件得不到保证，职工住房紧张，危房无力翻修。云南全省1/3的邮电职工住房严重破旧。职工医药费超支挤占福利费、影响职工福利的问题在这些地区更为突出，不仅必要的职工福利办不了，有的连困难救济也没有钱。二是“老、少、边、贫”地区政府为稳定职工队伍，鼓励内地人才支援，在工资和生活福利待遇方面规定了一些特殊政策，如地区津贴、工资浮动、高寒补助、缺氧补助、休假制度、生活补助和安家费等。这些特殊政策，多数是省、自治区政府规定的，也有自治州规定

的。邮电部明确过省、自治区政府规定的邮电部门可以执行，但对自治州政府规定的没有认可。而且“老、少、边、贫”地区邮电部门自身有实际困难，执行省、自治区政府特殊政策的资金无法完全解决。甘肃省政府规定，从 1986 年起对退休职工增加相当于标准工资 5%—25% 的生活补贴，对非因公死亡职工的直系供养亲属，也按月发给生活补助费，甘肃省邮电管理局如执行这些规定，每年需增加开支 140.5 万元。青海省邮电管理局自 1983 年以来支付省政府规定的离、退休职工高原补贴、安家补贴和邮电部规定的离休干部易地安家费等一次性开支即达 443 万元。三是一些“老、少、边、贫”地区由于自然条件差，邮电职工家住农村乡镇的，部分处于长期贫困状态。宁夏西海固地区的 8 个县局，职工是贫困户的占 46%。四是青海省海西西部和果洛、玉树两州，海拔在 4000 米以上，生活艰苦。在这些地区工作的 1000 多名职工，90% 以上不是当地人。果洛州花石峡和玛多两个县局共有职工 40 人，不少职工患有高原性心脏病、关节炎、胃病、高血压等。

中国邮电工会全国委员会借邮电部筹备召开“老、少、边、贫”地区工作会议之机，向邮电部建议：（1）希望参照中央扶持“老、少、边、贫”地区的方针政策，对“老、少、边、贫”地区邮电企业也给予扶持，采取必要、适当的优惠政策，增强企业自我改造的能力。（2）请邮电部研究、明确，执行自治区和自治州政府的政策规定；对执行当地政府政策规定而增加的开支，邮电部在决算分配时应予以承认。（3）希望邮电部对自然条件差的地区的贫困职工在提供扶贫资金上给予一定支持。（4）建议采取与支援西藏一样的办法，对青海高原地区的职工实行轮换。青海省完全靠省内轮换有困难，建议采取省内轮换和部里组织其他省份邮电职工支援轮换相结合，先分期分批地把在海拔 4000 米以上、调去坚持工作 15 年以上的职工轮换出来。

（四）邮电职工扶贫工作

邮电单位对职工生活困难的传统做法是补助，但是单纯救济的做法，救急救不了贫，有些职工年年靠补助，年年贫困，长期翻不过身来，企业的负担也很重。1981 年，黑龙江省海伦县邮电局工会大胆改革，把一部分困难补助款无息贷给 50 多名困难职工，扶持他们生产自救，仅一年多时间就见了成效，大部分职工家庭有了收益，还清了欠债，改善了生活，摆脱了长期贫困。

为了解决职工的长期贫困问题，中国邮电工会全国委员会和各级邮电工会，把推广海伦邮电局扶贫经验（以下简称海伦经验）作为解决职工贫困问题的突破点，重点推介各地邮电部门的扶贫经验和成果。各地邮电工会还逐户摸底调查，摸清贫困户的思想状态，通过各种方式，有针对性地启发引导，帮助他们正确了解党的政策，克服依赖思想和畏难情绪，树立生产自救的信心和决心，把贫困户内在的积极因素充分调动起来。

为在已经取得成效的基础上，进一步促进全国邮电职工扶贫工作的开展，1986 年 6 月，中国邮电工会全国委员会生活部在黑龙江省齐齐哈尔市邮电局组织了一次全国邮电部门职工扶贫工作经验交流活动，系统地总结推广了黑龙江省海伦县局、齐齐哈尔市邮电局及梅里斯区邮电局和黑龙江省邮电工会的扶贫工作经验。在交流经验的基础上，根据 1985 年全国总工会《关于积极开展职工扶贫工作的意见》中提出的“争取用三年或稍长一些时间，扶助有条件的职工困难户尽快脱贫”的要求，组织各地邮电工会研究了邮电部门扶贫工作。与会人员表示，一定要把职工扶贫工作列入各级邮电工会的工作日程，像抓职工住房“自建公助”一样，把职工扶贫工作抓好，有重点、有计划、分期分批扶持邮电职工贫困户尽快脱贫。

1986 年全国邮电职工扶贫工作会议以后，各地邮电部门加强贫困职工扶助工作，邮电职工中的贫困面逐步缩小。1986年，邮电职工中的贫困户一般地区占职工总数的5%—10%，一些贫困地区可达30%—50%。经过扶持，到1990年，贫困户生产自救共22230户，其中60%以上摆脱了贫困。1986年，黑龙江省全省邮电职工中的贫困户占职工总数的7.1%，到1990年4月已下降到2.6%。

（五）退休职工管理服务工作

随着时间的推移，邮电系统的退休职工逐年增加，到1986年，已达12万人，相当于在职职工总数的14.4%，做好退休职工的生活保障工作成为工会的重要任务。为了保障退休职工的生活，各级邮电局和邮电工会做了大量工作。

解决“老、少、边、贫”退休职工安置问题 1985年，中国邮电工会全国委员会对“老、少、边、贫”的职工生活情况进行了调查，发现20世纪五六十年代从内地调去支援边疆民族地区的老职工，多数都已接近或达到退休年龄，年老多病，家庭困难较多，除少部分愿意留在当地生活外，大部分希望退休后回到内地。根据这些情况，中国邮电工会全国委员会建议，对内地调去支援边疆民族地区的老职工采取多种形式、多种渠道、上下结合、集中与分散安置相结合的办法安置退休职工。要求回原籍的，相关邮电部门应协助安置；自愿留在当地定居的，从安家政策上给予优惠；要求在州内或省内定居的，应选择气候和交通条件较好的地方分期分批建退休职工住宅。所需建房投资和公助资金，除自筹外，建议邮电部专项拨款给予支持。

健全退休管理服务体制，保障退休职工生活 1884年全国邮电职工生活工作会议以后，各地邮电部门建立健全退休职工管理服务组织制度，到1986年，邮电系统已建立退休职工管理委员会（小组）2100多个。退休职工管理委员会采取“政群结合”的方式，由局和工会及部分退休职工代表组成，形成一支退休管理服务队伍。福建省把内地退休到福州安家的 200 多名退休职工单独组织起来，建立了内地职工退休管理委员会。漳州和湘潭等邮局退休管理委员会都接纳了到本地安家的外地邮电退休职工，浙江、云南、广东等省邮电系统制定的退休职工管理办法，也都对接纳和委托代管异地安家退休职工问题作出了规定。

1986 年 5 月 7 日至 10 日，中国邮电工会全国委员会在福建省漳州市举行全国邮电部门退休职工管理服务经验交流活动，通过现场参观学习，交流经验，提高退休职工管理服务工作水平。活动学习了漳州市邮电局离退休人员管理委员会、福州内地邮电职工退休管理委员会和福建省管理局、省邮电工会的退休职工管理服务经验，交流了武汉、南昌、湘潭、苏州、天津、石河子等地邮电局退休职工管理委员会以及太原邮电老年体协等 9 个单位的工作经验。7 月 26 日，邮电部、中国邮电工会全国委员会发出《关于进一步加强邮电部门退休职工管理服务工作的通知》。该《通知》提出，关心退休职工的晚年生活，使他们老有所依、老有所乐、老有所学、老有所为，是党和政府一贯的方针政策，努力做好邮电退休职工的管理服务工作，是各级邮电行政和工会应尽的职责。各级邮电行政和工会，都要把退休职工管理服务工作列入议事日程，认真贯彻执行党和政府有关退休职工的方针、政策，维护退休职工的合法权益，帮助退休职工排忧解难，关心和安排好他们晚年的生活。

第十二章
适应社会主义市场经济体制的邮电工人运动

中共第十四次代表大会明确提出了建立社会主义市场经济体制的改革目标。在建立社会主义市场经济体制的新形势下，邮电工人运动和工会工作遇到良好的机遇，也面临严峻的挑战。这一时期，邮电工会全面贯彻“抓住机遇、深化改革、促进发展、保持稳定”的方针，紧紧围绕通信中心，在加快通信发展和改善服务中发挥更大作用；立足调动职工的积极性，全面履行工会职能，坚持以民主管理为主线，继续推动全心全意依靠工人阶级指导思想的落实；加强改革中的政策性参与，把工会工作提高到了一个新水平。

一、邮电工会建设

随着改革开放的深化和加强，工会建设也面临一个全新的局面。20 世纪 90 年代，中国邮电工会连续两次召开全国代表大会，统一思想，提高认识，以适应邮电体制改革和加速社会主义现代化建设时期的历史要求。同时，根据新颁布的《中华人民共和国工会法》(以下简称《工会法》)，加强组织建设、思想建设和制度建设，开创了新时期邮电工会建设的新局面。

（一）中国邮电工会第五次全国代表大会

1991 年 10 月 11 日至 13 日，中国邮电工会第五次全国代表大会在北京召开。大会的任务是贯彻中共十三届七中全会和全国人大七届四次会议以及中央工作会议精神，依据全国总工会提出的工作方针、任务和第二十八次全国邮电工作会议精神，总结自中国邮电工会第四次全国代表大会以来的工作，讨论确定此后五年的主要任务，选举产生中国邮电工会第五届全国委员会，进一步团结和动员全国邮电职工，坚定社会主义信念，发扬工人阶级主人翁精神，艰苦奋斗，继往开来，在实现邮电十年规划和“八五”计划的历史性任务中，发挥主力军作用。中国邮电工会全国委员会主席罗淑珍向大会作工作报告，回顾了邮电工会四大以来的工作，提出在新阶段，中国邮电工会的基本指导思想是坚持党的基本路线，坚持团结、稳定、鼓劲、务实的方针，以邮电通信为中心，全面履行工会的社会职能，加强自身建设，增强基层工会活力，团结和动员百万邮电职工，为巩固和发展安定团结的政治局面，实现邮电“八五”计划，促进我国社会主义现代化建设而努力奋斗。同时，在新的历史时期，工会工作必须提高到一个新的水平，一是围绕通信生产建设，做好工会工作，调动百万邮电职工的积极性，继续广泛深入地开展以“双增双节”为主要内容的社会主义劳动竞赛，把通信生产建设更快搞上去。二是全面落实全心全意依靠工人阶级的指导方针，大力推进邮电企业民主建设。全面落实职工代表大会制度和职权，加强工会参政议政，把企业民主管理提高到一个新水平。三是发挥工会的共产主义学校作用，努力提高邮电职工队伍的素质。四是认真履行工会维护职能，扎扎实实为职工办实事。关注改革，注意调查研究，积极反映群众的合理意见和要求。

根据中国邮电工会全国委员会的决定，会议对北京市南区邮电局工会等94个模范“职工之家”、张细泉等131名优秀工会工作者、赵丽等169名优秀工会积极分子进行了表彰。经中国邮电工会第五次全国代表大会民主选举，产生了由64名委员组成的中国邮电工会第五届全国委员会。1991年10月13日，中国邮电工会第五届全国委员会召开第一次全体委员会议，选举了第五届全国委员会，选举产生了由9人组成的常务委员会。选举罗淑珍为主席，于心怀、李建魁为副主席。

（二）学习新《工会法》

1992年4月3日，第七届全国人民代表大会五次会议审议通过了新的《工会法》。4月20日，邮电部、中国邮电工会全国委员会发出关于认真学习、宣传、贯彻《工会法》的通知，要求各级工会要带头学好《工会法》，深刻领会《工会法》的精神实质，自觉增强法律意识，依法行使权利和履行义务；广泛宣传《工会法》，通过多种形式，切实把《工会法》的学习、宣传落实到基层和职工中去。《工会法》的学习、宣传、贯彻要与加快改革开放、全面贯彻执行党的基本路线结合起来，要紧紧围绕发展邮电通信事业这个中心，推动各级邮电工会更好地履行社会职能，进一步调动广大邮电职工的积极性和创造性，并把它引导到促进邮电通信大发展上来，努力做好邮电部门的各项工作。

（三）召开邮电工会全国代表会议，强化邮电工会建设

1993年7月28日至31日，邮电工会召开全国代表会议。这是邮电工会恢复活动以来召开的第一次中国邮电工会全国代表会议。会议的主要任务是选举产生邮电系统出席中国工会第十二次全国代表大会的代表；研究探讨邮电工会如何在新形势下，更好地坚持以通信为中心，动员和组织广大职工，在搞好邮电服务中建功立业，推动邮电工会工作上新台阶的问题。

中国邮电工会全国委员会主席罗淑珍在会上发表讲话，要求邮电工会工作必须立足于调动职工的积极性，全面履行职能，在加快通信发展中发挥更大的作用；邮电工会工作必须适应建立社会主义市场经济的要求，进一步转变观念，建立新的工作机制，注意从企业和职工的要求出发，反映有关的意见和要求，使工会切实成为职工群众的代表者，形成“从群众中来，到群众中去”的工作循环。确立“群众的事情群众办，依靠会员办工会”的观念，走“专、兼、群”相结合的路子，在建设一支素质高、作风硬专职工会干部队伍的同时，依靠会员开展工作，扩大和强化工会工作力量。

会议通过《关于动员全国邮电职工为加快发展、改善服务建功立业的决议》，提出以高度的主人翁责任感为加快发展，改善服务建功立业。继续发扬工人阶级的主力军作用，踊跃参加各种形式的社会主义劳动竞赛，为搞活企业，增强企业竞争能力献计出力。牢记“人民邮电为人民”的服务宗旨，全心全意为用户服务，自觉地用邮电职业道德规范自己的行为，不断提高通信质量和服务水平。

1998 年 7 月 14 日至 16 日，中国邮电工会再次召开全国代表会议，选举产生了出席中国工会第十三次代表大会的代表。会议还交流、研究了在邮电分营改革中加强工会组织建设的问题。

（四）中国邮电工会第六次全国代表大会

1996 年 12 月 5 日至 9 日，中国邮电工会第六次全国代表大会在北京召开，来自全国邮电部门的 296 名正式代表、31 名特邀代表参加了会议。中国邮电工会主席罗淑珍代表第五届全国委员会作了题为《团结和动员全国邮电职工 为实现邮电通信跨世纪宏伟目标而奋斗》的工作报告。报告总结了 1991 年以后邮电工运事业的主要成就和经验，提出了邮电工会面临的形势和任务。报告指出：各级邮电工会必须以党的基本理论、基本路线和基本方针为指导，贯彻新时期工会工作方针，围绕通信发展中心，全心全意地依靠工人阶级，建立、发展和谐稳定的劳动关系，全面提高职工队伍素质，加强工会自身改革和建设，团结和动员百万邮电职工为实现邮电通信跨世纪发展而努力奋斗。

会议选举产生了第六届全国委员会委员、常务委员、主席、副主席。委员会由 67 人组成，常委会由 11 人组成，王焕惠为主席，于心怀、姜桂云为副主席。会议还表彰了 100 个“模范职工之家”，200 个“模范职工小家”，200 名优秀工会工作者和 299 名优秀工会积极分子。

（五）适应邮电体制改革，加强邮电工会建设

1998 年，国家撤销了邮电部和电子工业部，组建了新的信息产业部，实行政企分开；在邮电产业内部实行邮电分营。随着管理、经营体制的变化，邮电企业的工会组织都要重新组建。中国邮电工会全国委员会在邮电分营中，把组建工会组织列为全年工作的重点，在中国邮电工会六届三次全体委员会上提出了“工会组织不散、工作秩序不乱、工作力度不减”的要求。在地（市）、县（市）局邮电分营前，中国邮电工会全国委员会下发《关于在邮电分营中工会工作的若干意见》，要求在分营的同时，在邮政局、电信局及其他分营涉及的企事业单位同步建立工会组织和职工代表大会制度，并尽快召开会员代表大会和职工代表大会。在省级邮电管理局开始分营前夕，依据《工会法》，下发了《关于在邮电管理局邮电分营与机构调整中工会组织调整和建设的通知》，就省（区、市）邮电工会组织调整和建设提出了指导意见。其间，几次召开省邮电工会主席参加的座谈会，研究分营中工会工作遇到的新情况、新问题；组成多个调研组分赴 20 多个省、区、市进行调查研究。截至 1998 年底，基层邮政、电信企业全

部建立了工会组织，邮电工会基层组织由原来的3000多个增加至近6000个。

1999年1月11日，中国邮电工会下发《关于组建省级邮政工会的通知》。文件下发后，各级邮政工会相继召开代表大会，25个省邮政工会召开了代表大会，建立了邮政工会。10月，下发《关于组建省级移动通信工会若干问题的通知》，明确了省级移动通信工会委员会的组成要求，各省级移动公司均成立了工会筹备组，陆续筹备召开代表大会。截至1999年底，全国邮电工会的基层组织增加到7000多个。

2000年4月，中国邮电工会提出在国家邮政局和中国电信、中国移动通信、中国联通等集团公司建立工会委员会的意见，得到全国总工会的支持。经过中国邮电工会全国委员会的努力协调，各公司工会相继建立。2000年11月，国家邮政工会召开第一次代表大会，成立了中国邮电工会国家邮政委员会。2001年11月6日，中国移动通信集团召开全国工会代表大会，正式成立移动通信集团工会。12月3日，中国联通公司召开全国工会代表大会，正式成立中国联合通信有限公司工会。

二、新时期群众生产工作

（一）群众生产工作与劳动竞赛

经过改革开放10年的发展，邮电通信取得了令人瞩目的成就。随着计划经济向市场经济的转变，邮电通信业又迎来了前所未有的机遇，也面临巨大的挑战。根据邮电部制定的邮电行业第八个和第九个“五年规划”，“八五”期间，邮电业务量年均增长15%左右；全国电话自动网将大大扩展；大容量数字通信传输网、国内卫星通信系统、国际通信建设显著加强。“九五”期间，通信网的规模、技术层次、服务水平要进入世界先进行列。为了完成两个五年计划，邮电工会继续组织邮电职工开展社会主义劳动竞赛。

继续进行劳动竞赛 1992年以后，中国邮电工会与邮电部邮政总局继续开展全国干线邮路文明转运站、文明邮车（船）竞赛活动，以推动邮电运输的发展。继续开展长线无障碍、全国电报同工种和人工长话竞赛活动，以加强电信服务工作。

1993年7月，中国邮电工会全国代表会议作出《关于动员全国邮电职工为加快发展改善服务建功立业的决议》，在全国范围内开展优质服务活动。

1993年9月，中国邮电工会全国委员会在《适应新形势的要求、努力做好邮电工会工作》的总结报告中提出：邮电工会工作必须更加紧密地围绕中心，突出重点，立足于调动职工的积极性，广泛动员广大邮电职工发扬艰苦创业精神，为加快通信发展和改善服务建功立业。

1994年3月，邮电部党组听取了中国邮电工会汇报，决定在全国邮电部门开展“树邮电新风，创优质服务”活动。6月14日，中国邮电工会在福州召开全国邮电工会优质服务经验交流会，提出了工会“参与领导、协作配合、动员职工、总结典型、检查督促”的任务，和“以全员参与为目标，以提高职工队伍素质为重点，依靠职工群众，充分发挥工会优势，运用多种形式和手段，全力推进活动深入发展”的工作思路。在各级邮电工会的组织和全体邮电职工的努力下，1994年，邮电部门提前一年完成第八个五年计划主要指标，提前6年实现了邮电通信业务量翻三番的战略目标。

竞赛评比表彰活动 1994年3月11日，中国邮电工会全国委员会与邮电部运输局联合召开1993年度全国干线邮路文明转运站、文明邮车（船）竞赛总结评比会，评选出59个全国文明转运站、33 个文明邮政车，对评选出的文明站（车）进行了表彰奖励。

同年，与邮电部共同进行了 1993 年度长线无障碍、全国电报同工种和人工长话竞赛活动的总结评比，表彰 1993 年度长线无障碍竞赛先进单位 11 个。与邮电部电信总局、邮政总局共同表彰了优秀长话科（室）18 个、先进电路小组 188 个；全国电报营业、投递工作先进集体 115 个，优秀电报营业员、投递员 117 名，并对 1993 年度全国自动转报全程全网技术业务生产竞赛活动中评选出的先进转报中心和优胜单位进行了表彰。

评选表彰全国“十佳”“百优”乡邮员活动 为了广泛宣传乡邮员的模范事迹，弘扬优质服务意识和无私奉献精神，进一步做好新形势下的农村邮政投递工作，1993 年 9 月，中国邮电工会、邮电部邮政总局、农民日报社、人民邮电报社联合开展了全国“十佳”“百优”乡邮员评选表彰活动。1994 年“五一”国际劳动节前夕，评选出了全国“十佳”和“百优”乡邮员。5 月 3 日，在人民大会堂召开全国“十佳”“百优”乡邮员表彰大会。表彰大会后，许多地方邮电工会组织各种演讲、报告会，宣传“十佳”“百优”乡邮员的先进事迹。

1995 年，邮电工会围绕“第二次创业”，发动职工面向市场，加快发展，改善服务，提高效益，为实现邮电事业的新发展而奋斗。

全国邮电系统先进集体、先进个人表彰大会 1996 年 12 月 24 日至 1997 年 1 月 2 日，邮电部和中国邮电工会在北京联合召开全国邮电系统先进集体、先进个人表彰大会。会议总结交流了“八五”期间全国邮电部门发展、改革、服务的先进经验，表彰了 98 个先进集体、248 名先进个人。11 个先进集体和先进个人的代表在大会上交流了经验。

积极参与“邮电服务年”活动 1997 年，邮电部确定该年为“邮电服务年”。8月下旬，邮电部组织力量对12个省（自治区、直辖市）服务工作和质量进行检查和调研。中国邮电工会全国委员会与邮政总局、电信总局、人民邮电报社共同组织了“当好主人翁，全面实现邮电服务年目标知识竞赛活动”，全国98万名邮电职工参加了知识竞赛。中国邮电工会全国委员会还与电信总局共同开展了“规范服务行为、争当服务明星”活动和“全国电信网维护规程知识竞赛”。各省（自治区、直辖市）邮电工会组织职工开展“服务明星”“擦亮窗口”“满意在邮电”等服务窗口工种竞赛，开展各种知识竞赛和演讲比赛，开展服务互检互查和“比学赶帮超”活动，对推动“邮电服务年”活动的开展起到了明显的积极作用。

全国邮电系统劳动模范巡回报告团 为大力弘扬劳模先进事迹，进一步在全国邮电系统掀起学先进、赶先进的热潮，动员广大职工为实现邮电“九五”计划和2010年远景目标建功立业，1997年5月，邮电部和中国邮电工会全国委员会共同组织全国邮电系统劳动模范巡回报告团，赴5省4市作巡回报告。报告团共作报告15场，听众达1万多人。巡回报告期间还召开了不同形式的座谈会，交流先进事迹及经验，在邮电行业内外产生强烈反响。全国有7个省、市邮电工会也组织了劳动模范报告团巡回演讲。全年开展各种劳动竞赛9000多项次，完成技术革新、技术攻关1500多项，提供合理化建议2万多条，创经济效益2.5亿元。经过全体邮电职工的奋斗，到1997年，全国局用交换机总容量突破1亿门，网络规模跃居世界第二位；移动电话用户达到1323万户，用户总数跃居世界第三位；全国县以上城市全部实现了程控化。

1998年邮电分营以后，形势出现变化。以为社会服务为目标的邮政企业出现严重亏损，经营困难；电信企业面临国际、国内竞争，市场压力变大。在这种形势下，各级工会紧紧围绕通信发展，发动邮电职工开展重在实效的各种劳动竞赛、合理化建议、技术改进和技术协作活动。省级邮政工会普遍开展了以增收节支、扭亏增盈为目标的劳动竞赛，全国邮运文明竞赛活动内容有新的扩展和充实，竞赛水平又上新台阶。经过全体邮电职工的努力，1998 年邮电业务总量完成 2413.7 亿元，比 1997 年增长 35.7%；固定资产投资达 1680.5 亿元，创历史最高水平。

1999 年，中国电信继续重组分营，移动通信企业与中国电信分离，组建中国移动通信公司。各级邮电工会和广大职工积极支持改革重组，在保障改革顺利进行的同时，不断提高通信质量、服务质量和效益，实现了全行业的持续、快速、健康发展。中国邮电工会与电信总局开展的全国电信网长途来话接通率竞赛达到历年最高水平，长途来话接通率达到 52.4%。

2000 年 1 月，中国邮电工会全国委员会召开全国邮政、电信、移动通信工会主席会议，提出组织动员广大职工，为全面完成 2000 年改革和发展任务而奋斗。各级邮电工会发动职工群众，拓宽经济技术活动领域，围绕通信企业技术创新、管理创新、服务创新和扭亏增盈等内容开展劳动竞赛、技术比武和合理化建议活动，促进了企业发展。

（二）全国邮电职工技术协会的成立与邮电职工技术协会工作

1991 年中国邮电职工技术协会成立后，邮电职工技术协会发展很快。到 1993 年初已有 28 个省、区、市成立了邮电职工技术协会，1000 多个基层建立了技术协会组织，会员达 5.3 万余人。各级邮电职工技术协会围绕邮电通信建设的中心任务，以技术攻关、技术协作、技术交流、技术比赛、技术转让、新产品开发和提合理化建议等为主要内容，开展了丰富多彩的活动，创造了良好的经济效益和社会效益。1992 年，共完成技术攻关 1000 多项，推广新技术 340 余项，举办技术培训 1100 多次，培训骨干 3.4 万人。邮电系统职工共提出合理化建议25万多件，被采纳9.5万件，实施5.4万件，创经济效益3.6亿元；创造发明290多项，创经济效益1900多万元。

为了统一领导全国邮电系统职工技术协会工作，促进邮电技术进步和技术协作，推动邮电事业快速发展，1993年，中国邮电工会全国委员会决定成立中国邮电职工技术协会，并于5月8日召开成立大会。会议选举了协会理事会，通过了《中国邮电职工技术协会组织条例》，确定协会的宗旨是以经济建设为中心组织会员，团结吸引广大邮电职工和离退休人员，开展多种形式的群众性技术活动，努力发展生产力，促进邮电的技术进步，不断提高邮电企业经济效益和社会效益。

全国性邮电职工技术协会组织的成立，推动了群众性技术活动的开展。1994年，邮电职工技术协会共攻破技术关键近1400项，推广新技术500余项，组织各种技术培训（讲座）2200多次，有偿服务近12000项。1995年，全国邮电职工共提出合理化建议217459件，采纳87079件，创造（节约）价值76979万元。

1998年，各级邮电工会围绕通信发展，发动职工开展技术协作活动，并针对分营后出现的新问题和困难，发动职工为企业发展献计献策，促进了企业发展。5月25日至29日，中国邮电工会全国委员会在北京召开全国邮电工会经济技术工作座谈会，总结交流邮电工会经济技术活动经验，研究探讨在新形势下更加扎实有效地开展群众性经济技术活动的新途径、新思路。1999年，各级工会紧紧围绕通信发展，发动群众开展合理化建议、技术改进和技术协作活动，推动了企业技术进步。

2000年9月8日至9日，中国邮电工会全国委员会召开部分省、区、市邮政，电信职工技协暨工会经济技术工作座谈会。会议认为加强职工技术协会工作，必须树立创新意识，紧紧围绕企业技术进步和产业升级开展多种形式的群众性科技创新活动，帮助企业创新技术、改善服务、延伸业务、提高效益。2001 年，中国邮电工会提出：大力开展群众性经济技术创新活动，把广大职工的智慧和力量进一步凝聚到通信发展上。以“经济技术创新工程”为载体，大力开展劳动竞赛、技术创新、技术协作、发明创造、岗位练功、技术比武、合理化建议等多种形式的群众性经济技术活动，以创新活动促企业发展。

三、新时期企业民主管理

随着改革的深化，邮电企业民主管理也面临许多新的课题和任务。如何在经营体制出现新变化的形势下全心全意地依靠工人阶级，管理好企业，保证企业经营的社会主义方向，成为深化改革时期工会工作的重要任务。在新的条件和任务下，各级邮电工会把落实职工代表大会职权作为重点，积极参政议政，参与建立现代企业制度试点，保证了职工当家做主和管理好企业的权利。

1993 年 9 月，中国邮电工会全国委员会在《适应新形势的要求、努力做好邮电工会工作》的总结报告中提出：邮电企业民主管理工作，要以落实职工代表大会职权为重点，完善制度，防止形式主义，保证职工代表活动经常化。1994 年，建立职工代表大会制度的邮电基层单位已占单位总数的 94%。中国邮电工会把加强职工民主管理作为重点工作，进行了职工问卷调查和专题调查，进一步掌握了民主管理工作的状况和问题。10 月 26 日，在湖南召开全国邮电职工民主管理工作会议，要求牢固树立全员管理意识，抓好职工民主管理工作。1995 年 5 月 23 日，邮电部党组下发了《关于进一步加强邮电职工民主管理工作的意见》，要求牢固树立职工民主管理意识，围绕邮电中心工作，加强民主管理。到 1995 年底，绝大多数省、区、市邮电管理局，邮电工会召开了民主管理工作会议，20 个省、区、市邮电局，工会制定或修改了邮电职工民主管理工作的意见和办法，企业民主管理工作更趋于制度化、规范化、日常化。按期召开职工代表大会的邮电基层单位有2901个，占基层单位总数的95%；有2498个基层邮电企业进行了民主评议干部工作，占基层总数的83%。1997年，有16个省级邮电管理局（党组）、邮电工会制定或修订了民主评议企业领导干部的办法。1999年，有20个省级邮政局党组、12个省级邮电（电信）管理局党组制定了局务公开的意见或实施办法。北京、江苏、福建、海南等省级邮政局召开了局务公开经验交流会。2000年3月，中国邮电工会和中国电信总局联合发文，要求把局务公开纳入企业经营管理中，坚持实行职代会民主评议企业领导人制度。6月，中国邮电工会组织3个调查组，分别到8个省份进行了局务公开调查。截至2000年底，全国邮政、电信、移动通信省级单位中有71个单位的行政和工会下发了实施意见，有20个单位召开了局务公开会议。

在改革过程中，中国邮电工会全国委员会从产业实际出发，积极参与一系列涉及职工切身利益的方针、政策的制定。在邮电部制定的《邮电企业补充养老保险和个人储蓄性保险制度》《邮电全行业养老保险基金统筹制度》《邮电部门劳动就业服务企业管理办法》《邮电女职工劳动保护规定实施细则》《邮电岗位技能工资制度实施方案》等政策过程中，提出了合理建议。1994年5月，出席邮电工会五届四次全体委员会议的代表在与邮电部领导座谈时，提出了提高邮电职工队伍素质，加强民主管理，依靠职工办企业，加快邮电改革步伐，改善邮电服务，促进邮电发展，适应邮电走向市场新形势的建议，得到邮电部领导的肯定。中国邮电工会就完善邮电岗位技能工资制进行了大量的调查研究，提出了建设性意见，还就邮电部制定的《邮电多种经营管理暂行规定》提出了意见。

1995年，中国邮电工会全国委员会参与了邮电部武汉通信电源厂建立现代企业制度试点方案的修订和论证工作，使该试点方案在坚持职工代表大会制度、工会主席进入董事会、职工代表进入监事会、加强工会工作以及实行平等协商、签订集体合同等方面作出了明确的规定。

四、新时期职工队伍建设

在邮电企业逐步由计划经济向市场经济过渡的形势下，特别是在邮电通信技术加快实现现代化的形势下，邮电工会紧紧围绕邮电发展和服务这一中心，把提高职工队伍素质作为长期的战略任务来抓，促进了职工队伍思想水平和技术水平的提高。

（一）思想政治教育

1991 年 11 月，中国邮电工会全国委员会在邮电工会第五次全国代表大会的报告中指出，要继续深入开展“双基”和爱国、爱党、爱社会主义的“三热爱”主题教育与“人民邮电为人民”的教育。并把这些教育引导到坚信党的领导，坚定社会主义信念，爱邮电、爱企业、爱岗位，与企业同呼吸、共命运的主人翁精神和主人翁行动上，讲求职业道德，严守劳动纪律，刻苦钻研技术业务，做“四有”职工，为“八五”奉献。坚持开展“四职”教育，并把它与纠正行业不正之风、建设新局风结合起来，进一步增强广大职工的质量意识、服务意识。引导职工遵守规章制度和职业道德规范，抵制各种不正之风，培养良好的职业道德风尚。

1993 年 7 月，中国邮电工会全国代表会议通过《关于动员全国邮电职工为加快发展、改善服务建功立业的决议》，提出要继承和发扬邮电的光荣传统和优良作风，自觉抵制拜金主义、享乐主义和极端个人主义的侵蚀，保持艰苦奋斗、廉洁奉公和开拓进取的精神，树立邮电职工的良好形象。1994 年，各级邮电工会开展有中国特色社会主义的市场经济理论教育，使广大职工进一步了解邮电面临的形势和任务，增强了紧迫感、责任感和竞争意识，调动了广大职工的劳动积极性。通过开展“树邮电新风，创优质服务”活动，增强服务意识，促进了邮电整体服务水平的提高。1996 年，在“树邮电新风、创优质服务”活动中，广泛开展深化服务思想和职业道德教育，进一步树立邮电为人民的服务宗旨。1997 年，配合“邮电服务年”，以竞赛形式增强职工的服务意识，提高了职工队伍素质。

1998 年以后，在邮电经营体制改革过程中，邮电工会把加强思想政治工作、稳定职工队伍作为突出着力点，发动广大邮电职工积极主动地配合改革，保证了邮电分营工作的顺利进行。

（二）职工文化、技术教育

1992 年，中国邮电工会全国委员会对邮电职工技术业务素质进行了全面调查，调查结果显示，邮电职工队伍技术业务素质有了相应提高。一是技术力量的加强，技术队伍得到壮大。各类专业技术人员从 1986 年的 11.3 万人，增加到 1991 年的 22.6 万人。其中，直接从事通信生产活动的工程技术人员由 3.2 万人增加到 6.2 万人，增加了近 1 倍。参加各种短期培训的人数由 1986 年的 15 万多人次，增加到 1991 年的近 44 万人次。二是职工文化程度普遍提高。1985 年至 1991 年，吉林省具有高中文化程度的职工比例提高了 5 个百分点；福建省高中以上文化程度的职工由占职工总数的 32.4%上升到 45.0%，提高了 12.6 个百分点；兰州电信局具有高中以上文化程度的职工比例由 45.6%上升到 58.4%，提高了 12.8 个百分点，大学本科以上文化程度增长 40.9%。三是职工的业务技术等级和实际水平有了较大幅度的提高。黑龙江省仅在 1988 年至 1990 年两年间，高级工由占职工总数的 3.9%上升到27.4%。兰州市电信局高级工由1985年的115人增加到1991年的849人，平均每年增长106.4%。四是职工学习文化技术业务的积极性普遍提高。在调查中，有75.7%的职工参加过技术培训或正在参加技术业务培训，有67.8%的职工在业余时间不同程度地进行读书学习和技术革新活动。

但是，面对迅速发展的通信形势，邮电职工的技术业务素质还远远不能满足邮电发展的需要。一是沿边、内地及地市以下通信企业，尤其是县级企业严重缺乏微机、程控、光纤、数字微波等方面的专业技术人员。全国95%以上的县局在开通了程控之后，才逐步开始选调一部分职工学习程控，大学毕业后分配的技术人员几乎没有。二是有相当一部分职工的技术等级与其文化程度和实际业务水平不相符。三是邮政各工种专业技术人才严重不足。截至1991年底，全国邮政部门直接从事生产的34.5万余名职工中，仅有2427名工程技术人员，而且懂得微机和机电精密仪器的工程技术人员甚少，职工对于新技术、新设备的适应能力较差。

根据邮电职工的技术业务状况，中国邮电工会全国委员会建议因地制宜，采取多种形式、多种渠道、扩大培训面，培养多层次的实用型人才。发挥工会优势，通过工会参与和组织的职工岗位练兵、技术比武等群众性技术活动，广泛开展提高职工技术业务素质的工作。

在工会组织下，1992年共有10个省、区、市的邮电部门开展技术练兵活动。一些单位开展了微机操作、机线缆等同工种操作竞赛，激发了职工学技术、业务的热情，培养了一批技术能手。1993年7月，中国邮电工会全国代表会议通过《关于动员全国邮电职工为加快发展、改善服务建功立业的决议》，号召邮电职工自觉投入岗位练功、技术比赛和读书自学活动中，不断用新技术、新知识武装自己，提高科学文化和技术业务素质。9月，中国邮电工会全国委员会在《适应新形势的要求、努力做好邮电工会工作》的总结报告中提出：邮电工会工作必须适应通信发展的特点，切实把提高劳动者素质的工作放在突出位置。适应通信“高起点、高技术、超常规、大规模”的路子，培养和造就一支与之相适应的职工队伍。不少省、区、市邮电工会普遍开展岗位培训、岗位练功、技术比赛、操作表演活动，充分发挥技术能手的带头和示范作用，增强了职工学文化、学业务技术的自觉性。

在 1996 年的“树邮电新风、创优质服务”活动中，各级邮电工会动员和组织广大职工开展服务竞赛、技术练兵、技术业务培训，加强了职工服务意识，提高了服务水平。1997 年，配合“邮电服务年”竞赛培养、提高了职工队伍素质。

五、劳动保障和职工生活保障

全国邮电工会第五次代表大会以后，各级邮电工会紧密围绕通信中心，积极支持和参与邮电企业劳动用工、工资分配和保险制度的改革，在开展扶贫解困、救灾救济、退休管理服务、解决住房困难、安置企业富余人员和待业子女、职工基本养老保险和互助补充保险、给职工送温暖等项工作以及开展女职工工作中，做了大量的、扎实的、卓有成效的工作，受到了广大职工的欢迎。

（一）劳动保障

在邮电企业用工和分配制度改革过程中，邮电工会一直把突出工会的维护职能，建立和谐稳定的劳动关系作为工会工作的重点，积极贯彻《工会法》，加强劳动保障，维护职工权益，既保证了改革的顺利进行，也维护了职工利益。

参与邮电企业用工、分配制度改革 1992 年初，邮电部印发了《关于邮电企业全员劳动合同制试点实施意见》，各地邮电工会密切配合行政，组织力量，深入基层，广泛听取职工意见，参与改革方案的研究和制订，引导和发动职工群众积极支持和参与改革，帮助职工同企业签订劳动合同，参与建立劳动争议调解委员会，维护了职工的合法劳动权益，保证了全员劳动合同制试点工作的顺利进行。

1995 年 3 月，邮电部提出在全国邮电系统全面实行劳动合同制。各级邮电工会积极帮助和指导职工与用人单位签订劳动合同。到 1995 年底，邮电部门已有 70% 的职工与企业签订了劳动合同。到 1996 年底，邮电系统基本上实现了全员劳动合同制。

1993 年 3 月，邮电部发出《关于邮电企业改革基本工资制度，实行岗位技能工资制的通知》。中国邮电工会全国委员会和省、区、市邮电工会相继举办不同类型的培训班，引导职工认识工资改革的重要意义，积极参与本单位工资改革方案实施细则的研究和制定，充分发挥了工会和职工代表大会民主参与、民主审议和民主监督作用，也保障了职工的利益。

签订集体合同　1994 年，近 50% 的单位工会代表职工与企业行政签订了“双保合同”。到 1995 年底，已有 13 个省、区、市邮电部门部署和进行了集体合同的试点工作，签订集体合同的基层有 434 个。建立劳动争议调解组织的基层有 217 个，受理的劳动争议有 389 件。1996 年上半年，中国邮电工会全国委员会总结推广了辽宁、湖南两省的先进经验，到 1996 年底，全国有 1619 个邮电企业签订集体合同，占应签企业总数的 52.5%。1997 年 9 月 4 日至 6 日，中国邮电工会全国委员会与邮电部劳资司联合召开全国邮电企业签订集体合同经验交流会，截至年底，全国邮电企业集体合同签订率达到 88.6%。

1998 年，进一步推动签订集体合同制度的落实。3 月，中国邮电工会全国委员会与邮电部劳资司联合颁发《邮电企业平等协商、集体合同管理暂行办法》，规范了邮电企业平等协商和集体合同内容、程序，并规定了具体的实施要求，使邮电企业的集体合同管理逐步走向规范管理和法制轨道。邮电分营前，全国签订集体合同的邮电企业达2955个，占应签订企业的94%，签订集体合同工作基本走上了正常化和规范化管理阶段。

邮电分营以后，重新建立平等协商、集体合同制度成为各级邮电工会的一项重要任务。中国邮电工会下发《关于认真做好分营后邮政、电信企业建立平等协商、集体合同制度的通知》，要求各级邮政、电信工会要认真贯彻执行《邮电企业平等协商、集体合同管理暂行办法》，力争年内完成所有企业的平等协商、集体合同建制工作。到1999年底，全国邮政企业已建立平等协商制度、签订集体合同的有1851个，占应建总数的76.2%。其后，邮电工会一直把推进平等协商和集体合同制度，促进劳动关系的协调稳定发展作为工作重点。

贯彻执行《劳动法》 1995年1月1日，《劳动法》公布施行。3月至4月，中国邮电工会全国委员会举办邮电工会干部《劳动法》培训研讨班，共培训工会干部200余人。通过培训，为执行《劳动法》和维护职工的合法权益做了准备。10月，又召开全国邮电工会保障工作会议，总结交流贯彻实施《劳动法》，签订劳动合同、集体合同，调解劳动争议，开展互助补充保险活动以及劳动保护方面的经验，研究确定新时期如何突出工会维护职能，开展工会保障工作的任务、目标。

女职工工作开创了新局面 1992年，全国有25个省、区、市工会建立了邮电女职工委员会，有2463个基层邮电工会建立了女职工组织。1995年，建立女职工委员会的单位有2692个，占应建单位的93.8%。各级邮电女职工组织在同级邮电工会的领导下，在以发展通信为中心，组织开展有女职工特色的社会主义劳动竞赛，进行"三热爱"教育，引导女职工树立"四自"精神，在维护女职工合法权益和特殊利益等方面做了大量有成效的工作。在开展“学先进、比奉献、为实现‘八五’计划建功立业”活动中，邮电系统共有47名先进女职工、10名女职工工作者、5个先进女职工集体受到全国总工会的表彰。

1998年，中国邮电工会全国委员会就《邮电女职工劳动保护规定实施细则》的贯彻落实情况及邮电女职工劳动保护状况进行了全面调查。调查表明，邮电工会与行政密切配合，维护女职工的合法权益，女职工劳动保护工作得到了应有的重视。各级女职工委员会通过源头参与，代表女职工参加企业管理委员会、劳动法律监督委员会、劳动争议调解委员会，依法维护女职工的合法权益和特殊利益，使女职工劳动保护规定基本得到落实，没有因企业改革而出现损害女职工合法权益的现象。

（二）职工生活保障

在积极推动邮电改革和发展的同时，各级邮电工会积极履行职责，保障职工生活安定，维护了邮电职工的基本利益。

职工扶贫工作 1993年，全国邮电部门开展扶贫工作的基层单位共807个，建立扶贫基金组织173个，筹集扶贫基金263万余元，累计扶贫近3万户，脱贫率达69%。特别重视“老、少、边、贫”地区的扶贫解困工作，大大加快了“老、少、边、贫”地区贫困职工的脱贫。

多渠道建房，使职工住房得到改善 各级邮电工会密切配合行政，通过扩大公建、自建公助、集资建房等多种形式使职工住房条件得到改善。1992年共解决住房困难户3350户，全国邮电部门集资公建17218户，集资私建7058户。

救灾工作 1994年7月，广西、湖南等地发生水灾。19日，中国邮电工会从专项活动经费中拨出6万元专款用于帮助灾区职工重建家园。1998年7月，长江、嫩江、松花江发生全流域特大洪涝灾害。江西、湖南、湖北、黑龙江等重灾区的邮电职工受灾家庭有 13246 户，直接经济损失 14547.1 万元。在洪涝灾害面前，灾区各级邮电工会不仅与广大职工一起奋战在抗洪一线，舍生忘死保通信，还深入灾区了解灾情，慰问职工家庭，组织募捐和生产自救工作。各受灾省区的邮电工会协助管理局制定重建家园计划，采取切实措施帮助受灾职工渡过难关。广东、天津、北京等省、区、市邮电工会还向灾区邮电职工捐款捐物。通过党、政、工共同努力和全国邮电职工的援助，保证了灾区职工生活的安定。

“送温暖”活动 1999 年元旦、春节期间，各级邮电工会积极开展“送温暖”活动。各级邮电工会组成慰问组深入困难企业、困难职工家中慰问。全国邮电系统的困难职工有 28564 户，共发放慰问金 2571.9 万元。不少企业建立了困难职工档案，建立了企业领导联系困难企业、困难职工制度。

建立职工生活保障机制 1993 年，全国邮电部门已建立退休管理服务组织 2384 个，多数省、区、市已建立管理服务机构。1995 年 10 月的全国邮电工会保障工作会议，总结了开展互助补充保险活动的经验。该年，全国邮电系统已建立各种职工互助补充保险组织 667 个，参加的职工有 39.5 万人，当年受益的职工有 29406 人。

第三篇

国防邮电篇

第一章
科学发展下的国防邮电工人运动

进入 21 世纪，随着经济体制深刻改革、社会结构深刻变动、利益格局深刻调整，经济社会发展呈现出一系列新的阶段性特征，工会工作也面临新的挑战。面对发生巨大变化的社会结构和不同的利益格局，保证科学发展、和谐发展成为工会工作的核心任务。在新的形势下，中国国防邮电工会加强工会组织建设和思想建设，创新工会工作制度；发挥教育功能，加强职工队伍建设；依法维护职工权益，建立和谐的劳动关系；旗帜鲜明地支持改革，更好地发挥了服务社会主义建设大局的作用。

一、工会建设

2002 年，根据中共中央关于国家机构改革的要求，国防、邮电工会组织整合成立中国国防邮电工会。在新的形势下，中国国防邮电工会积极加强自身建设，适应新的形势和任务，为团结国防、邮电两大产业工人建设中国特色社会主义作出了新贡献。

（一）组织机构建设

2001 年 11 月，根据全国总工会机构改革的部署，在原中国国防工业工会、中国邮电工会基础上组建中国国防邮电工会，负责对国防、邮政、电信、电子信息等行业工会工作的宏观指导。2002 年 1 月 4 日至 6 日，中国国防邮电工会全国委员会第一届第一次会议在北京召开，129 名委员参加了会议。会议选举产生中国国防邮电工会全国委员会常务委员 17 名和主席、副主席。会议提出：要认清形势，增强做好产业工会工作的紧迫感；要适应形势和任务的需求，加强工会自身改革和建设。根据会议决议，新成立的中国国防邮电工会全国委员会把整顿、加强国防邮电工会组织作为首要任务。针对一些企业和部门出现的将工会机构并入其他部门或机构的情况，2002 年 5 月 31 日，中国国防邮电工会下发了《关于贯彻实施〈工会法〉加强工会组织建设依法纠正合并工会组织机构的通知》，强调加强工会组织建设，把广大职工群众最大限度地组织到工会中来，是增强党的阶级基础和扩大党的群众基础的需要，要求在党委领导和行政支持下加强工会组织建设。该通知的下发，使合并工会组织机构的现象得到了纠正。

2003 年，中国国防邮电工会要求对合并工会组织机构的情况进行检查，并下发了《关于认真学习贯彻〈工会法〉司法解释，依法加强工会组织建设的通知》。国家邮政工会、各军工集团工会、地方产业工会对工会组织建设的落实情况进行了检查，采取有力措施制止和纠正了合并工会的问题。

根据国家经济发展和产业布局变化的新形势，中国国防邮电工会将把广大职工群众组织到工会中来，作为工会工作的立足点和重要目标。2002 年 6 月 13 日至 14 日，中国国防邮电工会全国委员会在上海召开电信企业上市公司工会工作研讨会，制定了《中国国防邮电工会关于贯彻实施〈工会法〉加强电信企业境外上市公司工会工作的若干意见》，要求依法加强新形势下的工会组织建设，不断探索适应现代企业制度下的工会工作新路子。2006 年，中国国防邮电工会全国委员会就企业上市后工会工作遇到的问题，组织人员到河北、广东、上海等地调研，把不断完善组织体制和工作机制作为工作重点。2010 年，中国国防邮电工会全国委员会按照全国总工会十五届四次执行委员会会议的部署，大力加强工会组织建设和会员发展工作。2011 年，中国国防邮电工会全国委员会制定下发了《中国国防邮电工会关于进一步加强直属工会建设有关问题的意见》，进一步明确和规范了直属工会建设的有关问题，强化直属工会制度基础建设。

2007 年 1 月 11—12 日，中国国防邮电工会第二届全国委员会第一次全体会议在北京召开。选举产生中国国防邮电工会全国委员会常务委员会委员 18 名，选举董秀彬为主席，方丹、关明为副主席。

2011 年后，根据全国总工会加大工会组建力度，提高工会组建质量，最广泛地把包括农民工、劳务派遣工在内的广大职工吸收到工会组织中的要求，中国国防邮电工会进一步加强了工会组织建设。2012 年，颁发了《关于进一步推进“两个普遍”工作的意见》，依法推动企业普遍建立工会组织，实现工会组织对企业的全覆盖。中央企业直属工会建设进一步加强，非公快递行业、电子合资企业工会组建取得进展。劳务派遣工入会率稳步提高，部分企业劳务派遣工入会率达 90% 以上。

（二）思想政治建设

中国国防邮电工会成立后，坚持用邓小平理论、“三个代表”重要思想、科学发展观指导工作，坚持思想引导的工作方针和团结工人、为工人服务的工作方法，使工会工作取得了新的发展。

2002 年 7 月，中国国防邮电工会召开第一届第二次常委会会议，进一步推进国防邮电系统工会重点工作的落实。

2003 年，中国国防邮电工会全国委员会机关局、处两级干部参加了学习“三个代表”重要思想培训班，进一步提高了对做好

21 世纪新阶段产业工会工作重要性的认识。

2004 年，按照全国总工会要求开展了“学、树、创”活动，认真抓好全委会机关作风建设。

2005 年 7 月，在中国国防邮电工会第一届第八次常委会会议上，中国国防邮电工会主席作了《坚持走中国特色社会主义工会发展道路，努力做好国防邮电工会工作》的讲话，要求充分发挥基层工会作用，努力建设集发展型、和谐型、服务型、学习型和民主型于一体的基层工会。10 月，举办了电信行业基层工会干部培训班。

2007 年，各级工会通过下发文件，召开会议、举办培训班等多种形式，认真学习和全面领会党的十七大精神，掀起了学习贯彻党的十七大精神的热潮。

2010 年 5 月，中国国防邮电工会举办了全国电信企业工会主席培训班，就职代会制度建设、工资集体协商、劳动争议处理、电信行业发展改革与监管等若干问题进行了学习和研讨。6 月，又举办了全军装备保障企业工会主席培训班。

2011 年，组织开展“面对面、心贴心、实打实服务职工在基层”活动，把树立为工人阶级服务的思想与实际工作的行动结合起来。

2012 年 6 月，中国国防邮电工会举办全国委员会委员培训班，以进一步提升全体委员的理论素养，提高做好新形势下职工群众工作的能力和水平。培训班举办了《中国特色社会主义工会发展道路》《做好新形势下职工群众工作》《加强企业民主管理，推进“两个普遍”，构建和谐劳动关系》《中国企业人力资源管理面临的问题与思考》《工会与构建和谐劳动关系》《集体合同与工资集体协商》等一系列讲座，通过培训进一步加深了对中国特色社会主义工会发展道路的理解。

（三）工会制度建设

随着经济体制改革的发展，如何建立适应社会主义市场经济体制的工会工作制度，保护劳动者权益，协调劳动关系，成为工会工作的重点。

2002 年，中国国防邮电工会分别与中国核工业集团公司、中国核工业建设集团公司、中国航天科技集团公司、中国航天科工集团公司、中国航空工业第一集团公司、中国航空工业第二集团公司、中国船舶工业集团公司、中国船舶重工集团公司、中国兵器工业集团公司、中国兵器装备集团公司等 10 个军工单位建立了工作联系制度；与解放军总装备部通用装备保障部，建立了军队企业工会联席会议制度。分别与中国航空工业第二集团公司党组和中共中国兵器装备集团公司党组联合下发了《关于贯彻实施〈工会法〉进一步加强工会工作的若干意见》，对按照新修改的《工会法》，切实加强工会基层组织建设、认真履行工会基本职责，加强和改善党对工会的领导等方面提出了要求。

2003 年，中国国防邮电工会与航天科工集团、航空一集团、航空二集团、船舶工业集团、兵器工业集团、兵器装备集团公司党组分别就《关于贯彻〈工会法〉加强工会工作若干意见》联合下发了文件，与中国电信、中国网通、中国联通、中国卫通集团公司党组就加强工会组织建设等问题取得了共识，对于集团工会更好地发挥作用和加强组织建设起到了积极的促进作用；召开了国防、电子系统地方产业工会座谈会，总结交流经验，提出了指导性意见。

2004 年 9 月 15 日至 16 日，中国国防邮电工会召开电信上市企业建立省级公司职工代表大会工作研讨会，讨论并下发了《关于电信上市企业建立省级公司职工代表大会制度的指导意见》。

2005 年，中国国防邮电工会建立了国防、电子地方产业工会工作例会制度，军队企业和军工各集团公司工会主席联席会议制度。2006 年 4 月，制定了《关于加强中国国防邮电工会与电信各集团工会联系的相关工作制度》。9 月 21 日至 23 日在贵州省贵阳市召开地方国防、电子产业工会工作座谈会，提出了做好地方产业工会工作的指导性意见。

2007 年，中国国防邮电工会全国委员会调查了解省级产业工会、中心城市产业工会和集团（直属）工会对加强和改进国防邮电工会工作的意见、建议，通过调查和认真研究，探索新形势下产业工会的工作定位、工作方式、方法及途径，以理顺工作关系，完善工作机制，以更好地为建设中国特色社会主义服务，为国防工业和邮电产业职工服务。

2010 年，中国国防邮电工会全国委员会围绕职工代表大会制度建设，推行职工代表竞选、培训、撤换、述职、巡视及奖励制度，细化了职工代表大会预审监督报告工作规则以及推选“职代会观察员”等新举措，进一步规范了职工代表大会制度。8 月，中国国防邮电工会全国委员会二届七次常委（扩大）会议召开，审议了《中国国防邮电工会关于进一步做好当前工会重点工作充分发挥企业工会作用的意见》。

2011 年，中国国防邮电工会全国委员会制定下发了《中国国防邮电工会关于进一步加强直属工会建设有关问题的意见》，进一步明确和规范了直属工会建设的有关问题，强化了直属工会制度建设。

二、职工队伍建设

中国国防邮电工会建立后，积极发挥教育职能，发挥思想政治工作优势，进一步加强国防工业和邮电企业职工技术队伍建设，把提高职工素质作为职工队伍建设的重要内容。在企业改革进入攻坚阶段，一手抓职工队伍建设的稳定，一手抓职工素质的提高。2002 年，制定下发了《关于在军工企业改革脱困中做好工会工作维护职工队伍稳定的通知》，通过维护职工队伍的稳定，保障军工企业生产和改革的正常发展。

2003 年至 2005 年初，中国国防邮电工会同中国航空工业第一集团公司联合对技术工人队伍状况进行了调研，向国务院办公厅、国防科工委、国家国资委社会和劳动保障部报送了《国防科技工业技术工人的培养问题亟待引起重视》的调研报告。2003 年至 2005 年，连续下发关于在国防邮电系统广泛开展提高职工素质活动的意见，对全系统开展提高职工素质工作作出部署。为了提高职工技术素质，2003 年，下发了《关于在国防邮电系统广泛开展提高职工素质活动的意见》，组织召开了提高职工素质活动经验交流会。与兵器工业公司联合举办了职工技能大赛，组织召开了提高职工素质经验交流会，对岗位成才能手、学习型班组进行了表彰。2004 年，提出开展提高职工素质活动向班组创新方向深化的要求。12 月 10 日，表彰了 51 个创新示范班组和 80 名岗位创新能手。

2005 年，中国国防邮电工会推广了上海船舶工业公司建设“四个一流”职工队伍的经验。与有关单位开展以劳动模范名字命名先进班组活动，通过对唐建平等 17 个劳模班组的命名，推动“创建学习型组织、争做知识型职工”活动的深入开展。12 月 16 日，表彰了 49 个创新示范班组和 80 名岗位创新能手。中国国防邮电工会全国委员会印发了《关于继续深入开展提高职工素质活动的意见》，对全系统开展提高职工素质活动作出部署。同航空工业第一集团公司联合对技术工人队伍状况进行了调查，形成了对国防科技工业技术工人培养问题的调查报告。该年 6 月 14 日，向所属系统工会组织发出通知，要求开展学习模范邮递员王顺友先进事迹活动，通过学习，形成学先进、比先进、赶先进的热潮，让劳模精神化为全面建设小康社会、构建和谐社会的巨大力量。

2006年，全面开展岗位练兵、技术比武和职业技能比赛，一大批技术工人晋升为高级工、技师和高级技师，在当年的中华技能大奖赛中，国防系统有5名优秀技工获奖，占全部获奖人数的1/4。

2007年以后，为了提高职工队伍素质，使职工队伍适应新时代、新技术的发展，中国国防邮电工会开始把鼓励职工做新时代的知识型职工，作为职工队伍建设的新方向。2007年，举办了职工科技节。2008年，围绕“神舟”载人航天等国家重点工程，深入开展具有产业特色的经济技术活动和具有行业特点的岗位练兵、技术比武、业务竞赛和技术交流活动。通过开展社会主义核心价值体系建设，提高广大职工思想道德和科学文化素质。

2010年，在兵器工业、航空工业举办了职工职业技能竞赛，中国电信集团举办了无线网络优化技能和“创优杯”应用实战技能竞赛，中国移动通信集团开展了客户热线专席服务技能、数据增值业务质量提升等技能大会战。开展了全业务知识培训、女职工业余学校、待岗职工转岗技能“流动课堂”等培训项目。9月，中国国防邮电工会、中国兵器集团公司举办了以产品创意设计、工艺与技能创新等为内容的第四届职业技能竞赛暨首届创新大赛，在各工种竞赛中获得前十名的选手分别被授予“全国技术能手”、“全国青年岗位能手”和“中央企业技术能手”等称号。

2011年，中国国防邮电工会与中国航空工业公司联合开展了第二届职工技能竞赛，与中国联通公司共同举办了宽带接入维护技能竞赛。通过发挥优秀职工的示范效应，推动了职工队伍素质的提高。2012年，中国国防邮电工会与军工、邮政、电信、电子等相关集团公司联合举办职工职业技能大赛和女话务员岗位创新技能大赛。

三、职工劳动竞赛

中国国防邮电工会全国委员会建立后，积极组织国防工业和邮电行业两大产业职工，继承工人阶级的优秀传统，积极开展新时期的社会主义劳动竞赛，以推动两大产业的协同发展。

2004 年，组织开展了形式多样的职工技能竞赛和经济技术创新活动。在 7 月 31 日至 8 月 2 日的中国国防邮电工会第一届六次常委会会议上，常委会提出，深入开展“创新争先”活动，团结和动员广大职工为产业发展和全面建设小康社会发挥主力军作用。9 月中旬，在秦山核电基地召开学习唐建平班组推进会暨班组创新工作经验交流会。12 月 8 日，下发了《关于向王树明同志学习的决定》，要求国防邮电系统工会积极开展学习王树明的活动，大力弘扬当代工人阶级的主人翁精神，在企业里掀起一个人人学习先进、争当先进的热潮，为实现全面建设小康社会的宏伟目标作出更大的贡献。

2005 年 3 月，中国国防邮电工会全国委员会下发了《关于在国防科技工业系统开展“保质量、保数量、保配套、保安全、保进度”劳动竞赛的决定》，要求国防科技工业系统各级工会组织职工广泛开展关键技术攻关等群众性技术创新活动，确保科研生产和重点任务的完成。同时，还对邮政系统“全夜航”劳动竞赛的经验进行了调查总结。在 7 月召开的中国国防邮电工会第一届八次常委会会议上，再次提出弘扬劳模精神，动员广大职工为企业改革、发展建功立业。

2006 年至 2008 年，中国国防邮电工会组织开展“当好主力军、建功‘十一五’和谐奔小康”竞赛活动。根据国防科技工业承担的国防项目要求高、难度大、时间紧、任务重，关系到国家安全等特点，从服务大局、融入中心工作出发，与中国航天科工集团公司联合开展“保质量、保数量、保配套、保安全、保进度”的“五保”劳动竞赛。有近千个班组和上万名职工参加了竞赛活动。在国防邮电系统开展向“爱心邮路”先进集体学习活动。

2009 年，为贯彻落实全国总工会关于开展社会主义劳动竞赛活动的决定，中国国防邮电工会全国委员会下发了《中国国防邮电工会关于广泛深入开展保增长促发展劳动竞赛的意见》。同时与中国船舶工业集团公司和中国船舶重工集团公司联合组织劳动竞赛活动，与中国航空工业集团公司、中国劳动就业培训技术指导中心联合组织举办中国航空工业集团首届职业技能竞赛，共进行了 4 个工种的比赛。

2010 年，中国国防邮电工会围绕国家重点工程及产业发展，开展劳动竞赛和群众性建功立业活动。“五保”竞赛活动持续发展，一批“营销创百优”“安康杯”“天翼腾飞”，以及“巾帼建功标兵岗”“优质服务月”等各具特色、形式多样的竞赛活动，亮点纷呈，成效显著。以全国劳动大会为契机，大力弘扬劳模精神和工人阶级伟大品格，普遍开展选树劳模、宣传劳模、学习劳模等活动，取得新成效。5 月 5 日至 7 日，中国国防邮电工会全国委员会与中国船舶工业公司在上海联合召开了“振兴船舶工业”劳动竞赛推进会。

2011 年，中国国防邮电工会按照普遍动员、重点参与的原则，开展“当好主力军，建功‘十二五’”主题劳动竞赛，与中国航天科工集团公司联合举办以“五保”为主要内容的劳动竞赛活动，并对 2008—2010 年“五保”劳动竞赛先进集体和先进个人进行了表彰。

2012 年，组织动员广大职工立足岗位、建功立业，为推动产业经济发展作出积极贡献。围绕“天宫一号”与“神舟九号”载人交会对接、“蛟龙”号深潜器、辽宁号航空母舰等重点工作和工程开展劳动竞赛，促进了国家重点任务的圆满完成。

四、企业民主管理的新课题

随着国防工业和邮电通信企业的改革，国防工业和邮电通信事业管理体制发生了巨大变化，原有的国有企业通过规范上市和相互参股等形式改变为股份制和公司制企业。企业所有制结构、员工结构、管理体制等发生了巨大变化。这种变化给企业民主管理提出了新的课题。根据企业改革的实际情况，积极规范邮电工会适应体制变化、探索企业民主管理的新道路，有力推进企业民主管理的发展。

2003 年，中国国防邮电工会开始大力推行在省级电信通信企业建立职工代表大会制度，并探索在全国性特大型集团公司建立职工代表大会制度。10 月，中国国防邮电工会全国委员会召开科研单位职工民主管理和工会工作座谈会，围绕科研单位职工民主管理和工会工作总结交流了经验，并针对存在的问题进行了深入的研讨，提出科研院所职工民主管理和工会工作必须围绕本单位中心工作，服从服务于改革发展大局；必须紧密结合本单位实际，突出抓好重点工作落实。

2004 年 5 月，中国国防邮电工会召开企业改制工会工作和民主管理座谈会，就工会在企业改制中履行维护职责、切实发挥作用的做法总结交流了经验。中国国防邮电工会与中国普天信息产业集团公司就企业改制中如何发挥工会作用问题、天津电话设备厂依靠职工改制的经验及其加强对改制试点企业工会工作达成了共识。之后，中国普天信息产业集团制定了《工会参与企业改制工作规程》，对改制工作进行了规范。8 月，中国国防邮电工会在长春召开通信制造、科研企业民主管理工作座谈会。会议就股份制企业职工民主管理工作经验、国有企业改制过程中民主管理工作遇到的新情况、新问题及对策进行了交流和研讨。9月，在上海召开了电信上市企业建立省级公司职工代表大会工作研讨会议，学习了上海石化和上海宝钢等上市企业建立职工代表大会制度的经验，讨论了《关于电信上市企业建立省级公司职工代表大会制度指导意见》。

2005年，中国国防邮电工会全国委员会直接指导中国网通集团公司建立了集团职工代表大会制度，并顺利地召开了集团一届一次职工代表大会。

2006年，中国国防邮电工会全国委员会针对企业改革、改制后建立职工代表大会的问题，同有关国家集团公司进行了协商研究，并将企业民主管理作为推进和谐企业建设的重点内容。全国委员会与中国电子科技集团公司联合下发《关于建立中国电子科技集团公司工会主席联席会议制度的通知》，对推动集团公司和所属科研院所重大决策科学化、民主化起到了积极作用。2008年后，以创建劳动关系和谐企业活动为载体，全面推动职代会等制度的落实。

2010年，围绕企事业单位重大问题和职工权益等问题，紧紧抓住职代会这个重要形式，推行职工代表竞选、培训、撤换、述职、巡视制度，细化职代会预审监督报告工作规则，推选“职代会观察员”等新举措，不断推进企业民主管理。同时，通过召开企事业领导与职工代表沟通会议、开通企业事务公开网络直通车、建立外包企业联席会议制度等方式覆盖到劳务派遣工、农民工和外包单位员工，使企事业民主管理进一步深化。

2012年，中国国防邮电工会积极推进厂务公开民主管理示范单位创建活动和“星级职代会”创建工作。以贯彻《企业民主管理规定》为契机，健全以职代会为基本形式的厂务公开民主管理制度，推动民主管理标准化。加强非公企业厂务公开民主管理工作，密切关注在企业改制、调整、重组和事业单位改革过程中民主管理制度的落实，企业民主管理形式不断丰富。一批邮电企业劳务派遣工参选职工代表或列席职代会，推动了完善农民工、劳务派遣工、外协职工的劳动经济权益和民主政治权利的落实。

五、维护职工合法权益

在社会主义市场经济条件下，经济关系、劳动关系日益复杂化和多样化，工会履行维护职工合法权益的职责更加突出和重要。在新的形势下，中国国防邮电工会作为职工利益的代表者和维护者，把实现、维护、发展最广大的职工群众的利益作为工会工作的出发点和落脚点，通过维护职工权益和保障职工生活，稳定职工队伍，实现社会的稳定，为改革和发展提供了良好的社会基础。

（一）职工权益维护

2003 年，中国国防邮电工会举办了平等协商及集体合同签订培训班，与各电信集团公司工会共同抓省级电信企业建立职工代表大会工作的试点和调研，召开研讨会，进一步丰富职工代表大会的内容。

2003 年，中国国防邮电工会就电信企业劳务工情况分别到江西、浙江、山东、吉林、河南、陕西等地的电信企业进行了专题调研。调查发现，绝大多数劳务工未与企业签订劳动合同；难以做到同工同酬；企业集体合同不覆盖劳务工；一些企业没有给劳务工缴纳保险金；绝大多数劳务工未加入工会组织。为了保护这些劳动者的权益，2004 年 3 月 30 日，中国国防邮电工会全国委员会下发了《关于依法组织劳务工加入工会的意见》，明确指出劳务工是工人阶级的重要组成部分，要求各级工会解放思想、转变观念，最广泛地把劳务工吸收到工会中来，并切实维护劳务工的合法权益。

2004 年，中国国防邮电工会按照“组织起来、切实维权”的工作方针，切实解决现实劳动关系中的实际问题，在企业改制中旗帜鲜明地支持改革，维护职工合法权益。同时，与解放军总装备部通讯保障部联合组成检查组，对推行平等协商和集体合同制度的情况进行了检查。在 2005 年 12 月的中国国防邮电工会一届四次全体委员会议上，全国委员会主席代表常委会作了《服务产业改革发展，维护产业职工权益，努力把“组织起来、切实维权”工作方针落到实处》的工作报告。2006 年 6 月，在河南省郑州市召开通信制造、科研企业工会创建劳动关系和谐企业研讨会，总结交流各企业工会“组织起来、切实维权”工作的做法和经验，探讨开展创建劳动关系和谐企业活动内容及方式，以更好地为企业发展服务，为职工群众服务。

随着市场经济体制的建立和企业用工制度的变革，国防邮电职工队伍的构成也发生了前所未有的变化。企业开始根据生产经营需要招用劳务工，一大批农民工加入了国防工业和邮电通信事业的产业职工队伍，如何保障这些劳动者的权益成为工会的新任务。

2005 年 3 月 30 日，中国国防邮电工会下发了《关于依法组织劳务工加入工会的意见》，明确要求各级工会把劳务工吸收到工会中来，并明确了切实维护劳务工合法权益问题。该年 4 月至 6 月，中国国防邮电工会与国家邮政工会组成联合调研组，赴部分省、市邮政企业对组织劳务工入会及维护其合法权益的情况进行了调研。

2006 年，中国国防邮电工会全国委员会就做好保护农民工合法权益工作，对各级工会提出要求。同时加强督导，深入农民工生产生活现场进行调研，就农民工劳动保护及生活环境等问题提出建议，得到有关部门采纳，使农民工工作和生活条件得到了改善。并通过向国务院、全国人大、全国政协反映情况，推动解决了一批涉及农民工切身利益的问题。还与中国船舶工业集团公司联合开展了“维护农民工权益，发挥农民工作用，促进船舶工业发展”的专题调研，对部分造船企业建立农民工维权机制，为农民工办实事、解难事、做好事的情况及存在的主要困难、问题进行了深入了解。

2007年，全面开展创建劳动关系和谐企业活动，以保证企业发展和职工利益双赢。

2008年，通过贯彻落实《劳动合同法》和《劳动合同法实施条例》，以创建劳动关系和谐企业活动为载体，全面推动劳动合同、平等协商集体合同和职代会等制度的落实；紧紧围绕影响本产业职工群众切身利益的突出问题进行调查研究，提出政策性建议，切实维护职工合法权益。

2009年4月，举办了工会干部协调劳动关系专题培训班。6月，召开国际金融危机对国防邮电行业及职工队伍影响研讨会，就如何面对金融危机、维护职工权益和社会稳定进行了研讨。

2009年，中国国防邮电工会积极开展“共同约定行动”，把保增长、促发展，保民生、促就业，保稳定、促和谐作为总体目标，把保岗位、保工资，实现“稳员增效”和不裁员、少裁员，不减薪、少减薪作为重点，一方面动员职工克服困难，与企业同舟共济；另一方面推动企业履行社会责任，保证职工权益的实现。针对各种因素对职工队伍带来的影响，各级工会把维护职工权益和维护社会稳定作为重要政治任务来抓，深入开展创建劳动关系和谐企业活动。开展了金融危机对国防邮电产业及职工队伍的影响、邮电企业劳务派遣用工情况和船舶企业农民工用工情况的调研。有关邮电企业劳动派遣用工情况的调研报告受到了中央领导同志重视，并报送全国人大、国务院有关部门。

2010年，由全国委员会4位领导带领调研组，分别到湖南、广东、北京等地的国防、邮政、电信、电子企业调研，对国有企业改革及重组改制中的职工生产和生活保障问题、有关遗留问题进行调查。对社会速递行业、邮电企业员工生产生活、国有电子企业职工劳动经济权益等方面的问题进行了细致了解，并向全国总工会提交了报告。8 月和 9 月，分别召开了全国邮电企业工会深化民主管理、关心关爱职工经验交流会和电子信息系统国有企业职工劳动经济权益研讨会，围绕健全完善以职代会为基本形式的企业民主管理制度、关心关爱职工和国有企业职工劳动经济权益问题进行了交流。

2010 年，在江苏南京召开全国邮电企业工会深化民主管理、关心关爱职工经验交流会，围绕健全完善以职工代表大会为基本形式的企业民主管理制度、关心关爱职工，展开交流研讨。8 月 26 日，在贵州贵阳召开电子信息系统国有企业职工劳动经济权益研讨会，围绕国有企业职工劳动经济权益保障问题进行了研讨交流。2011 年 8 月，召开了军工企业工资集体协商工作交流研讨会。2012 年，中国国防邮电工会下发了《关于推进邮电企业工资集体协商工作的意见》，通过和谐劳动关系的构建，维护职工的合法权益。军工、电子企业基本建立起工资集体协商机制，邮政、电信企业取得新进展，覆盖面不断扩大。

2011 年，中国国防邮电工会全国委员会制定下发了《关于进一步组织劳务派遣工加入工会有关问题的通知》，要求各级工会从统一组织管理、主动介入劳动争议调解、加强人文关怀等方面切实维护劳务派遣工的合法权益。全国委员会 4 个部门组成调研组分赴各地进行调研，形成了调研报告。其中《当前电信企业劳务派遣工权益维护存在诸多问题》《全国邮政企业工资集体协商现状》《电信企业劳务派遣工入会现状》《关于电信企业劳务派遣工现状及权益维护的调研报告》，得到相关国家领导人的批示。6 月，召开了以工资集体协商工作为主题的通信制造科研企业工会主席工作会议。7 月，召开电信企业劳务派遣工有关问题研讨会议，围绕劳务派遣工劳动经济权益、民主政治权利及关心关爱劳务派遣工等问题进行了研讨。8 月，分别召开邮政企业工资集体协商工作研讨会、军工企业工资集体协商工作交流研讨会，就邮政、军工企业开展工资集体协商的情况进行了交流。

在保障职工权益的同时，中国国防邮电工会全国委员会把建立和谐的劳动关系作为工会保障职工权益的核心任务，积极协调、推进企业和职工建立和谐的劳动关系，通过建立和谐的劳动关系保障职工权益和企业发展。

（二）职工生活保障

2001 年，合并后的中国国防邮电工会继承了两个工会的传统，继续关注两大产业的职工生活保障问题。其中，比较突出的还是破产军工企业的职工安置及生活问题和邮电部门的基层职工生活问题。

1. 国有企业改革中的职工生活保障

2002 年，中国国防邮电工会全国委员会就保障职工生活问题进行了广泛调查，包括到贵州、四川、陕西、辽宁、吉林等省，就关闭破产军工企业的职工安置问题进行调查；与国家邮政工会联合，就部分县以下邮政分支机构职工的生活状况，对贵州、陕西、新疆等地区进行调查。对贵州等地军工企业进行调查后，拟定了《关于军工关闭破产企业职工安置情况的调查报告》，针对关闭破产企业在职工分流安置中存在的困难和问题，提出了建议，报国务院和国家有关部委，相关国家领导人对报告作出了批示，有关部门拿出了处理意见。长春航空机械设备公司（吉林一三三厂）300 多名下岗职工在过渡期满后遇到基本生活费无法保障的问题，中国国防邮电工会根据相关国家领导人的批示，通过中国航空工业第二集团公司与有关部委联系，使问题得到了妥善解决。

中国国防邮电工会对贵州、陕西、新疆等地区的县以下邮政分支机构职工生产生活状况调查后，写出《关于西部邮政分支机构职工生产生活的情况和建议》的提案，通过全国人大、政协工会界的代表和委员，呼吁政府加大政策支持，帮助改善西部邮政分支机构职工的生产生活条件。

2003 年 3 月，中国国防邮电工会与中国核工业集团公司联合组成调研组，对江西、广东、湖南和新疆部分地区等 7 个重点铀矿企业的关闭破产工作和职工安置情况进行了专题调研，写成《关于当前核工业铀矿关闭破产企业职工安置工作中亟待解决的几个问题》的调研报告；11 月与全国总工会保障部组成联合调研组，赴贵州对当地军工关闭破产企业存在的问题和职工安置情况进行了重点调研，写成《军工、电子行业在黔企业实施关闭破产任务繁重，存在的突出问题亟待解决》的调研报告。两个报告反映了军工企业实施关闭破产工作过程中的特殊困难和职工安置及生活问题，并提出了政策建议，报国务院和有关部委，相关国家领导人对此作了批示。

2. 市场经济体制建立下的职工生活保障

随着国家经济体制的改革和市场经济的扩张，职工队伍及其生活也出现了新的变化。原有体制下的部分职工出现了新体制下的不适应和生活问题；一大批农民进城成为新的产业力量，增加了职工生活保障的内容和对象。在这种情况下，如何保障两个群体的利益，成为工会的重要任务。

2007 年，中国国防邮电工会全国委员会提出，加大帮扶力度，促进解决职工群众最关心、最直接、最现实的利益问题。以农民工、劳务工、下岗失业人员和困难职工为重点对象，深入开展“送温暖”活动。

2009 年，中国国防邮电工会全国委员会组织开展了“走进百家企业，走访千名职工”调研活动。中国国防邮电工会全国委员会领导和4个常委带队，先后到14个地区的106家企业召开各类会议80多次，直接与1100余名职工进行交流，全面了解企业和职工情况。针对职工生活问题，中国国防邮电工会全国委员会下发文件，要求全面排查影响职工队伍稳定的问题；注重职工身心健康，减缓职工心理压力；完善帮扶中心、困难救助基金和困难职工帮扶长效机制；大力开展职工互助、帮扶慰问、“送温暖”、金秋助学、关爱劳动模范等活动。

2010年，中国国防邮电工会全国委员会针对提高一线职工收入水平问题进行专题调研，通过不断完善企事业单位集体合同，积极探索工资集体协商的内容和方式，以保障职工基本生活。该年，在江苏南京召开全国邮电企业工会深化民主管理、关心关爱职工经验交流会，就关心关爱职工问题，倡导各级工会切实帮助职工解决实际困难，并逐渐由单纯的物质帮扶向物质帮扶与人文关怀相结合的方向发展。

2012年，中国国防邮电工会开展“面对面、心贴心、实打实服务职工在基层”活动，抽调部分常委和机关工作人员组成11个工作组，分赴企业调研，走访慰问困难职工。中国国防邮电工会相关领导率全国总工会第22工作组在海南、广西调研期间，实地考察了海南省农垦帮扶中心、三亚市困难职工帮扶中心、北海永昶电子科技有限公司等10家单位，召开专题座谈会22场，与70名职工进行个案访谈，入户慰问35名困难职工、7名劳动模范，捐赠慰问金8.4万元；向海口市困难职工帮扶中心、三亚市困难职工帮扶中心、海南省邮政公司等企业共捐赠57万元。中国国防邮电工会全国委员会11个工作组，分赴11个省（市、区）50多家企业开展活动，共召开调研座谈会80场，走访慰问困难职工99人，对百余名职工进行个案访谈，并为困难职工和劳动模范发放慰问金、捐赠帮扶资金，取得了与职工真情互动的效果。

第二章

中国特色社会主义新时代的国防邮电工人运动

中国共产党第十八次全国代表大会后，中国国防邮电工会根据加强和改进新形势下党的群团工作的要求，牢牢抓住发展这一时代主题，深入学习贯彻习近平新时代中国特色社会主义思想，巩固自身建设、规范民主管理、服务中心任务，发挥组织作用，把广大职工更加紧密地团结在党的周围，为实现“两个一百年”奋斗目标、实现中华民族伟大复兴的中国梦汇聚了力量。

一、工会建设新局面

中国特色社会主义建设新时代时期，职工队伍的结构发生了巨大变化，社会利益格局出现新的调整，工会工作面临新的挑战。在这种形势下，中国国防邮电工会以提高吸引力、凝聚力、战斗力和扩大有效覆盖面为目标，全面加强思想建设、组织建设、作风建设和干部队伍建设，推动工会体制和工作创新，解决新形势下“建设什么样的工会”和“怎样建设工会”的问题，使工会建设出现了新的局面。

（一）组织机构建设

2012 年 12 月，中国国防邮电工会召开三届一次全体委员会议，189 名委员参加会议，选举产生中国国防邮电工会第三届全国委员会常务委员会委员 45 名，选举董秀彬为主席，方丹、关明为副主席。这一时期，加强基层工会和各企业工会建设，仍是中国国防邮电工会全国委员会面临的重要课题。

2013 年后，中国国防邮电工会全国委员会按照全国总工会的要求，抽调力量参与了加强基层工会建设调研工作，为基层工会建设做了新的探索。

2014 年，中国国防邮电工会全国委员会对电子信息行业工会建设进行了专门调研，并于 4 月召开了省市国防、电子产业工会工作研讨会，向全国总工会提交了《电子信息行业工会组织建设和发挥作用情况的调查报告》。9 月，举办了工会基层组织建设培训班。

2015 年，针对快递行业的发展和工会组织不健全的情况，中国国防邮电工会全国委员会积极推进非公有制快递企业的工会组建工作，并于 2016 年印发了《关于推进非公快递企业工会组建工作的若干意见》，就加强非公有制快递企业工会组建工作提出明确的要求。在北京召开全国非公有制快递企业工会组建暨服务农民工工作交流研讨会议，促进了非公有制快递企业工会和网（站）点工会组织建设。

2017 年 2 月，中国国防邮电工会召开四届一次全体委员会议，186 名委员参加会议，选举产生中国国防邮电工会全国委员会委员 43 名，选举杨军日为主席，黄敬平、李树国为副主席，姜培华、薛莹为兼职副主席。新一届中国国防邮电工会全国委员会建立后，进一步加强新建企业的工会组织建设，并指导中国铁塔公司在全系统建立了工会组织。

2018 年，中国国防邮电工会全国委员会通过学习贯彻习近平新时代中国特色社会主义思想和党的十九大精神，加强基层国防邮电工会的思想建设。11 月，中国国防邮电工会第四届第三次全体委员会议提出，要深化工会改革创新，不断增强工会工作的动力活力，努力打造高素质专业化的工会干部队伍。

2020 年，中国国防邮电工会仍然把非公快递职工入会作为工作重点，创新组织形式和入会方式，举行万人网上集中入会仪式，以扩大工会组织的覆盖面，壮大工会组织，进一步夯实工会基础。

2021 年，开展“深入推进非公快递企业工会组建和服务工作”，指导重庆国防邮电工会制定了《关于加快推进快递行业人员集中入会工作方案》，合力推进劳务外包企业、加盟企业建会工作。全国委员会组织人员对京东快递公司、顺丰快递公司、德邦快递公司工会组织建设进行调研和工作指导，总结交流了顺丰快递公司建立工会的成功经验和创新做法，为新业态建会入会和工会发挥作用提供了有益借鉴。此外，发展快递职工入会约 20 万人。

2022 年 9 月，中国国防邮电工会召开五届一次全体委员会议，215 名委员参加会议，选举产生了中国国防邮电工会第五届全国委员会常务委员会委员 48 名，选举秦少相为主席，李树国、苏宁为副主席，王艳、薛莹为兼职副主席。

2022 年，积极推动新建和搬迁央企工会组织建设，推动了企业工会建设。

2023 年开始，中国国防邮电工会全力落实全国总工会深入推进新就业形态劳动者工会工作三年行动计划，加强指导非公快递企业工会建会入会工作。

（二）思想建设

在新的时代背景下，中国国防邮电工会进一步加强思想建设，努力适应新时期中国特色社会主义建设和民族复兴的时代需要，在思想建设方面迈出了新的一步。

2014年9月，中国国防邮电工会全国委员会举办工会基层组织建设培训班，学习《工会基本理论》《民主政治与职工民主管理》《集体协商的形势与任务》《最新劳务派遣立法与工会维权》《基层工会工作的抓手与创新》《怎样当好工会主席》等课程。要求各级工会干部深入学习贯彻习近平总书记系列重要讲话精神，准确把握党中央对工人阶级和工会工作的总体要求，进一步增强做好工会工作的政治责任感。

2015年，中国国防邮电工会全国委员会积极贯彻习近平总书记在庆祝“五一”国际劳动节暨表彰全国劳动模范和先进工作者大会上的重要讲话精神，认真学习中央党的群团工作会议和中央经济工作会议精神和《中共中央关于加强和改进党的群团工作的意见》，以多种形式将中央精神传达到工会干部和广大职工群众中，引导广大职工深刻理解党中央战略谋划和提出的新理念新思路新举措，明确“十三五”规划的宏伟蓝图和国防邮电产业的重点任务，切实把思想和行动统一到党中央的战略部署上来。

2016年，中国国防邮电工会全国委员会学习领会习近平总书记关于工人阶级和工会工作的重要论述，凝聚共识，引导各级产业工会干部牢固树立“四个意识”，切实把思想和行动统一到中央对形势的分析判断和重大决策部署上来。中国国防邮电工会三届九次常委会议研究了加强全国委员会机关学习教育工作，就开展“两学一做”学习教育，增进工作实效提出了要求。

2017年，新一届中国国防邮电工会全国委员会建立后，坚持把学习习近平新时代中国特色社会主义思想和党的十九大精神作为第一堂党课、第一堂政治必修课。按照全国总工会党组和机关党委的部署，召开学习宣传贯彻党的十九大精神全体党员专题会议，对全国委员会委员进行集中培训，组织党员干部准确把握习近平新时代中国特色社会主义思想和党的十九大精神实质，采取设立新时代工人讲习所、组织征文、演讲和知识竞赛等多种形式，不断把学习贯彻工作引向深入，自觉在思想上政治上行动上同以习近平同志为核心的党中央保持高度一致。

2018 年是贯彻落实党的十九大精神的开局之年，中国国防邮电工会以党的十九大报告和《习近平新时代中国特色社会主义思想三十讲》等为基本教材，通过领讲、导读等方式组织全体党员干部集中学习。在四届二次全体委员会议及四届三次常委会会议上，中国国防邮电工会作了《以习近平新时代中国特色社会主义思想为指导 推动国防邮电工会工作展现新形象体现新作为》的工作报告。11 月的四届三次全体委员会议，提出要把学习贯彻习近平总书记重要讲话精神作为国防邮电各级工会的首要政治任务，切实加强思想政治引领，不断深化“中国梦 · 劳动美”主题教育。全国委员会领导班子利用下基层调研、指导工作的时机，将督查各级工会学习贯彻习近平新时代中国特色社会主义思想和党的十九大精神情况作为第一要务，并带头深入基层做辅导、做宣讲，用实际行动践行了“讲政治是第一位的要求”。

2019 年，中国国防邮电工会全国委员会和各级工会坚持用习近平新时代中国特色社会主义思想武装头脑，努力用习近平总书记关于工人阶级和工会工作的重要论述指导工作、推动实践。不断增强“四个意识”、坚定“四个自信”、做到“两个维护”，并组织开展了“加强新时代职工思想政治引领”工作调研。四届七次常委会会议积极运用理论学习，对加强职工思想政治工作进行了研究，审议并原则通过了《关于加强和改进新时代国防邮电产业职工思想政治工作的意见》。

2020 年，在国防工业和邮电通信两大产业开展了“学习党的创新理论、推进产业工会工作创新发展”网上征文活动。中国国防邮电工会加强工会党的建设，制定了《2020 年中国国防邮电工会党建工作要点》《中国国防邮电工会党支部标准化规范化建设实施办法（试行）》，激励广大党员争做合格党员。

2021 年 3 月，中国国防邮电工会全国委员会召开四届五次全体委员会议，提出持续强化科学理论武装，切实提高政治判断力、政治领悟力、政治执行力，突出抓好职工思想政治引领，坚决落实全面从严治党要求，持续提升工会系统党的建设质量。

2022 年 9 月，中国国防邮电工会五届一次会议提出，各级工会要赓续光荣传统、认真履职尽责、锐意攻坚克难，不断推进工会工作取得新进展，团结带领国防邮电产业广大职工在社会主义现代化建设新征程上作出新的更大贡献。其后，国防邮电工会把学习贯彻党的二十大精神作为重要任务，全国委员会机关召开党支部会议进行学习交流，强调深刻领悟“两个确立”的决定性意义。向国防邮电系统各级工会下发了《关于认真学习宣传贯彻党的二十大精神的通知》，要求各级工会按照“五个牢牢把握”的要求，找准工会工作与党的二十大精神结合点，把党中央决策部署不折不扣落到实处，在全产业掀起学习党的二十大精神的热潮。

2023 年，中国国防邮电工会全国委员会深入开展学习贯彻习近平新时代中国特色社会主义思想主题教育，紧紧围绕“学思想、强党性、重实践、建新功”的要求，把理论学习、调查研究、推动发展贯通起来。坚持每个月至少组织两次党支部集体研学，领导班子成员讲党课，提高了学习效果。党支部赴湖南韶山开展主题党日活动，与山西壶关西柏林村开展党支部结对共建活动，青年理论学习小组开展“共读一本书”活动，提高了工会工作人员的思想水平。

2024 年，中国国防邮电工会坚持用国防邮电产业精神谱系育心筑梦。从抗日战争到解放战争，从新中国成立到中国式现代化建设，各个时期都涌现出了一大批典型人物和先进事迹，凝练出了可歌可泣的精神谱系。中国国防邮电工会一直把这些精神的弘扬作为思想引领的核心内容。在中核集团直属工会的支持下，以《民族的脊梁——党领导下的中国核工业》为主题在全国总工会举办“两弹一星”精神宣讲报告会。与国家邮政局联合开展第六届“寻找最美快递员”活动。以“中国梦·劳动美——凝心铸魂跟党走 团结奋斗新征程”为主题，组织7名劳模工匠赴北京、山东、四川院校开展3场进校园活动；以“工会助力，数智赋能”为主题，组织6名劳模工匠深入吉林省7家企业宣讲和解答技术难题，开展跨行业的助企行活动。通过这些活动，把国防邮电产业精神谱系的弘扬纳入大思政课工作体系，推动全产业形成凝聚人心、汇聚力量、鼓舞斗志、创造伟大的广泛共识。

（三）制度建设

2013年后，中国国防邮电工会加强了产业工会工作调研工作，扩大了基层分（支）会主席直选工作覆盖面。

2014年9月，举办了工会基层组织培训班，就建立健全服务职工工作体系进行了研究、培训。

2015年，在非公有制快递企业网（站）点开展“会、站、家”一体化建设试点工作，制定印发了《非公有制快递企业工会“会、站、家”一体化建设试点工作实施方案》，研究制定了《关于新形势下深化“职工之家”建设 增强基层工会活力的意见》，为国防邮电系统“职工之家”的建设工作常态化、规范化、制度化提供了目标。同时组成5个工作组，分赴北京、天津、江苏、湖北、陕西、四川等6个省市25家企事业单位工会进行实地调研，总结经验，发现问题，研究对策。就工会“六有”建设状况，赴上海、广东、山东、河北等省市调研，写成了《全国邮政企业工会组织“六有”情况调研报告》。

2016年，中国国防邮电工会三届九次常委会议审议了《中国国防邮电工会关于新形势下开展职工之家评议的指导意见》，并召开了“职工之家”建设现场会。

2017 年，中国国防邮电工会全国委员会加强与申通速运、韵达速运和宅急送工会的沟通协调，推动了非公快递企业工会干部专职化。

2018 年 7 月，中国国防邮电工会四届四次常委会议审议了《中国国防邮电工会关于充分发挥全委会委员作用的意见》，为做好中国国防邮电工会工作提供了制度性保证。

2019 年 7 月，中国国防邮电工会全国委员会在吉林长春召开推进在企事业单位改革改制中发挥工会作用的工作会议。8 月，中国国防邮电工会召开四届七次常委会会议，审议并原则通过《关于企事业单位改革改制中进一步加强工会工作的意见》《关于开展“最美职工之家”“最亲娘家人”推树工作的意见》等文件。11 月，在吉林长春召开新时代工会创新与发展研讨会，围绕工会工作面临的问题与挑战、“工会代表”制度实践等议题作了研讨。

2020 年，中国国防邮电工会总结推广基层单位建立工会代表制度。

2021 年，中国国防邮电工会开展“深入推进非公快递企业工会组建和服务工作”。全国委员会组织人员对各大快递公司工会组织建设进行调研和工作指导。推动快递公司开展劳务派遣和业务外包用工入会和规范会籍管理。

2022 年，在中国国防邮电工会五届一次全体委员会会议上，产生了新一届领导机构，中国国防邮电工会全国委员会共有委员 215 人，常务委员 53 人；设主席 1 人，副主席 2 人，兼职副主席 2 人。该年，中国国防邮电工会组织完成了国防邮电产业工会状况调查，积极落实全国总工会“县级工会加强年”工作和《关于集中推动互联网百强企业建会的通知》，广泛了解各地高新产业园区、电子信息行业互联网企业工会工作，拓展了互联网百强企业工会工作联络渠道。

2023年，中国国防邮电工会全国委员会在四川成都召开推进会，大力推进快递业“会、站、家”一体化建设，使快递业“会、站、家”一体化建设覆盖全国11000多个网（站）点。同时加强自身建设，梳理形成国防邮电产业工会工作体系。以“服务化、体系化、品牌化、创新化、数字化”赋能产业工会工作，分解细化目标任务，梳理出五大工作体系，13条工作路径，31个工作项目；建立委员单位工作汇报制度和重大事项报告制度，建立全国委员会机关与头部企业工会工作会商机制，不断加大对委员单位的指导力度，实现了工会工作的制度化和精细化。

2024年，工会基层组织建设取得了进展。全国委员会把基层组织建设作为工作重点，特别是快递企业工会组织建设和央企集团工会组织建设取得了重要进展。中国国防邮电工会推动央企集团普遍建立了集团工会，实现国有企业职代会、集体合同制度全覆盖。全国委员会机关与委员单位常态化沟通交流机制取得实效。分别召开国防科技工业、电信行业在京央企集团年度工会工作会商会，召开快递业推进维权服务“三年行动”会商视频会，不断加强全国委员会机关与委员单位信息沟通和工作交流力度。按照全国总工会推进在京中央企业工会组织关系、财务关系、审计关系等“三个全覆盖”工作要求，开展调研、召开推进会，整理反映面临问题和建议，推进规范管理，为出台优惠政策提供参考，推动提高在京央企工会的工作积极性。

二、培育新时期职工队伍

在实现“两个一百年”奋斗目标和中国梦的伟大工程中，中国国防邮电工会积极引导职工自觉培育和践行社会主义核心价值观，大力提倡、弘扬劳模精神，营造劳动最光荣、劳动最崇高、劳动最伟大、劳动最美丽的社会氛围，增强主人翁意识，培养知识型、技术型、创新型职工队伍，培育了一支建设中国特色社会主义的有生力量。

2014 年，中国国防邮电工会分别与中国兵器工业集团公司、中国商飞公司联合举办了国家二类技能竞赛，与中国移动通信公司联合举办 2014 年中国移动 4G 网络维护技能竞赛，与中国电子信息产业公司、工业和信息化部电子行业职业技能鉴定指导中心联合举办“2014 年中国技能大赛中国电子信息产业集团有限公司职业技能竞赛”。10 月 28 日，又在北京召开了职工经济技术创新经验交流会，从人才培养、思路创新等方面进行了交流。

2015 年，在庆祝“五一”国际劳动节暨表彰全国劳动模范和先进工作者大会上，国防、邮电产业共有 151 人获得“全国劳动模范”称号，22 人获得“全国先进工作者”称号；在中宣部、全国总工会联合评选的 10 名“中国梦 · 劳动美”“全国最美职工”中，有 2 名职工当选；在纪念抗战胜利 70 周年大阅兵活动中，参加阅兵装备保障工作的 30 名国防科技产业职工，获得全国五一劳动奖章。国防邮电工会抓住时机，大力宣传，弘扬劳模精神，推动职工队伍建设。

2015 年以后，为了培育新时期的职工队伍，国家开始弘扬热爱本职、敬业奉献的工匠精神。中国国防邮电工会积极响应，把宣传工匠精神作为建设新时期职工队伍的新切入点。2016 年，中国国防邮电工会三届五次全体委员会议提出，在团结动员广大职工为“十三五”建功立业过程中，大力弘扬劳模精神、劳动精神，培育更多的“大国工匠”。在三届九次常委会会议暨“职工之家”建设现场会上，提出大力弘扬劳模精神、劳动精神、工匠精神。

2017 年 3 月 27 日，国防邮电产业“弘扬工匠精神，培育大国工匠”座谈会在北京举行。8 月至 10 月，国防、邮电产业弘扬工匠精神巡回报告会分别在北京、河北、吉林、江苏、陕西等地企业、科研院所和大学校园举办，通过弘扬工匠精神，推动职工爱技术、学技术。8月至11月，“新时代工匠学院”先后在兵器工业内蒙古一机集团、航空工业西飞技师学院建立，并先后组织227名职工创新工作室带头人和企业技术骨干参加培训。

2018年，中国国防邮电工会进一步加强职工劳动技能比赛，以比武竞赛促任务高效完成和全员素质提升；加强劳动模范和工匠人才创新工作室建设，进一步改善技能人才成长环境。7月20日，中国国防邮电工会四届四次常委会会议听取了有关常委单位对《推进新时期产业工人队伍建设改革方案》的落实情况。11月，中国国防邮电工会四届三次全体委员会议提出，要牢牢把握工人运动的时代特征，扎实推进产业工人队伍建设改革。

2019年6月，在上海召开国防科技工业推进新时期产业工人队伍建设改革研讨会，在无锡组织召开了深化新时代工匠学院建设研讨会。8月，中国国防邮电工会召开四届七次常委会会议，审议并原则通过《关于加强和改进新时代国防邮电产业职工思想政治工作的意见》。在全产业开展“学习党的创新理论，争做新时代产业工人楷模”网上征文活动。该年，共举办培训班125期，培训职工4万余人次。中国航天科技集团五院总体部深空探测航天器系统总体设计团队被全国总工会、中共中央宣传部授予“全国最美职工”称号；中国电信中山分公司、中核兰州铀浓缩有限公司被全国总工会、中共中央宣传部等五部委授予“全国职工职业道德建设标兵单位”称号；中国移动通信集团四川有限公司、中国航天科工集团有限公司第十研究院被授予“全国职工职业道德建设先进单位”称号。

2020年，国防工业和邮电通信产业工会建立的新时代工匠学院已发展到7个院区，总数达到31家。举办了12期线下工匠培训班，培训高技能人才2000余人次；同时开辟线上工匠学院，开通30余门课程，112个教学视频，全年点击量540余万次。12

月 19 日，中华全国总工会主席王东明率队到国防邮电系统工会调研，提出要进一步深化产业工人队伍建设改革。

2021 年，中国国防邮电工会进一步推进《关于加强和改进新时代国防邮电产业职工思想政治工作的意见》贯彻落实工作，6 月上旬在成都召开职工思想政治引领工作座谈会，总结推广典型经验，部署进一步深化加强和改进新时代国防邮电产业职工思想政治工作的举措。在深入基层调研的基础上，印发《关于深化劳模和工匠人才（职工）创新工作室创建工作的意见》，为进一步发挥创新工作室作用提供有力保障，并新建三家“新时代工匠学院”，成立一个专业技术委员会，开办一期培训班。

2022 年，中国国防邮电工会着力加强职工思想政治引领，持续深化产业工人队伍建设改革，努力建设知识型、技能型、创新型产业工人队伍。召开国防系统班组建设研讨会，扎实推进企业班组建设。在邮政快递行业开展“小蜜蜂杯”快递职工才艺大赛，广泛开展群众性主题教育。组织 12 家中央企业集团参加首届大国工匠创新交流大会。认真学习习近平总书记给中国航空工业集团沈飞“罗阳青年突击队”队员们的回信精神，弘扬中国工人的突击队传统。

2023 年，中国国防邮电工会持续强化职工思想政治引领，坚持用党的创新理论武装广大产业职工头脑，切实履行团结引领产业职工听党话、跟党走的政治责任。举办国防科技工业学习宣传贯彻党的二十大精神主题宣讲报告会，开展电子信息行业职工学习党的二十大精神交流活动。全国委员会领导成员先后赴央企集团、地方产业工会、基层工会等，与一线职工面对面开展宣传宣讲 53 次。学习习近平总书记给中国航发黎明发动机装配厂“李志强班”职工的回信精神，引导职工弘扬劳模精神、劳动精神、工匠精神，为实现高水平科技自立自强积极贡献力量。

2024 年，中国国防邮电工会始终坚持以党的创新理论武装头脑、指导实践、推动工作，牢牢把握正确政治方向。举办电子信息行业优秀短视频作品征集暨宣讲比赛，用产业工人听得懂、乐于接受、生动活泼的语言，讲好“中国工人大思政课”。共征集 132 家单位的 285 件优秀作品，覆盖 21 个省、区、市的电子信息制造、软件及互联网企业，比赛当天相关报道阅读量 140 余万人次，总阅读量破亿。全国委员会机关和各级工会深入学习党的二十届三中全会精神，深入学习习近平总书记在“五一”国际劳动节前夕作出的重要指示、党纪学习教育重要指示、给中国一重产业工人代表的回信等重要指示批示精神，结合业务工作开展向基层工会干部和一线职工进行宣传宣讲，切实引导全产业职工深刻领悟“两个确立”的决定性意义，增强“四个意识”、坚定“四个自信”、做到“两个维护”，始终在思想上政治上行动上同以习近平同志为核心的党中央保持高度一致。

三、广泛开展劳动竞赛

新时代中国特色社会主义建设新时期，中国国防邮电工会积极团结动员广大职工，为实现中华民族伟大复兴的中国梦而奋斗，广泛开展劳动竞赛和群众性经济技术创新活动，为国防工业和邮电通信事业的发展注入了巨大动力。

2012 年，中国国防邮电工会围绕“天宫一号”与“神舟九号”载人交会对接、“蛟龙”号深潜器、辽宁号航空母舰等开展劳动竞赛，促进了国家级重点任务圆满完成。与有关单位联合举办了中国兵器工业集团公司第二届创新大赛、第三届全国邮政通信特有职业技能竞赛决赛。

2014 年，中国国防邮电工会继续在国防系统各行业、集团公司开展围绕确保国家重点型号研制、生产为目标的“五保”（保质量、保数量、保配套、保安全、保交付）劳动竞赛。大力弘扬劳模精神，营造劳动最光荣、劳动最崇高、劳动最伟大、劳动最美丽的社会氛围。组织召开了职工经济技术创新经验交流会。全国委员会国防科技工作部实地走访了西安中国兵器北方通用电子集团有限公司、中船重工西安东仪科工集团有限公司（西安东风仪表厂）、中航工业西安航空动力控制有限公司、中国航天科技集团公司第六研究院等单位，对劳动竞赛情况进行调研；同时委托湖南省国防工会、沈阳黎明公司工会开展调研，形成了《军工企业开展劳动竞赛情况的调研报告》。

2015 年，中国国防邮电工会深入开展劳动竞赛，与中国航空工业集团、中国邮政公司等单位联合举办职工技能比赛，大力弘扬劳动精神，引导产业职工践行社会主义核心价值观，为推动产业经济平稳健康发展作贡献。

2016 年，中国国防邮电工会与中国航天科技集团公司联合开展“航天万众创新岗位建功行动”劳动竞赛，与中国商用飞机有限责任公司联合开展“双推双增”劳动竞赛，与中国兵器工业集团公司、中国核工业集团公司、中国电信公司联合开展职业技能竞赛，组织动员广大产业职工积极投身保持产业发展的主战场。

2017 年，中国国防邮电工会组织动员产业职工积极投身“践行新理念，建功‘十三五’”主题竞赛活动，分别与中国航空工业、中国航空发动机、中国邮政、中国电子、中国电科等集团公司和中国通信企业协会开展主题劳动和技能竞赛。组织国防邮电产业各集团（企业）“组团”参加“安康杯”竞赛活动。8 月至 10 月，分别在北京、河北、吉林、江苏、陕西等地企业、科研院所和大学校园举办国防邮电产业弘扬工匠精神巡回报告会，集中展示了产业工匠人才的杰出成就和工匠培育选树的典型经验。12 月，举办国防邮电产业职工技术创新成果展洽会，并举办了“职工技术创新与国家创新体系建设”主题论坛活动。

2018 年 11 月，中国国防邮电工会四届三次全体委员会议提出，要牢牢把握工人运动的时代特征，以“当好主人翁、建功新时代”为主题，广泛深入开展多种形式的劳动和技能竞赛。要认真履行维护职工合法权益、竭诚服务职工群众的基本职责。

2019 年，中国国防邮电工会联合中国核工业集团公司等 13 家单位，开展了“新中国成立 70 周年庆祝活动服务保障立功竞赛”，为确保阅兵圆满成功提供了强有力保障。

2019 年 2 月 1 日，习近平总书记在北京看望快递小哥，称赞快递小哥工作很辛苦，起早贪黑、风雨无阻，越是节假日越忙碌，像勤劳的小蜜蜂，是最辛勤的劳动者，为大家生活带来了便利。3 月 1 日，中国国防邮电工会召开“牢记习近平总书记关怀 大力弘扬‘小蜜蜂’精神”座谈会。顺丰北京区石头胡同虎坊路营业点收派员刘阔代表全国 300 多万名快递业职工发出倡议书，号召大家牢记习近平总书记嘱托，做美好生活的创造者和守护者；爱岗敬业，诚实劳动，做新时代快递业高质量发展的奋斗者。该年，中国国防邮电工会联合中国核工业集团等 13 家单位开展了新中国成立 70 周年庆祝活动服务保障立功竞赛，分别与中国兵器工业集团公司、中国通信企业协会、中国电子信息产业集团公司联合举办了全国行业职业技能竞赛。

2021 年 9 月，全国委员会在西安组织开展“中国梦 · 劳动美——永远跟党走奋进新征程”劳模工匠宣讲活动，讲述劳动模范故事，组织动员广大职工在建功新征程中发挥主力军作用。

2022 年，中国国防邮电工会积极组织动员职工在推动产业高质量发展上建功立业，围绕国产航母下水、火星探测等重点型号开展劳动竞赛，继续抓好与中国商用飞机公司联合开展的 C919 劳动竞赛，与中国核工业集团公司、中国邮政公司、中国通信企业协会、中国电子劳动学会、中国电子商会、中国就业培训技术指导中心等单位联合举办了多种职业技能竞赛。

2023 年，中国国防邮电工会围绕载人航天、探月探火、卫星导航、大飞机制造等“十四五”时期重大项目、重点任务和重点型号，与中国航空工业集团、中国航空发动机集团、国家邮政局、中国电子劳动学会、中国电子商会等联合举办了五项国家二类职业技能竞赛；主办了“同‘芯’聚力、自立自强”全国电子信息行业首届职工技能竞赛、首届复合材料职工职业技能竞赛、信息服务数字化解决方案职工技能创新大赛。采取多种方式组织动员职工积极投入技术革新、技术协作、发明创造、合理化建议和“五小”等群众性创新活动，进一步激发产业职工的劳动热情和创造潜能，组织动员职工为推进中国式现代化建功立业。

中国国防邮电工会五届二次会议以来，经过全体委员的共同努力，不断完善具有国防邮电特色的“三位一体”劳动和技能竞赛体系。这一体系包括服务于国家重点工程、重点型号任务、重点保军和服务民生重点项目的劳动竞赛；服务于促进发展新质生产力、攻克重要领域“卡脖子”技术、促进企业高质量发展的技术创新大赛；服务于提升职工技能素质的职业技能大赛。

围绕航天强国建设、航空产业高质量发展，电子信息行业“卡脖子”技术等国家重大项目，与中国航天科技、航空工业集团、航发集团、电科集团联合举办全国装备研制领域系列劳动竞赛，覆盖100余万名职工。积极参与首届全国“红旗杯”班组长大赛，12家央企集团的3万余名班组长参加比赛。国防邮电产业首届职工技能运动会，15家央企集团参加竞赛和技能展示交流活动。

通过“三位一体”的劳动和技能竞赛体系的搭建，广大职工干事创业的激情动力更加高涨，主人翁地位更加显著,成就感、获得感、幸福感进一步增强；劳动光荣、技能宝贵、创造伟大的社会氛围更加浓厚，实现了产业工人综合素质明显提升，大国工匠、高技能人才不断涌现，知识型技能型创新型产业工人队伍不断壮大的工作目标。

四、坚持为职工服务

随着改革开放的深入和市场经济的发展与深化，企业经营、劳动关系都发生了深刻变化，也产生了一系列新的问题。面对新情况，中国国防邮电工会坚持为职工服务，倾听职工呼声、反映职工意愿，为职工办好事、解难事，维护和发展职工利益，既维护了国家和企业发展的大局，也保障了职工权益和职工生活。

（一）职工权益维护

中国国防邮电工会建立后，积极践行工人组织的职责，进一步加大职工权益维护力度。特别是在经济结构和职工队伍结构发生变化、大批农民加入产业工人队伍的情况下，在维护原有职工队伍权益的同时，积极维护劳务工、农民工的权益，保障了职工利益和社会的和谐发展。

2014 年，中国国防邮电工会以一线职工、劳务派遣工、困难职工等为重点群体，以劳动就业、技能培训、收入分配、社会保障、安全卫生等职工最关心的现实利益问题，坚持问题导向，深入一线扎实调研，重点关注产业改革对职工切身利益的影响，认真研究新情况，解决新问题，保障职工权益工作取得了新的进展。全国委员会经过调查研究，拟定了《关于国防邮电行业职工切身利益问题的调研报告》，反映有关职工收入分配、职业发展和劳务派遣工问题等，上报中央有关部门。全国委员会国防科技工作部、邮政工作部、电信工作部、电子信息工作部也分别实地走访基层企业单位，就劳务派遣情况等问题开展调研，形成《电信企业工资集体协商情况报告》《电信企业〈劳务派遣暂行规定〉贯彻实施情况的调研报告》。

2015 年，中国国防邮电工会组织人员到快递业务比较集中、职工数量较多的北京、上海、广东、吉林、河北、深圳等省市进行调查，形成《关于快递业工会组织建设情况的调研报告》。组织召开非公快递企业工会工作推进会，赴上海、广东、山东、河北等省市，就《劳务派遣暂行规定》实施情况、企业业务外包现状等展开调研，形成了《2015 年邮政、电信企业劳务派遣用工情况的调研报告》《关于河北电信公司实施外包用工管理情况的调研报告》，并报送国家有关部门。

随着经济社会转型，劳动关系的主体及其利益诉求越来越多元化，劳动关系矛盾进入凸显期和多发期，劳动争议案件居高不下，有的地方拖欠农民工工资等损害职工利益的现象突出，构建和谐劳动关系的任务艰巨繁重。在这种形势下，中国国防邮电工会积极贯彻《中共中央 国务院关于构建和谐劳动关系的意见》，努力构建和谐的劳动关系；2015 年至 2016 年，连续举办了依法协调劳动关系培训班。

2017 年，中国国防邮电工会全国委员会先后与人力资源和社会保障部、国家邮政总局、中国快递协会、北京市邮政管理局及北京市快递协会，就推进非公快递企业建立工会和职工权益维护工作沟通协商，促使国家邮政总局将签订劳动合同、集体合同、缴纳社会保险等职工关心的问题纳入对快递企业的监管内容。

2018 年，中国国防邮电工会向全国政协十三届一次会议提交《关于加强非公快递企业工会组建和职工权益维护工作的提案》，引起全国政协委员和社会的广泛共鸣。同时参与国家邮政总局、人力资源和社会保障部等部门关于加强快递行业建设调研，并参与《快递企业劳动标准》等文件起草工作，为改善快递职工就业环境提出了工会的主张。

2019 年，中国国防邮电工会对交通运输部等 18 部门拟定的《关于认真落实习近平总书记重要指示推动邮政业高质量发展的实施意见》中的工会加强维护邮政业职工权益工作提出明确要求。通过召开专题座谈会、到企业调研督导等方式，对核工业有关情况进行调研，与全国总工会社联部联合召开构建快递企业和谐劳动关系专题研判会。依据调研情况，了解到职业不被社会尊重理解、恶意投诉多、非法伤害时有发生是快递职工心中的“三个痛点”，因此发出了关爱快递职工成长、尊重快递职工劳动的呼吁。

2020 年，中国国防邮电工会全国委员会向党中央及有关部门反映了湖南省核工业关闭破产企业困难群体情况，推动地方出台政策举措，解决了职工需要解决的问题。

2021 年，中国国防邮电工会全国委员会成立维护劳动领域政治安全工作专班，组织开展职工队伍稳定风险排查化解工作，督促基层工会依法维护职工合法权益，化解矛盾、消除隐患。

2022 年，中国国防邮电工会全国委员会积极推动出台《快递员劳动定额》标准并开展试点工作，落实好人大、政协提案，探索推进在快递企业开展集体协商、签订集体合同，破解非公快递企业职工维权难题。对四川、河南、重庆、浙江、湖北、山西、江苏等多地职工群众来信来电进行分析研究，对相关省份长效机制的落实情况进行专项调研，确保各项帮扶政策措施落实到位。加强新冠肺炎疫情防控常态化下的工会维权服务，研判劳动领域存在的矛盾风险隐患，维护职工权益和劳动领域政治安全。

2023 年，中国国防邮电工会用心用情做好维权服务工作，积极推动构建和谐劳动关系。3 月 27 日，与国家邮政局、中国快递协会召开联席会议，聚焦邮政快递行业职工权益维护，围绕劳动报酬、社会保险、休息休假、职业安全等职工权益问题，推动非公快递企业签订集体合同，从制度上保障快递员劳动经济权益，同时逐步在非公快递企业建立健全以职工代表大会为基本形式的民主管理制度。其后，会同全国总工会有关部门和相关省、市总工会，合力推进 7 家头部非公快递企业相继召开（全网）职代会（扩大）会议，签订集体合同，实现了头部快递企业职代会和集体合同全覆盖。

2024 年，中国国防邮电工会用制度机制保障快递企业维权服务工作。深化联席会议工作制度机制建设，与国家邮政局、中国快递协会召开第二次联席会议，审议通过三方联合工作方案，联合开展九项工作；推动联席会议制度向省级产业工会延伸，安徽国防邮电工会与省邮政管理局、快递协会召开第一次联席会议，在省级层面形成联席会议的积极探索和实践。完善协商协调机制建设，召开快递业工会落实维权服务“三年行动”工作推进会，头部快递企业在实现签订全网集体合同全覆盖、召开全网职代会全覆盖基础上，实现省区公司建立工会组织全覆盖，省区公司入会率普遍达到 90%。

（二）职工生活保障

2013 年以后，中国国防邮电工会以职工最困难、最操心、最忧虑的实际问题为重点内容，深入一线职工，扎实开展调研，重点关注产业改革对职工切身利益的影响，认真研究解决出现的新情况新问题。

2014 年，为增强服务职工的主动性，中国国防邮电工会全国委员会与地方产业工会建立基层联系点制度，确定内蒙古呼和浩特市土默特左旗总工会、中国兵器工业集团内蒙古第一机械集团公司工会、河北省石家庄市邮政局工会、中国联通新疆分公司工会和中国电子科技集团公司第十四研究所工会为联系点。派遣干部深入基层，倾听职工呼声，真诚服务职工群众。2014 年底针对联系点的困难职工专门划拨帮扶资金。

在解决职工生活困难的同时，中国国防邮电工会全国委员会还积极为一线职工开展“保健康”和“送温暖”活动。联合推进中国电科职工健康工程工作，并向有关部门提交了《电子科技集团职工健康专题报告》。2014 年和 2015 年，先后组织全国国防邮电系统的劳动模范和先进工作者到北戴河开展集中休养活动。2016 年，对推动结构性改革过程中职工安置工作情况进行摸底，总结老工业基地、资源枯竭工矿区困难职工专项帮扶形式的经验做法，推动解决调研中发现的问题。邀请国内一流医疗专家为基层一线职工进行免费诊疗并举办健康讲座。2017 年，在“两节”期间组织开展“送温暖”活动。争取到 340 万元资金，为产业困难职工送去党和工会组织的温暖。

2018 年，中国国防邮电工会提出，要顺应职工群众对美好生活的向往，认真履行维护职工合法权益，竭诚服务职工群众的基本职责，不断增强职工群众的获得感幸福感安全感。用贴心服务温暖职工。结合调研和“两节”送温暖，深入劳动模范和困难职工家庭走访慰问，送出帮扶资金 40 万元，顺丰速运集团山西分公司两位困难职工得到帮扶后写来感谢信。在电子信息行业开展职工心理健康状况调研，与全国总工会女职工部联合实施“中国女性宫颈健康促进计划项目”。

2019 年，中国国防邮电工会全国委员会积极指导和推动产业各级工会拓展服务职工的内容和手段，建立服务职工工作项目清单制度。着力推进快递企业“会、站、家”一体化建设扩面提质工作。

2020 年，中国国防邮电工会全国委员会关注奋战在新冠肺炎抗疫第一线的邮政快递职工，向奋战在一线的武汉快递职工发出了慰问信；对 40 名在新冠肺炎疫情期间坚守岗位或不幸染病的湖北邮政和顺丰职工进行慰问；对中国邮政等 10 家快递企业集团和分公司工会进行了函访，并督促企业做好职工安全防护工作，指导地方国防、邮电产业工会及基层工会及时将受影响的低收入职工纳入帮扶对象名单。

2021 年，中国国防邮电工会根据党中央领导批示，围绕全国总工会部署，积极做好职工生活保障工作。在长沙筹办全国总工会关爱和帮助核工业特殊困难群体现场推进会，全面推进实施各项政策举措。协助全国总工会相关部门做好常态化“送温暖”活动，安排专项经费，下拨到各相关省（区）总工会，对核工业特殊困难群体重点人员开展走访慰问。

2022 年，中国国防邮电工会认真落实全国总工会领导关于做好对快递员、外卖配送员关爱工作的批示。按全国总工会要求，开展新就业形态劳动者温暖服务季活动，看望坚守投递岗位和参与志愿服务的快递员，了解快递企业及从业人员面临的突出问题和困难，提出《关于关心关爱快递员群体的建议》《关于对快递员群体进行专项帮扶慰问的建议》。

2023 年，中国国防邮电工会全国委员会组织人员，赴湖南调研关爱和帮助核工业特殊困难群体长效机制落实情况，并开展慰问活动；组织开展“快递员温暖服务季”活动；集中开展“工会送清凉、防暑保安康”慰问活动；常态化开展“两节送温暖”活动，把党中央的关心关爱和工会的温暖直接送到职工群众手中。积极落实全国总工会“工会小站 贴心大爱”工会服务站点“双 15 工程”建设要求，协调指导中国邮政集团加强工会户外劳动者服务站点建设，使邮政户外服务站点突破 1 万个，中国移动达到 4000 多个，中国电信“爱心翼站”超过 9 万个。

2024 年，中国国防邮电工会常态化开展困难职工关爱、劳模先进职工慰问、工会爱心互献等活动，两节、暑期等关键时间节点组织开展两节送温暖、“工会送清凉、防暑保安康”、职工子女假期托管等。组织劳模开展疗休养，持续推动“爱心驿站”建设，做好职工信访协调办理，职工群众的获得感、幸福感、安全感切实提高。

做好关爱和帮助某特殊困难群体工作，了解重点省份长效机制运行落实情况，申请 100 万元专项资金对重点人群代表开展实地慰问。制定《“试验队员之家”建设工作指引》，推动改善国防科技工业系统试验队员工作和生活条件。

国防工业工会大事记

1861 年

两江总督曾国藩在安庆创办“内军械所”，成为中国近代工业的开端，中国近代兵器工业工人队伍开始发源。

1862 年

两江总督李鸿章在上海创办上海制炮局，有职工 1780 人。

1864 年

两江总督李鸿章在苏州创办苏州洋炮局，有职工 300 余人。

1865 年

两江总督李鸿章在南京创办金陵机器局，有职工 1100 人；在上海创办江南制造总局，有职工 2820 人。

1866 年

三口通商大臣崇厚在天津创办天津制造局，有职工约 2700 人。

闽浙总督左宗棠在福建马尾创办福州船政局，有职工约 2000 人。

1869 年

陕甘总督左宗棠在西安创办西安机器制造局。

1872 年

1 月 12 日　江南制造总局罢工，反对总办殴打工人。

1873 年

云贵总督岑毓英在昆明创办云南机器局，有职工 320 人。

1874 年

两广总督瑞麟在广东番禺创办广州机器局，有职工 1860 人。

1875 年

山东巡抚丁宝桢在济南创办山东机器局，有职工 1500 人。

1877 年

四川总督丁宝桢在成都创办四川机器局，有职工 1000 人。

1879 年

9 月 7 日　浦东耶松船厂工人罢工，反对把头克扣工资。

11 月 11 日　浦东祥生船厂工人罢工，反对洋人殴打工人。

1881 年

12 月 23 日　福州船政局工人罢工，反对缩减工资和延长工时。

1883 年

5 月　江南制造总局工人罢工，反对总办苛待工人。

1890 年

8 月　江南制造总局工人罢工，反对延长工时。

是年　湖广总督张之洞在汉阳创办湖北枪炮厂，有职工 4540 人。

1904 年

6 月 6 日　江南制造总局罢工反对增加工时和殴辱工人。

11 月 11 日　成都兵工厂罢工反对工头克扣工资。

1912 年

7 月 8 日　江南制造总局成立制造工人同盟会。

1913 年

6 月　汉阳兵工厂工人组织工业同盟会。

1920 年

11 月 21 日　上海机器工会成立，孙中山、陈独秀等到会发表演说。

1926 年

5 月 1 日　太原兵工工会（又称赤色工会）成立，张斌任主席。

1927 年

3 月 25 日　江南造船所职工会成立。

1931 年

10 月　江西苏区中央军委兵工厂—官田兵工厂创立，揭开了人民兵工发展历史的新篇章。

1938 年

1 月 9 日　汉阳兵工厂成立抗敌工作团。

1940 年

5 月 1 日　八路军军工部在山西黎城县上赤峪召开军工部第一届工人代表大会，通过了告全体工人书、工会章程和集体合同，并选举了领导机构。

6 月　八路军总部政治部公布战时劳动保护暂行条例，军工部与总工会制定出第一个集体合同《军工部集体合同》。

1941 年

6 月 23 日　晋察冀军区军事工业职工联合会召开首次代表大会。

1942 年

9 月 12 日　《解放日报》发表社论：向模范工人赵占魁学习。

1943 年

8 月 18 日　太行抗日根据地军工职工甄荣典生产优异，当选为新劳动者旗手。

1946 年

6 月　山东解放区后勤部兵工会议作出关于工人待遇问题的决定。

1948 年

4 月　华北解放区在山西省阳泉市召开首届华北兵工职工代表大会。

6 月 20 日　东北解放区在哈尔滨召开东北军工第一届职工代表大会。大会选举产生了东北军事工业职工总会，通过了东北军事工业职工总会章程和职工公约。

1949 年

5 月　解放军西北军区兵工部制定《职工总会章程》。

6 月 1 日　解放军西北军区兵工部制定《战时暂行劳动保护条例》。

7 月 6 日　解放军东北军区召开东北军事工业第一届功模代表大会。

1950 年

6 月 5 日—17 日　中国兵工工会第一次代表大会在北京召开，选举产生了中国兵工工会全国委员会及全国经费审查委员会委员。

6 月 19 日　中国兵工工会第一次全国委员会议选出主席、副主席、秘书长及常委 9 人。

10 月 17 日　中国兵工工会全国委员会发出《关于学习全国兵工第一次代表大会学习技术、提高产品质量决议的通知》。

12 月 24 日　中国兵工工会全国委员会第一次常委扩大会议通过《关于开展爱国主义生产竞赛的决议》。

1951 年

5 月 7 日　中国兵工工会全国委员会作出《关于推广五三厂小组经验的决定》。

6 月 11 日　中国兵工工会全国委员会在北京召开第二次执委扩大会议。会议作出《关于学习与推广五三厂工作经验的决定》。

11 月 13 日　中国兵工工会全国委员会作出关于秋季安保大检查的指示。

1952 年

7 月 14 日—23 日　中国兵工工会全国委员会在北京召开第三次常委扩大会议。

12 月 29 日　中国兵工工会全国委员会发出《关于批准与颁发享受优异劳动保险待遇证的通知》。

1953 年

1 月 10 日—16 日　中国兵工工会全国委员会在北京召开第三次执委扩大会议。

2 月 24 日　中国兵工工会全国委员会改名为中国第二机械工业工会全国委员会。

8 月 24 日　中央人民政府第二机械工业部与中国第二机械工业工会全国委员会发出《关于进一步推广五三厂经验的联合决定》。

11 月 18 日　中国第二机械工业工会全国委员会召开第二次全国代表大会。会议选出执行委员、候补委员及经费审查委员。

1954 年

1 月　《中国兵工》改名为《通报》。

7 月 26 日　中国第二机械工会全国委员会第二届第三次执行委员会全体会议召开。

1955 年

2 月 12 日—18 日　中国第二机械工会第二届第四次执委扩大会议在北京召开。

1956 年

4 月 21 日—27 日　中国第二机械工业第一次先进生产者代表

会议在北京召开。

12 月 4 日—13 日　中国第二机械工会第三次全国代表大会在北京召开。

1957 年

2 月 22 日　中国第二机械工会全国委员会机关刊物《通报》改名为《工作通报》。

3 月 22 日　中国第二机械工会全国委员会作出关于加强民用产品生产中的工会工作的指示。

3 月 26 日　中国第二机械工会全国委员会作出关于加强职工思想政治教育工作的指示。

5 月 23 日　中华人民共和国第二机械工业部、中国第二机械工会全国委员会发布关于进一步开展职工体育运动的联合指示。

7 月　中国第二机械工会全国委员会提出对工会如何监督贯彻执行职工代表大会决议的初步意见。

12 月 25 日　中国第二机械工业工会全国委员会发出关于通过职工代表大会讨论、审查 1958 年度国家计划的通知。

1958 年

2 月 28 日　中华全国总工会决定将第一机械工会、第二机械工会合并为第一机械工会。

3 月 17 日　第一机械工会、第二机械工会全国委员会机关开始合并办公。

1960 年

4 月 6 日　中国第一机械工会全国委员会在重庆召开了全国委员（扩大）会议，通过了“中国第一机械工会全国委员会”更名为“中国机械工会全国委员会”的决定。

1962 年

10 月 31 日　中国机械工会全国委员会召开座谈会，形成关于开展以增产节约为中心的先进生产者、先进班组运动的座谈纪要。

11月14日　中国机械工会全国委员会作出关于开展增产节约劳动竞赛的几点意见。

1963年

1月3日　第三机械工业部、中国机械工会全国委员会联合发出关于开展三机部系统机动工作厂际竞赛的通知。

4月25日　第三、第四机械工业部联合发出关于开展三、四机部系统技安工作厂际竞赛的通知。

5月15日　第三机械工业部、第五工业部管理总局、中国机械工会全国委员会联合发出关于开展三个行业厂际竞赛的通知。

12月20日　第四机械工业部、中国机械工会全国委员会联合发出关于颁发《无线电工系统技安工作厂际竞赛暂行办法》的通知。

12月26日　第四机械工业部、中国机械工会全国委员会联合作出关于开展"五好"企业和"五好"职工竞赛的指示。

1964年

3月25日　第四机械工业部、中国机械工会全国委员会联合作出关于开展"五好"企业和"五好"职工运动的指示。

4月18日　第三机械工业部、中国机械工会全国委员会联合发出《关于继续开展三机部系统机动与技安工作厂际竞赛的通知》。

4月28日　第四机械工业部、中国机械工会全国委员会联合发出《关于继续开展四机部系统机动工作厂际竞赛的通知》。

7月1日　第五机械工业部、中国机械工会全国委员会联合颁发《第五机械工业部机动工作厂际竞赛暂行办法》。

1965年

2月24日　第五机械工业部、中国机械工会全国委员会联合发出关于颁发厂际安全、技术工业劳动卫生工作竞赛暂行办法的通知。全国总工会决定把中国机械工会全国委员会中的国防工业部分分出，单成立国防工业工会工作委员会。

1966 年

6 月 “文化大革命”开始后，国防工业工会停止工作。

1968 年

12 月 24 日 国营一七二厂试制的轰—6 飞机首次试飞成功。

是年 国防工业系统不少工厂成立“工人代表会”，取代了工会。

1971 年

核工业七一二矿排除“左”的干扰，组织夺高产大会战，年产量突破设计能力，达到 24 万吨的历史最高水平。

1973 年

4 月 11 日 中共中央批转中共北京市委和上海市委关于召开工会代表大会的请示报告，提出了整顿与健全工会组织的要求，一批工会先后恢复了组织和活动。

1979 年

7 月 在电视机行业扭亏增盈会上，国防工业工会和国家广播电视工业总局决定共同组织 45 个整机厂，开展以提高质量、降低成本和加强企业管理为主要内容的厂际竞赛。

11 月 23 日 全国电视机同行业厂际竞赛在北京召开。

1980 年

1 月 20 日 国防工会在北京召开了第一次省、区、市国防工会负责人座谈会，交流工作情况和经验，讨论工作安排。会议期间，全国总工会主席倪志福及书记处领导看望与会人员并讲话。

2 月 国防工会和五机部在重庆召开的部属企事业单位领导干部会上，决定共同组织坦克系统 10 个厂参加同行业厂际竞赛。

4 月 14 日 大连造船厂党委作出深入开展向全国劳动模范陈火金学习的决定。中共大连市委员会作出在全市开展学习陈火金，为“四化”立功活动的通知。

4月16日 《工人日报》发表《要勇于攀登科学技术高峰》的社论和《把一切献给“四化”的人》的文章，宣传陈火金为社会主义建设英勇奋斗的事迹。

5月12日 第六机械工业部作出向全国劳动模范陈火金学习的决定。

8月26日 国防工会在北京召开全国电视机同行业厂际竞赛经验交流会。

1981年

3月3日 全国电视机行业厂际竞赛委员会在北京召开第一次会议。

5月4日 兵器工业部党组发出通知，号召在兵器工业战线开展向尤子骏同志学习的活动。同日，国防工会和兵器部联合下发文件，作出关于在兵器工业战线开展向雷锋式的兵工战士尤子骏同志学习活动的通知。

8月 国防工会向全国总工会报送关于三线军工企业职工生活状况的调查报告。

12月25日 国务院国防工办办公会议对甘肃平凉地区三线军工企业的职工生活问题商定3条具体意见。

12月28日 国防工会分党组向全国总工会主席倪志福报送了关于辽宁四三一厂职工吃菜、吃水问题的报告。

1982年

2月11日 国防工会与六机部联合下发《关于颁发第六机械工业部企业基层工会干部管理、任免的暂行规定的通知》。

3月1日 国防工会会同国防工办、五机部组成联合工作组对甘肃平凉地区国防企业职工生活问题进行调查，形成了关于解决平凉地区三线国防企业职工生活问题的报告。

3月13日 国防工会与国务院国防工办、五机部等8家组成联合工作组，在平凉召开关于平凉地区三线职工生活问题座谈会，提出了解决的措施和办法。

5月20日　国防工会向全国总工会书记处报送关于辽宁锦西地区水源污染的情况报告。

7月9日　全国总工会、国务院国防工办联合转发联合工作组关于解决平凉地区三线国防企业职工生活问题的报告。

8月28日　中国国防工业工会分党组制定中国国防工业工会分党组工作制度、国防工业工会职责范围和工作制度、会议制度等。

9月10日　国防工会与电子工业部联合下发《关于颁发电子工业部工厂企业基层工会干部管理办法的暂行规定的通知》。

9月11日　中共陕西省委作出关于开展向罗健夫同志学习的决定，省人民政府作出关于追授罗健夫同志为陕西省特等劳动模范的决定。国防工会同航天工业部组织罗健夫事迹报告会，并联合举办罗健夫事迹展览。

9月16日　航天工业部党组作出关于向罗健夫同志学习的决定。

11月5日《工人日报》发表报道罗健夫事迹的长篇通讯。

11月7日　国防工会和国防科工委联合发出关于在国防科技工业系统开展学习罗健夫先进事迹的通知。

12月10日　国防工会与航天部联合下发《关于颁发航天工业部工厂企业基层工会干部管理办法的暂行规定的通知》。

12月20日　国防工会与航空工业部联合下发《关于颁发航空工业部工厂企业基层工会干部管理办法的暂行规定的通知》。

1983年

2月2日　国防工会在沈阳召开各省、区、市国防工会负责人座谈会，研究加强职工思想政治工作、搞好职工队伍建设问题。

2月19日　国防工会与核工业部联合下发《关于颁发核工业部企业基层工会干部管理办法的通知》。

3月5日　国防工会与四机部联合组成调查组，到国营七一四厂开展工人队伍状况调查工作。

3月8日　国防工会在湖南召开省、区、市国防工会负责人座谈会。

3月12日　国防工会会同六机部在上海联合召开企业民主管理经验和企业整顿座谈会。

4月2日　全国总工会、核工业部联合下发文件，作出关于撤销中国第二机械工会工作委员会的通知，核工业部所属单位工会工作由中国国防工业工会及各省、区、市国防工业工会直接领导和管理。

4月30日　国防工业系统参加“五一”国际劳动节全国劳模和先进人物代表座谈会的代表，看望中央军委副主席聂荣臻。聂荣臻勉励大家要发挥骨干带头作用，团结群众把国防工业的科研、生产搞好。

6月2日　国防工会与国防科工委联合下发关于组织国防科技和国防工业三线企事业单位优秀教师暑期活动的通知。

11月25日　国防工会与国防科工委联合下发关于认真传达学习贯彻中国工会第十次代表大会精神的通知。

1984年

2月15日　国防工会在吉林召开了省、区、市国防工会主要负责同志会议。

8月15日　全国总工会主席倪志福在北京接见国防工会组织的国防科技工业优秀科技人员短期休养活动代表，并作了重要讲话。

12月11日　国防工会、国防科工委联合下发文件，转发国防工会工作组调查总结吉林五二四厂工会建设“职工之家”的经验。

1985 年

1 月 30 日　国防工会在山西太原召开了 1985 年工作会议。

7 月 22 日　国防工会在北京召开了国防科研单位工会工作座谈会。

9 月 5 日　国防工会与核工业部、航空工业部、电子工业部、兵器工业部、船舶总公司联合下发了《关于加强国防科研单位工会建设和职工民主管理的规定》的通知。

12 月 16 日　中国国防工业工会在陕西西安召开了 1986 年工作会议。

1986 年

4 月　国防工会调查总结了国营六七二厂 405 小组加强班组建设的经验。

5 月　国防工会与航空部组成联合调查组，对黎明发动机制造公司职工队伍状况进行调查，总结了该公司加强思想政治工作发展商品经济的经验。

8 月 8 日　国防工业工会技术市场在西安飞机制造公司成立并召开了第一次工作会议。

8 月 12 日　国防工会在黑龙江召开班组工作座谈会。

10 月 17 日　国防工会在辽宁沈阳召开职工商品经济教育研讨会。

12 月 29 日　国防工业工会在四川成都召开了 1987 年工作会议。

1987 年

1 月 20 日　国防工业工会制定并下发《关于全国落实全总十届四次执委会决议的若干措施》。

2 月 25 日　国防工业工会制定建立健全几项制度和文件管理暂行办法。

3 月 13 日　国防工业工会、四川省国防工业工会、四川省核工业局工会组成联合调查组，对核工业部第九研究院工会工作进行调查，并总结了该院工会工作经验。

8 月 18 日　国防工业工会提出“关于抓好两件大事的基本情况及若干意见”，并作为文件下发。

8 月 20 日　全国总工会办公厅下发文件，向全国转发核工业部第九研究院探索科研单位工会工作的经验。

9 月 5 日　国防工业工会与国家机械委员会联合召开安全监督监察会议。

9 月 15 日　国防工业工会与国家机械委员会联合组成检查组，对 40 个弹药企业进行安全生产和劳动保护大检查。

9 月 18 日　国防工业工会作出在科研系统推广核工业部第九研究院工会工作经验的决定。

10 月　国防工业工会组织 15 个省市国防工业工会，组成国防工会技术市场代表团参加云、贵、川三省职工技术交易会。

11 月 2 日　国防工业工会制定关于进一步加强保密工作的意见。

1988 年

1 月 9 日　国防工业工会在云南昆明召开了 1988 年工作会议。

6 月 25 日　国防工业工会、中国职工技术协作委员会批复同意成立中国国防工业职工技术协会。

9 月 18 日　国防工业工会在四川召开国防工业企业工会改革试点工作会议。

12 月 11 日　国防工业工会、核工业总公司政工办联合下发关于在核工业系统基层单位建立健全民主协商对话制度的意见。

12 月 20 日　国防工业工会在北京召开了 1989 年工作会议。

1989 年

1 月 5 日　国防工业工会下发《国防工业企业工会改革要点》。

4 月 11 日　国防工业工会、中国北方工业（集团）总公司联合下发《关于共同建立兵器工业企事业工会代表协商对话联席会议制度的若干规定》。

12 月 3 日　兵器工业企事业工会代表民主协商联席会议在北京召开第二次会议。

12 月 24 日　国防工业工会在辽宁大连召开了 1990 年工作会议。

1990 年

3 月 23 日　国防工业工会向全国总工会主席倪志福报送《关于兵器工业目前严重困难的情况报告》。

3 月 25 日　兵器工业企事业工会代表民主协商联席会议，在西安召开兵器系统搞活开工不足车间经验交流会，中国兵器工业总公司和中国国防工业工会共同作出开展搞活开工不足车间厂际竞赛的决定。

5 月　国防工业工会和核工业总公司、中国新兴集团总公司、中国兵器工业总公司联合下发《关于贯彻中共中央关于加强和改善党对工会、共青团、妇联工作领导的通知的意见》。

6 月　国防工业工会与航空航天工业部、中国船舶工业总公司联合下发《关于贯彻中共中央关于加强和改善党对工会、共青团、妇联工作领导的通知的意见》。

7 月 31 日　国防工业工会与中国人民解放军总后勤部军需生产部联合下发《关于贯彻中共中央关于加强和改善党对工会、共青团、妇联工作领导的通知的意见》。

8 月 6 日　国防工业工会决定任命 14 人为中国国防工业工会劳动保护监督检查员。

8 月 8 日　国防工业工会与中国新兴总公司联合下发《关于全心全意依靠工人阶级的指导思想的几点意见》。

9 月 25 日　全国总工会批复关于建立中国国防工业工会全国委员会的实施方案。

1991 年

3 月 4 日　国防工业工会下发关于转发国营五二四厂工会《密切联系群众深化职工之家建设》经验的通知。

3 月 20 日　国防工业工会与核工业总公司联合作出《关于在核工业系统开展“效益杯”社会主义劳动竞赛活动的决定》。

5 月 14 日　国防工业工会与中国兵器工业总公司联合作出《关于在兵器工业系统开展以“质量、品种、效益”为中心的社会主义劳动竞赛的决定》。

5 月 29 日　国防工业工会第四届全国委员会第一次全体会议在北京召开。会议作出关于大力开展“第二次创业杯”社会主义劳动竞赛的决议，选举产生中国国防工业工会第四届全国委员会领导机构。

6 月 1 日　国防工业工会第四届委员会召开第一次常委会会议，讨论了常委会议事规则。

7 月 31 日　船舶工业总公司与国防工业工会在北京召开首次联席会议。

8 月 20 日　国防工业工会向全国总工会主席倪志福报送关于解决国防科技工业三线职工子女待业问题的请示报告。

11 月 27 日　国防工业工会四届二次全体委员会在上海召开，全国总工会书记处书记张富有出席会议并讲话。中国国防工业工会主席李华在会上作了题为《团结广大职工为国防科技工业的改革和建设建功立业》的工作报告。

12 月 28 日　中国国防工业工会全国委员会下发《关于开展“第二次创业”社会主义劳动竞赛实施方案的通知》。

1992 年

2 月 27 日　国防工业工会同核工业总公司联合下发《关于中国国防工业工会同中国核工业总公司工作联系制度的意见》。

4 月 1 日　国防工业工会在湖北召开了四届三次常委会。

5 月 11 日　国防工业工会与中国兵器工业总公司联合发出《关于中国国防工业工会同中国兵器工业总公司工作联系制度的通知》。

5 月 19 日　国防工业工会与解放军总后勤部生产管理部联合下发《关于认真学习、宣传、贯彻工会法的意见》。

5 月 23 日　中国国防工业职工技术协会第二届委员会全体会议在河南召开。

6 月 8 日　国防工业工会与中国船舶工业总公司联合下发《关于中国国防工业工会同中国船舶工业总公司建立工作联系制度的意见》。

6 月 24 日　国防工业工会与中国核工业总公司联合下发《关于认真学习、宣传、贯彻工会法的意见》。

7 月 3 日　国防工业工会与航空航天工业部联合下发《关于认真学习、宣传、贯彻工会法的意见》。

7 月 20 日　国防工业工会下发《中国国防工业工会劳动保护监督检查员暂行管理办法实施细则》。

9 月 18 日　国防工业工会与核工业总公司在苏州联合召开安全生产优秀班组表彰会，表彰安全生产优秀班组 184 个。

9 月 25 日　国防工业工会与中国兵器工业总公司安全检查员培训工作会议。

9 月 26 日　国防工业工会在重庆召开四届四次常委会。

11 月 14 日　国防工业工会发出《关于做好“第二次创业”社会主义劳动竞赛评比表彰工作的通知》。

11 月 20 日　国防工业工会向全国总工会书记处报送《关于

中国南方航空动力机械公司全心全意依靠工人阶级深化企业改革的调查报告》。

11 月 27 日　国防工业工会下发《深入开展“第二次创业”社会主义劳动竞赛意见的通知》。

1993 年

1 月　国防工业工会四届三次全体委员会在长沙召开。

4 月 3 日　国防工业工会向全国总工会书记处报送《紧急呼吁解决核工业矿冶系统转民技改项目还贷困难问题的报告》。

5 月 7 日　国防工业工会作出关于表彰“第二次创业”社会主义劳动竞赛组织优胜单位和先进单位的决定。

6 月 24 日　国防工业工会向全国总工会书记处报送《关于国防科技队伍状况的调查报告》。

同日　国防工业工会向中央军委副主席刘华清报送关于国防科技队伍状况的调查报告。

7 月 26 日—30 日　国防工业工会在贵阳召开国防科技工业企业转换经营机制与工会工作研讨会。

8 月 23 日　国防工业工会、中国兵器工业总公司、劳动部、联合向国务院报送《关于解决兵工弹药企业安全生产问题的请示报告》。

9 月 9 日　国防工业工会向全国总工会书记处报送《关于开展建设秦山核电站社会主义劳动竞赛的情况报告》。

11 月 3 日—4 日　国防工业工会在河北召开四届七次常委会。

11 月 15 日　国防工业工会向全国总工会书记处报送关于兵器工业亏损企业职工生活状况的跟踪调查报告。

12 月 4 日　国防工业工会在南京召开四届四次全体委员会。

12 月 15 日　国防工业工会与解放军总后勤部生产管理部联合下发《关于认真学习贯彻中国工会十二大精神，加强军队企业工会工作的意见》。

1994 年

2 月　中国国防工业工会全国委员会公布《1994 年“第二次创业”社会主义劳动竞赛工作要点》。

4 月　中国国防工业工会全国委员会在湖南举办转换经营机制、建立现代企业制度与工会工作研讨班。

5 月　国防工业工会与中国兵器工业总公司、中国核工业总公司联合组成安全工作检查组，对广东省内的核工业总公司所属 15 个外商投资企业进行了安全检查。

同月　中国国防工业工会全国委员会发出《关于贯彻全国总工会实施“送温暖工程”的意见》。

9 月 15 日　国防工业工会发出《在建立社会主义市场经济体制和深化国防科技工业企事业改革中加强职工民主管理工作的意见》。

11 月 23 日　中国国防工业工会全国委员会发出《关于深入开展“第二次创业”社会主义劳动竞赛的意见》。

1995 年

3 月　国防工业工会与中国兵器工业总公司就兵器工业外商投资企业工会建设问题联合进行调研，并下发了《关于建立健全兵器工业系统外商投资企业工会组织和加强工会工作的意见》。

6 月　国防工业工会与中国航空工业总公司、电子部联合举办首届职工技术比武大赛。

6 月—8 月　国防工业工会与中国兵器工业总公司联合组成调查组，对兵工企业贯彻实施《劳动法》和执行劳动安全卫生法规情况进行了专题调查。

1996 年

6 月 12 日—15 日　国防工业工会第五届委员会第一次全体会议在北京召开。会议选举产生了中国国防工业工会第五届全国委员会领导机构。

6月　国防工业工会第五届第一次全体委员会议作出《关于为实现国防科技工业“九五”计划建功立业、广泛深入地开展合理化建议活动的决议》。

12月　国防工业工会召开第五届第二次全体委员会议，通过了《中国国防工业工会全国委员会关于加强精神文明建设的工作意见》。

1997年

4月　针对部分企业连续发生几起爆炸事故的情况，中国国防工业工会下发了《关于加强监督检查搞好安全生产的紧急通知》。

9月　国防工业工会召开第五届第三次常委会会议，提出突出抓好职工代表大会民主评议领导干部工作。

是年　中国国防工业工会全国委员会对部分国防科技工业单位较集中的省市国防产业工会的组织体制、领导关系、活动方式进行了调研，向全国总工会提出了《军工产业体制改革及其运作方式给产业工会工作提出的新课题和有关建议》。

1998年

3月7日—4月中旬　中国国防工业工会与上海仪表电子工会联合举办3期促进下岗职工再就业工作培训研讨班。

是年　中国国防工业工会全国委员会对省市国防产业工会、总公司直属工会进行了大面积调查，并向全国总工会书记处报送了《关于加强产业工会工作，充分发挥产业工会作用》的调查报告，提出了《关于对国防科技工业系统产业工会组织设置调整的意见和建议》。

是年　中国国防工业工会对17个军工企事业单位进行了专题调查，分析研究了国防科技工业在发展市场经济过程中贯彻全心全意依靠工人阶级方针的新情况，并形成了《坚定不移地依靠工人阶级搞好国防科技工业企事业》的研究报告。

1999 年

中国国防工业工会全国委员会在对军工三线企业下岗职工的生活情况进行了调查后，向全国总工会书记处提交了《关于军工三线企业下岗职工基本生活保障和再就业情况的调查报告》。

中国国防工业工会全国委员会向全国总工会提交《关于组建国防科技工业十大集团公司工会的调研报告》，向国防科工委提出《关于组建军工集团公司工会组织的建议》，向各军工集团公司提出《关于在组建军工集团公司的同时加强集团公司工会建设的意见》。

2000 年

9 月 8 日—10 日　中国国防工业工会召开第五届第六次全体委员会议，选举了新的中国国防工业工会领导成员。

是年　中国国防工业工会全国委员会向全国总工会提交了《关于国防科技工业系统工会建设若干问题的报告》《关于在国防科技工业战略重组中加强国防工业产业工会工作的调查报告》《关于组建军工集团公司工会的建议》《关于理顺军工（电子）集团公司工会关系有关情况和建议》。

2001 年

中国国防工业工会全国委员会在全系统开展群众性经济技术创新活动，总结推广了沈飞公司等企业的经验。

中国国防工业工会就军工破产企业职工安置问题，到贵州、四川等地调研，提出《关于工会组织参与关闭破产工作的意见》。

邮电工会大事记

1877 年

10 月　福建巡抚丁日昌，在台湾主持架设中国第一条全长 47.5 公里的有线电报线。

1878 年

3 月 9 日　按照直隶总督兼北洋大臣李鸿章的建议，海关总税务司赫德（英国人）派天津海关税务司德璀林（德国人）以天津为中心，在北京、天津、烟台、牛庄（今营口）、上海 5 处海关试办邮政。

1879 年

5 月　北洋大臣兼直隶总督李鸿章在天津大沽、北塘间架设第一条电报线路。

1880 年

9 月　清政府正式批准筹办津、沪电报。

1881 年

12 月　津、沪电报建成通报。

1887 年

清政府敷设闽、台海底通信电缆成功。

1896 年

3 月 20 日　清政府正式批准开办国家邮政。

1906 年

11 月　清政府邮传部成立。

是年　广州邮员俱乐部成立。

1911 年

6 月 12 日　北京邮局信差反对增加投递班次，举行罢工。

10 月 14 日　哈尔滨邮务工人举行罢工，抗议邮务总办佛兴纳坻（法国人）迫害邮工。

1912 年

1 月 1 日　中华民国临时政府成立，“大清邮政”改为中华邮政。

1 月　广州邮局信差、分拣差举行罢工，抗议邮务长希乐思（英国人）强迫信差穿“大清邮政”号衣送信。

是年　清末建立的电报学生会改为电报公会。

1913 年

11 月 20 日　北京邮局令信差增加投递班次，信差为反对增加劳动量举行罢工。

1918 年

9 月 2 日　哈尔滨电报、电话两局工人举行罢工，支援中东铁路全线员工要求增加工资补贴等进行的罢工斗争。

1919 年

6 月 10 日　为了支援北京五四运动，上海英商华洋德律风公司接线生等 500 余人宣布罢工。

1922 年

2 月 27 日　香港邮局工人为声援海员大罢工，举行总同盟罢工。

4 月 24 日　上海邮局信差在中国劳动组合书记部总干事李启汉领导下举行罢工，要求增加工资、缩短工时等，同时在斗争中成立了上海邮务友谊会。

夏秋之际　重庆电报局员工因拖欠工资而全体停工。

1923 年

春　广州成立电报总工会，积极支援革命政府讨伐叛军。

1924 年

10 月　广州电话局女司机联合会（女司联）宣告成立。

11 月上旬　孙中山以大元帅令公布《工会条例》。

是年　中华全国电政同人公益会在天津成立。

1925 年

6 月 2 日　华洋德律风公司 700 多名电话工人举行反对帝国主义侵略的罢工，并成立上海电话工会。

6 月　香港和广东邮政工人参加省港大罢工。

7 月 21 日　在共产党员伍天德等发起下，广州邮政工人成立广东邮差工会。

8 月 16 日—19 日　上海邮政工人组织罢工委员会举行罢工。罢工结束后，上海邮务公会正式成立，王荃当选为第一任委员长。

9 月 24 日　上海邮政当局草拟《惩戒罢工办法》，经北洋政府交通部指令实行。

9 月　为声援五卅运动，全国 417 个电报局员工举行总同盟罢工。历时 6 天，罢工取得胜利。

1926 年

6 月 15 日　广东邮务工人第一次代表大会开幕。大会决议：广东邮差工会与广东邮务及文员工会合并，成立广东邮务总工会。

7 月 23 日　广州电报局组织北伐通信队随军北伐，担负作战和电报通信线路维修任务。

10 月 16 日　湖南邮务总工会成立。

同月　在中华全国总工会代表刘少奇的指导下，湖北邮务总工会成立。

11 月 1 日　云南邮务总工会成立。

12 月 14 日—24 日 湖南省电报工会代表大会在长沙召开，成立了湖南省电报工会。

1927 年

1 月 1 日　湖北省总工会在汉口举行第一次代表大会。大会决议：邮务工会应立即联合其他各省之邮务工人，组织全国邮务总工会。邮务工会应为收回邮政（权）而奋斗。

同日　武汉电报工会发起筹组全国电报总工会。

1 月 3 日　湖南邮务总工会与各公法团体代表，成立湖南人民收回邮政管理权委员会，公推谢觉哉、柳直荀、蔡声硕等 9 人为委员。

年初　在刘少奇直接领导下，中华全国邮务总工会筹备处在汉口设立，由广东、湖南、湖北派代表参加筹备工作。

1 月 18 日　南宁邮务工会设立广西邮务总工会筹备处。

1 月 30 日　江西邮务总工会成立。

2 月 2 日　陕西邮务总工会成立。

2 月 8 日　西川邮务总工会成立。

2 月中旬　湖南邮务总工会开展反英兵暴行活动。

3 月 7 日—18 日　在中国共产党领导下，中华全国邮务工人第一次代表大会在汉口举行。出席大会的有广东、湖南等 10 个邮区的代表 54 人。全国总工会副委员长项英、全国总工会党团书记、组织部部长李立三和全国总工会秘书长刘少奇分别作了报告，大会通过了《工作计划决议案》，选出执行委员 19 人，正式成立中华全国邮务总工会，伍天德当选为主席。

3 月 9 日　上海邮务工会召集各支局代表商讨进行第三次武装起义，由于奸细告密，全体代表被捕。

3 月 16 日　浙江邮务工会成立。

3 月 21 日　北伐军进抵龙华，上海邮工开始罢工，邮工纠察队参加了闸北区武装起义，取得胜利。

3 月 24 日　西川邮区代邮务长儒福立（法国人），仇视邮工收回邮权运动，拒不承认工会。西川邮务总工会邀请成都许多单位的代表召开仲裁会议，决定由副邮务长马文志担任邮务长。不久，邮政总局任命马文志为邮务长。

3 月 26 日　杭州邮务工会揭露邮务长杜达（英籍印度人）布置各邮局收集北伐军行动的活动，发动了一次驱逐杜达、收回邮权的斗争。

4 月 12 日　蒋介石发动反革命政变，上海邮务工会被迫停止活动。原工会执委、共产党员顾治本、周颙被捕，不久英勇就义。

4 月 15 日　广东新军阀发动反革命政变，广州“女司联”遭到破坏，一些委员被逮捕，许多会员被迫离开电话所。

5 月 21 日　国民党反动派发动长沙“马日事变”，湖南省电报工会、长沙电报、电话两工会和衡阳等电报工会被查封。长沙电报工会委员长朱镇耀被捕，长沙电话工会委员杜冬生被杀害。

7 月中旬　福建省电报工会成立。

10 月　工农红军接收和改造江西宁冈龙头市邮局，并建立中央革命根据地邮局。

12 月 11 日—13 日　中华全国邮务工会主席伍天德等人参加广州起义。

1928 年

1 月 3 日　广东邮务工会因参加广州起义，被国民党广州市公安局查封。

7 月 9 日　国民党中央常务会议通过《工会组织暂行条例》。

7 月 26 日　国民党中央常务会议通过《特种工会条例》。

9 月 27 日　中共中央给中共河南省委写信，指示如何开展电报工人工作。

10月2日　上海邮务工会因邮政当局对包括改革薪金制度、组织全国邮务工会等16项要求久拖不复，举行罢工。

同日　中共江苏省委对上海邮务工会发动的罢工进行研究，并作出相应决议。

1929年

2月14日　中共中央向各省委发出通知，通告国民党在进攻邮工。

同日　吉黑邮务工会在哈尔滨成立。

3月3日　辽宁邮务工会成立。

4月23日　上海邮务工会致函局方，提出于星期日、假日停止工作或另给工资的要求，遭交通部拒绝。

5月17日　中共中央给各省委发出关于邮务斗争问题的指示信。

12月1日—2日　全国邮务工会代表大会在上海举行，决定将各省市邮务工会联合办事处改为中华民国邮务总工会筹备委员会。

1930年

1月1日　闽西苏维埃政府发出开展"一人一镭"（镭即铜板）运动的号召，福建苏区邮务工人一年间节省经费355元，并提出义务劳动半个月或一个月。

7月　南京电报局工人代表10人就职工待遇与局方谈判，遭南京卫戍司令部逮捕。其后，陈继昌、李传夔、冯柏六、蒋宗銮等4名代表被国民党杀害。

8月　北平（京）邮务工会发动的要求与上海邮工享受"米贴"和临时补助费同等待遇的斗争，遭到当局镇压而失败。

1931年

1月　厦门电信工会切断了大北公司由鼓浪屿通往厦门的水线，大北公司在厦门窃据达半个多世纪的电报营业宣告结束。

2 月 16 日　上海邮务工会联合全国 43 个邮务工会要求发放“房贴”。交通部与工会达成协议，取消“房贴”名目，提前加薪。

春　大东公司在福州的营业权被收回。

9 月 18 日　日本帝国主义在东北制造九一八事变，各地邮工掀起抗日救国热潮。

9 月 19 日　日本侵略军占领沈阳电报局、电话局，抢劫电信器材、殴打员工，辽宁省通信被迫停顿，许多员工撤进关内。

1932 年

年初　上海无线电总台员工志愿组成小型无线队，为十九路军抗日作战服务。

1 月 16 日　全国邮务职工代表大会在上海举行。高级邮务员组织——中华民国全国邮务职工总会成立。

1 月 31 日　苏州电话局员工为十九路军战士赠送慰问品，并捐薪三成，作为救国特捐。

2 月　上海邮务工会决定全体会员捐薪 10%，支援十九路军将士抗击日军，并组织义勇军，赴前线担任战地交通、救护等工作。

5 月 1 日　中华苏维埃共和国邮政总局成立，随后成立邮政总局邮政支部（即分工会），直属中华苏维埃共和国总工会领导。苏区各省邮务管理局也相继成立邮务工会。

5 月 25 日—26 日　迁入苏区的全国总工会为声援上海和全国邮工总罢工，发表了《告邮务罢工工友书》和《关于邮务工人罢工事给全国工会的信》。

5 月　中华民国全国邮务总工会筹备委员会发动“护邮”罢工，亦称“巩固邮基运动”。

6 月 2 日　中华苏维埃共和国临时中央政府致电全国邮务罢工工人，表示慰问和声援。

6月3日　中华苏维埃共和国临时中央政府致电上海罢工电话工人，对他们的斗争表示支持。

7月25日—28日　第二次全国各地邮务工会代表大会在南京举行，国民党控制的中华全国邮务总工会宣告成立。

7月　国民党政府下令停办东北邮政，人员撤进关内，并集中于北平、天津、青岛、上海等地。

10月　苏区湘赣省邮务工会成立。

12月20日　苏区福建省召开邮务工人代表大会，讨论参加革命战争和组织工会等问题，选举产生苏区福建邮务职工会。

1933年

1月15日　苏区江西省邮务工会召集各县支部长联席会议，讨论节省、募捐等工作。各县邮务工人热烈地参加了节省经济运动。

2月2日　北平邮区新任邮务长巴立地宣布开除北平邮务工会全体执委13人，并将他们送交军警当局拘留，封闭了工会会所。

3月15日　西安电报局职工反对按30%的标准发放工资而举行罢工，结果失败。

4月24日—5月4日　广州邮务工会印制抗日标语5万张，并将标语贴在邮件背面，后被交通部制止。

6月1日　苏区江西、福建两省邮局订立竞赛条约，开展革命竞赛，为实现昼夜投递行程超过180里的目标而奋斗。

9月30日　苏区江西、福建两省邮务工会分别召开会议，讨论革命战争形势和任务，提出不要休息，不要假期和工资，支援革命战争。

12月3日　苏区江西省邮务工会举行第二次全省邮务工人代表大会，总结全省一年来的工作经验和教训。

12月28日　上海国际电台、无线电总台职工要求普遍加薪、发放年奖金，发动罢工。当局被迫接受了复工条件，事后将 2 名罢工委员和 2 名事务员开除。

1934 年

1 月 5 日　蔡廷锴在福建成立“中华共和国人民革命政府”。中华全国电信工会筹备委员会在福州成立。

3 月 31 日　苏区江西省邮政管理局全体职工为粉碎敌人“第五次围剿”，要求苏维埃政府免发 4 个月的工资。每人每天除邮局发给 1.5 斤米、6 分菜金和用于买草鞋和理发的 1 元大洋外，其余全部退还公家。

4 月　上海无线电总台和国际电台公布《报务员工作惩处办法》，由于员工反对，被迫撤销。

9 月 1 日　国民党政府交通部在南京召开全国邮政会议，拒绝全国邮务总工会常委朱学范、赵树声出席。

11 月　营口电报、电话工人反对日伪当局裁减人员，罢工 24 小时，在局方答应条件后复工。

1935 年

4 月 4 日　各地邮工为抗日报国捐献购买的“邮工号”飞机，在南京机场举行命名大会。

4 月　长沙电报员工成立了“益群社”，根据员工的爱好和特长，开展文体活动，受到员工欢迎。

年底　上海电报局递报生“进益”联合会成立。

是年　广东省电信职工反对以“整顿电政”为名裁撤员工 100 多人，并向国民党西南政务委员会请愿，受到镇压，许多代表被捕、被通缉、被革职。

1936 年

3 月 15 日—18 日　第三次全国邮工代表大会在上海举行。

5 月 5 日　全国邮务总工会创办的中华邮工函授学校开课。

5 月　上海国际电台青年发起成立上海职业界救国会国际电

台分会，开展抗日救亡活动。

12 月 21 日　长沙邮务工会全体会员捐献一日所得，慰问百灵庙前线抗日将士。

1937 年

7 月 7 日　抗日战争爆发，各地邮工积极投入抗日救亡运动。

7 月　长沙邮电员工致电卢沟桥守军将士，表示声援。

8 月 19 日　浙江邮务工会上书称：邮务长师密斯与日本驻杭州领事来往频繁，泄露我方军事机密，要求交通部下令撤换师密斯。

8 月　天津英、法租界内的电话工人展开“抗交”斗争，使日伪当局不能强行占领设在租界内的两个电话分局。

1938 年

1 月　日本侵略军侵占上海所有电信机构的资产后，国民党政府交通部只规定报务员、话务员、机务员和工程技术人员可撤往内地。业务员、事务员、递报生、报差对此深为不满，推选代表与局方谈判，局方只答应分别发给不同的遣散费和停薪留职证明。

3 月 8 日　在全国邮务总工会常委、上海市邮务工会主席朱学范推动下，各地工会负责人在武汉举行会议，发起成立中国工人抗敌总会。由于国民党的阻挠，筹备工作于 5 月被迫结束。

5 月　日本侵略者及伪组织宣称接管国民党政府留在上海租界的邮政机构，上海邮政工人联合各方力量组织“护邮”运动促进会，使其接管计划搁置。

是年　陕甘宁边区政府成立边区邮政通信组织——陕甘宁边区通信站，下设分站、县站和联络站，收发边区内或八路军驻地党政军民的信函、文件、书报等。

1939 年

1 月 22 日　福州电报局员工发出通电，呼吁全国电信低薪人员为提高工资待遇开展请愿运动。3月，在各局低薪人员纷纷响应下，电政当局同意略微提高低薪人员的工资。

3月26日　贵州邮务工会成立。

6月　湖南、广西、云南、贵州、福建、浙江、江西等省邮政员工通电呼吁，要求邮政当局发给临时津贴。

8月　昆明国际电台职工通电全国各电信局台，要求国民党政府交通部解除冻结工资的法令，恢复加薪制度，补发被冻结的工资差额，建议推选重庆局、台组织全国电信低薪报务员请愿团就近向交通部交涉，并在全国开展签名运动。经过谈判，交通部决定解除工资冻结、恢复加薪制度、实行梯级增薪办法。

1940年

7月　由于战时物价高涨，各地邮局开始实行相当于工资75%的战时临时生活补贴。

1941年

1月17日—19日　第四次全国邮工代表大会在重庆举行，陕甘宁边区总工会向大会赠送锦旗，并由代表廖似光向大会致祝词。

5月　由于物价飞涨，经全国邮务总工会与邮政总局交涉，修订了生活补助费计算办法，并改按各地物价指数进行计算。

1942年

2月7日　中国共产党领导下的山东抗日根据地战邮总局在沂水县成立。

3月5日　邮政总局通令取消了对录用女职工在结婚方面的限制，但录用女职工比例不得超过总录用人数的20%。

下半年　中共成都电信局支部组织“义记”储蓄会，通过经济互助形式团结了一批积极分子。

1943年

8月　全国各地电信员工要求实行《改善公务员待遇办法》，

举行总罢工，当局被迫接受员工的要求。

11 月中旬　湖南邮务工会以物价飞涨、生活无法维持为由，要求救济，相持一昼夜。最后，湖南邮政管理局答应每人借支 1000 元。

年底　日伪统治下的北平（京）邮政员工，抗议当局将发霉的白薯干头配给邮工食用，并开展“拒干运动”，迫使日伪当局停发已霉变的白薯干头。

是年　四川省雅安、蒲江等 10 多个邮局的员工，提出以取消生活指数打对折为主要内容的 3 项要求，省内各局纷纷响应。邮政总局被迫借给员工两个月薪金。

1944 年

1 月　电信总局颁布按年龄发放米贷金的规定，遭到青年员工的反对。昆明电信局员工进行了罢工，罢工持续到第 4 天时，当局答应把米贷金差额按 8 折计算作为青年员工的米贷金。

12 月 26 日　上海邮政员工举行怠工，要求救济。局方同意每人发米 3 升，并提前发放米贷金余额。

1945 年

2 月 7 日　山东抗日根据地战邮总局在莒南县召开全省战邮劳模代表大会，评选战邮英雄 2 人和战邮模范 32 名。

4 月 26 日—5 月 6 日　中国共产党领导下的晋西北根据地，在兴县召开邮工代表大会。大会通电全国邮工，呼吁改组国民党一党专政的国民政府和统帅部，为实现民主政治、争取抗战早日胜利而奋斗。

7 月 7 日　上海华中公司长途话务员因未发食米举行罢工。当局最后通告，上班者就发给食米，遂集体复工。

7 月 23 日—8 月 1 日　山东省抗日根据地第一次邮务职工代表大会在莒南举行。

9 月 23 日　重庆电信局外省籍报务员召开第一次代表会议，

成立内调同人联谊会。

10 月 1 日　成都邮政员工要求增加工资，遭到拒绝后罢工。局方被迫同意借款暂不扣还，同时保证不因罢工处分员工。

10 月 23 日　重庆电信局内调同人联谊会召开第二次代表会议通过决议，将联谊会改组为全国通信工会筹备委员会。

1946 年

1 月 30 日　中国劳动协会发表了 23 条政治主张，福建、南京、天津、镇江、济南、山西、河南等地邮务工会纷纷致电表示响应。

2 月 6 日　上海邮区 38 个内地局的邮工举行罢工，要求与市区局员工享受同等待遇。通过谈判，局方同意发给紧急补助款。在此基础上，内地邮局工会成立。

2 月 21 日　上海电信职工向局方提出最低薪应以 15.6 万元核给等要求，举行怠工，并通电各地电信职工请求支援，引起连锁反应。南昌、南京、北平（京）、广州、汕头、邕宁、梧州、兰州、西安、长沙、贵阳、福州、泉州、青岛、常州、屯溪等地电信职工举行怠工，并从大城市发展到小城市。26 日，上海电信职工通过谈判，同局方达成了按物价指数发给生活补助费等几点协议，职工当晚复工。

3 月 7 日　邮务总工会向邮政总局交涉食宿津贴，邮政总局接受了该要求。

3 月 27 日　中国共产党领导下的晋察冀边区邮政管理局全体员工，为阎锡山军队枪杀五台邮局局长、逮捕邮工并劫夺邮件，致函北平军事调处执行部，要求追究凶犯，抚恤死难烈士。

5 月 1 日　中国共产党领导下的晋冀鲁豫边区邮务职工总会筹备委员会在邯郸成立。

5 月 2 日　中国共产党领导下的太岳区第一次邮务职工代表大会在阳城举行，大会选举产生太岳区邮务职工会执委会。

5 月 20 日—6 月 14 日　全国电信职工总会筹备会议在重庆举行，确定总会的名称为交通部全国电信职工总会。

5 月 22 日　中国共产党领导下的晋冀鲁豫边区邮务职工总会筹备委员会，致电北平（京）军事调处执行部，抗议国民党军队活埋铜县解放区邮工三人，要求惩办凶手，抚恤死难邮工家属。

6 月 1 日　中国共产党领导下的太行区根据地邮政职工会宣告成立。

6 月 15 日　全国电信职工第一次临时代表大会在重庆召开。

6 月 17 日　中国共产党领导下的华中解放区邮工代表大会在清江举行，并成立华中邮务职工总会。

6 月 18 日　中国共产党领导下的晋察冀边区邮政职工总会筹备委员会在张家口成立。

8 月 25 日　中国共产党领导下的山东省邮务职工抗日救国总会和山东省职工联合会、铁路局总会等联名致电美国产联和劳联主席，揭露美国政府假调停、帮助蒋介石打内战的阴谋。

8 月　中国共产党领导下的冀鲁豫邮务职工会成立。

10 月 23 日—30 日　中国共产党领导下的山东省邮务职工第二次代表大会在临沂举行。大会决定将山东省邮务职工抗日救国总会改名为山东省邮务职工总会。

11 月 12 日　中国共产党领导下的辽宁省邮务工会成立。

12 月　太行区根据地邮政职工会为支援爱国自卫战争，号召开展劳军活动。据 38 个局、站的统计，捐现款 54800 元、小米 1585 斤、慰劳品袋 6447 个。

1947 年

1 月 1 日　晋察冀边区邮政管理局和晋察冀边区邮政职工总会筹备委员会，分别发出开展为人民立功运动的通知。

1 月　中国共产党领导下的山东省邮务职工总会，发出《告全体会员书》，号召开展立功运动。

2月　国民党政府颁布《经济紧急措施方案》，宣布冻结生活指数。

3月18日　中国共产党领导下的太行、太岳、冀南、冀鲁豫、豫皖苏等解放区邮务职工会，在接到西昌、建阳、邵阳等邮务工会向国民党政府提出反对“差工”名称和要求提高待遇的电报后，联名发出快邮代电，全力声援他们的斗争。

4月3日　中国共产党领导下的晋察冀边区邮政管理局和工会，联合公布《邮政员工立功运动实施暂行条例》。

4月14日　中国共产党领导的太岳区邮政管理局和工会，联合颁布《关于开展立功运动的指示和办法》。

4月25日　中国共产党领导的晋冀鲁豫边区邮政总局通令颁布《邮政员工立功暂行条例》。

5月10日　上海电信局和国际电台职工2400人，为抗议交通部拒绝职工提出的与邮政职工同等待遇等要求，开始怠工斗争，并通电全国请求支援。经过谈判，达成了在未实行邮电同等待遇前，按年龄分别发给职工不同“米贴”等几项协议。

9月1日　中国共产党领导的太行区邮政职工会代表全区职工向冀南、太岳两区邮局和全体职工发出挑战书，倡议开展提高技术、提高质量和邮递速度运动。

同日　中国共产党领导的晋冀鲁豫边区邮务职工总会写信给英国邮政职工联合会，介绍职工总会的发展情况。

12月1日　中国共产党领导的嫩江省邮电总工会筹备委员会在齐齐哈尔成立。

12月2日　中国共产党领导的辽宁省邮电总工会筹备委员会在郑家屯成立。

12月9日—19日　第五次全国邮工代表大会在上海举行。大会决定中华民国全国邮务总工会改名为中华民国邮务工会全国联合会。

12 月 23 日　中国共产党领导的华北人民政府，在河北省平山县西柏坡召开华北交通工作会议，华北人民政府主席董必武就如何加强邮务工会并发挥其作用等问题作了指示。

1948 年

1 月　各地电信工会成立工会筹备委员会或小组，有 80 多家单位致电电信总局，要求迅速实现邮电同酬。

2 月 5 日　中国共产党领导下的太岳区邮政管理局和工会发出《响应中央局号召，为彻底平分土地服务的联合指示》，要求全体职工加强乡邮、深入发行、保证军邮，为彻底实现《土地法大纲》而奋斗。

4 月　国民党政府交通部下令改按年龄发给职工六斗“米贴”、八斗“米贴”、一石“米贴”，引起北平（京）电信青年职工的不满。在中共北平地下工委领导下，以“六斗”职工为骨干，团结“八斗”职工，争取“一石”职工，开展了“六、八斗”斗争。

5 月　各地邮工要求按指数核发薪金。自 7 月起，邮务工会全国联合会与邮政总局交涉，达成协议：按上月指数加一成核发薪金。

7 月　中国共产党领导下的首届东北邮电工人代表大会在哈尔滨举行，大会选举产生了东北邮电职工总会。

8 月 1 日　中国共产党领导下的第六次全国劳动大会在哈尔滨举行，出席大会的邮电工人代表共 11 人。

8 月 3 日　中国共产党领导下的东北邮电职工总会，号召各地邮电职工积极工作，响应第六次全国劳动大会的献工号召。

8 月　在中国共产党领导下，第六次全国劳动大会在哈尔滨举行。上海邮政工人代表李家齐、孙明参加大会，李家齐当选为全国总工会候补执行委员。

9 月 5 日—9 日　中国共产党领导下的辽北省邮电职工，召开代表大会，宣告成立辽北省邮电职工总会。

10月28日　天津电信职工开展怠工斗争，受到军警的镇压。罢工职工36人被捕，激起全国各地电信职工的反对，纷纷致电表示声援。最后经过谈判，达成发放救济金240元，配售面粉一袋等协议，遂复工。

10月　在中共华北局城工部的直接领导下，北平（京）电信员工3000多人开展怠工斗争，并取得胜利。

11月2日　沈阳解放前夕，沈阳电信局职工在中共沈阳城工部领导下，迫使守军撤离，保护了电信局。

11月6日　淮海战役开始，华北解放区邮电管理局组织300人的支前邮电队，建立长达1000多里的支前干线。

11月初　上海等14个省市的邮务工会代表齐集南京，要求借支薪金、米贷金和解冻指数。与邮政总局进行长达12小时的谈判后，达成协议，解冻指数按月调整，米贷金照市价发给。

12月5日　东北全境解放后，东北邮电管理总局、东北邮电职工总会由哈尔滨迁至沈阳。

12月　北平电信职工在中共北平电信系统地下党组织领导下，开展“护局”斗争。

1949年

1月25日—26日　南京邮政员工会同电信员工，要求发放“应变费”。

2月下旬　南京电信局地下党利用工会等合法组织，成立安全委员会，开展“护局”斗争。

3月1日　中国共产党领导下的辽北省邮电总工会在四平成立。

3月3日　长沙邮务工会开展“索薪”斗争。

3月11日　中国共产党领导下的晋冀鲁豫边区邮务管理局和邮务职工总会发出联合通知：全国各解放区工会代表大会将于6

月 10 日在哈尔滨举行，成立解放区统一的工会联合会。

3 月　上海邮政员工在中共地下党组织领导下，开展“护局”斗争。

4 月 11 日　根据中共地下党组织的指示，长沙的电信资费一律拒收金圆券，湖南各电信局和贵阳、昆明、重庆、成都等局同时响应。

4 月 15 日　湖南邮政管理局成立应变委员会，武装邮工保护局产。

4 月　中共武汉电信局地下党组织，选举产生了应变委员会，积极开展“护局”活动。

5 月中旬　中共中央华中局社会部利用武汉和长沙电信局长的私人关系架设秘密电台，沟通了湖南与华中局、党中央的联系，促进湖南和平解放。

5 月　上海电信职工按照中共地下党组织的指示，成立应变组织经济委员会，利用公开合法形式开展各种“护局”活动。

5 月底　青岛市电信局成立了以共产党员为骨干的十人“护局”小组，组织“护局”队伍，收集有关国民党军队的番号、调防、运输情报。

6 月下旬　中国共产党领导的全国总工会邮电工人工作委员会成立，主任为朱学范，顾锡章、王子纲、宋凤祥等四人为委员。

8 月 26 日　中国共产党领导下的全国总工会邮电工人工作委员会，召开全国邮电工人工作座谈会。

9 月 7 日　中华全国邮政总工会筹备委员会召开第一次全体筹备委员会议，推选朱学范为主任、李景韩为副主任。

9 月 11 日　中华全国电信总工会筹备委员会第一次全体筹备委员会议，推选刘寅为主任，张恩全、王骏发为副主任。

1950 年

3 月 17 日—26 日　全国邮政会员代表大会及全国电信会员代表大会在北京联席召开，会议决定建立中国邮电工会全国委员会。

4 月 19 日　中国邮电工会全国委员会建议邮电部明令废除伪中华邮政压迫邮政工人的制度。

5 月 22 日　邮电部、邮政总局通令规定“临时差工”归班办法，使“临时差工”获得正班员工同等待遇。

7 月 13 日　中国邮电工会全国委员会发出关于开展生产竞赛的指示。

8 月 1 日　邮电部公布实施《全国邮电职工疾病伤残补助试行办法》。

8 月 25 日　根据《全国邮电职工疾病伤残补助试行办法》的规定，中国邮电工会全国委员会和邮电部共同组成全国邮电职工劳动保险委员会。

10 月 10 日　中国邮电工会召开一届二次全国委员会扩大会议。会议确定要以生产为中心，推广劳模经验。

1951 年

8 月 22 日　中国邮电工会召开一届三次全国委员会扩大会议，总结竞赛的经验以及介绍企业管理民主化与签订集体合同的经验。

1952 年

7 月 2 日　中国邮电工会在北京召开华北五省二市区委员会主席和各办事处主任参加的工会工作会议，研究在邮电企业开展增产节约竞赛运动问题。

7 月 30 日　邮电部和中国邮电工会全国委员会联合发出关于在邮电企业中开展爱国增产节约竞赛运动的指示。

10 月 22 日　邮电部和中国邮电工会全国委员会在北京联合

召开“郭秀云先进操作法”全国推广会议。

12 月 18 日　中国邮电工会召开一届四次全国委员扩大会议，总结爱国增产节约竞赛运动，研究肃清资本主义经营思想和总结先进经验问题。

1953 年

5 月 16 日　邮电部和中国邮电工会全国委员会发出关于推广“京、津邮件投递工作经验”的联合指示。

6 月 3 日　邮电部和中国邮电工会全国委员会发出关于贯彻《劳动保险条例》的联合通知。

8 月 3 日　邮电部和中国邮电工会全国委员会发出关于推广沈阳电信局机械股工作法的联合指示。

8 月 17 日　中国邮电工会第二次全国会员代表大会在北京召开。

1954 年

4 月 7 日　中国邮电工会在北京召开二届二次全国委员会扩大会议，总结交流邮电企业县、镇工会工作经验。

5 月 3 日　邮电部和中国邮电工会全国委员会在北京召开许兴柱长途线路维护工作法全国推广会议。

10 月 25 日　邮电部和中国邮电工会全国委员会联合召开集中预配、循环立杆施工法全国推广会议。

12 月 16 日　中国邮电工会召开二届三次委员扩大会议，总结 1954 年工作，研究 1955 年任务，交流基层工会工作。

1955 年

4 月 11 日　中国邮电工会全国委员会在北京召开工会工资工作座谈会。

4 月 13 日　“公务员工会国际”在奥地利维也纳召开第一次代表大会，中国邮电工会派代表团参加。

5 月 31 日　中国邮电工会召开二届四次委员扩大会议，研究加强对劳动竞赛的领导，进一步发扬民主、联系群众，关心职工物质文化生活。

1956 年

1 月 28 日　中国邮电工会全国委员会召开二届五次委员扩大会议，讨论并通过中国邮电工会全国委员会 1956—1957 年工作规划；通过开展局际和同工种竞赛，保证四年半完成五年计划及支援农业合作化等决议。

2 月 10 日　邮电部和邮电工会全国委员会召开全国邮电体育协会第一次筹备委员会会议，成立全国邮电体育协会筹备委员会。

4 月 22 日　全国邮电先进生产者代表会议开幕。

6 月 28 日　中国邮电工会全国委员会召开二届六次委员扩大会议，研究解决邮电职工生活问题。

11 月 15 日　中国邮电工会与日本电信有关工会访华团签订协议，规定两国工会定期互相访问。

1957 年

3 月 25 日　中国邮电工会第三次全国会员代表大会在北京召开。

3 月 29 日　中国邮电体育协会全国理事会成立。

3 月 30 日　日本“全递”工会访华使节团访问中国，与邮电工会全国委员会签订协议，为实现两国邦交正常化而努力。

7 月 18 日　邮电部部务会议成员和中国邮电工会全国委员会主席团举行联席会议，进行 1956 年下半年局际竞赛评比，评出 31 个邮电企业为先进单位。

8 月 21 日　全国工会积极分子代表会议在北京开幕，出席会议的邮电系统代表共 35 名。

11 月 16 日　中国邮电工会召开三届二次委员会扩大会议，讨论贯彻全国总工会党组扩大会议确定的有关工会工作的几个根本问题。

1958 年

1 月 29 日　北京邮局同莫斯科邮局开展友谊竞赛。

4 月 5 日　邮电部、中国邮电工会全国委员会召开推广北京邮局东四支局经验电话会。

4 月 12 日　中国邮电工会全国委员会根据党中央成都会议决定，提出调整职权范围，改变工作方法，变更组织机构、体制的方案。

10 月　中国邮电工会全国委员会组织工作队赴河南、四川参加大炼钢运动。

1959 年

4 月 15 日　邮电部召开电话广播大会，推广四川邮电部门“一条龙”大协作竞赛的经验，邮电工会全国委员会主席李景韩在会上讲话。

4 月 28 日　中国邮电工会全国委员会主席李景韩率工会“五一”代表团访问朝鲜。

7 月 12 日　邮电部召开市话部门局际竞赛电话会议，中国邮电工会全国委员会主席李景韩讲话。

8 月 2 日　中国邮电工会全国委员会召开省、区、市邮电工会主席座谈会。

8 月 20 日　由中国邮电工会全国委员会主席李景韩率邮电工人代表团，前往德意志民主共和国莱比锡，参加公务员工会国际第二次代表会议。

8 月 28 日　中国邮电工人代表团应波兰邮电工会中央委员会邀请，对波兰进行友好访问。

9 月　邮电部、中国邮电工会全国委员会在哈尔滨召开全国自动电话技术革新现场会议。

9 月 22 日　邮电部和中国邮电工会全国委员会为迎接全国群

英会的召开，联合成立筹备小组。

10 月 26 日　全国工业、交通运输、基本建设、财贸方面社会主义建设先进集体和先进生产者代表大会开幕，出席大会的邮电代表共 128 名。

1960 年

1 月 7 日　邮电部和中国邮电工会全国委员会联合召开长途话务、长途线路和自动市话机械维护先进经验推广交流会议。

3 月 7 日　邮电部和中国邮电工会全国委员会在北京联合召开第四次邮电干部和教育工作会议。

3 月 14 日　应中国邮电工会邀请，日本“全递”工会代表团到中国进行友好访问。

3 月 20 日　全国邮电技术表演比赛大会在北京召开，630 多名技术革新和技术革命能手和先进集体代表参加。

3 月　邮电部召开全国邮电职工业余教育会议，中国邮电工会全国委员会派人参加。

6 月 11 日　应中国邮电工会邀请，波兰邮电工会代表团到中国进行友好访问。

9 月 30 日　邮电部、中国邮电工会全国委员会发出关于城市邮政工作局际竞赛和机要通信对口赛问题的通知。

10 月　中国邮电工会全国委员会派工作组赴天津、湖南、上海等地，调查长话电路半自动接续及邮运机械化推行情况。

1961 年

1 月　邮电部、中国邮电工会全国委员会工作组分别赴哈尔滨、宁安邮电局调查其贯彻“两参、一改、三结合”经验情况。

7 月—8 月　邮电部、中国邮电工会全国委员会工作组赴北京昌平县邮电局帮助开展整风运动。

10 月 24 日　邮电部、中国邮电工会全国委员会组织联合工作组，分别赴西安市邮局、乾县邮电局进行“工业 70 条”

试点工作。

1962 年

3 月　中国邮电工会全国委员会工作组赴河南巩县邮电局调查总结报话班工作经验。

5 月—6 月　以李景韩为首的工作组赴上海调查研究班组工作，总结了王仲清投递班和江苏路市话电缆班的经验。

7 月 27 日　中国邮电工会全国委员会就上海市话局服务台的劳动条件问题，向上海总工会通报。

1963 年

1 月　中国邮电工会全国委员会在调查研究的基础上，总结了邮电投递班组和先进营业组工作经验。

6 月 4 日　邮电部和中国邮电工会全国委员会发出关于做好 1963 年雨季高温季节安全生产工作的联合通知。

9 月 20 日　邮电部和中国邮电工会全国委员会发出贯彻执行国务院关于加强企业生产安全工作的几项规定的联合通知。

11 月 18 日　邮电工会全国委员会召开部分省、市邮电工会主席的小型座谈会，交流关于社会主义阶级教育和开展“五好”竞赛的经验。

1964 年

3 月 8 日　邮电部、中国邮电工会全国委员会发出关于邮电企业开展“五好”企业、“五好”职工竞赛的指示。

9 月—翌年 5 月　中国邮电工会全国委员会抽调 7 名干部，参加全国总工会机关“五反”和农村“四清”工作队。

1965 年

9 月　邮电工会工作组赴陕西汉中调查研究，总结汉中邮电局工会发挥积极分子作用办工会的经验。

1966 年

4 月 11 日　中国邮电工会全国委员会召开出席第十六次邮电

工作会议的工会干部座谈会。

4 月　李景韩率工作组赴广州了解邮电部门“四清”阶段的工会状况，并赴台山、开平等邮电局进行调查。

1967 年

1 月　“文化大革命”时期，部分邮电企业的邮件滞留、通信中断。

1968 年

8 月　四川省邮电局组织“红色邮车队”，完成疏通邮路、发送邮件的任务。

1969 年

3 月　中国邮电工会全国委员会干部全部去河南罗山全国总工会“五七”干校参加劳动。

1972 年

中共四川省委提出《四川日报》当天要到达 100 个县（市）的要求。全省邮运职工以加快邮运速度为重点，对干线邮路开展了新的整顿和建设。

1973 年

2 月 6 日　四川省甘孜藏族自治州炉霍县发生 7.9 级地震，全省邮电职工展开抢险救灾保通信工作。

1975 年

2 月 4 日　辽宁省海城、营口地区发生了 7.3 级强烈地震，全省邮电职工展开抢险救灾保通信工作。

1976 年

7 月 28 日　河北省唐山市发生大地震，邮电通信设施遭到严重破坏，唐山邮电职工以巨大的牺牲精神，与全国人民一道，展开了抗震救灾和恢复、保证邮电通信工作。

1978 年

12 月　根据全国总工会和邮电部党组的安排，成立以邮电部副部长朱春和为首的中国邮电工会全国委员会筹备小组，开始中国邮电工会全国委员会的恢复工作。

1979 年

4 月　在第十七次邮电工作会议期间，召开全国邮电工会工作会议，提出恢复省、区、市邮电工会。

5 月　中国邮电工会全国委员会筹备委员会派工作组赴上海、四川、贵州、广西、河南等省、区、市，推动邮政、报社参加的报、邮“一条龙”竞赛。

10 月　邮电部与中国邮电工会全国委员会筹备委员会组织工作组，到包头、呼和浩特、沈阳、哈尔滨、上海、杭州、苏州、绍兴等地，对 18 个市话局（分局）的机线设备维护工作进行调查。

1980 年

4 月 22 日　邮电部和中国邮电工会全国委员会重新印发《沈阳电信局机械股工作法》。

8 月　邮电部和中国邮电工会全国委员会召开现场会议，推广四川南充地区邮电局劳动竞赛、民主管理、生活工作的经验。

是年　中国邮电工会全国委员会工作机构正式建立。

1981 年

5 月 25 日　中国邮电工会全国委员会和邮电部联合召开职工生活会议，推广职工住房自建公助经验。

6 月　邮电部副部长赵志刚、中国邮电工会全国委员会分党组书记鲁文赴唐山，对震后生产用房和职工住房情况进行调查。

9 月　中国邮电工会全国委员会派工作组赴云南，调查云南摩托车厂民主选举厂长情况。

9 月—11 月　中国邮电工会全国委员会与邮电部开展全国邮电职工美术、摄影、书法评选、展览活动。

1982 年

2 月 16 日　全国邮电工会工作会议召开，中国邮电工会全国委员会分党组书记鲁文作报告，总结各级邮电工会恢复工作，提出 1982 年工作任务。

2 月 22 日　全国邮电民主管理经验交流会召开，上海、北京长途局等五省市介绍了经验。

3 月 23 日—4 月 15 日　以鲁文为团长的中国邮电工会代表团对澳大利亚、新西兰进行了友好访问。

4 月 30 日—6 月 5 日　邮电部、中国邮电工会全国委员会联合召开了全国邮政优秀投递员表彰会，104 名优秀投递员受到表彰。

8 月 11 日—14 日　中国邮电工会全国委员会召开六省市职工队伍调查工作座谈会，上海、河南、甘肃、黑龙江、广东、北京长途局等省市邮电工会代表参加。

9 月 20 日—26 日　华北、东北等 8 省、区、市邮电学赶先进工作经验交流会在哈尔滨召开。

10 月 26 日　中国邮电工会全国委员会、邮电部政治部在郑州召开职工队伍状况调查汇报会，同时研究加强职工思想政治工作问题。

1983 年

3 月 31 日　中国邮电工会全国委员会在湖北荆州召开华东、中南、西北学、赶先进工作经验交流会。

5 月　在全国市镇组织个人建造住宅南阳现场会上，中国邮电工会全国委员会介绍了邮电部门推广“自建公助”职工住房的经验。

8 月 19 日—28 日　全国邮电体协在哈尔滨举办全国邮电职工篮球选拔赛，14 个省市的 16 个代表队（男队 9 个，女队 7 个）参赛，黑龙江男、女队分别获得冠军。

9月20日　中国邮电工会全国委员会就张家口、承德地区邮电职工生活调查情况，向邮电部党组写出报告，建议召开邮电职工生活工作会议。

10月31日　邮电部、中国邮电工会全国委员会领导接见参加中国工会十大的35名邮电代表。

12月19日　全国邮电劳动模范和先进集体表彰大会在北京召开，国务委员王丙乾到会讲话。

1984年

2月22日　邮电部办公会议研究召开全国邮电职工生活工作会议问题，中国邮电工会全国委员会罗淑珍等参加会议。

2月28日—3月12日　中国邮电工会全国委员会在河南举办巩县邮电局“工人之家”现场学习活动，28个省、市、区的121个市、地、县邮电局工会负责人参加。

4月9日　中国邮电工会全国委员会、邮电部政治部联合发出在全国邮电企业推广巩县邮电局“工人之家”的经验的通知。

4月23日—29日　省、自治区、直辖市邮电工会工作经验交流会在大连召开，重点介绍辽宁省邮电工会的工作经验，讨论《关于加强省、自治区、直辖市邮电工会建设的几点意见》。

5月9日　根据全国总工会“五一”决定，中国邮电工会全国委员会下发《整顿工会组织、开展建设“职工之家”活动的几点意见》。

6月2日—9日　华东六省一市邮电工会协作区会议在安徽合肥召开，总结交流为职工办事的经验。

6月4日　全国邮电职工生活工作会议在北京召开，重点研究邮电分散单位的职工生活问题。

9月6日　邮电工会分党组作整风对照检查，检查了近几年邮电工会工作的指导思想、工作作风、集体领导方面的问题，并提出改进意见。

9月25日—10月5日　以罗淑珍为团长的中国邮电工会代表团到日本进行友好访问。

12月6日　邮电部党组批转邮电工会《关于加强省、自治区、直辖市邮电工会建设的几点意见》。

1985年

3月22日　全国邮电工会群众生产工作座谈会在石家庄召开。

3月25日　全国邮电部门群众文化工作经验交流会在杭州召开，中国邮电工会全国委员会、邮电部政治部联合表彰了31个先进俱乐部，54个受表扬单位。

6月16日　邮电部、中国邮电工会全国委员会联合发出关于在邮电部门深入持久地开展合理化建议和技术革新的通知。

7月15日　中国邮电工会全国委员会、邮电部政治部制定并下发《邮电部门职工俱乐部试行条例》。

7月21日—31日　以罗淑珍为团长的中国邮电工会代表团赴日对全电通进行访问。

8月21日　中国邮电工会第四次全国代表大会在京召开，会议选出65名委员和候补委员，罗淑珍当选主席。

12月19日　全国邮电劳动模范和先进集体表彰大会在京召开，邮电部、中国邮电工会全国委员会联合作出表彰决定。代表们发出“争做有理想、有道德、有文化、有纪律的开拓者为实现‘七五’邮电发展目标而奋斗”的倡议书。

1986年

5月7日—10日　全国邮电部门退休管理服务工作经验交流活动在福建漳州举行，讨论邮电部、中国邮电工会全国委员会提出的《关于进一步加强全国邮电部门退休职工管理服务工作的意见》。

6月3日—5日　全国邮电部门扶贫工作经验交流活动在黑龙

江齐齐哈尔举行，各省、区、市邮电工会及部分基层党、政或工会负责人 60 余人参加会议。

6 月 21 日　中国邮电工会全国委员会四届二次会议在西安召开，讨论审议《关于进一步发挥邮电各级工会参政议政作用的暂行规定》。

9 月 8 日—13 日　全国邮电部门合理化建议和技术革新活动经验交流会在成都召开。

10 月 7 日—11 日　全国邮电地（市）工会工作座谈会在山西太原举行，讨论全国委员会提出的《关于地（市州）邮电工会组织建设的意见》等文件，交流工作经验。

11 月 15 日—19 日　邮电部、中国邮电工会全国委员会举办全国邮电职工技术业务训练汇报表演赛。

1987 年

7 月 14 日　邮电工会四届二次委员会召开，罗淑珍作深入开展增产节约增收节支运动的报告。

8 月　中国邮电工会全国委员会和电信总局在吉林市邮电局召开长话管理和职业道德建设现场会，重点推广吉林长话科工作经验。

1988 年

5 月 5 日—14 日　省、区、市邮电工会主席研讨班在昆明举行，学习中央政治局常委对工会改革的重要指示，讨论邮电工会的组织体制问题。

8 月 12 日—16 日　邮电工会四届六次常委扩大会议在山西大同召开，传达全国总工会十一届三次主席扩大会议精神和中央领导同志指示，讨论当时工作。

9 月 15 日　邮电部党组召开扩大会议，听取罗淑珍关于贯彻全国总工会十一届三次主席团扩大会议精神的情况汇报，研究在邮电部门全心全意依靠工人阶级问题。

11 月 5 日　邮电工会拟定《关于邮电工会组织体制改革的若干意见》，报全国总工会书记处。

11 月 16 日　邮电部、中国邮电工会全国委员会召开电话会议，对 153 名转运员、押运员、分拣员和 50 个转运、分拣先进集体进行表彰。

同日　中国邮电工会全国委员会、运动部劳资局联合下发《邮电企业工会组织参与企业内部分配工作的规定》。

1989 年

1 月 17 日　中国邮电工会全国委员会四届四次委员会召开，讨论 1989 年工作安排。

10 月 17 日　运动部、运动工会全国委员会发出向全国邮电劳动模范和先进工作者学习的通知。

1990 年

5 月 15 日　运动工会全国委员会与邮电部科技局在上海召开邮政部门合理化建议和技术革新活动现场经验交流会。

6 月 10 日　中国邮电工会全国委员会召开部分省市工会生活工作会议，研究职工子女就业、住房、退休职工管理等问题。

10 月 12 日　中国邮电工会全国委员会表彰邮电部门 106 个“双增双节”组织工作优秀单位。

10 月 19 日　全国邮电工会“双增双节”经验交流会召开。

12 月 20 日　全国邮电部门合理化建议，技术革新活动表彰电话会议召开。

12 月 29 日　邮电部、中国邮电工会全国委员会作出表彰合理化建议，技术革新活动先进集体和先进个人的决定。

1991 年

1 月 18 日　全国总工会书记处批准邮电工会《关于理顺邮电工会组织体制和健全全国委员会实施方案》，明确邮电工会实行以产业领导为主，同时接受地方工会领导的组织体制。

9月17日　中国邮电工会全国委员会、邮政总局召开全国文明转运站、文明邮车（船）竞赛电话表彰会。

10月10日　中国邮电工会第五次全国代表大会在京召开，会议选出委员64人，罗淑珍当选为主席。会上表彰了94个模范“职工之家”、131名优秀工会干部、169名优秀工会积极分子。

10月25日　邮电部、中国邮电工会全国委员会召开全国邮电部门抗洪救灾保通信电话表彰会议。

1992年

3月　全国部分省市邮电工会群众生产工作会议召开。

4月8日　邮电工会全国委员会、电信总局表彰1991年度全国电报投递先进集体和优秀电报投递员。

4月20日　邮电部、中国邮电工会全国委员会发出认真学习贯彻《工会法》的通知。

5月11日　邮电工会五届二次常委会召开，学习贯彻《工会法》。

7月16日　邮电工会制订“八五”期间专职干部培训规划。

8月　部分省、自治区邮电工会生活工作会议召开。

1993年

5月8日　中国邮电职工技术协会成立。

7月28日　中国邮电工会召开全国代表会议。会议通过了动员全国邮电职工为加快发展改善服务建功立业的决议。

11月4日　全国邮电生活女工工作研讨会召开。

12月21日　邮电部党组转发邮电工会《关于认真学习、宣传、贯彻中国工会第十二次全国代表大会精神的意见》。

1994年

5月3日　由中国邮电工会、邮电部邮政总局、人民邮电报社、农民日报社联合举办的“全国邮电‘十佳’‘百优’乡邮员表彰会”在人民大会堂召开。

5月12日—16日　中国邮电工会五届四次全体委员会议召开。

6月14日—19日　全国邮电工会优质服务活动经验交流会在福州召开，罗淑珍作了题为《总结经验，发挥优势，进一步推动优质服务活动深入发展》的讲话。

10月10日　中国邮电工会与邮电部劳动工资司联合发出《关于认真学习贯彻〈劳动法〉有关问题的通知》。

10月26日—30日　邮电部、中国邮电工会召开全国邮电职工民主管理工作会议。

1995年

3月15日—4月21日　中国邮电工会全国委员会举办三期邮电工会干部《劳动法》培训研讨班，共培训工会干部200余人。

9月　中国邮电工会全国委员会在四川召开全国邮电工会信息统计工作会议。

10月27日—30日　中国邮电工会全国委员会在广东新会召开全国邮电工会保障工作会议，总结交流贯彻实施《劳动法》，签订劳动合同、集体合同，调解劳动争议，开展互助补充保险活动以及劳动保护方面的经验。

1996年

1月6日—14日　中国邮电工会代表团访问日本“全递”工会。

3月20日—21日　中国邮电工会承办的全国邮电系统文艺调演在北京国安剧场举行，14个省、区、市邮电部门的歌舞、曲艺、杂技等节目参加了演出。

3月26日　为纪念中国邮政成立100周年，中国邮电工会承办全国邮电职工美术、书法、摄影展览。

7月2日—10日　中国邮电工会代表团访问日本全电通工会。

12月5日—9日　中国邮电工会第六次全国代表大会在北京召开，296名正式代表、31名特邀代表参加会议。

12月24日，邮电部、中国邮电工会在北京联合召开全国邮电系统先进集体、先进个人表彰大会。会议表彰了98个先进集体、248名先进个人。11个先进集体和先进个人的代表在大会上交流了经验。

1997年

5月9日—26日　为大力弘扬劳模的先进事迹，进一步在全国邮电系统掀起学赶先进的热潮，邮电部、中国邮电工会全国委员会组织全国邮电劳动模范巡回报告团，赴5省4市作巡回报告。报告团共作报告15场，听众达1万多人。

5月16日—17日　为纪念第29个世界电信日，中国邮电工会全国委员会与邮电部电信总局联合举办全国邮电职工文艺调演。

9月4日—6日　中国邮电工会全国委员会与邮电部劳资司在沈阳召开全国邮电企业签订集体合同经验交流会。

是年　中国邮电工会全国委员会与邮政总局、电信总局、人民邮电报社共同组织“当好主人翁，全面实现邮电服务年目标知识竞赛活动”，全国共98万名邮电职工参加。

1998年

3月　中国邮电工会全国委员会与邮电部劳资司联合颁发《邮电企业平等协商、集体合同管理暂行办法》。

5月25日—29日　中国邮电工会全国委员会在北京召开经济技术工作座谈会，主要内容是总结交流邮电工会经济技术活动的经验，研究探讨在新形势下更加扎实有效地开展群众性经济技术活动的新途径、新思路。

7月14日—16日　中国邮电工会全国代表会议在宁夏回族自治区银川市召开。会议选举产生了出席中国工会第十三次代表大会的19名正式代表。

10月19日—24日　由19名正式代表、3名特邀代表、1名列席人员组成的中国邮电工会代表团参加了中国工会第十三次全国代表大会。

是年　在国务院颁布《女职工劳动保护规定》10周年之际，中国邮电工会全国委员会就《邮电女职工劳动保护规定实施细则》贯彻落实情况及邮电女职工劳动保护状况进行了全面调查。

1999年

1月11日　根据国家邮政局开始独立运营的情况，中国邮电工会下发《关于组建省级邮政工会的通知》。

9月15日—21日　中国邮电工会代表团应台湾邮务工会邀请赴台交流，这是全国邮电工会组织的第一次赴台交流。

10月　中国邮电工会下发《关于组建省级移动通信工会若干问题的通知》。

是年　中国邮电工会下发《关于认真做好分营后邮政、电信企业建立平等协商、集体合同制度的通知》。全国27个省、区、市的2261个邮政基层单位中，有2145个建立了职工代表大会制度，占94.9%。全国电信工会2790个基层单位中，有2645个建立了职工代表大会制度，占94.8%。

2000年

1月16日—18日　全国邮政、电信、移动通信工会主席会议召开。会议对邮电行业两年来体制改革中的工会工作情况进行了总结，提出了以后工会工作的任务。

3月17日　中国邮电工会全国委员会在北京举行邮电工会成立五十周年座谈会。

3月中旬—5月下旬　中国邮电工会全国委员会举办6期工会干部培训班。

9月8日—9日　邮电工会全国委员会召开部分省、区、市邮政、电信职工技协暨工会经济技术工作座谈会，19 个单位的技协或经济技术工作方面的负责人参加了会议。

2001 年

3 月　中国邮电工会领导人在北京会见韩国递信工会委员长郑显荣。

4 月　中国邮电工会致函联通公司党组，提出建立联通公司工会的具体意见。

5 月　中国邮电工会领导人在北京会见日本 NTT 工会事务部长和九州地区访华团。

是年　中国邮电工会对上市企业工会工作进行专题调查，对邮政普遍服务问题进行调研。

国防邮电工会大事记

2002 年

1 月 4 日—6 日　中国国防邮电工会第一届全国委员会第一次全体会议在北京召开，选举产生中国国防邮电工会全国委员会常务委员会及主席、副主席。

5 月 31 日　中国国防邮电工会下发《关于贯彻实施〈工会法〉加强工会组织建设依法纠正合并工会组织机构的通知》，要求在党委的领导和行政的支持下加强工会组织建设，并提出了 5 项具体要求。

6 月 13 日—14 日　中国国防邮电工会全国委员会在上海召开电信企业上市公司工会工作研讨会。

10 月 30 日—11 月 2 日　中国国防邮电工会全国委员会在上海召开改制企业职工民主管理和工会工作研讨会。

是年　为贯彻落实国务院印发《军工企业改革脱困方案》的精神，中国国防邮电工会分别到陕西、贵州、四川、湖南、辽宁、吉林等省就军工关闭破产企业职工安置工作情况进行专题调研，针对关闭破产企业在职工分流安置工作中存在的主要困难和问题，向国务院和国家有关部委提出 7 点政策建议。

是年　中国国防邮电工会与 10 个军工集团公司建立工作联系制度及军队装备保障企业工会联席会议制度。

2003 年

3 月　中国国防邮电工会撰写《关于西部邮政分支机构职工生产生活的情况和建议》提案，通过全国人大、政协工会界代表、委员呼吁政府帮助改善西部邮政分支机构职工的生产生活条件。

11 月 17 日—18 日　中国国防邮电工会在沈阳黎明公司召开提高职工素质活动经验交流会。

2004 年

3 月　中国国防邮电工会对全国国防、电子系统 40 家企业进行书面和实地调研，向有关部门提交《充分发挥工会作用，依法维护职工权益——国防、电子系统部分企业改制情况的调查报告》。

同月　中国国防邮电工会下发《关于在国防邮电系统继续深入开展提高职工素质活动的意见》，提出开展提高职工素质活动向班组创新方向深化。

9 月 15 日—16 日　中国国防邮电工会在上海召开电信上市企业建立省级公司职工代表大会工作研讨会议，并制定《关于电信上市企业建立省级公司职工代表大会制度指导意见》。

2005 年

3 月　中国国防邮电工会发布《关于在国防科技工业系统开展“保质量、保数量、保配套、保安全、保进度”劳动竞赛的决定》，要求各级工会组织广泛开展关键技术攻关等方面的群众性技术创新活动，确保科研生产和重点任务完成。

同月　中国国防邮电工会下发《关于在国防邮电系统进一步深入开展提高职工素质活动的意见》，提出重点抓好班组创新工作，推出一批先进典型班组，在全系统起到示范带动作用。

是年　中国国防邮电工会全国委员会对上海船舶工业公司建设“四个一流”职工队伍情况进行重点调研，并向全国总工会提交《肩负当代产业工人的历史使命，建设“四个一流”的造船工人队伍的调研报告》。

2006 年

6 月 7 日—9 日　中国国防邮电工会全国委员会在河南省郑州市召开通信制造、科研企业工会创建劳动关系和谐企业研讨会。

8 月 1 日—3 日　中国国防邮电工会全国委员会在辽宁省沈阳市召开企业工会工作创新研讨交流会。

9 月 21 日—23 日　中国国防邮电工会全国委员会在贵州省贵阳市召开地方国防、电子产业工会工作座谈会，进一步促进地方国防、电子产业工会开展有产业特色的工会工作。

是年　中国国防邮电工会全国委员会与军工集团公司开展劳动竞赛和技能竞赛，并在邮电系统开展学习“爱心邮路”先进集体活动。

2007 年

1 月 11 日—12 日　中国国防邮电工会在北京召开二届一次全体委员会议，选举产生中国国防邮电工会第二届全国委员会常务委员会。

11 月 5 日—6 日　中国邮电职工技协工作会议在北京召开。

是年　中国国防邮电工会与中国航天科工集团有限公司联合开展“保数量、保质量、保安全、保进度、保配套”的“五保”劳动竞赛，并全面开展调研工作，包括：加强协调劳动关系，推进和谐企业建设；艰苦地区军工关闭破产企业职工状况；邮电系统劳务派遣工维权情况；电子行业民主管理和企业建立维权机制；对加强和改进国防邮电工会工作的意见、建议等。

2008 年

1 月—2 月　中国国防邮电工会组织职工开展抗击雨雪冰冻工作，积极开展对口支援和生产生活自救，为确保通信畅通作出重要贡献。全产业有 8 个先进集体、10 名先进个人分别荣获全国五一劳动奖状和全国五一劳动奖章。

3 月 30 日—4 月 5 日　中国国防邮电工会举办学习贯彻《中华人民共和国劳动合同法》培训班。

7 月 28 日　中国国防邮电工会在山东召开省市国防、电子工会工作座谈会。

8 月 29 日　中国国防邮电工会在新疆乌鲁木齐召开通信制造科研企业工会主席工作会议。

2009 年

2 月 5 日　以全国劳动模范、北京市东四邮电局副局长沈智慧等命名的劳模先进创新工作室在北京市邮政公司挂牌。

6 月 18 日—19 日　中国国防邮电工会在北京召开国际金融危机对国防邮电行业及职工队伍影响研讨会。

9 月 3 日　中国国防邮电工会在上海召开国防科技工业劳模班组经验交流会。

10 月 13 日—14 日　中国国防邮电工会在浙江杭州召开通信制造科研企业工会工作会议。

是年　中国国防邮电工会全国委员会下发《关于广泛深入开展保增长、促发展劳动竞赛的意见》。与中国船舶工业集团有限公司和中国船舶重工集团有限公司组织开展劳动竞赛，与中国航空工业集团公司、中国就业培训技术指导中心联合组织举办中国航空工业集团有限公司首届职业技能竞赛。

2010 年

5 月 5 日—7 日　中国国防邮电工会全国委员会与中国船舶工业集团有限公司在上海联合召开振兴船舶工业劳动竞赛推进会。

5 月 23 日—29 日　中国国防邮电工会举办全国电信企业工会主席培训班。

8 月 26 日　中国国防邮电工会在贵州贵阳召开电子信息系统国有企业职工劳动经济权益研讨会。

9 月 15 日　中国国防邮电工会在江苏南京召开全国邮电企业工会深化民主管理、关心关爱职工经验交流会。

9 月 19 日　中国国防邮电工会与中国兵器工业集团公司联合举办第四届职业技能竞赛暨首届创新大赛。

2011 年

7 月 27 日　中国国防邮电工会在山东临沂召开电信企业劳务派遣工有关问题研讨会。

8 月 18 日　中国国防邮电工会在宁夏银川召开邮政企业工资集体协商工作研讨会。

8 月 19 日　中国国防邮电工会在内蒙古召开军工企业工资集体协商工作交流研讨会。

9 月 15 日　中国国防邮电工会在陕西西安召开全国电子信息系统工会工作会议。

12 月 7 日　中国国防邮电工会第三届第一次全体委员会议在北京召开，选举产生中国国防邮电工会第三届全国委员会及主席、副主席。

是年　中国国防邮电工会全国委员会制定下发《关于进一步组织劳务派遣工加入工会有关问题的通知》，对非公快递企业进行调研，并向全国总工会提交《关于快递企业基本情况和工会组织状况的调查报告》，提出了加强非公快递企业工会工作的意见。

2012 年

6 月 4 日—10 日　中国国防邮电工会在浙江省总工会干部学校举办全国委员会委员培训班，以进一步提升全国委员会委员的工会理论素养，提高做好新形势下职工群众工作的能力和水平。

7 月 13 日　中国国防邮电工会在北京召开配合全国人大，参与修改《中华人民共和国劳动合同法》工作座谈会。

8 月 31 日　中国国防邮电工会在黑龙江哈尔滨召开国防科技工业企业推进工资集体协商工作座谈会。

9月11日　中国国防邮电工会全国委员会在云南召开全国电信企业工会增进员工心理健康、深化员工关爱、促进企业和谐经验交流会议。

2013年

12月　河南省国防邮电工会加大对困难企业、困难职工的帮扶力度，安排下拨元旦、春节“送温暖”资金160万元，对本系统44家企业困难职工开展双节“送温暖”活动。

是年　中国国防邮电工会进一步扩大基层分（支）会主席直选工作。

2014年

4月23日　中国国防邮电工会全国委员会在北京召开省市国防、电子产业工会工作研讨会，全国近50名省市国防、电子产业工会主要负责人参加会议。

9月10日—14日　中国国防邮电工会在上海工会管理职业学院举办工会基层组织建设培训班。

10月中旬　中国国防邮电工会由领导带队深入联系点开展调研工作，年底针对联系点的困难职工专门划拨帮扶资金。

10月28日　中国国防邮电工会在北京召开职工经济技术创新经验交流会。

10月30日　中国国防邮电工会召开全国邮电企业“职工小家”建设经验交流暨工作推进会。

2015年

5月25日—31日　中国国防邮电工会在广西南宁举办依法协调劳动关系培训班。

6月26日　中国国防邮电工会召开三届七次常委会议，审议通过《中国国防邮电工会关于新形势下深化职工之家建设增强基层工会活力的意见》。

是年　中国国防邮电工会与中国航空工业集团有限公司、中国邮政集团公司、中国电信集团公司、中国电子科技集团公司、中国电子信息产业集团有限公司、人力资源和社会保障部职业技能鉴定中心、中国就业培训技术指导中心、共青团中央城市青年工作部、工业和信息化部电子行业职业技能鉴定指导中心联合举办多种职工技能比赛。

是年　中国国防邮电工会全国委员会组织人员到快递业务比较集中、职工数量较多的北京、上海、广东、吉林、河北、深圳等省、市，对快递业职工队伍状况和工会组建情况开展专题调研。

2016 年

5 月　国防邮电系统 17 家单位获得全国五一劳动奖状，51 名个人获得全国五一劳动奖章，78 家集体获评全国工人先锋号。

8 月　由中国国防邮电工会主管的中国邮电职工技术协会更名为“中国国防邮电职工技术协会”。

9 月 28 日　中国国防邮电职工技术协会召开中国邮电职工技术协会更名暨第六次理事（扩大）会议，审议并通过《中国国防邮电职工技术协会章程》，选举中国国防邮电职工技术协会理事长、副理事长。

12 月　中国国防邮电工会全国委员会组织开展元旦、春节“送温暖、送荣誉”活动，向 28 家单位职工送出帮扶资金近 40 万元，惠及困难职工 236 人，领导上门慰问职工 64 人。

是年　中国国防邮电工会全国委员会印发《中国国防邮电工会关于推进非公快递企业工会组建工作的若干意见》，就加强非公快递企业工会组建工作提出明确要求。

2017 年

2 月 21 日—22 日　中国国防邮电工会在北京召开第四届全国委员会第一次全体会议及四届一次常委会议，选举产生中国国防邮电工会第四届全国委员会领导机构。

3 月 27 日　中国国防邮电工会全国委员会在北京召开国防邮

电产业“弘扬工匠精神，培育大国工匠”座谈会。

8 月—10 月　中国国防邮电工会报告团分赴北京、河北、吉林、江苏、陕西等地，开展弘扬工匠精神巡回报告活动。

10 月 9 日—11 日　中国国防邮电工会全国委员会在北京召开电信企业工会“互联网 +”服务职工工作会议。

10 月　中国国防邮电工会广泛开展学习宣传贯彻习近平新时代中国特色社会主义思想和党的十九大精神活动，各级工会领导干部纷纷深入基层宣讲党的十九大精神，采取设立新时代工人讲习所、组织征文、演讲和知识竞赛等多种形式，不断把学习贯彻工作引向深入。

12 月 7 日—9 日　中国国防邮电工会全国委员会在北京举办国防邮电产业职工技术创新成果展洽会。

2018 年

3 月　中国国防邮电工会通过工会内的全国政协委员向全国政协第十三届一次会议提交《关于加强非公快递企业工会组建和职工权益维护工作的提案》。

5 月　为贯彻《快递暂行条例》（以下简称《条例》），中国国防邮电工会制定《快递暂行条例宣传贯彻系列活动实施方案》，开展送《条例》、学《条例》、宣讲《条例》活动，并组织召开快递企业工会宣传贯彻《条例》座谈会。

10 月 30 日　中国国防邮电工会在北京召开“新时代班组建设新使命”班组建设工作会议。

11 月 1 日　中国国防邮电工会在嘉兴召开电子信息行业职工心理健康状况工作研讨会。

12 月 29 日　中国国防邮电工会在北京召开推进快递企业和互联网企业职工入会工作专题座谈会。

是年　国防邮电产业 56 家单位获得“全国模范职工之家”荣誉称号，71 家单位获得“全国模范职工小家”荣誉称号。

2019 年

3 月 1 日　中国国防邮电工会全国委员会召开“牢记习近平总书记关怀大力弘扬‘小蜜蜂’精神”座谈会，号召快递员牢记习近平总书记嘱托，做美好生活的创造者和守护者。

6 月 9 日　中国国防邮电工会在无锡组织召开深化新时代工匠学院建设研讨会，推动新建 17 家新时代工匠学院和 12 个专业技术委员会。

6 月 11 日　中国国防邮电工会在上海召开国防科技工业推进新时期产业工人队伍建设改革研讨会。

7 月 4 日　中国国防邮电工会在吉林长春召开推进在企事业单位改革改制中发挥工会作用工作会议。

11 月 5 日　中国国防邮电工会全国委员会在湖北武汉召开新时代工会创新与发展研讨会。

12 月 20 日　中国国防邮电工会全国委员会与陕西省国防工会联合举办第二届国防邮电产业班组建设论坛，推树表扬了 20 个“三型”（安全型、技能型、创新型）班组和 10 名模范班组长。

是年　中国国防邮电工会在全产业开展职工思想政治工作调研，制定下发了《关于加强和改进新时代国防邮电产业职工思想政治工作的意见》。

2020 年

5 月　国防邮电产业 157 名先进个人获得全国劳动模范 / 先进工作者称号。

10 月 21 日—23 日　中国国防邮电工会全国委员会在江苏南京召开深化电信行业创新工作室建设工作会议。

10 月 29 日　中国国防邮电工会指导顺丰集团工会举行“顺丰万人网上集中入会仪式”。

同日　中国国防邮电工会在苏州举办首届全国快递行业工会

工作沙龙。

是年　国防、邮电产业建立7个新时代工匠学院，工匠学院总数达到31家；成立专业技术委员会8个，专业技术委员会总数达到30个。

2021年

3月—5月　中国国防邮电工会举办国防邮电系统职工庆祝中国共产党成立100周年摄影比赛。

6月上旬　中国国防邮电工会在成都召开职工思想政治引领工作座谈会。

7月上旬　中国国防邮电工会筹备召开顺丰集团工会工作交流会，总结交流顺丰工会经验和做法，为新业态建会入会和发挥工会作用提供借鉴。

9月下旬　中国国防邮电工会在西安组织开展“中国梦·劳动美——永远跟党走 奋进新征程”劳模工匠宣讲活动。

10月底　中国国防邮电工会在浙江省桐庐县举行全面推进快递企业“会、站、家”一体化建设启动暨非公快递企业5万职工网上集中入会仪式。

11月初　中国国防邮电工会启动“工会进万家·新就业形态劳动者温暖行动”服务月活动。

是年　中国国防邮电工会协调相关部门从全国总工会本级常态化送温暖专项经费预算中安排3000万元，下拨到各相关省（区）总工会，对核工业特殊困难群体重点人员进行走访慰问。

2022年

9月14日—16日　中国国防邮电工会第五届全国委员会第一次全体会议在河南郑州召开，选举产生新一届中国国防邮电工会领导机构。

12月　中国国防邮电工会认真学习贯彻习近平总书记给中国航空工业集团沈飞“罗阳青年突击队”队员的回信精神。

2023 年

3 月 27 日　国家邮政局、中国国防邮电工会、中国快递协会在北京召开联席会议，通报 2022 年联合开展工作情况，研究部署 2023 年工作任务。自本次会议始，三方联席会议作为一项固定工作制度。

3 月—7 月　中国国防邮电工会会同全国总工会有关部门，合力推进 7 家头部非公快递企业相继召开职工代表会议，签订集体合同，实现了头部快递企业职代会和集体合同全覆盖。

9 月 27 日　中国国防邮电工会举办 2023 年快递业“会、站、家”一体化建设启动仪式，全力推动深入推进新就业形态劳动者工会工作三年行动计划。

9 月　中国国防邮电工会认真学习贯彻习近平总书记给中国航发黎明发动机装配厂“李志强班”职工的回信精神。

11 月　中国国防邮电工会举办国防科技工业学习宣传贯彻党的二十大精神主题宣讲报告会。

后　记

为庆祝中华全国总工会成立100周年，经中华全国总工会统筹规划，《中国工运通史》的编撰工程正式启动。其中，系统记述国防科技工业、邮政、电信和电子信息行业工人运动发展脉络的《中国工运通史 国防邮电工会卷》是该通史系列的分卷之一。中国国防邮电工会全国委员会作为该分卷的编撰主体，高度重视此项工作。中国国防邮电工会主席、分党组书记秦少相在编撰工作启动之际即提出明确要求，决定组建专业团队承担编撰任务。经中国地方志学会学术委员王广才推荐，由河北省地方志学会原副会长、编审孟庆斌负责内容编撰。同时，由中国国防邮电工会全国委员会一级巡视员万敏和办公室专项工作人员负责编写工作的协调指导。

本书编写以《中国工会运动史料全书》中的国防卷和邮电卷为基础文献，系统整合了《中国工会年鉴》等权威资料，并在此基础上，广泛搜收地方志、口述史料等相关内容，保证了编撰的全面性和完整性。

在中国国防邮电工会全国委员会领导的持续关注下，编撰工作建立了多方协同机制，协调解决各类问题，确保编撰工作有序高效推进。万敏同志解决史料考证、体例规范等关键问题，王建超、邓文璐、王洁等同志协助开展资料整理工作，均为编撰任务的完成提供了重要支持。王广才同志一直持续关注编撰工作，并及时提出指导意见。中国工运研究所对本书编撰进行全程指导。本书的出版也得到了中国工人出版社领导和编辑团队的大力支持。

国防科技工业、邮政、电信和电子信息行业的工人运动发展脉络是中国工人运动史的重要篇章，编撰国防工业和邮电行业的工人运动史既有重大历史价值，也面临诸多挑战。虽然编撰者已尽最大努力，但限于水平和资料所限，书中难免存在错漏与不妥之处，恳请专家与读者批评指正。

本书编委会

2025 年 3 月